Martin Klöker

Caspar und Catharina

Baltische literarische Kultur

In Verbindung mit dem
Under und Tuglas Literaturzentrum
der Estnischen Akademie der Wissenschaften (Tallinn)

herausgegeben von

Martin Klöker

Band 2

LIT

Martin Klöker

Caspar und Catharina

Eine Revaler Liebe in Briefen des 17. Jahrhunderts

LIT

Underi ja Tuglase Kirjanduskeskus
Eesti Teaduste Akadeemia

Die Drucklegung des Bandes wurde ermöglicht durch das Stadtarchiv Tallinn und das Under und Tuglas Literaturzentrum der Estnischen Akademie der Wissenschaften, Tallinn.

Die Abfassung der vorliegenden Studie erfolgte im Rahmen des Forschungsprojekts IUT28-1, das durch die Estnische Wissenschaftsagentur finanziert wird.

Redaktion und Layout: Martin Klöker

∞

Gedruckt auf alterungsbeständigem Werkdruckpapier entsprechend
ANSI Z3948 DIN ISO 9706

Bibliografische Information der Deutschen Nationalbibliothek
Die Deutsche Nationalbibliothek verzeichnet diese Publikation in der Deutschen Nationalbibliografie; detaillierte bibliografische Daten sind im Internet über http://dnb.dnb.de abrufbar.

ISBN 978-3-643-14588-8 (br.)
ISBN 978-3-643-34588-2 (PDF)

Verlagskontakt:
Fresnostr. 2 D-48159 Münster
Tel. +49 (0) 2 51-62 03 20
E-Mail: lit@lit-verlag.de http://www.lit-verlag.de

Auslieferung:
Deutschland: LIT Verlag, Fresnostr. 2, D-48159 Münster
Tel. +49 (0) 2 51-620 32 22, E-Mail: vertrieb@lit-verlag.de

E-Books sind erhältlich unter www.litwebshop.de

Inhalt

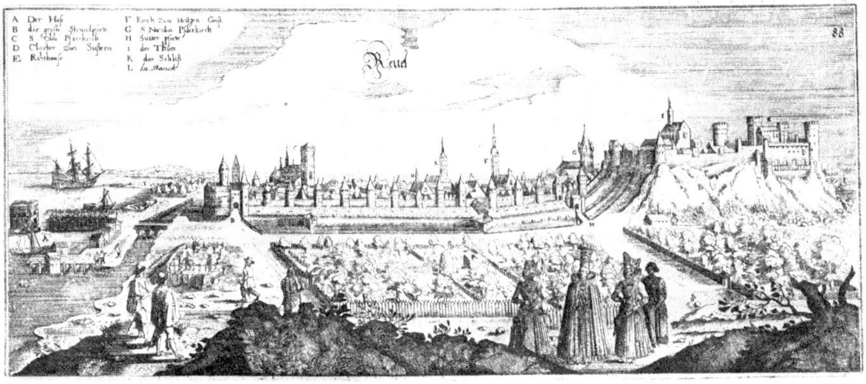

da so lang Rewall wird stehn,
Mein gedächtNüß Nit wird vergehn.
Caspar Meyer

Die ehemalige Süsterstraße (dann Breitstraße, heute Lai) mit Blick auf die ausgebrannte Kirche St. Olai, Reval (ca. 1825).

Vorwort

Auf die hier präsentierten Liebesbriefe und Gedichte aus dem Stadtarchiv Tallinn (Tallinna Linnaarhiiv) wurde ich zum ersten Mal im Mai 1995 aufmerksam, als ich für das Osnabrücker Personalschrifttumsprojekt die Bestände auf gedruckte Gelegenheitsgedichte vom 16. bis zum 18. Jahrhundert durchsuchte. Unter den ›Varia‹ mit Signatur 230-1-BO10 befanden sich einige handschriftliche Gedichte aus der ersten Hälfte des 17. Jahrhunderts, die offensichtlich genau in das Gattungsschema passten, jedoch letztlich nicht Aufnahme finden konnten, weil sie eben nicht gedruckt und auch nicht Abschriften von Drucken waren. Ein Kontext zu diesen Gedichten war nicht unmittelbar gegeben, konnte dann aber leicht über den gedruckten Katalog des Stadtarchivs aus dem Jahre 1924 gefunden werden. Denn unter den ›Varia‹ mit Signatur 230-1-BO 6 war ein Bestand von Liebesbriefen zu finden, die vom selben Verfasser und Schreiber Caspar Meyer stammen sollten:

> 72 meist schwermütige Liebesbriefe des Manngerichts-Sekretären Caspar Meyer an Jungfrau Katharine v. d. Hoye, von der auch 5 Briefe vorhanden sind. Nur 2 Briefe sind datiert, aus den J. 1637 und 1649.[1]

Der Stadtarchivar Gotthard von Hansen, von dem diese Zeilen wohl stammten, hatte bereits einige Jahre zuvor aus den beiden Beständen, die er noch als zusammengehörig verstand, lediglich ein Gedicht – das angebliche Gedicht von Caspars Mutter Anna Ovena Meyer – publiziert und dabei eine skizzenhafte Charakteristik des gesamten Materials und seines Hintergrundes geliefert, die allerdings ohne jegliche Nachweise war. So musste offen bleiben, woher Hansen seine Informationen bezogen hatte und ob es vielleicht im Archiv weitere Quellen gab, die zu diesen Schlussfolgerungen führten. Dort hieß es:

> Mehrere elegische Gedichte zärtlichsten Inhalts und 78 meist schwermütige Liebesbriefe stammen vom Ritterschaftssekretär Casparus Meyer, dessen Unterschrift stets in umgekehrter Reihenfolge der Buchstaben Surapsak Reyem lautet. Dieser ist ein Ehemann, der in leidenschaftlicher Liebe für Jungfrau Katharina von der Hoye Jahre hindurch schwärmte. Auch von ihr sind 5 Briefe vorhanden. In der ganzen Sammlung sind nur 2 Briefe datiert und stammen aus den Jahren 1637 und 1649. Durch Dienstboten, die als *postillions d'amour* fungierten, wurde das platonische, immerhin strafbare Liebesverhältnis ruchbar und veranlaßte die Einmischung der Geistlichkeit. Die Angelegenheit ist zu-

---

[1] HANSEN, G[OTTHARD VON]: Katalog des Revaler Stadtarchivs. Zweite, umgearbeitete und vermehrte Auflage hrsg. von O[TTO] GREIFFENHAGEN. I. Abteilung: Codices und Bücher; II. Abteilung: Akten; III. Abteilung: Urkunden-Regesten und Register.- Reval 1924–1926, S. 170–171. In der ersten Auflage des Katalogs aus dem Jahre 1896 war der Text bereits genau so (S. 206–207) enthalten.

> letzt an den Rat gekommen, der sich aller dieser Liebesbriefe bemächtigte.[1]

Aus der heutigen Perspektive ist festzustellen, dass Hansen seine Informationen wohl ausschließlich aus den Briefen selbst und aus Vermutungen bezog. So ist vieles davon nicht haltbar, wie ich jetzt mit Hilfe der Archivakten belegen kann. Aber gleich beim ersten Blick in die Dokumente fiel mir auf, dass es sich um eine ursprünglich zusammengehörige Sammlung handeln musste. Die Trennung rührte ganz offensichtlich von der systematischen Ordnung durch Archivare des späten 19. Jahrhunderts – also vermutlich von Hansen selbst – her, die jedoch hier ganz unsinnig war, da sich auch in dem angeblichen Briefbestand weitere Gedichte in Mischung mit Briefen fanden. So war bald deutlich, dass eine Zusammenführung der beiden Bestände, eine Reintegration der ausgesonderten ›Gedichte‹ in die ›Briefe‹, nötig wäre, um ihre inneren Zusammenhänge wieder beleben und die ganze Liebesgeschichte in Brief und Gedicht erfassen zu können.

Eine einzigartige Chance eröffnete sich, in dieser Sammlung die Einbettung von Gelegenheitsdichtung in eine private Liebesbeziehung beobachten und analysieren zu können. Dabei darf nicht vergessen werden, dass gerade erst das von Martin Opitz 1624 im *Buch von der deutschen Poeterey* formulierte Programm einer deutschen Dichtung von namhaften Dichtern etabliert wurde. Paul Fleming, der in den 1630er Jahren in Reval zu Gast war, gehörte zu diesen. Casuale Dichtung auf alle erdenklichen Anlässe im menschlichen Leben wurde eine weit verbreitete gesellschaftliche Praxis. Bei den hier vorliegenden Gelegenheitsgedichten von Caspar handelt es sich jedoch eben nicht um herausragende poetische Zeugnisse. Der Schreiber Caspar Meyer war kein begnadeter Dichter. Aber gerade deshalb sind diese Texte so wichtig. Denn sie zeigen gewissermaßen den Bodensatz der Gelegenheitsdichtung im Alltag der Menschen.

Darüber hinaus liegt mit den Briefen ein äußerst seltenes Beispiel für deutschsprachige Briefkultur in der ersten Hälfte des 17. Jahrhunderts vor. Besonders reizvoll ist dabei, dass es sich um Liebesbriefe und nochmehr: um vertrauliche Liebesbriefe handelt. Denn die Forschung zum Liebesbrief des 17. Jahrhunderts konnte aus Mangel an Quellenmaterial bisher nur wenige Konturen entwickeln. Dies geschah wiederum vor allem anhand von Briefstellern oder an der umfangreichen Korrespondenz herausgehobener Persönlichkeiten (Gelehrte, Dichter oder Adelige)[2], in denen Vertraulichkeit zumeist

---

1 Aus baltischer Vergangenheit. Miscellaneen aus dem Revaler Stadtarchiv. Hrsg. von GOTTHARD VON HANSEN.- Reval 1894, S. 158–159, hier S. 158.

2 Vgl. beispielsweise: AXEL E. WALTER: Späthumanismus und Konfessionspolitik. Die europäische Gelehrtenrepublik um 1600 im Spiegel der Korrespondenzen Georg Michael Lingelsheims.- Tübingen 2004 (= Frühe Neuzeit; 95); MARTIN OPITZ: Briefwechsel und Lebenszeugnisse. Kritische Edition mit Übersetzung. An der Herzog August Bibliothek zu Wolfenbüttel hrsg. von KLAUS CONERMANN unter Mitarbeit von HARALD BOLLBUCK.

nicht vorausgesetzt werden kann. Vielmehr ist ein quasi öffentlicher Charakter anzunehmen, da Liebesbriefe in der Regel im Familienkreise laut vorgelesen wurden oder – etwa bei den gelehrten Dichtern – von vornherein einem literarischen Anspruch unterlagen und einer größeren Öffentlichkeit ausgesetzt wurden oder zumindest werden sollten. Demgegenüber ist das vertrauliche Schreiben im Verborgenen, das in der Frühen Neuzeit in vielfältiger Weise gepflegt wurde, ausgesprochen selten dokumentiert, weil solche geheimen Mitteilungen natürlich nur im Ausnahmefall aufbewahrt – und damit der Gefahr der Entdeckung preisgegeben – wurden. Es stellt sich jedoch die Frage, ob diese Art des Liebesbriefes im Schutz der Vertraulichkeit sich nicht einer anderen, intimeren und ›natürlicheren‹ Sprache bediente und damit auf den späteren Liebesbrief, wie er im 18. Jahrhundert zum Stilideal erhoben wird, voraus weist.

Die Struktur des Briefbestandes ist allein schon bemerkenswert, weil eine ganze Reihe von Briefen von der Hand einer Bürgerstochter erhalten ist. Damit wird ein tiefer Einblick in das Denken und Schreiben und den Bildungshorizont einer jungen Frau im bürgerlichen Milieu dieser Zeit möglich. Das mentalitäts- und alltagsgeschichtliche Potential einer solchen bürgerlichen Privatkorrespondenz, allerdings vom Ende des 16. Jahrhunderts, zeigt sich auch im Briefwechsel der Eheleute Paumgartner in Nürnberg, der bereits 1895 in einer Edition zugänglich gemacht wurde.[1] Abgesehen vom regionalen Unterschied der nordosteuropäischen Hafenstadt Reval gegenüber Nürnberg handelt es sich bei Catharina und Caspar jedoch um ein verbotenes Liebesverhältnis, da Caspar verheiratet war. Und Catharinas Briefpartner und Geliebter war ein Gelehrter, hatte die humanistische lateinische Rhetorik auf der Universität gelernt und war in seiner Tätigkeit als Jurist und Sekretär gewissermaßen ein professioneller Schreiber und Verfasser. Außerdem war er als Sekretär der

Bd. 1–3.- Berlin, New York 2009; HELMUTH KIESEL (Hrsg.): Briefe der Liselotte von der Pfalz.- Frankfurt am Main [1]1981, [4]1986; Liselotte von der Pfalz in ihren Harling-Briefen. Hrsg., komm. und eingel. von HANNELORE HELFER. Mit einem Glossar von MALTE-LUDOLF BABIN.- Hannover 2007 [darin auch ein Gesamtverz. ihrer Briefe]. Vgl. auch das Editionsprojekt „Briefe adeliger Frauen (16.–18. Jh.) Beziehungen und Bezugssysteme“an der Universität Wien unter URL: https://www.univie.ac.at/Geschichte/Frauenbriefe/ (besucht am 10.09.2019), sowie darüber: DORIS AICHHOLZER: Briefe adeliger Frauen. Beziehungen und Bezugssysteme. Ein Projektbericht.- In: Mitteilungen des Instituts für Österreichische Geschichtsforschung 105 (1997) S. 477–483; DIES.: Frauenbriefe aus drei Jahrhunderten. Eine unerschöpfliche Quelle für die Mentalitäts- und Alltagsgeschichte.- In: Frühneuzeit-Info 8/1 (1997) S. 148–152.

1 GEORG STEINHAUSEN (Hrsg.): Briefwechsel Balthasar Paumgartners des Jüngeren mit seiner Gattin Magdalena, geb. Behaim. (1582–1598).- Tübingen 1895 (= Bibliothek des Litt. Vereins; 204). Basierend darauf: STEVEN OZMENT: Magdalena and Balthasar. An intimate Portrait of Life in 16th-Century Europe revealed in the Letters of a Nuremberg Husband and Wife.- New York 1986; dass. in deutscher Sprache: STEVEN OZMENT (Hrsg.): Magdalena & Balthasar. Briefwechsel der Eheleute Paumgartner aus der Lebenswelt des 16. Jahrhunderts.- Frankfurt/M. 1989.

Estländischen Ritterschaft in gewisser Weise ein Grenzgänger, der sich alltäglich in der Welt des Adels bewegte und mit höchsten Würdenträgern bis hin zur schwedischen Königin in Kontakt trat.

Als ich nur ein wenig begriffen hatte, was für reizvolles Quellenmaterial für die Forschung und zugleich was für eine Liebesgeschichte aus dem alten Reval sich hier entdecken ließ, wunderte ich mich, warum bisher niemand sich dieses Materials angenommen hatte. – Jetzt weiß ich es: Die Briefe eröffnen einen eigenen Kosmos; sie sind aus sich heraus nicht verständlich, wenn man sich nicht mit einem lediglich möglichen, also letztlich historisch völlig ungesicherten und wiederum vielleicht fiktiven Ablauf der Liebesgeschichte zufrieden gibt. Denn obwohl die Archivare des 19. Jahrhunderts offensichtlich versucht haben, die Briefe wenigstens grob nach inhaltlichen Gesichtspunkten zu ordnen, handelt es sich im Ergebnis um eine völlig ungesicherte Chronologie und daraus hervorgehend um einen vielfach falschen Ablauf der Liebesgeschichte.

Die Briefe selbst enthalten zwar nur in wenigen Fällen eine konkrete Datierung, jedoch sind in der Regel viele einzelne geschichtliche Details herauslesbar, so dass es fahrlässig wäre, eine Abfolge der Briefe und damit den Verlauf der Liebesgeschichte mit Höhen und Tiefen ausschließlich aus den Texten selbst herauszulesen. Die zeitliche Abfolge der Briefe ist aber für die Interpretation des Einzeltextes von so grundlegender Bedeutung, dass jede weitergehende Analyse sich verbieten würde, wäre nicht die Chronologie des historischen Geschehens – ein mögliches Ende der Liebe eingeschlossen – als Basis jeder weiteren Deutung durch Erforschung des sozial- und personengeschichtlichen Hintergrundes zumindest hinreichend abgesichert. Dass es letztlich nicht gelingen kann, sämtliche angedeuteten oder erwähnten Fäden im Geflecht der historischen Wirklichkeit zu identifizieren und aufzufinden, dürfte verständlich sein. Es ist jedoch nicht damit getan, ›lediglich‹ diese Daten zur Lebensgeschichte zu suchen. Denn wie so oft ergibt sich das eine aus dem anderen. Aus einer gefundenen Nennung ist häufig erst eine neue Spur ersichtlich, der nachgegangen werden muss, um weitere Daten zu erhalten oder um schon Bekanntes erst richtig verstehen zu können. Und nicht selten eröffnen sich in neuen Archivbeständen ganz neue Bereiche, die möglicherweise in den Briefen mit keinem Wort berührt werden – aus welchen Gründen auch immer.

Die Abfolge der Briefe zu rekonstruieren ist nämlich gerade deshalb so schwierig, weil einerseits natürlich – wie in fast allen Fällen überlieferter Korrespondenzen – einzelne Briefe fehlen. Dies kann oft nur erahnt werden, weil Bezugspunkte für die Diskurse fehlen oder Kommunikationslinien brüchig erscheinen. Mehrfach wird ausdrücklich auf den einen oder anderen Brief hingewiesen, der im heutigen Bestand nicht mehr nachweisbar ist. Es ist also mit Sicherheit davon auszugehen, dass eine ganze Reihe von Briefen verloren gegangen ist. Das andere – und größere – Problem für die Rekonstruktion ist jedoch der spezielle Charakter dieses Briefwechsels als geheimer Kommunikation von Partnern, die meistens in unmittelbarer Nähe zueinander waren. Lediglich die jeweiligen Umstände erforderten das Ausweichen auf das schriftliche Medium des Briefes als Ersatz für das unmittelbare Gespräch. Wie häufig dies jedoch geschah und welche konkreten Hintergründe das Gespräch verhinderten, kann höchstens in wenigen Fällen erahnt werden. Öffentliche Begegnungen scheinen grundsätzlich der Alltag gewesen zu sein, wenn es auch Zeiten gab, in denen Caspar und Catharina gerade nicht öffentlich zusammen gesehen werden durften. Aber wann eine Gelegenheit zu intimer Unterredung bestand und wann nicht, ist nicht mehr rekonstruierbar, wenn es nicht ausdrücklich in den Briefen erwähnt ist. Daher fehlt zwischen den Briefen häufig vielleicht ein ›mündlich vermittelter‹ Text, der den beiden Briefpartnern selbstverständlich präsent war. Die auf diese Weise entstandenen Lücken zwischen den Briefen erschweren also eine Rekonstruktion der Abfolge so enorm, gerade weil sie in der Entstehungsgeschichte des Briefwechsels begründet sind.

War ich am Anfang der Meinung, einfach nur eine ›alte Revaler Liebesgeschichte‹ rekonstruieren zu müssen und dann die Briefe und Gedichte eingehend analysieren zu können, so zeigte sich bald, dass die Arbeit viel aufwendiger und diese Liebesgeschichte von viel größerer Tragweite ist, als ich es zunächst für möglich gehalten habe. Denn durch die im Hintergrund drohenden oder schwelenden Konflikte und besonders in der Nachgeschichte zeigt sich eine intensive Verflechtung mit vielen Themenkreisen, die im damaligen Reval zentral waren. Die Liebesgeschichte von Caspar und Catharina war ganz ohne Zweifel in aller Munde. Aber sie geriet in Vergessenheit und war dann bis heute in der städtischen Erinnerung völlig gelöscht. In vielen Quellen scheint manches bewusst nicht erwähnt worden zu sein, anderes wurde wohl vernichtet – oder wartet noch an unbekannter Stelle auf seine Wiederentdeckung. Unter den Archivalien sowohl auf Seiten der Stadt Reval als auch auf Seiten der Estländischen Ritterschaft gibt es erstaunlich wenige Schreiben von Caspar, beispielsweise nicht einen einzigen Brief von ihm bzw. von seiner Hand an den Rat der Stadt oder an die Landräte oder an den Gouverneur. Caspar stand mitten in der Öffentlichkeit und war in seinem Amt offensichtlich durchaus anerkannt und geachtet. Aber der Revaler Rat und noch mehr die Prediger aus der Unterstadt waren angesichts der Gerüchte und des anhaltenden Geredes über Caspar und Catharina nicht nur besorgt, sondern bedrängten beide massiv.

Das gerichtliche Vorgehen des Rates bzw. von Bürgermeister Johann von Thieren gegen Caspar 1644 führt dann aber unmittelbar in die juristische Problematik zwischen Stadt und Land sowie Bürgerschaft und Adel hinein. Und sichtbar ist sogleich, dass die Rechtsräume zuweilen unsicher und dehnbar, sicher auch die Grenzen verwischt sind. Das zweite Viertel des 17. Jahrhunderts ist insgesamt für Reval und Estland eine Zeit des Auf- und Ausbaus, der Fixierung und Festschreibung gerade im Hinblick auf die Verwaltung und Organisation in Stadt und Land. Rat und Ritterschaft bemühen sich um juristische und institutionelle Absicherung, auch gegenüber der schwedischen Regierung, angefangen bei den ständischen Strukturen, über den Handel, das Kirchen- und Bildungswesen bis hin zum Buchhandel und Bibliothekswesen. Aber auch das gegenseitige Verhältnis von Bürgerschaft und Adel, etwa die Rechte im Handel oder beim Erwerb von Haus und Grund, werden neu ausgehandelt mit dem Ziel, Rechtssicherheit zu schaffen. Denn immer wieder führen juristische Unsicherheiten zu langwierigen gerichtlichen Auseinandersetzungen bis hin zum Hofgericht in Stockholm. Auslöser für solche Prozesse, die für Rat und Ritterschaft immer die Gefahr bergen, im Ergebnis einen größeren Einfluss Schwedens zu bringen, sind häufig vermeintliche Kleinigkeiten, die sich schnell ausweiten oder häufen. Und dies gilt eben auch für die Affäre von Caspar mit Catharina, die gewissermaßen im Zwischenraum, einer Grauzone zwischen Adel, Gelehrten und Bürgertum angesiedelt ist.[1] Letztlich geht es für Caspar und Catharina aber um das alltägliche Handeln und Zusammenleben, um Freunde und Gegner. Die Briefe sind – nicht anders als das Leben von Caspar und Catharina – eingebettet in überaus komplexe und miteinander verflochtene Vorgänge.

So reizvoll der von den Briefen eröffnete Kosmos auf der einen Seite ist, so aufwendig und zeitraubend war es zugleich, den vielen hier erwähnten Begebenheiten oder im Hintergrund wirkenden Aspekten nachzugehen. Unzählige Akten mussten in den Archiven kontrolliert, eingesehen und gelesen werden, um vielleicht einige Informationen zu bekommen, die weiterhelfen konnten. Zwar konnte ich durch meine umfangreiche Arbeit zum *Literarischen Leben in Reval 1600–1657*[2] bereits auf eine große Menge an Informationen zugreifen und hatte einen Eindruck von der sozialgeschichtlichen Konstellation zu jener Zeit in Reval, doch wenn es um einzelne Personen oder spezielle Ereignisse ging, war in aller Regel noch viel mehr zu tun. Und schnell zeigten die vorhandenen Hilfsmittel – beispielsweise die Editionen der Bürgerbücher – ihre bis dahin nicht vermuteten Grenzen auf.[3]

Systematisch bearbeitet wurden die Bestände des alten Revaler Stadtarchivs im heutigen Stadtarchiv Tallinn (Tallinna Linnaarhiiv), die für diese Zeit einschlägig sind: Das Magistratsarchiv (Bestand 230) nebst Beständen der Kirchengemeinden und des Konsistoriums sowie weiterer kleiner Einheiten, die

---

1 Siehe dazu in Kürze: MARTIN KLÖKER: Baltischer Adel und städtische Eliten: ständische Grenzen im Wandel. Caspar Meyer (gest. 1654) und Johann Gottfried Herder (1744–1803).- In: Adelskulturen im Baltikum. Identitäten – Konzepte – Praktiken. Akten der internationalen interdisziplinären Tagung, 7.–12. September 2016, Klaipeda (Litauen). Hrsg. von Hans-Jürgen Bömelburg u.a.- Marburg: Herder-Institut [vorauss. 2020].

2 MARTIN KLÖKER: Literarisches Leben in Reval in der ersten Hälfte des 17. Jahrhunderts (1600–1657). Institutionen der Gelehrsamkeit und Dichten bei Gelegenheit. Teil 1: Darstellung, Teil 2: Bibliographie der Revaler Literatur. Drucke von den Anfängen bis 1657.- Tübingen 2005 (= Frühe Neuzeit; 112).

3 Vgl. MARTIN KLÖKER: Blinde Flecken in der Revaler Migrationsgeschichte. Das Bürgerbuch und die Ratsprotokolle.- URL: https://www.herder-institut.de/blog/2019/01/03/blinde-flecken-in-der-revaler-migrationsgeschichte/ (besucht am 30.08.2019).

glücklicherweise komplett in einer zentralen Datenbank recherchierbar – und zum Teil sogar online digital einsehbar – sind. Gleiches gilt für die Bestände der Estländischen Ritterschaft (Bestand 854), des Estländischen Oberlandgerichts (Bestand 858), und des Estländischen Gouverneurs (Bestand 1) nebst Burggericht (Bestand 2), die im Estnischen Historischen Archiv (Eesti Ajalooarhiiv) bewahrt wurden, das heute Teil des Estnischen Nationalrchivs (Rahvusarhiiv) in Tartu ist. Aber natürlich ist die Erschließung der Bestände nur im seltensten Fall so tief, dass etwa Namen und Daten verlässlich und vollständig zu finden wären. Deshalb war auch dort ein unglaublicher Berg von Akten zu durchstöbern, um vielleicht das eine oder andere wichtige Stück finden zu können. Gleichwohl bleibt das Gefühl, etwas übersehen oder nicht gefunden zu haben.

Ähnlich müsste ganz ohne Zweifel in Schweden mindestens im Reichsarchiv und in der Königlichen Bibliothek, vielleicht auch in Uppsala nachgeforscht werden. Soweit dies über Datenbanken im Internet möglich war, wurde dieser Weg beschritten. Da jedoch keine konkreten Hinweise auf beispielsweise Briefe von Caspar Meyer oder Akten des königlichen Hofes etwa zur Frage seiner möglichen Nobilitierung – daher vermutlich sein späterer Name ›Rosenstock‹ – gefunden wurden, blieb es bei diesen ersten Versuchen. Alles weitere hätte viele Wochen Arbeit mit offenem Ausgang erfordert und wurde deshalb zurückgestellt auf später einmal. Genau so liegt es bei den ganz gewiss in Rostock vorhandenen Archivalien zur frühen Geschichte von Caspar und seiner Frau. Auch hier müsste im Stadtarchiv und vielleicht im Universitätsarchiv nachgeforscht werden. Eine briefliche Anfrage im Rostocker Stadtarchiv erbrachte dann auch nicht mehr als diese Erkenntnis. Direkte Hinweise beispielsweise über die familiäre Herkunft von Caspar und Geburtsdaten gab es leider nicht. Dass einschlägige Nachweisinstrumente benutzt wurden, soweit sie zugänglich waren, versteht sich von selbst. Darüber hinaus müsste in Riga der erst kurz vor Drucklegung entdeckten Anstellung Caspars bei der Stadt nachgegangen werden. Gut möglich, dass sich mithilfe der dort noch vorhandenen Archivalien etwas mehr Licht in die kurze Episode in Caspars Leben bringen ließe. Auch diese Nachforschungen mussten hier jedoch zurückgestellt werden.

Das in Tallinn und Tartu gefundene Material hat alle Erwartungen weit übertroffen. Nicht, dass alle Fragen beantwortet werden konnten – allzu oft konnte das konkret Gesuchte eben gerade nicht gefunden werden, wohingegen neue Informationen und Spuren auftauchten. Es taten sich neue Felder auf, die ein ganz anderes Licht auf Caspar und Catharina werfen. All diese Dokumente hier angemessen mit einzubauen war unmöglich, denn es hätte die Briefe zur Nebensache gemacht. Deshalb habe ich bewusst die aus den Archivalien wichtigen Hintergründe zwar erwähnt, mich aber mit den Nachweisen zurückgehalten. Denn das weitere Material soll in einem nächsten Schritt gesondert vorgestellt werden. Es enthält manch neue ›Geschichte‹ um die beiden

Liebenden und ihre Familien. Aber vor allem wird dort in der Nachgeschichte der Briefe und der Liebesgeschichte, also der Jahre nach 1654, durch einen juristischen Prozess gegen Catharina und ihre Familie vielfach rückblickend eine ganz andere Perspektive auf die beiden Personen in ihrem Umfeld möglich. Es bleibt zu hoffen, dass es gelingt, diese Liebesgeschichte aus Dokumenten bald folgen zu lassen.

Dass hier nun aber die Briefe endlich vorgelegt werden können, verdanke ich einer Anstellung am Under und Tuglas Literaturzentrum (Underi ja Tuglase Kirjanduskeskus, UTKK) der Estnischen Akademie der Wissenschaften in Tallinn, wo diese Edition als Teilprojekt in dem von der Estnischen Wissenschaftsagentur (Sihtasutus Eesti Teadusagentuur) finanzierten Großprojekt *Entangled Literatures: Discursive History of Literary Culture in Estonia* (IUT28-1) eingebracht werden konnte. Es hat auch die Drucklegung durch einen namhaften Druckkostenzuschuss ermöglicht. Neben zahllosen Kolleginnen und Kollegen, die im Gespräch größtes fachliches Interesse an einer solchen Edition zeigten, verdanke ich den mir namentlich unbekannten Gutachtern der Deutschen Forschungsgemeinschaft (DFG), die einen diesbezüglichen Antrag mit deutlicher Empfehlung ausstatteten, nachhaltige Unterstützung. Es sind die vielfältigen, glücklicherweise nicht endenden Ermunterungen, dieses Buch unbedingt zu schreiben, die mich trotz der Ablehnung des Projekts durch die DFG und nachfolgend durch die Thyssen-Stiftung (und damit fehlender institutioneller bzw. finanzieller Unterstützung aus Deutschland) zum Durchhalten befähigt haben.

Um so mehr ist der Weitblick des UTKK unter der Leitung von Jaan Undusk hervorzuheben, das seine Aufgabe in der gesellschaftlichen Reflexion von Literatur in historischer wie gegenwartsbezogener Dimension für die beständig notwendige Selbstvergewisserung Estlands gerade abseits von Nationalismen erfüllt. Die nun schon über 25 Jahre erfolgreiche Strategie der Versammlung und Verflechtung ausgewiesener literaturwissenschaftlicher Kompetenz in interdisziplinärer kulturgeschichtlicher Ausrichtung unter einem forschungstheoretischen Dach leistet einen wesentlichen Beitrag zum Verständnis und zur gesellschaftlichen Anerkennung des estländischen kulturellen Erbes. Dieses Erbe ist eben nicht allein ›estnisch‹, sondern auch deutsch, russisch, schwedisch, polnisch und vieles mehr, und so hat es seine tiefe Berechtigung, von den baltischen Literaturen im Plural zu sprechen und den Fokus auf ihre Verflechtung zu lenken. Leider existiert auf deutscher Seite bisher kein institutioneller Gegenpart für die baltischen Literaturen, der an dieser gemeinsamen Aufgabe mit ähnlichem Bewusstsein arbeiten könnte. Das hier vorgelegte Buch sollte jedoch deutlich genug sichtbar machen, dass unsere gemeinsame Geschichte auch gemeinsame Anstrengungen um Erforschung und Vergegenwärtigung braucht.

In einer Zeit wachsender nationaler Egoismen bedarf es offensichtlich der Rückbesinnung auf Geschichte als Raum der Begegnung, in dem wir Menschen viel über uns erfahren und lernen. Dass ich in Estland und darüber hinaus auf so viele Kolleginnen und Kollegen traf, die in der gemeinsamen historisch-geisteswissenschaftlichen Arbeit genau von diesem Bewusstsein immer wieder getragen werden und damit ein unverzichtbares Herzstück der auf kulturgeschichtlicher Verflechtung gründenden europäischen Identität bilden, gehört zu den schönsten und hoffnungsvollsten Ergebnissen dieser Arbeit. So bleibt vor allem all den Kolleginnen und Kollegen Dank zu sagen, die durch ihre Unterstützung dieses Buch möglich gemacht haben.

Das gilt selbstverständlich auch für die vielen Mitarbeiterinnen und Mitarbeiter in den Archiven und Bibliotheken, die mir Berge von Akten herangeschafft haben und bei Fragen immer hilfreich zur Seite standen. Im Stadtarchiv Tallinn war dies vor allem Indrek Hinrikus, der im Lesesaal ebenso ruhig wie betriebsam meine Wünsche erfüllte und mir in vielfältiger Weise Beistand leistete. Von der stellvertretenden Leiterin Lea Kõiv habe ich jede nur denkbare Hilfe bekommen. Ihre beeindruckende fachliche Kompetenz und ihre Bereitschaft, von mir aufgeworfenen Fragen sogleich selbständig nachzugehen, wie auch das beständige lebhafte Interesse an meinen Entdeckungen und Arbeitsfortschritten müssen besonders hervorgehoben werde. Ohne sie wäre diese Arbeit nicht in dieser Form entstanden. Darüber hinaus ist dem Stadtarchiv für einen großzügigen Druckkostenzuschuss zu danken. Für die Arbeiten im Estnischen Historischen Archiv in Tartu bin ich namentlich Katre Kaju zu größtem Dank verpflichtet, die meine Arbeiten immer mit großem Interesse und tatkräftiger Unterstützung begleitete und deren eigene Forschungen mir nachhaltige Anregungen gaben.

Schließlich ist meinen Kindern und meiner Frau zu danken. Sie haben die besonderen Arbeitsumstände ertragen müssen und mir die Freiräume eröffnet, die für die Arbeit an diesem Buch notwendig waren. Möge das nun vorliegende Ergebnis als eine kleine Entschädigung die Anerkennung finden, die ich ihm wünsche.

Georgsmarienhütte, im Frühjahr 2020

Martin Klöker

Dem geneigten Leser

Bevor hier nun die Briefe von Caspar und Catharina präsentiert werden, soll zunächst ein Blick auf die Vorgeschichte geworfen werden. Denn die Briefe beginnen erst im Jahre 1636. Was aber bis zu diesem Zeitpunkt geschehen ist, mit wem wir es überhaupt zu tun haben und auf welche Weise die beiden sich in der alten Hansestadt Reval begegneten, kann auf diesen wenigen Seiten in Erfahrung gebracht werden.

Im Anschluss daran sind die Briefe in rekonstruierter Chronologie zu finden. Dabei wird für die Kommentierung zur besseren Unterscheidung eine abweichende Schriftart benutzt, während die Briefe selbst in der wie hier üblichen Grundschrift gesetzt sind. Die Briefe ergeben nur historisch relevanten Sinn, wenn ihre Chronologie wieder hergestellt und damit der Ablauf der Ereignisse in richtiger und logischer Folge rekonstruiert wird. Denn für diese Liebesgeschichte ist der Verlauf und insbesondere das Ende entscheidend. So ist aus dem Bestand zunächst nicht ohne weiteres ersichtlich, ob ein Zerwürfnis und eine Trennung, von denen unzweifelhaft zu lesen ist, am Ende stehen oder lediglich Phasen in der andauernden Beziehung sind.

In Verbindung mit den realgeschichtlichen Daten habe ich deshalb versucht, eine logische Chronologie zu rekonstruieren, so weit dies anhand der Briefe selbst und der Hinweise auf externe Daten feststellbar ist. Selbstverständlich gibt es auch hier zahlreiche Interpretationsspielräume. Vielfach war eine Abwägung notwendig, und durch Ausschlussverfahren musste bestimmt werden, wann es gewesen sein könnte. Um die Anspielungen in den Briefen verstehen zu können, muss man tief in die Geschichte des Ortes und des Landes und einzelner Personen eindringen. Dabei reicht es in aller Regel eben nicht, die großen Linien zu kennen, sondern es sind gerade die einzelnen, genau datierten Begebenheiten, anhand derer eine Datierung der Briefe gelingen kann. Das ist verständlicher Weise nie ganz erreichbar, aber zumindest in Ansätzen. Und das ist für die Chronologie von grundlegender Bedeutung. Denn daraus ergibt sich die hier zu findende Abfolge und Darbietung.

Jeder einzelne Brief ist zunächst mit einer neuen laufenden Nummer (001 bis 102) versehen worden. Darauf folgt in derselben Zeile die angesetzte Datierung. Wenn es sich um eine im Brief vorhandene Datierung handelt, ist nur das Datum genannt. Bei undatierten Briefen wird dies durch den Zusatz „[undatiert]" hervorgehoben.

In der nächsten Zeile folgt in etwas größerer Schrift die Angabe von Briefschreiber und Briefempfänger, gegebenenfalls unter Zusatz des Aufenthaltsortes. Außerdem ist bei den Namen durch nachgestellte Buchstaben die Art der originalen Nennung markiert: Wenn der Name direkt genannt ist, gibt es keine Markierung. Ist der Verfasser anonym, also keiner irgend gearteten Nennung zu entnehmen, folgt dem Namen hochgestellt ein a: [a]. Handelt es sich um eine Nennung in Form von Initialen, folgt ein i: [i]. Schließlich wird die Verwendung von Pseudonymen (hier besonders in Form von Anagramm und Ananym) durch ein p markiert: [p].

In der nächsten Zeile wird etwas eingerückt der Nachweis des Originals im Stadtarchiv Tallinn (TLA) mit Signatur und Seitenangabe aufgeführt. Es handelt sich fast ausschließlich um Briefe und Gedichte aus TLA 230-1-BO 6 und TLA 230-1-BO 10, die deshalb nur verkürzt mit BO 6 bzw. BO 10 wiedergegeben werden. Bei dem einen weiteren Brief, den ich in einem anderen Bestand finden und hier ergänzen konnte, wird die Signatur vollständig genannt. Zusätzlich wird der Umfang des Dokuments, bei Abweichungen vom normalen Blatt-Format (Folio) auch eine ungefähre Größenangabe sowie Besonderheiten (wie Ausrisse, Erhaltungszustand, Siegel usw.) notiert.

Dann erfolgt ein Abschnitt zur ›Datierung‹, in dem die Argumente versammelt sind, warum dieser Brief an dieser Stelle im Briefwechsel und zu dem genannten Datum eingeordnet wurde. Ganz bewusst werden hier auch die vorhandenen Interpretationsräume und offene Fragen festgehalten, um möglicherweise auftauchende neue Informationen zur Datierung besser einbauen zu können. Auch die inhaltlichen Zusammenhänge mit anderen Briefen bezüglich der Chronologie sind an dieser Stelle genannt.

Daraufhin wird der ›Inhalt‹ des Briefes in ausführlicher Paraphrase wiedergegeben. Hierzu gehören auch Verdeutlichungen und Erklärungen – soweit nicht bereits unter ›Datierung‹ gegeben. Die somit notwendige Interpretation geht einher mit dem Ziel, das Original in verständlicher Sprache zu vermitteln. Das erscheint insbesondere bei dem niederdeutschen Brief von Catharinas Mutter (Nr. 090) wichtig, weil die Kenntnisse dieser Sprache doch weithin verschwunden sind. Dabei stellt gerade dieser Brief ein ganz beachtliches Zeugnis für das Ende der niederdeutschen Sprache in Estland dar. Die noch im 16. Jahrhundert geborene Elterngeneration schrieb offenbar noch ganz selbstverständlich ein Niederdeutsch, das die nächste Generation zwar mühelos verstand, vielleicht sogar zuweilen sprach, aber nicht mehr selbst schrieb.

Der dritte Textblock schließlich enthält den Text des jeweiligen Originalbriefs in möglichst getreuer Darbietung. Dazu sind die Zeilenumbrüche beibehalten worden, auch die Anordnung auf dem Blatt mit Einrückungen oder dergleichen wird annähernd nachgeahmt. Abweichend zu der heute üblichen Blattfolge im Bestand, aber dem natürlichen Aufbau eines Briefes entsprechend, wird jedoch zunächst eine gegebenenfalls vorhandene Anschrift wiedergegeben, auf die dann der Text folgt. Die Transkription ist wiederum bemüht, möglichst viel vom Original beizubehalten, damit ein unverstelltes Eintauchen in das zeitgenössische Schreiben möglich wird. Das gilt insbesondere für die Rechtschreibung und die Zeichensetzung, aber auch für die häufigen Korrekturen mit Streichungen oder nachträglichen Ergänzungen über der Zeile. Sie bieten nicht selten Interpretationsspielräume für den Gedankengang der Schreiberinnen und Schreiber. Ebenso wurden Abkürzungen beibehalten, sind allerdings über ein Verzeichnis im Anhang ggf. zu entschlüsseln. Dabei ist auf eine Besonderheit im Hinblick auf die lateinische Endung -us hinzuweisen, die – wie üblich bei den Gelehrten – von Caspar meistens als Schnörkel abgekürzt wurde und wie eine tiefgestellte ›9‹ oder ein ›g‹ aussieht (z.B. ›Bernhard9‹ für ›Bernhardus‹). Dieses Kürzel wurde hier in aller Regel aufgelöst, wenn es eindeutig zu identifizieren war. Allerdings gibt es bei Caspar eine Besonderheit bei der Schreibung des Namens von Hermann Claussen. Caspar schreibt durchgängig Clagson/Clagsen. Jedoch ist bei fast allen anderen Schreibern (nicht nur hier in den Briefen, sondern auch in den weiteren Archivalien) eine Namensform mit ›au‹ zu finden: Claussen/Clausson/Claussohn/Claußon usw. Es ist nicht von der Hand zu weisen, dass Caspar hier das Kürzel für -us- eingesetzt haben könnte und deshalb die auffällige Namensform nur bei ihm zu finden ist. Da hin und wieder zu sehen ist, dass die Abschreiber von Caspars Protokollen beispielsweise auch ›Clagson‹ von ihm übernehmen, scheinen die Zeitgenossen dies zumindest nicht immer erkannt zu haben. Deshalb wird hier die Schreibung von Caspar original beibehalten, soweit dies im Rahmen der zu jener Zeit üblichen Varianten erkennbar ist. Das gilt übrigens auch für die auffällige Rechtschreibung bei Caspar. Speziell ist auf die Großschreibung von N und M auch innerhalb von Wörtern hinzuweisen, die ins Auge fallen, sowie auf die häufige Verwendung von ›nit‹ anstatt von ›nicht‹. All dies ist sprachgeschichtlich relevant und macht das Charakteristische der Briefe und des jeweils eigenen persönlichen Schreibstils aus.

Rostock 1641

Die Vorgeschichte

Caspar Meyer kam aus Rostock. Über seine Familie ist bisher lediglich bekannt, dass er eine Schwester namens Margareta hatte, die noch 1655 als Witwe des Thies Schwaße in Rostock lebte.[1] Im Februar 1622 wurde Caspar an der Universität Rostock immatrikuliert.[2] Da er nicht als minderjährig ausgewiesen wurde, müsste er mindestens 16 Jahre alt gewesen sein, vielleicht auch etwas älter, und sein Geburtsjahr wäre 1605 oder etwas früher anzusetzen. Bereits am 19. Oktober 1623 wurde er dann in die Matrikel der Universität Kopenhagen als „Casparus Mejerus Rostochiensis, depositus Rostochii" eingetragen, hatte also den Depositionsritus in Rostock über sich ergehen lassen und sicher bereits erste akademische Studien – wohl an der Rostocker Stadtschule – absolviert.[3] Dass zugleich der Theologieprofessor und zeitweilige Rektor der Kopenhagener Universität Caspar Erasmus Brochmand (1585–1652) als Privatlehrer angegeben wird, deutet auf eine gute finanzielle Ausstattung des Studenten, aus welcher Quelle auch immer. Leider ist über das weitere Studium in Kopenhagen oder an anderen Orten bisher nichts bekannt.

Einige Jahre darauf kehrte Caspar nach Rostock zurück und trat in den Stand der Ehe. Seine Braut war Sophia Dobbin, die Witwe des 1627 verstorbenen Rostocker Professors und Doktors beider Rechte Azarius Sturtz (1581–1627),[4] dessen Großvater Christoph Sturtz (1602) Kanzler des Erzbischofs Wilhelm von Riga (1498–1563) und Erbherr auf Serben (lett. Dzērbene) in Livland war.[5] Sophia stammte aus einer der vornehmsten Rostocker Familien,

---

1 Vermutlich der im Rostocker Bürgerbuch (1596–1652) verzeichnete Ties Schwasse, der am 30.08.1617 Bürger in Rostock wurde und Bootsmann war. Vgl. Brief von Bürgermeister und Rat der Stadt Rostock an den Revaler Rat vom 12. September 1655.- TLA 230-1-BB 41, Bl. 422r–423v.

2 Matrikelportal Rostock, URL: http://matrikel.uni-rostock.de/id/100026865 (besucht am 04.09.2019).

3 Kjøbenhavns universitets matrikel. Hrsg. von S. Birket Smith. Bd. I: 1611–1667.- Kjøbenhavn 1890, S. 62.

4 Programma In Exequiis Solemnibus Viri Nobilißimi Amplißimi & Consultißimi Dn. Azariæ Sturzii, Historiarum in hac almâ Academia Professoris Clarissimi, Illustriss. ac Celsiss. Principum Megapol. in Poloniâ exlegati, & Illustriss. ac Celsissimorum principum Holsatiæ lineæ Sonderbergensis consiliarij præcipui, collegæ nostri desideratissimi Publicè propositum.- Rostochii Literis Joachimi Pedani, Acad. Typ. Anno M DC XXVII. [Autor: Rector Academiæ Rostochiensis Johannes Cothman S.S. Theologiæ Licentiatus & Professor. Unterzeichnet: P.P. Rostochij sub sigillo Academiæ 2. Jul. Anno 1627.] Nachweis: VD17 56:725153M. – Threnodiæ in exequias Quas Nobilissimo, Consultissimo, atq. Excellentissimo Viro, Azariæ Sturtzio, Icto celeberrimo in Academiaa Rhodopolitana Historiam Professori [...] Anno M.DC.XXVII. Nachweis: VD17 56:725137D.

5 Vgl. Adolph Hofmeister: „Sturtz".- In: Allgemeine Deutsche Biographie 37 (1894), S. 52–54; Zedler Bd. 40 (1744) Sp. 1439; Klaus Neitmann: Ein Franke an den „weit entlegenen Enden der Christenheit". Erzbischof Wilhelm von Riga zwischen „inländischem" und „ausländischem" Herrschaftspersonal.- In: Anti Selart, Matthias Thum-

ihr Vater Stephan Dobbin (um 1541–1603), ihr Großvater Albrecht Dobbin (1507–1588/89) und ihr Urgroßvater Nicolaus Dobbin (1470–1553), der lange Jahre in Livland Kriegsdienst geleistet hatte, waren genau wie ihr Bruder Albrecht (1568–1632) Ratsheren in Rostock.[1] Ihre Schwester Anna war seit 1604 mit dem Syndikus und Bürgermeister Dr. Johann Derenthal (1575–1630) in Reval verheiratet. Die Schwestern trafen also wieder zusammen, als Sophia mit Caspar 1634 nach Reval kam.[2]

Sophia hatte mit ihrem ersten Mann, den sie 1610 geheiratet hatte, sechs Kinder, von denen die Tochter Sophia bereits am 12. Februar 1626 gestorben war. Zwei weitere Töchter, Catharina Elisabeth und Anna-Margareta, haben wohl noch 1677 („um die Zeit des großen Brandes“) unverheiratet in Rostock gelebt. Der Sohn Johann Christoph wurde 1631 an der Universität Jena und im Dezember 1634 dann an der Universität Greifswald immatrikuliert. Wahrscheinlich er war es, der daraufhin Anfang 1649 als Ratsherr der Stadt Greifswald mit einer Gesandtschaft der Landstände zur schwedischen Königin nach Stockholm reiste.[3] Sein Bruder Bernhard Friedrich lebte noch 1654 und hielt sich zeitweilig in Reval auf, studierte anscheinend noch um 1650 in Stockholm oder Åbo. Der dritte Sohn schließlich, wie der Vater Azarias (Zacharias) genannt, starb bereits am 8. Februar 1630 in Rostock. Dem akademischen Trauerprogramm von der Universität ist zu entnehmen, dass er am 8. März 1620 geboren war und die Mutter beim Tod des Sohnes bereits Caspar Meyer geheiratet hatte. Welches Amt Caspar zu jener Zeit ausübte, ist der kleinen Druckschrift leider nicht zu entnehmen.[4] Aber er hatte offenbar die Rechte studiert,

---

SER (Hrsg.): Livland – eine Region am Ende der Welt? Forschungen zum Verhältnis zwischen Zentrum und Peripherie im späten Mittelalter / Livonia – a Region at the End of the World? Studies on the Relations between Centre and Periphery in the Later Middle Ages.- Köln, Weimar, Wien 2017, S. 141–181.

1 Vgl. GERD MÖHLMANN: Geschlechter der Hansestadt Rostock im 13. bis 18. Jahrhundert.- Neustadt a.d.Aisch 1975 (= Genealogie und Landesgeschichte, 25); FRANZ SCHUBERT: Bürgerbücher aus Mecklenburg L 1.2 Rostock 1596–1652.- Kitzingen 1998. Über ihren Bruder vgl.: Rector Academiæ Rostochiensis Johannes Quistorpius S. S. Theol. D. Professor & Ecclesiast. Ad Exequias, quas Dn. Alberto Dobbin, Urbis huius Senatori Prudentissimo Vidua Liberique ejusdem moestissimi In templo Jacobæo ad hodiernam mediam primam paratas cupiunt, Omnes omnium ordinum Academiæ Cives peramanter invitat.- Rostochii Typis Joachimi Pedani Acad. Typ. Anno M. DC. XXXII. Nachweis: VD17 28:726722W.

2 Vgl. KLÖKER: Literarisches Leben (2005) I, S. 661. Anna Dobbin wurde am 13.09.1637 in St. Olai begraben.

3 Vgl. THOMAS HEINRICH GADEBUSCH: Schwedischpommersche Staatskunde. Erster Theil.- Greifswald 1786, S. 5.

4 Programma In obitum immaturum, Ut optimæ indolis, ita & spei optimæ pueri Azariæ Dn. Azariæ Sturzii, Historiarum quondam in hac almâ Academiâ Professoris Clarissimi, & Illustris. ac Celsissimorum principum Holsatiæ lineæ Sonderborgensis consiliarij præcipui, filij. Publicè propositum.- Rostochii Excudebat Joachimus Pedanus, Acad. Typ. Anno M. DC. XXX. [Autor: Rector Academiæ Rostochiensis, Joachimus Stockmannus Physices Professor. Unterzeichnet: P.P. Sub sigillo Rectoratus ad diem 11. Febr. Anno 1630.] Nachweis: VD17 28:726964Y.

so dass er in den rechtsgelehrten Kreisen der Familien Sturtz und Dobbin wohl bekannt gewesen sein dürfte und gewiss auch Förderer finden konnte.

Am 22. Februar 1630 erschien in Rostock ein lateinisches Trauergedicht von „CASPARVS MEYER Rostoch[iensis].“ in einem Sammeldruck von „Freunden“ auf den Tod des aus Reval gebürtigen Studenten Georg von Wangersen (Wangersheim).[1]

QUo juvenis properas oculos huc flecte[,] parumper
  Lætus eris, sed mox non sine lachrimulis.
Hanc quem pertraxit studiorum fervor ad urbem
  Sternitur: heu hominum quam malè vita stata est:
Ætatis primum punctum properabat ad ipsum,
  Qui, vigor, in membris debuit esse fuit,
Non fortunatus nimium. Studiosus honesti,
  Mortis sustinuit durum etiam imperium.
Nam licuit multis ad patria rura reverti,
  At illum reducem noluit esse Deus.
Ad caros vitam si Parca severa dedisset,
  Certior hunc multo fama secuta foret.
Atque ideo humanis præter spem rebus ademptum
  Te luget madidis plurima turba genis.
Si quibus inconstans peperit fortuna dolorem
  Hic, ah: se socium, dicere jure potest.
Sed venerare Deum, si mox cupis esse beatus:
  In cæca heu transfert tartara nos vitium.[2]

[Jüngling, wohin auch immer du eilst, wende den Blick hierher:
  für kurze Zeit wirst du froh sein, aber bald nicht ohne Tränen.
Den die Leidenschaft zum Studium in diese Stadt hier geführt hat,
  er wird niedergestreckt: Ach, wie übel ist des Menschen Leben geordnet:
Zum ersten Höhepunkt seines Lebensalters eilte er,
  welchem Lebenskraft in den Gliedern gewesen ist, wie es sein sollte,
jedoch nicht genug Glück. Nach Ehre strebend,

1 Lacrumae Super acerbo funere Nobilis, Ornatissimi Ac Doctissimi Juvenis Dn. Georgii â Wangersen Revaliensis Livoni, Qui cum die 16. Februarij à quodam confossus piè & placide exspirasset, die 22. ejusdem in æde D. Jacobi honorifice humatus est, ab amicis, quibus triste sui desiderium discedens reliquit, magno animi moerore profusæ.- Rostochii, Ab Augustino Ferbero excusæ, Anno M. DC. XXX. – Nachweis bei KLÖKER: Literarisches Leben (2005) II, Nr. 055, S. 86–87. Nicht im VD17. Bisher ist nur ein unvollständiges Exemplar nachweisbar. Meyers Beitrag befindet sich auf Bl. A4^{v}. Die Beiträger darin sind (in dieser Reihenfolge): Heinrich Krauthoff, Johannes Huswedelius, Heinrich Vulpius, Gerhard Ligarius, Constantin Giese, Caspar Meyer, Andreas Trosin, Johannes Piper, Johannes Hofmann, Johannes Schnobelius, Joachim Simonius, N.N. [defekt].

2 Der Text ist offensichtlich sehr nachlässig gesetzt worden und enthält eine Reihe von Druckfehlern, die hier korrigiert wurden: Zeile 1 steht im Original nach ›flecte‹ kein Satzzeichen; Zeile 6 endet mit Punkt; Zeile 7 ist ›Studiosus‹ trotz vorhergehendem Punkt klein; Zeile 9 endet mit Punkt; Zeile 11 steht ›canos‹ statt ›caros‹; Zeile 14 steht ›plutima‹ statt ›plurima‹; Zeile 18 steht ›vittum‹ statt ›vitium‹.

hat er die harte Macht des Todes auch ertragen.
Denn vielen war es vergönnt, in ihr Vaterland zurückzukehren,
doch jenen hat Gott nicht zurückbringen wollen.
Wenn das strenge Schicksal das Leben bei den Lieben gegeben hätte,
ganz sicher wäre ihm Ruhm zuteil geworden.
und deshalb, gegen die Hoffnung auf menschliches Leben hinweggerissen,
trauert über dich die riesige Volksmenge mit weinenden Gesichtern.
Wenn das unbeständige Schicksal jemandem Schmerz erworben hat,
dann hier, Ach! Mit Recht kann man sagen: des Schmerzes Kamerad.
Aber ehre Gott, wenn du bald gesegnet sein willst:
denn die Sünde bringt uns hinüber in dunkle Unterwelten.][1]

Das kleine Epicedium von neun Distichen ist nichts besonderes; soetwas gehörte zum gelehrten Handwerkszeug, das auf der Schule erlernt wurde und vor allem der humanistischen Kommunikation und rhetorisch-poetischer Gemeinschaftsstiftung diente. In Sprache und Metrik zeigen sich Unsicherheiten des Verfassers mit der lateinischen Syntax und Prosodie. Auffällig ist jedoch, dass in diesem Trauergedicht zwar die Klage über den Tod (lamentatio) und das Lob des verstorbenen Studenten wie im rhetorischen Aufbau üblich ausgestaltet sind. Aber gerade der Trostteil mit einer Adressierung an die Hinterbliebenen, die Familie und Freunde, fehlt völlig. Caspar nutzt hier also nicht die Chance der direkten Anrede an die Eltern des Studenten in Reval, die ihm wohl noch unbekannt waren.

Leider hat er auch in der Unterzeichnung des Trauergedichts keinen Hinweis gegeben, warum er dieses verfasste. Dass er den Verstorbenen näher kannte oder gar eng mit ihm befreundet war, ist wenig wahrscheinlich, da es über die Verfassergemeinschaft des Sammeldruckes („ab amicis") hinaus keinerlei Hinweise in diese Richtung gibt. Im Gedicht ist kein persönliches Wort enthalten, so dass von einer eher allgemeinen Bekanntschaft auszugehen ist. Möglich ist aber, dass der gewaltsame Tod Georg von Wangersens in Rostock ein juristisches Nachspiel hatte, in dem Caspar – als Jurist und Anwalt oder Notar? – irgend eine Rolle spielte.

Jedenfalls ist in diesem Gedicht die erste direkte Verbindung von Caspar nach Reval zu entdecken. Und es handelte sich schließlich nicht um irgendwen, der da betrauert wurde. Der Vater des verstorbenen – aus ›Nationenhass‹ ermordeten! – Studenten war kein geringerer als der Revaler Bürgermeister Georg von Wangersen (1579–1654), der in Reval als Förderer des Gymnasiums und der Gelehrten insgesamt großen Einfluss besaß.

Außerdem war an der Rostocker Trauerschrift auch der Schulrektor Magister Heinrich Vulpius († 1646) beteiligt, der dann 1632 als Rektor an das neu gegründete Revaler Gymnasium wechseln sollte. Unter diesem dürfte Caspar die Stadtschule in Rostock besucht haben. Vielleicht gab dieser auch den An-

1 Für Unterstützung bei der Übersetzung und eine neolatinistische Einschätzung des Gedichts danke ich Kristi Viiding (Tallinn/Tartu).

stoß zum Wechsel nach Reval. Vulpius wurde zwar schon 1631 nach Reval berufen, erhielt jedoch erst am 4. September 1632 sein Entlassungsschreiben vom Rostocker Rat und wurde in Reval am 2. November des Jahres als Rektor am Gymnasium eingeführt.

Hatte Caspar im Februar 1630 sein Gedicht ohne eigene Amtsbezeichnung abgeliefert, so weisen verschiedene Schriftstücke aus seiner Tätigkeit ihn dann seit mindestens Oktober 1630 als öffentlichen Notar (›Notarius publicus‹) in Rostock aus, seit November des Jahres dann auch als Prokurator des Obergerichts („iudicijus superioris procurator"). Im Dezember 1631 bewarb Caspar sich um die Stelle des am 23. November verstorbenen Theodorus Protten als Sekretär am Rostocker Niedergericht, hat das Amt jedoch aus unbekannten Gründen nicht übernommen. Weitere im Archiv der Estländischen Ritterschaft erhaltene Schriftstücke weisen ihn bis zum 26. Juni 1632 als ›Notarius publicus‹ aus. Das letzte Dokument seiner Rostocker Zeit stammt vom 8. Juli des Jahres 1632 und enthält eine Zeugenaussage, die Caspar als ›kaiserlicher Notarius‹ protokollierte.

Mecklenburg war seit 1627 in der Hand von kaiserlichen Truppen unter Führung von Herzog Albrecht Wenzel Eusebius von Waldstein (1583–1634), besser bekannt unter dem Namen Wallenstein, der die Geschichte des Dreißigjährigen Krieges maßgeblich mitbestimmte. Am 9. April 1628 wurde die förmliche Huldigung Rostocks an Wallenstein vollzogen, aber der Herzog hat die am 16./18. Oktober des Jahres eingenommene Stadt nie betreten. 1630 wurde die Besatzung auf 4000 Mann zu Fuß und 4 Reiterkompanien verstärkt. Als Rostock jedoch im Herbst 1631 durch die Schweden belagert wurde, waren nur noch wenige kaiserliche Truppen am Ort. Die Ermordung des kaiserlichen Stadtkommandanten durch den Juristen Jakob Varmeier am 1. Februar 1631 hätte allerdings fast zur Katastrophe geführt. Nur mit viel diplomatischem Geschick konnte der Theologieprofessor und Rektor der Universität Johann Quistorp (1584–1648) das drohende Massaker durch das rachsüchtige Militär glücklich verhindern. Am 16. Oktober 1631 kapitulierte die Stadt vor den Schweden, ein Protektoratsvertrag wurde dann am 29. Februar 1632 geschlossen.[1]

Ob es diese dem Krieg geschuldeten Ereignisse in Rostock waren oder aber verlockende Aussichten in Livland – Caspar und seine Frau scheinen die Übersiedelung nach Livland geplant zu haben. Am 6. Juni 1632 verkauften sie

---

1 Vgl. KARSTEN SCHRÖDER: In deinen Mauern herrsche Eintracht und allgemeines Wohlergehen. Eine Geschichte der Stadt Rostock von ihren Ursprüngen bis zum Jahr 1990.- Rostock 2003; VICKE SCHORLER: Rostocker Chronik 1584–1625. Hrsg. von INGRID EHLERS.- Rostock 2000 (= Veröffentlichungen der Historischen Kommission für Mecklenburg / C; 3); KARL-FRIEDRICH OLECHNOWITZ: Rostock. Von der Stadtrechtsbestätigung im Jahre 1218 bis zur bürgerlich-demokratischen Revolution von 1848/49.- Rostock 1968 (= Beiträge zur Geschichte der Stadt Rostock: regionalgeschichtl. Jahrbuch d. mecklenburgischen Seestädte; [1]); Beiträge zur Geschichte der Stadt Rostock. Hrsg. v. Verein für Rostocker Geschichte. Bd. 1 ff.- Rostock 1890 ff.

ihre Grabstätte in der St. Jakobi Kirche zu Rostock an den Bürger Hans Danckwart. Leider ist unklar, ob diese Grabstätte aus Caspars eigenem oder dem Besitz seiner Frau stammte. Das Konzept für den Kaufvertrag von Caspars Hand weist ein in diesem Zusammenhang vielleicht nicht unwichtiges Detail auf: Das Schriftstück beginnt: „Jch Casparus Meyer [...]" und war zunächst nur für seine Person in der Ich-Form geschrieben. Im Nachhinein wurde von ihm dann über der Zeile „vnd Sophia Dobbins" ergänzt sowie an allen betreffenden Stellen vom Singular zum Plural korrigiert. Die Initiative ging folglich wohl von ihm aus; seine Frau hatte sich vielleicht nur widerwillig gefügt, beanspruchte aber Geltung. In den folgenden Jahren wird sich zeigen, dass sie nur selten in Reval anwesend ist – und dann in Zwietracht mit Caspar lebt. Lange Jahre weilt sie hingegen dann offensichtlich wieder bei ihrer Tochter in Rostock.

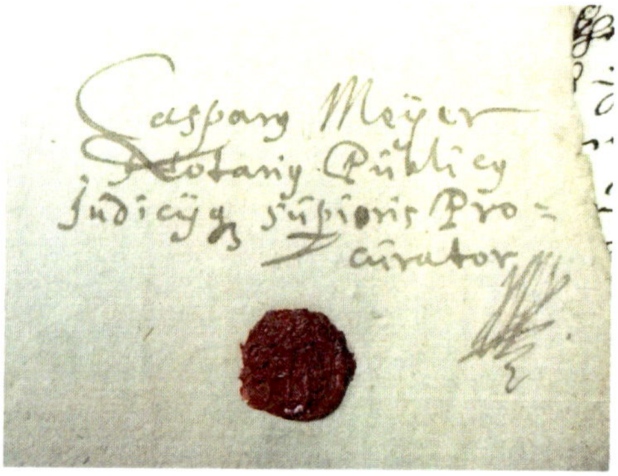

Im Juli 1632 war Caspar also letztmalig als Notar in Rostock nachweisbar. Die zeitliche Nähe zur Abreise von Vulpius im September ist auffällig. Und Caspar war nun definitiv auch nach Reval gereist: Am 11. September 1632 ist er dort erstmals nachweisbar. An diesem Tag erschien Caspar persönlich vor dem Revaler Rat als bevollmächtigter Anwalt des Lübecker Bürgers Thomas Stralborn, der offenbar Ansprüche auf das Erbe und den Nachlass des verstorbenen Revaler Bürgers Hans Kettler besaß. Genau wie Heinrich Vulpius scheint Caspar wohl über Lübeck nach Reval gereist zu sein, so dass dort der Kontakt zu Thomas Stralborn zustande kommen konnte.

Am 18. Oktober trat Caspar dann in eigener Sache als Kläger vor dem städtischen Gericht auf, ausgerechnet gegen Iwan von der Hoyen, den Vater von Catharina! Der Beklagte erschien zunächst jedoch nicht, wie bei der ersten Vorladung an jenem 18. Oktober und bei der zweiten am selben Tag im Gerichtsprotokoll vermerkt wurde. Am 12. November entschuldigte Hermann Kahl dann das Ausbleiben Iwans mit dessen Abwesenheit, doch das Gericht entschied, dass er ausgepfändet werden sollte, falls er nicht bis zum nächsten Gerichtstermin erschien. Und so war er nun tatsächlich wohl bei der erneuten

Klage am 15. November anwesend. Das Gericht entschied jetzt, dass Iwan innerhalb von acht Tagen 10 Reichstaler Strafe zahlen sollte, weil er ›den Advokaten Casparus‹ geschlagen habe. Andernfalls werde er ausgepfändet. Damit hatte die Sache offensichtlich sein Bewenden. Da es keine weiteren Einträge gibt, scheint Iwan gezahlt zu haben. Leider ist deshalb aber auch nichts über die Hintergründe dieses ersten nachweisbaren Kontakts von Caspar zu Catharinas Vater zu erfahren. Wie kam es zu der Handgreiflichkeit? Iwan war eigentlich – im Verhältnis zu zahlreichen Zeitgenossen, auch aus der Revaler Kaufmannschaft – nur sehr selten in juristische Auseinandersetzungen verwickelt, aber er scheint aufbrausend gewesen zu sein, und zumindest in späteren Jahren krank und trunksüchtig. Dieses markante Ereignis hat jedoch nicht verhindert, dass Caspar später Iwan als seinen Freund bezeichnete. Was auch immer es war – es wurde vergeben und vergessen.

In einer Schuldsache zwischen Iwan von der Hoyen und dem Revaler Bürger Bartold Stralborn († 1636) setzte Caspar vermutlich in diesem Jahr ein Schreiben für Iwan auf, in dem er die Zahlung von schon längere Zeit ausstehenden 30 Talern schwedisch regelt. Hier wird es wahrscheinlich um einen Sattel gehen, dessen Bezahlung Stralborn im Februar und März 1632 vor Gericht angemahnt hatte, wie dem Protokoll zu entnehmen ist. Leider ist das Konzept von Caspars Hand nicht datiert, aber es liegt nahe, in dieser juristischen Dienstleistung von Caspar den ersten Kontakt und womöglich die Ursache für den Streit mit Iwan zu sehen.

Welche beruflichen Ziele Caspar in Reval verfolgte und ob es möglicherweise eine Perspektive für eine Anstellung in Stadt oder Land gab, ist völlig unklar. Für den Juristen ergab sich Manches mit entsprechender Honorierung von selbst, wie es scheint. So reichte er am 20. November 1632 im Namen von Bartold Stralborn ein Schreiben contra ›die Lantingsche‹, also die Witwe des Albrecht Lanting, Anna von Renteln, beim Rat ein, das aber erst am 27. November verlesen wurde. Die Vormünder der Witwe (Jürgen von Renteln und ihr Schwiegersohn Jürgen Moller) erbaten daraufhin eine Kopie, die gewährt wurde. Beide Seiten sollten jedoch in den Akten nachsehen, ob die betreffenden Gelder mit Arrest belegt wurden. Wenn nicht, dann sei zu bezahlen, sonst bis zum Urteil zu warten. In einem Erbstreit unter den Brüdern Thomas, Hans und Heinrich Kniper verfasste Caspar offensichtlich kurz nach dem 20. November 1632 eine Bittschrift im Namen von Thomas Kniper, die als Konzept von Caspars Hand erhalten ist. Bereits am 23. November wurde Caspar von Franz Greffer und Hans Dunte in der Angelegenheit eines in Stockholm bei Johann Skytte aufgenommenen Wechsels als Bevollmächtigter von Jobst Dunte bestellt.

Caspar bewegte sich in diesen juristischen Angelegenheiten bereits ganz in der Nachbarschaft der Familie von der Hoyen in der Süsterstraße. Das Haus von Jobst Dunte (heute Lai 25) lag neben dem sogenannten Langehoff der Familie von der Hoyen (Lai 27) und war 1632 im Besitz von Duntes Witwe

Dorothea Holthusen und ihrem Sohn Hans Dunte. Direkt benachbart zur Familie Dunte war wiederum ein Haus von Albrecht Lanting (Lai 23), das seit dessen Tod 1623 im Besitz der Witwe Anna von Renteln war. Bartold Stralborns Haus lag dann zwei Häuser weiter (Lai 19), es war jedoch 1631 an den Ratsherrn Matthias Poorten (Pforte) verkauft worden.

Dies waren wohl die Kreise, in denen Caspar verkehrte und wo man gern seine Dienste in Anspruch nahm. So war er in Reval zwar tätig, doch es gibt kein Schreiben an den Rat, in dem er etwa um eine Zulassung als Advokat anhält oder sich um eine Stelle im Dienst der Stadt bemüht.

Ganz im Gegenteil ist er dann offensichtlich nach Riga gegangen, wie erst jetzt anhand der neu aufgefundenen Akten festzustellen ist. Eine Rechnung des Rigaer Chirurgen Markus Barsoe (Barsow?) von frühestens Ende November 1632, vermutlich eher Anfang 1633, mit handschriftlichem Zusatz von Caspar Meyer deutet auf dessen Anwesenheit in Riga. Leider ist völlig unklar, in welcher Funktion er zu dieser Zeit hier tätig war. Es handelt sich um eine juristische Angelegenheit in Bezug auf Schulden des nach einer medizinischen Kur verstorbenen kurländischen Erbherrn Ernst von Buttlar, die der Chirurg eintreiben wollte. Gut möglich also, dass Caspar wie zuvor in Reval nun in Riga und Umgebung als Sekretär, Notar oder Advokat in Adelskreisen tätig war. Dass es an Beziehungen nach Livland und Kurland durch die Familie seiner Frau und ihres verstorbenen Ehemannes nicht mangelte, war ja bereits zu sehen. Aber warum er nach Riga wechselte, bleibt bislang ein Rätsel.

Weitere, jetzt erst gefundene Schreiben von Caspars Hand bestätigen seine Anwesenheit und Tätigkeit in Riga. Diesen Schriften, die gewiss aus dem Nachlass von Caspar stammen und – sachlich eigentlich ganz falsch – verteilt unter den Akten des Estländischen Oberlandgerichts zu finden sind, ist zu entnehmen, dass er bereits am 15. Januar 1633 in Riga als Jurist tätig war. Hier war es zunächst der Revaler Bürger Hans Stippel, der in Riga eine Quittung über einen Verkauf ausstellen ließ. Allerdings wird Caspar in diesem und auch in einem Schriftstück vom 13. Februar des Jahres nicht als Amtsperson genannt. Erst in einer Vollmacht von Hinrich Struborg aus Riga für Caspar Meyer, die in Riga am 2. Juli 1633 unterzeichnet wurde, wird Caspar als ›Advokat der Stadt Riga‹ bezeichnet.

Am 9. Juli 1633 war er in dieser Funktion wieder nach Reval gekommen, um Hinrich Struborg gegen den Revaler Bürger Urban Dehne in einer Klage zu vertreten, wie seinem Schreiben an den Revaler Rat und dem Eintrag im Ratsprotokoll vom 25. Juli zu entnehmen ist. Struborg hatte von dem Amsterdamer Kaufmann Rüttger Niederhoff die Vollmacht bekommen, von Dehne Schulden einzufordern, die nach der Prüfung durch zwei Männer auf die beachtliche Summe von insgesamt 3874 holländische Gulden beziffert wurden. Weitere 1415 holländische Gulden waren noch strittig. Weil Dehne die Schulden eingestand, erreichte Caspar, dass zu Pfingsten 1634 alles bezahlt werden sollte und Dehne mit Hab und Gut haftete.

Offensichtlich hatte Caspar sich damit in Reval empfohlen, so dass wohl bald darauf die Ritterschaft ihn zum Sekretär bestellte. Da der bisherige Ritterschaftssekretär Hermann Witte nach eigenem Bekunden seit Mitte 1633 das Amt nur noch stellvertretend bis zum Eintreffen des neuen Sekretärs innehatte, dürfte die Anwerbung also jetzt geschehen sein. Caspar musste dann zu unbekannter Zeit, vermutlich nicht lange nach dem Prozess, nach Riga zurückgekehrt sein, um seine Angelegenheiten dort zu regeln und den Umzug vorzubereiten.

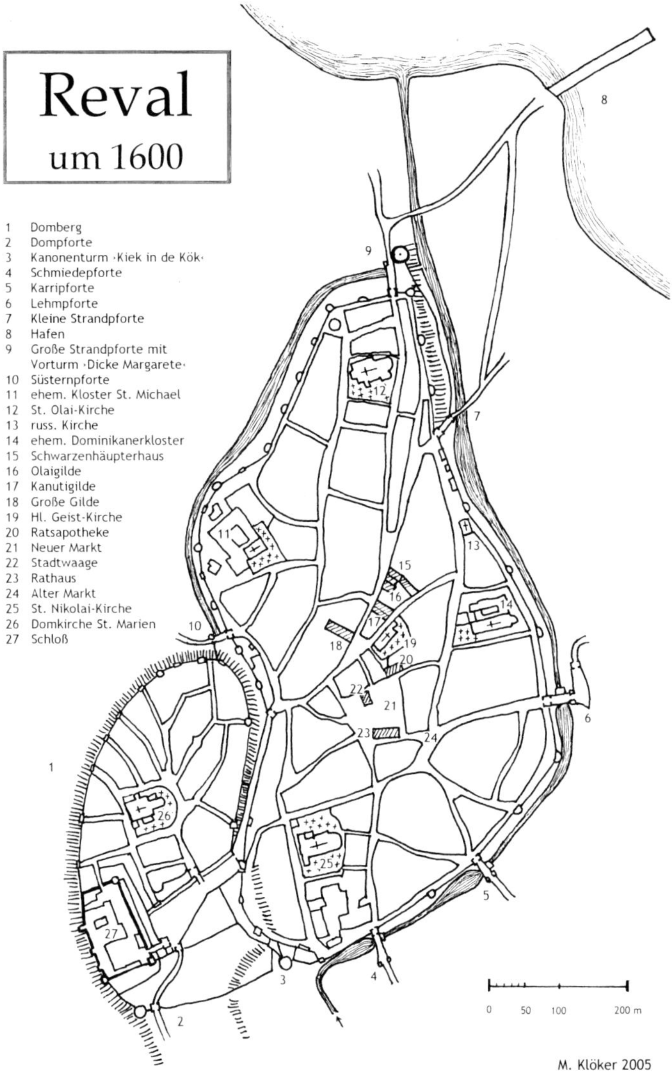

Catharina war eine Revaler Bürgerstochter. Über ihr Geburtsjahr gibt es bisher keinerlei Informationen. Wenn man jedoch bedenkt, dass sie Mitte 1637 mit Caspar eine – zunächst vielleicht noch platonische – Liebesbeziehung ›bis in den Tod‹ beginnt, so dürfte sie zu dieser Zeit heiratsfähig, also vielleicht etwa 16 Jahre alt gewesen sein. Demnach wäre sie um 1621 geboren. Ihre Eltern, der Revaler Kaufmann Iwan von der Hoyen und seine Frau Anna Assing, hatten wahrscheinlich 1612 geheiratet. Zumindest erwarb der Vater am 20. November 1612 das Revaler Bürgerrecht, wozu er nach dem in Reval geltenden lübischen Recht mindestens 25 Jahre alt, also spätestens 1587 geboren sein musste. Und nach Brauch der Stadt musste der Bürgereid kurz vor der Hochzeit abgelegt werden.

Über die Hochzeit und die Herkunft von Catharinas Mutter Anna Assing gibt es allerdings keine sicheren Informationen. Ihr Vater war vermutlich der im Bürgerbuch unter dem 1. März 1570 eingetragene „Hans Assinge", der dann am 28. Januar 1574 den Eid auf den schwedischen König ablegte. Hier ist außerdem vermerkt, dass er 1590 nicht mehr lebte.[1] Im Index zum Alten Hauptbuch (Erbebuch) 1432–1627 ist Hans Assing (Assinck/Assingk/Assinge) zwischen 1565 und 1577 nachgewiesen.[2] Sein Nachlass wurde am 10. August 1584 verzeichnet.[3] In den ab 1603 erhaltenen Kirchenbüchern kommt der Name Assing nicht mehr vor.

Die Familie von Iwan dürfte auf die bis ins 15. Jahrhundert zurückreichende Familie van der Heide/Heyde und den Revaler Ratsherren oder Syndikus Iwen van der Hoyen zurückzuführen sein, der um 1550 bis 1559 Mitglied des Rates war und ein Haus in der Stadt besaß. Aber die Familiengeschichte ist noch kaum erforscht und sehr verworren, auch weil die Namensformen stark variieren (von/van der Heide/Heyde/Hede/Heghe/Hoie/Hoyen) sowie der sehr häufige Vorname Jürgen – Jwen – Ivo immer wieder gleichzeitig bei verschiedenen Personen begegnet.

Iwans Bruder Dietrich von der Hoyen war am 28. Oktober 1611 Bürger der Stadt geworden und hatte Catharina Wibbeking geheiratet. Während Dietrich bereits 1637 verstarb (begraben am 9. Juli 1637 in St. Olai), lebte seine Frau bis 1663 (begraben am 26. März 1663). Auch diese beiden hatten eine Tochter namens Catharina, die also eine gleichnamige Cousine von Catharina und wohl etwa im gleichen Alter war, denn sie heiratete 1645 den Bürger Hans Rodde, nach dessen Tod dann 1659 den Kaufmann Caspar Knieper. Sie starb 1670 und wurde am 15. Dezember des Jahres in St. Olai begraben.[4]

---

1 Das Revaler Bürgerbuch [I] 1409–1624. Hrsg. von OTTO GREIFFENHAGEN.- Reval 1932 (= Publikationen aus dem Revaler Stadtarchiv; 6), S. 82 und 87.

2 TLA 230-1-Aa35b, S. 134a (1569), 134b (1577 als Vormund), 194a (1565). Möglicherweise auch ›Hans Assen‹? Unter diesem Namen gibt es Einträge 1541–1547 (2b, 125b, 195a: Haus am Alten Markt) und 1600/1605 (181a, 187b, 194b).

3 TLA 230-1-Bt3: Nachlassinventar Hans Assing 1584.

4 Daten nach dem Kirchenbuch St. Olai 1603–1684 (TLA 236-1-29).

Iwans Tochter Catharina hatte eine jüngere Schwester namens Anna, die mit ihr zusammen aufwuchs. Über ihren wahrscheinlich älteren Bruder Jürgen ist nur aus den hier versammelten Briefen der folgenden Jahre ersichtlich, dass er wohl zunächst in Stockholm bei einem Herrn diente, im Sommer 1642 dann aber aus Schweden verreist war. Seine Spur verliert sich daraufhin völlig. Die Familie von der Hoyen lebte in einem großen Anwesen in der Stadt an der Süsterstraße, heute Lai 27 und 29. Am 20. April 1627 hatte Iwan zwei Häuser, von denen das eine seit Alters her der Langehoff genannt wurde, dazu einen Garten vor der Großen Strandpforte am Stadtgraben und einen Holzraum hinter dem Kalkofen erblich überschrieben bekommen. In dem größeren Haus (Lai 29), das später dann in den Besitz der Familie von Hueck überging und noch heute als ›das von Huecksche Haus‹ bezeichnet wird, lebte Catharina offensichtlich mit ihrer Familie. Wie das kleinere, heute durch Umbauten nicht mehr erkennbare Haus (Lai 27) genutzt wurde, ist nicht bekannt. Es ist nicht ausgeschlossen, dass Caspar Meyer mit seiner Frau in diesem Haus zunächst lebte, als er nach Reval kam. Die enge Vertrautheit mit der Familie von der Hoyen und den Kindern – Caspar nannte Catharina offensichtlich in den frühen Jahren „Süsterken“ (Schwesterchen) – und die bereits geschilderte Beziehung zu der unmittelbaren Nachbarschaft kann vielleicht so erklärt werden. Außerdem gehörte das zur anderen Seite benachbarte Haus (Lai 25) ab 1637 dem Gouverneur Philipp von Scheiding, mit dem Caspar durch sein Amt als Sekretär eng verbunden war. Neu aufgefundene Dokumente, die auf spätestens 1636, wahrscheinlich aber noch früher zu datieren sind, belegen, dass Caspar ›bei der St. Olai-Kirche‹ wohnhaft war, also mit Sicherheit ganz in der Nähe lebte; die Formulierung deutet jedoch eher auf ein Haus, das näher zur Olaikirche lag. Jedenfalls lernte er Catharina hier ganz ohne Zweifel schon bald nach seiner Ankunft im Jahr 1632 kennen.

Die Nachbarschaft in der Süsterstraße: Übersichtskarte

Auf der Grundlage einer Karte von Valdo Praust für das 16. Jahrhundert, mit Korrekturen. Die Nummern verweisen zur schnelleren Orientierung auf die heutige Hausnummer, unter Zusatz von Kleinbuchstaben, wenn unter der heutigen Nummer ehemals mehrere Häuser zu finden waren. Beim Haus Lai 33a handelt es sich um ein kleines Haus, das heute nicht mehr existiert. Rot markiert sind das Haus der Familie von der Hoyen nebst ›Langehoff‹ (schraffiert) und das direkt gegenüber gelegene Haus von Hermann Claussen. Zur genaueren Zuordnung der Besitzer vgl. die Aufstellung auf den beiden folgenden Seiten.

Die Nachbarschaft in der Süsterstraße: Übersicht

heute Lai	1628 Süsterstr.	Besitzer
19	128	1631 Bartold Stralborn, 1631 Matthias Pforten, 1664 Gotthard Pforten
21	127	1624 Hinrich Sircks, 1638 Simon Lorentz (kl. Wohnhaus), 1641 Oloff Wieckmann (kl. Wohnhaus), vor 1647 Elert Reese, 1647 verpfändet an H.H. v. Tiesenhausen
23	126 (127)	1606 Thomas zur Telt, vor 1623 Albrecht Lanting (Witwe), 1638 Jobst Risenkampff, 1654 Gebhard Himsel
25	125	1606 Jobst Dunte, 1631 Witwe (Dorothea Holthusen) u. Sohn Hans Dunte, 1637 Philipp v. Scheiding
27	124	1627 Iwan von der Hoyen, 1662 Niclaus Willers (für Gustav Adolf v. Clodt)
29		
31	123	1627 Hermann Kahl, 1653 Ewert Kahl
dazwischen: Suurtüki – Quergasse / kleine Gasse zur Wallpforte		
33a	122	1631 Johann Paulsen, 1657 Johann Dusaeus
33	121	1620 Ebert Eeckholtz / Lorenz Bilefeldt, 1647 Johann Vestring, 1664 Ernst Hahn
35	120	St.Olai: Wedeme (Pastorat)
37		St.Olai: kl. Haus (dies erst 1651, vorher Hofpforte von Kroge)
39a	119 (120)	1618 Jobst vom Kroge, 1642 Witwe (Elschen Schurre), 1650 Johann Kochs Witwe und Erben, 1651 Heinrich Wrede
39b	118	1624 Wilhelm von Geldern
39c	117	1626 Hans Stralborn, 1658 Christian Stralborn
41a	116	1634 Wolmar Holthusen d.J. Witwe (Dorothea Dunte), 1639 Ludwig Dunte, 1661 Andreas Hackes
41b	115	Kleines Haus der Kirche St. Olai
41c	114	1617 Hans Görries, 1653 Christoph Koch d.J.
43a	113	1619 Albrecht Lanting, 1638 Sel. Albrecht Lantings unmündige Kinder, 1653 Simon Lanting
43b	112	1631 Christoffer Derenthal
45a	111	1628 Cort Wilken, 1667 Melchior Lohman
45b	110	1628 Hans Gutslaffs Witwe, 1650 Gutslaffs Erben, 1658 Hartwich von Geldern

am Ende der Straße liegt die Rossmühle

Süsterstraße (auf der anderen Straßenseite)

heute Lai	1628 Süsterstr.	Besitzer
36		vgl. Pikk 47
38	147	1628 Engelbrecht Claussens Witwe (Anna Voßbeen), Sohn Herman Claussen, 1667 Peter Duberg
40	148	1561 Andreas Stampeel, 1644 Hans Kreiten Witwe (Euphemia Molckenbawr), 1653 Heinrich Bade
42		Kleines Haus, gehört zu Pikk 59
44		–
dazwischen: Pagari – Bäckerstraße		
46	149	1614 Matthis Nepow
48		

Derselbe Block, von der Rückseite (die Hoftore zum Teil zur Süsterstraße)

heute Pikk	1628 Langstr.	Besitzer
45	26	1628 Hinrich Fonne, 1655 Ewert Dellinghausen
47	25	1615 Carsten Rohde, 1639 Caspar Stralborn, 1658 Christian Stralborn
49	24	1618 Hans Spenckhusen, 1636 Wilhelm Bröcker, 1648 Ewert von Husen
51	23	1625 Hermann Fissing, 1660 Herman Fissing (Sohn)
53	22	1623 Hans Straetman, 1648 Bernhard Hettling, 1651 Henricus Burghelt
55	21	1614 Carsten Rohde, 1639 Reinhold Rohdes Witwe und Erben
57	20	1604 Ebert Holthausen, 1633 Dietrich Grothe, 1633 Berent Hetling (Schwiegersohn)
59	18	1626 Herman Knemeier, 1647 Bernhard Hetling
61	17	1608 Schweder Hotfilter, 1658 Simon Lanting

1634/1635

Wann genau Caspar nun also von Riga wieder nach Reval kam, ist bisher nicht bekannt. Jedenfalls trat er seinen Dienst als Sekretär der Estländischen Ritterschaft und des später so bezeichneten Oberlandgerichts Anfang Januar 1634 in Reval an. Das Protokollbuch begann er am 18. Januar ohne jeglichen Kommentar zu seiner Anstellung mit alltäglichen Einträgen. Eine Bestallungsurkunde oder überhaupt Nachrichten darüber, wie Caspar angeworben wurde, sind bisher nicht gefunden worden.

Der vorherige Ritterschaftssekretär Hermann Witte († 1640) hatte seit dem 20. Februar 1625 im Dienst gestanden und sah sich nach seinem Abschied Anschuldigungen seitens der Ritterschaft ausgesetzt, er habe gegen seinen Diensteid verstoßen und einen anderen Dienst angenommen. Deshalb wollte man ihm sein noch ausstehendes Gehalt – von insgesamt 755 Herrentalern aus den Jahren 1625 bis 1628 und 106 Reichstalern für das letzte halbe Jahr 1633 – streitig machen. Letztlich befand der Stockholmer Reichsrat im Juli 1635, dass Witte sich nichts hatte zu Schulden kommen lassen.[1] Witte überreichte seinem Nachfolger Caspar Meyer die Rechnung über sein Gehalt; von ihm hatte er auch bereits 50 Reichstaler für 1633 bekommen. Aus den Unterlagen ist ersichtlich, dass mit Witte zunächst pro Jahr 600 Herrentaler nebst Zulagen, dann für das halbe Jahr 1633 156 Reichstaler – also rechnerisch 312 Rtlr. Jahresgehalt – vereinbart waren.[2]

Bei der Anstellung von Caspars Nachfolger Anfang 1654 ist zu sehen, dass Caspar zuletzt 300 Reichstaler jährlich plus 30 Reichstaler zur Hausmiete als Lohn erhalten hat, die jeweils zur Hälfte an Ostern und an Michaelis (29. September) aus den Gütern Nappel und Kuimetz gezahlt werden sollten. Die Güter dienten zuvor jedoch zur Finanzierung des 1631 gegründeten Revaler Gymnasiums und waren erst im Januar 1651 von der Königin zum Unterhalt des Oberlandgerichts – und damit auch zur Entlohnung des Sekretärs – bestimmt worden. Insofern musste sein Gehalt zunächst aus anderen Geldern bezahlt worden sein und könnte etwas niedriger gelegen haben. Jedenfalls war der Sekretär der Ritterschaft damit den Inhabern der höchsten gelehrten Ämter in der Stadt Reval gleichgestellt, verdiente er doch etwa soviel wie der städtische Syndikus oder der Rektor des Gymnasiums.

Wie Caspar sein Amt auszuüben hatte, wurde gegen Ende der 1640er Jahre im Ritter- und Landrecht im ersten Buch unter dem Titel 7 „Von dem Land-

---

1 Witte hatte bereits 1634 ein Memorial eingereicht, über das im September des Jahres beraten wurde. Vgl. Svenska riksrådets protokoll. Vol. IV: 1634.- Stockholm 1885, S. 210 und 220; Svenska riksrådets protokoll. Vol. V: 1635.- Stockholm 1888, S. 114.

2 Die Dokumente befinden sich heute im Estnischen Nationalarchiv in Tartu im Bestand des Ritterschaftsarchivs, in der Akte „Gehalt der Beamten", Sign. RA, EAA.854.2.1516.

gerichts=Secretario, dessen Amt und Eide" festgehalten.[1] An der Formulierung dieser Passagen dürfte Caspar selbst intensiv beteiligt gewesen sein, denn bei der Zusammenstellung dieses Werkes durch den Lizentiaten der Rechte Philipp Crusius stand Caspar diesem zur Seite. Und als Amtsinhaber mit jahrelanger Erfahrung war er es zweifellos selbst, der die Amtsführung und die Anforderungen am besten kannte. Hier heißt es also:

> Von dem Landgerichts=Secretario, dessen Amt und Eide
>
> Art. 1.
>
> Der Ritter= und Landschaft Secretarius soll sich seines Amtes und Eides allezeit erinnern, dero Sachen und Geschäfte treu und fleißig in Acht haben, und wo etwas darin zu verrichten, sich keine andere Geschäfte daran verhindern lassen.
>
> Art. 2.
>
> Und wie der Secretarius zu Latein *a secretis* oder geheimen Sachen genennet wird: also soll er alle des Fürstenthums Geheimnisse, Briefe, schriftliche Urkunden, Protocolle und was ihm und seinem Amte vertrauet wird, imgleichen was er *in senatu*, *in consiliis*, *in votis*, oder sonst einigerley Gestalt erfährt, in höchster Geheim und verschwiegen bis in seine Grube bey sich behalten, und davon ohne Befehl niemanden nichtes, auf [181] Wege und Weise, wie solches immer geschehen kann oder mag, offenbaren, entdecken oder in Verwarnung thun.
>
> Art. 3.
>
> Was binnen Raths oder im Landgerichte zu verlesen ist, soll der Secretarius langsam und verständlich auszusprechen sich befleißigen, auch

1 Die hier benutzte Edition von Ewers bietet „Des Herzogthums Ehsten Ritter= und Land=Rechte. Sechs Bücher, dergestalt, wie selbige im Jahre Christi 1650 zusammen getragen." nach einem handschriftlichen Exemplar der Universitätsbibliothek Dorpat (Provenienz: Landrat Claus von Baranoff), das mit weiteren fünf Exemplaren verglichen wurde. Vgl. Des Herzogthums Ehsten Ritter= und Landrechte. Sechs Bücher. Erster Druck. Mit erläuternden Urkunden und ergänzenden Beilagen herausgegeben durch JOHANN PHILIPP GUSTAV EWERS.- Dorpat 1821. Der Abdruck der Ritter- und Landrechte hier auf S. 141–481, das Buch 1, Titul VII. mit 14 Artikeln auf S. 180–185, „Verbesserungen" hierzu auf S. 631. – In der Edition von PAUCKER (Der revidirten ehstländischen Ritter- und Landrechte erstes Buch oder die Gerichtsverfassung u. das Gerichtsverfahren in Ehstland vor hundert Jahren. Ein Beitrag zur vaterländischen Rechtsgeschichte.- Reval 1852), die auf der Revision von 1741 bis 1753 beruht und nicht einzeln ausgewiesene Änderungen gegenüber der Originalfassung von 1650 hat, ist dies: Buch 1, Titulus 7, Artikel 1–16 (= S. 80–91): „Von dem Kayserlichen Ober=Land=Gerichts=, wie imgleichen von der Ritterschaft des Herzogthums Ehsten Secretario, deren Amt und Eyden." Eine Zusammenstellung und kritische Analyse der nachweisbaren Handschriften fehlt bisher. Sie wäre gerade im Hinblick auf die Frage der ›Urfassung‹ von Crusius und Meyer dringend geraten. Ewers (1821) nennt sechs Exemplare, ich kann bisher 16 Exemplare identifizieren. Schon EDUARD WINKELMANN: Bibliotheca Livoniae historica.- Berlin 1878 meinte (Nr. 3946), „Die Zahl der Handschriften ist sehr gross" und benannte zehn Handschriften sowie gab Hinweise auf weitere in Schweden.

auf dasjenige, was von den Parten vorgebracht, oder auf Befehl zu verzeichnen und sonsten in Schriften auszufertigen ist, gute und genaue Achtung geben; damit alles deutlich, und soviel möglich, wie es fürgetragen und befohlen worden, protocolliret, die Protocolle desto richtiger gehalten, und nichts darinnen radiret, mangel= oder tadelhaftig befunden werden möge.

Art. 4.

Was an Producten, Acten, Urkunden und andern Schriften dem Secretario in währendem Landgerichte von den Parten, oder sonsten außerhalb Gerichts von dem Herrn Gouverneur und Landräthen zugestellt, oder anzunehmen befohlen wird, dazu soll er dem Gerichte und den Parten zu antworten schuldig, und daher um so viel mehr darauf bedacht seyn, damit die zu einer jeden Sache gehörigen Acten vollkömmlich bey einander gehalten, fremde Dinge nicht vermischt werden, vielweniger etwas, auch das Geringste, insonderheit die Originalien, von abhanden kommen mögen.

Art. 5.

Außer dem, was öffentlich proponiret und mit denen Wechselschriften unter gewissen Littern oder Nummern gerichtlich producirt worden, soll der Secretarius von denen Parten oder deren Anwälden keine Memorialien, parti=[182]culare Erinnerungen, Instructionen, *Statum causae*, noch andere Nachrichtungen, wie sie Namen haben mögen, weil solches ein sehr gefährliches Werk, annehmen, noch den Acten beyfügen.

Art. 6.

Wenn von den streitigen Partheyen in der Sache geschlossen, und die Abfassung einer Sentenz deliberiret worden, so soll der Secretarius, nach endlich *secundum majora vota* gemachtem Schluß, die Urthel mit deutlichen, verständlichen Worten, die in keinen doppelten oder zweifelhaften Verstand können gezogen werden, abfassen.

Art. 7.

Die also gefaßten Urthel soll der Secretarius mit allem Fleiß in die *Authenticam* schreiben, damit hierinnen niemand verkürzet werde. Denn welch Urthel in solchem Buche nicht zufinden, dasselbe ist von keiner Würde.

Art. 8.

Die Gerichts=Scheine, Urthel, und was sonsten denen Parten aus dem Protocoll zu haben gebühret, oder zu geben befohlen wird, soll jederzeit beyden Theilen gleichlautend zugestellt, auch mit Fleiß und also geschrieben werden, daß darinnen nichts ausgestrichen, radirt oder corrigirt zu finden.

Art. 9.

Ebenmäßig soll der Secretarius auf seine Copisten gute und genaue Aufsicht haben, damit im Abschreiben nicht gröblich verstoßen, etwas verschrieben, ausgelassen [183] oder sonst auch wohl zu merklichem

Nachtheil geirrt werde; wie er denn auch die Protocolle, wann er etwas ausschreiben lassen, alsobald wieder in seine Verwahrung nehmen soll, damit ohne Befehl nichts daraus extrahiret, nichts darinnen geändert, ausgerissen, noch ganze Bücher abhändig gemacht werden.

Art. 10.

Der Secretarius aber soll allen und jeden, die bey ihm etwas ausfordern, mit gutem Bescheide begegnen, und mit Ausgebung der Urthel, Scheine, Extracten und anderer behufiger Nothdurft niemanden über Zeit und Gebühr aufhalten.

Art. 11.

Es soll der Secretarius in denen fürs Landgericht gehörigen und rechtschwebenden Sachen sich zum Vollmächtigen nicht bestellen lassen, noch denen Parten mit Rathe dienen, suppliciren, Schriften stellen, warnen, oder sonsten einigerley Weise beypflichten, weder bey den Commissionen Beystand leisten; es wäre denn, daß die Sache ihn mit, oder die Seinigen concernirte. Da er aber einigen Handlungen *officii ratione* beygewohnet, und seine Relation erfordert wird, soll er sich im Referiren unpartheylich bezeigen und verhalten.

Art. 12.

Wann Zeugen, deren Aussage vom Landgericht oder sonsten zu gebrauchen, fürgestellet und eidlich abgehört worden, soll der Secretarius derselben Aussage getreulich aufzeichnen, mit denen Worten, als die Zeugen reden, und nichts ab= oder dazuthun.[184]

Art. 13.

Die Strafen und Bußen soll der Secretarius fleißig verzeichnen und zu Buche bringen, damit dieselben zu rechter Zeit eingefordert und eingebracht werden mögen.

Art. 14.

Wer zum Secretario bestellt wird, derselbe soll vor Antretung seines Amtes folgenden Eid leisten:
Ich N. N., gerede und gelobe der königl. Majestät zu Schweden, meinem allergnädigsten Könige und Herrn, auch denen edlen, gestrengen, vest= und mannhaften Herren Landräthen und gemeiner Ritterschaft dieses Fürstenthums Ehsten, getreu und hold zu seyn, höchstgedachter Sr. königl. Majestät, des Fürstenthums Herren Landräthen und der Ritterschaft Bestes und Nutzen, meinem höchsten Verstande nach, und im äußersten Vermögen jederzeit zu wissen, vorzunehmen, zu befördern; hergegen Schaden, Unheil und Nachtheil, wannenher solches auch entstehen möchte oder könnte,verhüthen, abschaffen und verhindern zu helfen, meines Dienstes getreulich abzuwarten, die Herren Räthe und Aeltesten der Ritterschaft in gebührlichen Ehren zu halten; auch was mir, es sey in Rathschlägen, Besprechungen, oder wo ich mit anwesend und hörend seyn möchte, sonsten auch von denen Herren Räthen im Reden und Schreiben vertrauet, oder ihrentwegen durch Schreiben oder mündliche Werbung zu verrichten befohlen wird, geheim und ver-

> schwiegen bis in meinen Tod und Grab zu halten; imgleichen was zu protocolliren, registriren, verzeichnen und zu schreiben seyn wird, solches alles getreulich, meinem besten Verstande nach ins Werk zu richten, und endlich [185] mich gegen wohlgedachte Herren Landräthe und die Ritterschaft, wie auch in meinem *officio* nach Anweisung der publicirten Ritter= und Land=Rechte, vermittelst göttlicher Gnade also zu verhalten, daß es der Gebühr gemäß, und ihnen zu Gefallen und Behag gereichen soll. So wahr mir Gott helfe und sein heiliges Evangelium.

In der Praxis schrieb Caspar die Protokolle sowohl der Versammlungen von Ritterschaft und Landräten als auch der Verhandlungen im Landgericht, das die Landräte unter Vorsitz des estländischen Gouverneurs bildeten. Die gesamte Geschäftsführung im modernen Sinne oblag ihm; zur Seite standen ihm einige Schreiber und Kopisten. Er trat als Bote von Nachrichten und Schreiben in Erscheinung, war die wichtigste Kontaktperson der Ritter- und Landschaft zum Rat der Stadt Reval. An den regelmäßigen Gesandtschaften der Ritter- und Landschaft nach Stockholm nahm er teil, bestritt diese zuweilen sogar allein, und lieferte ausführliche Berichte. Er führte die Korrespondenz und reiste im Land herum, wenn etwa Grenzstreitigkeiten oder andere Dinge auf den Gutshöfen geklärt werden mussten.

Gleich in seinem ersten Dienstjahr wurde Caspar stark gefordert. Von seinem Vorgänger Hermann Witte übernahm er die bereits weit vorangeschrittenen Vorbereitungen für eine Gesandtschaftsreise nach Stockholm zur Bestattung von Gustav Adolf, bei der selbstverständlich auch die Gelegenheit genutzt werden sollte, am königlichen Hof diverse Anliegen vorzutragen und Streitfälle zu verhandeln. Die Organisation dieses repräsentativen und administrativen Großereignisses verlangte dem neuen Sekretär zweifellos einiges ab und hatte dann auch zur Folge, dass in diesem Jahr kein ordentlicher Gerichtstag des Landgerichts in Reval stattfinden konnte. Am 26. Mai legte das Schiff im Revaler Hafen mit den Teilnehmern der Gesandtschaft ab. An Bord befanden sich neben dem Sekretär Caspar Meyer von der Ritterschaft auch Berend Taube auf Odenkotz, Johann Üxküll auf Padenorm nebst zwei Söhnen, Jürgen Üxküll auf Meecks, Landrat Ewert von Bremen und die Söhne von Magnus Nieroth und Ritterschaftshauptmann Otto von Üxküll auf Foelix nebst Dienern, Schaffern und Koch – insgesamt 27 Personen. Erst am 19. September kehrte die große Gesellschaft wohlbehalten nach Reval zurück.

Bereits kurz vor dieser Reise war in Reval vom 3. April bis zum 15. Mai eine erste Abordnung von zwölf Personen der berühmten holstein-gottorfschen Gesandtschaft nach Moskau und Persien unter Leitung von Philipp Crusius und Otto Brüggemann zu Gast, die vom Sekretär Adam Olearius (1599–1671) später ausführlich in einer mit vielen Bildern ausgestatteten Reisebeschreibung geschildert wurde. Unter den Gästen in Reval befand sich neben den Gesandten auch Olearius, während der als Hofjunker und Truchseß der Gesandtschaft mitreisende und zu dieser Zeit bereits weithin bekannte Dichter Paul

Fleming (1609–1641) jetzt noch nicht in Reval war, sondern von Narva aus mit dem Gepäck nach Novgorod voraus reisen musste.

Eine schwedische Gesandtschaft unter Leitung des estländischen Gouverneurs Philipp Scheiding (1578–1646) reiste nun gemeinsam mit den Holsteinern nach Moskau, wo auch der Frieden von 1617 im Namen von Königin Christina von Schweden erneuert werden sollte. Die Schweden verließen Moskau dann wieder Anfang November, während die holsteinische Gesandtschaft erst am 24. Dezember aufbrach und am 10. Januar 1635 wieder in Reval eintraf. Die komplette holstein-gottorfsche Gesandtschaft hielt sich jetzt drei Wochen in Reval auf, dann brachen am 30. Januar die Gesandten Crusius und Brüggemann zusammen mit dem Sekretär Olearius und einigen anderen nach Gottorf auf, um die mit dem Zaren ausgehandelten Verträge bestätigen zu lassen. Zwei Drittel der Gesandtschaft, darunter Paul Fleming, wurden in Reval zurückgelassen und großteils bei Heinrich Kohsen in Kost verdingt.

Paul Fleming wurde in den folgenden Monaten zum Zentrum eines geselligen Kreises von Dichtern und Gelehrten in Reval, dem vor allem die Professoren Reiner Brockmann und Timotheus Polus sowie Heinrich Arninck vom Gymnasium angehörten. Zahllose Dichtungen in deutscher und lateinischer Sprache entstanden und wurden in der kurz zuvor eröffneten Revaler Druckerei aufgelegt, die besonders durch die von Fleming programmatisch vorgeführte und auf höchstem Niveau unterstützte Dichtung in deutscher Sprache nach dem Muster von Martin Opitz berühmt wurde. Der herausragende deutsche Dichter fand unter seinen Revaler Freunden nicht nur persönlich eine warmherzige Aufnahme, sondern ihm wurde auch fleißig in der Dichtkunst nachgeeifert. Reval erlebte eine literarische Blütezeit, vor allem in einer explosionsartig aufkeimenden Gelegenheitsdichtung, die jetzt ganz auf der Höhe ihrer Zeit stand und die Literatur in Reval nachhaltig prägte. Fast 14 Monate verbrachten die Teilnehmer der holsteinischen Gesandtschaft in Reval, dann brachen sie am 2. März 1636 wieder auf nach Moskau, und von dort nach Persien. Erst im April 1639 gelangten sie auf der Rückreise wieder nach Reval, wo sie bis Juli blieben und dann nach Gottorf zum Abschluss der Gesandtschaft reisen mussten.

Es kann mit Sicherheit angenommen werden, dass Caspar Meyer die gelehrten Teilnehmer kennengelernt hat, denn durch sein Amt war er bei offiziellen Gelegenheiten beispielsweise im Gymnasium, bei Empfängen durch den Gouverneur oder bei Hochzeiten gewiss anwesend. Aber es gibt bisher keinerlei Nachweise für persönliche Beziehungen zu einem der Gesandten, dem Sekretär oder Fleming. Dies mag auch daran liegen, dass die Holsteiner insgesamt eher der Stadt und dem Rat nahestanden, während es nur wenige Berührungspunkte mit den Landräten gab. Aber mindestens mittelbar durch seine Freunde Heinrich Vulpius, Heinrich Arninck und Stadtsekretär Bernhard zur Bech dürfte Caspar doch alles gut mitbekommen haben. Und dass er an Dichtung durchaus Interesse hatte, werden wir noch sehen.

Die Briefe
in rekonstruierter Chronologie

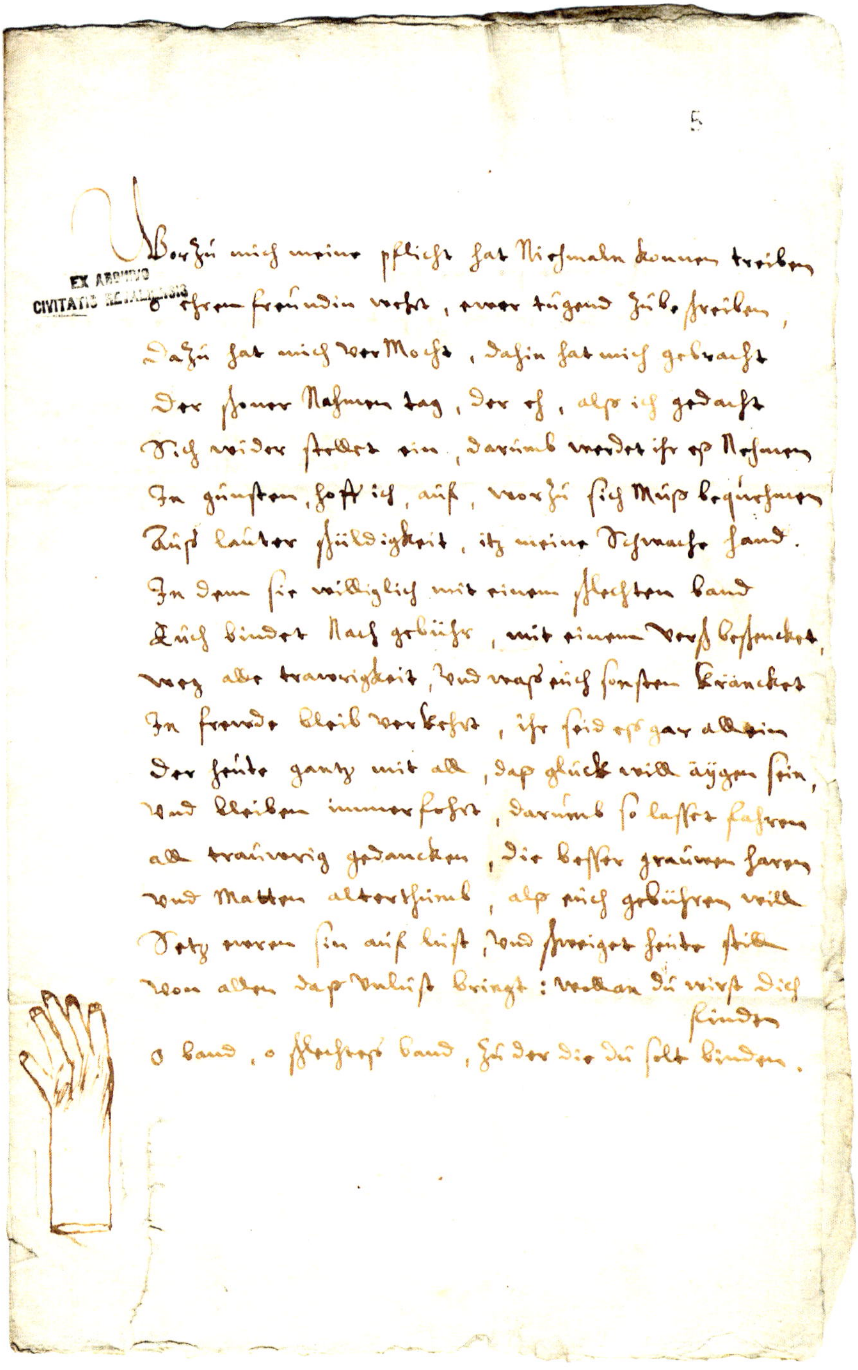

5

Vorzu mich meiner pflicht hat Niehmaln konnen treiben
Ihrem freundin recht, ewer tugend zu bestreiben,
Dazu hat mich vermocht, dahin hat mich gebracht
Der schöne Nahmens tag, der ej, als ich gedacht
Sich wider stellet ein, darumb werdet ihr es Nehmen
In günsten, hofft ich, auss, worzu sich Muss bequehmen
Auss lauter schüldigkeit, itz meine Schwache hand.
In dem sie williglich mit einem schlechten band
Euch bindet Nach gebühr, mit einem Wunsch beschencket,
weg alle trawrigkeit, und was euch sonsten kräncket
In freude bleib verkehrt, ihr seid es gar allein
Der heute ganz mit all, das glück will äugen sein,
und bleiben immer forth, darumb so lasset fahren
all trawrig gedancken, die besser grawen haren
und Matten alterthumb, als euch gebühren will
Jetz weren sie auff lust, und schweiget heute stille
Von allen das unlust bringt: wollan du wirst dich finden
o band, o schlechtes band, zu der die du solt binden.

Der Anfang von Brief Nr. 001 (Bl. 5r)

1636

001 – ca. 25. November 1636 [undatiert]

Caspar[a] an Catharina

BO 6, Bl. 5ʳ–6ᵛ, ein Bogen mit 2 Blatt, 6ʳ leer.

Datierung: Der St. Catharinen-Tag wurde in Reval wie üblich am 25. November gefeiert, wie auch dem Ratsprotokoll 1636 zu entnehmen ist. Es ist jedoch unklar, wie in Reval zu dieser Zeit Geburts- und Namenstag gefeiert wurde. Die (Brief-) Gedichte von Caspar sind allerdings ausdrücklich ineins auf diese Kombination von Geburts- und Namenstag hin geschrieben, und sie legen nahe, dass es sich um den Tag der Heiligen Catharina handelt. Denn in Nr. 006 wird gesagt, dass an diesem Tag alle Catharinas feiern. Ob für Catharina von der Hoyen damit gilt, dass der 25. November ihr Tauftag ist und folglich ihr Geburtstag nur wenige Tage davor gewesen sein kann, muss dahingestellt bleiben. Es ist naheliegend, aber die Informationen sind nicht hinreichend. Denn der – allem Anschein nach – relativ genau zu datierende Brief Nr. 003 auf diesen Anlass legt nahe, dass Catharina ihren Namens- und Geburtstag etwa Mitte bis Ende Juni gefeiert hat, da Caspar ihr dort vor einer Abreise mitteilt, er könne auf ihrem Geburtstag nicht anwesend sein. (vgl. unten). Da der Gegensatz bisher nicht aufzulösen ist, wird für diese Gedichte im folgenden der 25. November angesetzt.

Hier handelt es sich wahrscheinlich um das erste (erhaltene) Gedicht von Caspar auf den Geburts- und Namenstag von Catharina. Die Anrede ist noch sehr förmlich, und der gesamte Text enthält nichts von einer Liebesbeziehung, sondern verbleibt ganz im üblichen Gattungsmuster, indem der Brauch des ›Anbindens‹ mit einem geschenkten Band thematisiert wird. Der Verfasser (Caspar) nennt sich lediglich ihren ›Ehrendiener‹. Das kann insofern als eine Freundschaftsgabe angesehen werden, und das Rätsel des Namens in der Unterzeichnung gehört zum spielerischen Charakter des Gratulationsgedichts.

Inhalt: Caspar wird durch den Anlass des Namenstages von Catharina dazu bewegt, ihr einen Vers (ein Gedicht mit 20 holperigen Alexandrinern) zu schenken und sie dem Brauch nach mit einem Band anzubinden. Er bittet um gnädige Aufnahme seines Geschenkes und wünscht ihr, dass Traurigkeit und Kummer fern seien, nur Glück soll ihr heute und fortan gehören. Deshalb möge sie alle Gedanken an Schlechtes verdrängen und nur an Lust denken. Er unterzeichnet anonym als Ehrendiener und Gönner alles Guten.

[6ᵛ] Der ViellEhren Edlen Vnd tūgendreichen
Jūnfern [!] Catharinæ von der Hoeÿen
dieseß ehrengebührlich zu vberreichen

[5^{r}]

Worzū mich meine pflicht hat Niehmaln konnen treiben
o ehrenfreūndin wehrt, ewer tūgend zūbeschreiben,
Dazū hat mich verMocht, dahin hat mich gebracht
Der schoner Nahmentag, der eh, alß ich gedacht
Sich wider stellet ein, darūmb werdet ihr eß Nehmen
Jn gūnsten, hoff ich, aūf, worzū sich Mūß beqūehmen
Aūß laūter schūldigkeit, itz meine Schwache hand.
Jn dem sie williglich mit einem schlechten band
Eūch bindet Nach gebühr, mit einem Verß beschencket,
Weg alle trawrigkeit, vnd waß eūch sonsten kräncket
Jn frewde bleib verkehrt, ihr seid eß gar allein
Der heūte gantz mit all, daß glūck will äÿgen sein,
Vnd bleiben immerfohrt, darūmb so lasset fahren
all traūwrig gedancken, die besser graūwen haren
Vnd Matten alterthūmb, alß eūch gebühren will
Setz ewren sin aūf lūst, vnd schweiget heūte still
Von allen daß Vnlūst bringt: wollan dū wirst Dich
finden
o band, o schlechteß band, zū der die dū solt binden.

[*Neben der letzten Zeile eine Hand / ein Handschuh senkrecht eingezeichnet mit Einschnitten im Papier rechts und links daneben (für das besagte Band)*]

[5^{v}]

Ach binde sie Nūr fest, vnd sag ihr dies dabeÿ,
daß der, so dich geschickt, ihr ehren diener seÿ.

Aūß ehrliebender wollMei
Nūng geschrieben, von Ewr:
tūgend: gūthß gonnern,
vnbeNäntlich , doch verhoffent
lich bekäntlich.

1637

002 – 31. Juli 1637

Catharina(p) an Caspar (in Stockholm)

BO 6, Bl. 1^r–v^, einzelnes Blatt, verso leer, kleiner Siegelrest.

Datierung: gegeben – Caspar ist am 15. Juni mit einer Gesandtschaft der Ritter- und Landschaft nach Stockholm gereist. Die weiteren Gesandten sind Obrist und Landrat Hans Wrangel zu Allo, Ritterschaftshauptmann Bernhard von Saltza auf Kow und Eberhard Taube. Das Schiff kam am 26. Juni in Stockholm an; die Rückreise begann am 19. November. Am 23. November erreichte Caspar wieder den Revaler Hafen.

Inhalt: Catharina schreibt an Caspar in Beantwortung seines Briefes aus Stockholm, in dem er seine Ankunft dort mitteilte. Sie bedankt sich für seine Zuneigung und verspricht ihm seine Lebtage ihre Gewogenheit. Sie bittet Caspar, sich nach dem Herrn zu erkundigen, bei dem Jürgen – wohl ihr sonst nicht nachgewiesener Bruder – jetzt in Dienst sei. Sie weiß ihm nicht viel zu schreiben, hat nur auf seine dringende Bitte hin geschrieben, worin sie offensichtlich noch sehr ungeübt ist, wie sie selbst auch sagt und deshalb um Nachsicht bittet. Es sei aus treuem und gutem Herzen geschrieben.

Er möge sie nicht vergessen und weiter schreiben, damit sie wüssten, ob es ihm gut gehe. Aber die Briefe an sie solle er nicht mehr in jene an die Mutter legen, sondern ihr persönlich zustellen lassen. Und sie bittet zu verzeihen, dass sie nicht so oft schreiben kann, weil sie kaum Gelegenheit dazu habe. Mit den besten Segenswünschen für ihn schließt Catharina als „günstige Freundin". Ist der Brief insgesamt ohne wirkliche Hinweise auf mehr als eine freundschaftliche Beziehung, so erscheint der Schluss „mit vielhundertausend gute Nacht" und dem Versprechen der Gewogenheit „solange ich lebe" doch als deutliches Signal, dass es um mehr geht. Hier in etwa kann also der Anfang der Liebesbeziehung angesetzt werden.

[1^r^]
Mit wŭnsgŭng alles gŭten Ehrbahr Ehrntfester vohrnehmer vnd woll=
gelahrter Jnsonders grosgŭnstiger her vnd frŭndt Caßparŭß=
Meÿer des hern sein schreiben hab Jch entfangen wohraŭß sein gesŭnt=
heit aŭch gelŭckliche vberkŭmfft hertzlich gern vohrnommen vns soll=
der her alhir aŭch gottlop noch gesŭnt wißen thŭ mich hier beÿ aŭch
frŭntlich bedancken vohr seine gŭte zŭ Neÿgŭng welges Jch alle=
zeit an Jhm gespŭret hab hoffe mit gottes hŭlf daß ehr aŭch sein=

er[1] lebtage an mier nicht anders spüren soll als ein günstige gewog=
ne fründin aüch haben wier vornommen das Jürgen schon beÿ
einen andern hern sein soll so bitte Jch sehr früntlich der her
wolte so viel mühe haben vnd vns einen rechten bescheit von Jür=
gen zü schriben waß es doch vohr ein her sein mach dahr ehr beÿ
gekommen Jst weis dem hern sonsten nichtes viell besonders
zü schriben nür allein hab nicht vnterlaßen können auf seine
hohe ehrmanüng Jhm ein klein vnd geringes antwort zü
zü schriben mit früntlicher bitte mein geringes schriben
Jn allen güten aüfzünehmen dieweil es aüs güten vnd
getrüwen hertzen geschicht bitte dabeneben aüch sehr früntlich
das der her vns mit seinen schriben nicht vorgeßen wolte aüf das
wier erfahren mögen op der her noch alle zeit beÿ güter gesüntheit
sein mach vnd bitte Jhm aüch sehr wen ehr an[2] mich schriben wirt
das ehr doch nicht min brif Jn die mütter Jhr brif legen will
sondern dem selbigen menschen bitten das ehr mich es selbest zü=
stellen will bitte hÿbei aüch züm aller högesten mich doch nicht
zü vordencken wen Jch Jhm nicht alle zeit ~~schriben~~ wieder
schriben werde den Jch gahr geringe gelenheit[3] habe dem hern
zü zü schriben den Jch diß slechtes brif hab müßen Jn großer eille
schreiben hoffe aber der h wirt es Jn allen gühten aüfnehmen
vnd gedencken daß Jch mich zü solgen schriben mein dage nicht
gevbet habe weiß Jhm aüf dis mahll nicht mehr zü schriben
sondern thü Dem hern Jn den kvnfftigen schutz christi gantz
getrüwlich empfehlen der wolle eüch bewahren führ allem
vngelück vnd eüch züfügen was eüch nütz vnd güht Jst an
~~liep~~ leip vnd sehll vnd seit himit von mich als eüwer günstige
fründin mit vihll hündert düßen gühter nacht gegrüßet

~~Nöye~~ Neÿeh red nov
anirahtac

Vohrbleibe des hern gewogner
fründinne solange Jch lehb

Anno 1637 den 31 Jülÿ[4]

---

1 Korrigiert aus ›de‹?

2 Korrigiert aus ›am‹.

3 Korrigiert aus ›gelenhetit‹?

4 Das Datum in deutlich hellerer Schrift, wie der erste Teil des Briefs. Hier vielleicht auch andere Schrift, also später ergänzt?

1638

003 – ca. 20. November 1638 [undatiert]

Caspar(i) an Catharina(a)

BO 6, Bl. 2^{r-v}, ein Zettel, verso leer, war relativ klein gefaltet; äußerer Teil der ehemaligen Faltung stark verschmutzt, mehrere Einrisse, vier Unterklebungen.

Datierung: Die Grenzbegehung in dem erwähnten Streit zwischen Anna von Schneckenberg, Witwe des Reichsrats Heinrich Horn, und dem Generalfeldherrn Jacob de la Gardie um die Grenze zwischen dem Gut Wenden (9 km südöstlich von Hapsal) und dem Gut Taybell (11 km ostnordöstlich von Hapsal) war für den 20. Juni 1638 in Hapsal (90 km südwestlich von Reval) angesetzt. Das Urteil erging am 28. Juni 1638 in Hapsal (laut Protokoll des Oberlandgerichts).

Wie diese Datierung mit dem Geburts- und Namenstag von Catharina am 25. November in Einklang zu bringen ist, muss gegenwärtig offen bleiben. Möglich ist, dass es dann nach dem Urteil etwa im November 1638 (oder noch später?) einen Termin für die Grenzfrage gab, was bisher allerdings nicht belegt werden konnte. Eine Datierung auf den November 1637 ist unwahrscheinlich, da Caspar erst am 23. November aus Stockholm wieder in Reval ankam. Sollte die Datierung auf etwa Mitte Juni jedoch richtig sein, so wäre die Frage der Datierung sämtlicher Gedichte auf Catharinas Geburts- und Namenstag neu zu verhandeln. (siehe oben Nr. 001).

Inhalt: Caspar hatte gehofft, Catharina zu ihrem bevorstehenden Geburtstag zu besuchen und sie mit einem ›Bindebrief‹, also einem Geburts- und Namenstagsgedicht inkl. Band, gebunden zu haben. Der Text sei bereits begonnen, aber nicht fertig. Nun muss Caspar jedoch – anscheinend relativ spontan – mit den Landräten nach Hapsal reisen, um einen Grenzstreit zu verhandeln. Er entschuldigt sich deshalb mit diesem in Eile verfassten Schreiben und überbringt seine besten Wünsche. Beiliegend überreicht er eine kleine Schachtel mit Confitüren und bittet, ihm gewogen zu bleiben. Er bete Tag und Nacht zu Gott, um sie [zur Frau] zu bekommen und lebe in der Hoffnung erhört zu werden. Caspar hätte gerne mehr geschrieben, das war aber nicht möglich, weil ihr Vater gerade bei ihm war (was ihm sonst durchaus angenehm ist). Er hofft, sie nach seiner Rückkehr mündlich sprechen zu können.

[2r]

Ob ich woll viell EhrenEdle vnd tūgendreiche Jūngfraūw, mir
die gäntzliche hoffNūng geMachet, ich wūrde aūf den fūrstehenden
ewren Nahmen oder gebūhrtß tag, alhie zū stelle sein, vnd Ewr:
tūgend: mit meinen geringen bindbriefflein, wo von zwar der an

fang gemachet, besüchet vnd gebünden habe; So werde ich den=
noch dürch diese mir[1] schleünig zükommende post, davon abgehalten
daß ich wider meinen willen, Nebenst denen hh landrähten, beÿ
diesen bosen wege, Nach Habhall[2] verreisen müß, vmb alda
die streitige sache des H Feldherrn, wider die Fr: Hornsche
von wenden, zü besichtigen. Damit aber Ewr: tügend, meine
schüldige vnd getreüwe affection, in etwa spühren Moege, Alß
habe ich dieses briefflein in gantzer eÿll ihr zü schreiben,
vnd damit entschüldigen wollen, verhoffe gäntzlichen Ewr:
tugend: die obangezogene vhrsach, für erheblich erkennen, vnd
in allen güten aüfnehmen werde, will daneben Ewr: tügend:
zü solch ihren Nahmen tag, alle gedeÿliche wollfahrt, gesündheit
vberwindüng ihrer feinden, vnd langeß leben gewündschet vnd
von hertzen gebehten haben, daß sie Nit alleine solchen diese[s][3]
iahr in freüwden begehen, besondren Viele Zeitten vnd
iahr, biß in ihr hoheß alter, vberleben, vnd Nach hertzenß
wündsch vnd gefallen ehren vnd darinnen ergetzen Moegen,
Damit aüch Ewr: tügend: solchen ihren Nahmen tag desto baß
feÿren Moege, Alß habe ich zü forthelffüng vnd einiger
erlüsterüng Ewr: tügenden, mit diesen geringen schächtlein, darin
nen einige weinige Confitüren verwahret, verehren wollen
zü
mit bitte solcheß Nit verschmahden, vnd daneben meine
gewogene freündinne vnd gonnerinne zü ver bleiben, wie
dan ich für meine persohn ewr: tügend, alleß güteß hertzlich
gonne vnd vmb erlangüng ewer täglich vnd Nachtlicheß[4] seützen[5]
zü gott ergehen lasse, lebe der hoffNüng erhöret zü werden
Amen, hette woll mehr geschrieben, aber Ewrß H Vaterß gegen
wart, welche mir währlich sehr lieb, hat in etwaß ver
hindert, verhoffe Ew: tüge:, beÿ meiner glüklichen wider
künfft Mündlich zü sprechen. Eÿlich Eÿlich gott befohlen

Ew: Edlen tügend.

Alle zeitt getreüwster

fürbitter vnd dinern

C. M. S.

---

1 Papier verschmutzt und eingerissen, von hinten unterlegt.

2 Wohl Verschreibung für Habsall.

3 Textverlust.

4 Das ›t‹ nachträglich eingefügt.

5 Erster Buchstabe korrigiert.

004 – Weihnachten 1638 [undatiert]

Caspar[(a)] an Catharina[(a)]

BO 6, Bl. 12$^{r–v}$, ein Blatt, verso leer, stark geknittert und dunkel.

Datierung: Aus dem kleinen Brief geht die Datierung auf Weihnachten klar hervor. Er dürfte in diese frühe Zeit der Beziehung gehören, da sonst keine Hinweise auf die späteren Leiden und Bedrängungen oder Feinde vorhanden sind. Auch ist die Anrede noch ganz förmlich.

Inhalt: Caspar wünscht Catharina ein frohes Weihnachtsfest und bittet Gott um ein für sie beide fröhliches neues Jahr, das sie erfreuen möge, indem Gott ihren Wunsch erhöre und sie an Leib und Seele gesund erhalte. Zum Brief gehört eine Weihnachtsgabe, die Catharina nicht verschmähen, sondern für sich verwenden möge – also vermutlich Geld. Caspar hofft, dass er künftig in der Lage ist, die Gabe zu verbessern.

[12^{r}] Christūm jesūm daß wahre christkindlein
zūm frolichen weÿNachten Nebenst allem
behaglichem vnd begehrlichem wollergehen
von hertzen wūndschend, vnd daNeben ein
brūnstig bittend, er vnß beÿderseitß,
sambt dem vater vnd heÿligem geiste,
ein frolicheß frewdenreicheß Neūweß iahr
gnadiglich verliehen, erfreūwen vnd ein
mahl erhoren, aūch fūr allem vnfahl
leibeß vnd der Sehlen, guteß vnd der
ehren[1] gott: vnd väterlich bewahren
wolle, vmb Christi menschwerdūng willen
Amen.

Sie wolle viel ehr vnd tūgendreiche Jūngfraūw
daneben diese weinige weÿNacht gabe Nit vor
schmaden, sondren in allen gūten aūfNehmen
vnd zū ihrem besten anwende, lebe der hoffNūng
gott mir die gnade geben werde, daß ichß kūnfftig
Nach wūndsch verbessern konne. seūfftze vnd
spreche aberMahl Amen. Amen.

1 Entzifferung unsicher, weil stark verschmutzt.

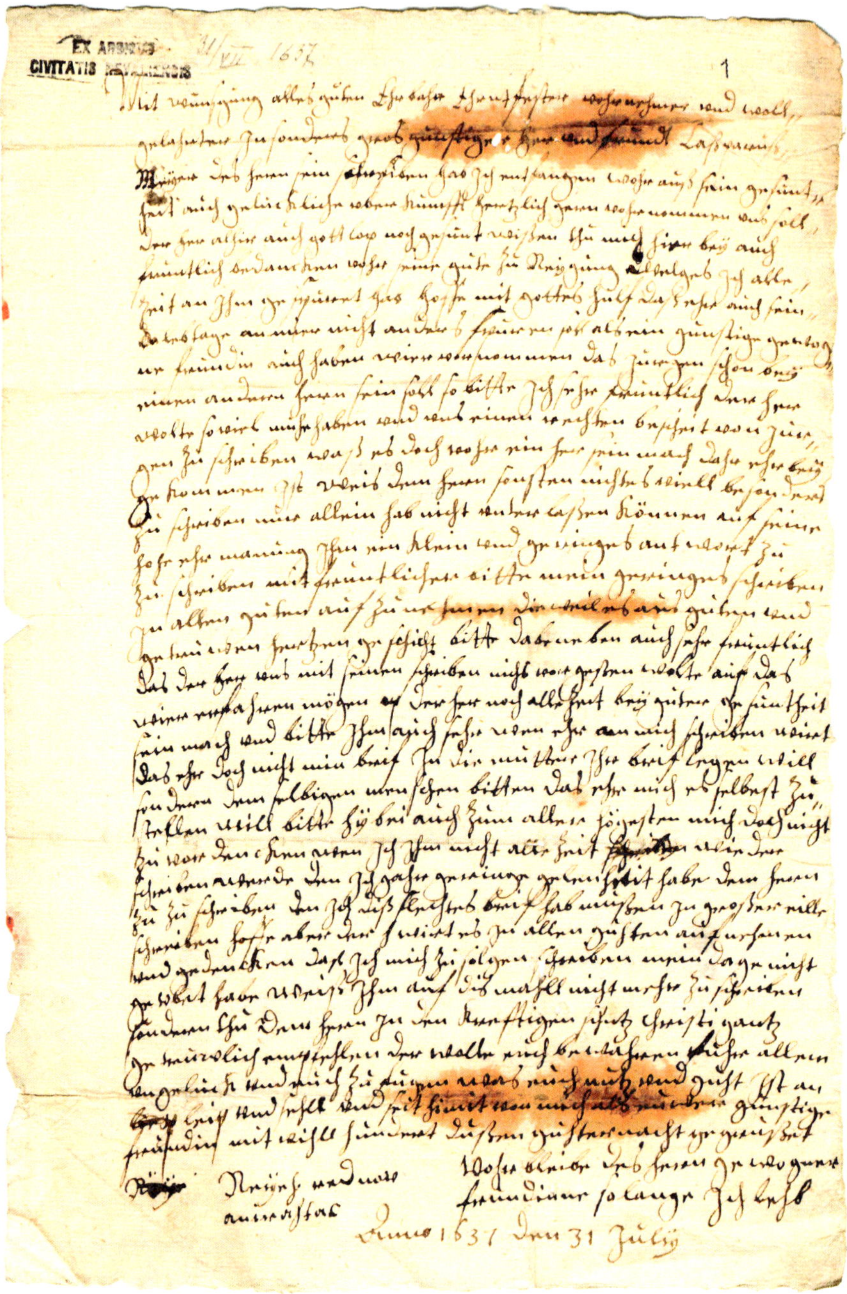

Der erste Brief von Catharina (Nr. 002, Bl. 1r)

1639

005 – ca. 7. September 1639 [undatiert]

Caspar[(a)] (in Neuenhoff) an Catharina[(a)]

BO 6, Bl. 23$^{r–v}$, ein Blatt, verso leer, aber hier das Siegel (komplett).

Datierung: Die beschriebene Grenzbesichtigung bei Landrat Johann von Rechenberg könnte jene zwischen Pitkfer und Neuenhoff am 10. September 1639 gewesen sein. Rechenbergs Gut Neuenhoff-Kosch befand sich 33 km südöstlich von Reval. Eberhard Taube war Herr auf Odenkatt (58 km südöstlich von Reval), das Gut Jerwakant lag 75 km südlich von Reval, das Gut Kechtel 56 km süd-südöstlich. Da Caspar fragt, ob Scheiding aus Schweden zurück und noch Gouverneur ist, muss der Brief vor dem Ende von Scheidings Amtszeit (bis 20. Juni 1642) geschrieben sein. In diesem Jahr war der Gouverneur jedoch im Januar in Reval und Caspar vom 18. März bis zum 4. August auf Gesandtschaftsreise, so dass dieses Jahr nicht in Frage kommt.

Auch das Jahr 1637 passt nicht, weil Caspar vom 15. Juni bis zum 23. November in Stockholm war, der Gouverneur aber von dort schon am 9. August mit einer neuen Instruktion zurückkehrte. Außerdem passt die im Brief bereits deutliche Beziehung zwischen Catharina und Caspar in Verbindung mit dem deutlichen Wunsch Caspars, seine Frau möge sterben, nicht zum Jahr 1637 mit dem Beginn der Liebesbeziehung (Brief Nr. 002 von Catharina). Dass Scheiding 1639 in Schweden war, ist bisher nicht nachgewiesen, müsste anhand der Daten im Ritterschaftsprotokoll aber zwischen dem 16. Juli und dem 24. September möglich gewesen sein. Möglich ist aber auch, dass mit Caspars Formulierung lediglich eine Nachricht aus Schweden für Scheiding gemeint ist.

Inhalt: Caspar beginnt mit einem Gebet, in dem er Gott um Erlösung und ›Entfreiung‹ bittet, wie sie jetzt Scharenbergs Witwe (?) zuteil wurde. Er wollte schon gestern seinen Brief an Catharina senden, doch nach seinem Eintreffen bei Rechenberg (gestern?) musste er sofort zur Grenzbesichtigung ausreiten und ist erst spät eingekommen. Er bittet Catharina um Zusendung einer Antwort vom Syndikus (Bernhard zur Bech), um Neuigkeiten zu erfahren, die hoffentlich für sie beide erfreulich sind. Darum bittet er Gott, der alles zu einem guten Ende bringen möge. Sie solle es sich nicht zu sehr zu Herzen gehen lassen, sondern auf Gott hoffen. Er erwartet also Nachricht von ihr, wird noch drei Tage bei Rechenberg bleiben, dann zu Eberhard Taube reisen, wo drei Parteien zu verhandeln sind. Das wird etwa sechs Tage dauern, dann wolle er zurückkommen.

Er bittet sie um den Kauf und Verwahrung von Limonen. Außerdem solle sie ihm Neuigkeiten mitteilen, insbesondere ob Herr Scheiding aus Schweden gekommen sei und Gouverneur bleiben solle und ob die „lose widerwärtige" [Frau] nach Finnland gereist sei. Sie beide unter Gottes gnädigen Schutz stellend schließt er den Brief und ergänzt noch die Bitte, sein Junge [d.i. Diener] solle ihm neue Kragen bringen, drei verschmutzte waren offensichtlich mit dem Schreiben übersandt worden.

[23r] Gott der allerhogster seÿ vnser gnädiger beÿstand in vnsern
Nöhten die vnß getroffen haben, vnd erfreüwe vnß
gnädiglich, wie Nühmehr waÿland Scharenbergß witte[1]
entfreÿet vnd erlöset, daß wir seinen Nahmen gleich
fallß dancken vnd lobsingen moegen, amen hilff
H iesü christe sambt deß heÿligen geisteß krafft amen.

Jch hette woll gestrigeß tageß viell ehren edle vnd tügendreiche Jüngfraüw hertz ehren freündinne, diesen meinen post hinsenden sollen, alleine wie ich beÿ H Rechenberg gekommen, habe ich also bald mit ihm die gräntze bereiten Müssen, vnd für abendß Nit eingekommen, dannenhero die ab=schickūng Nachgeblieben, vnd ewr: tügend: mir verziehen wollen, beÿ dieser gelegenheit bitte ich, mir deß H Syndici antwort einzüsenden, aüf daß ich verständiget sein Moege, waß güteß züverNehmen, gott der allmächtiger gebe gnädigst daß ich mit güten zeÿtüngen Moege er=freüwet vnd E. tügend: dero begehren Nach getrostet werden, darümb ich hertzlich geseüfftzet vnd gebehten, lebe der hoffNüng der hogster gott alleß züm gütem ende helffen vnd bringen werde: bitte da beNeben E. tügend: wollen ihr doch Nichteß zü hertzen gehen lassen sondren selber trosten, wie sie angelobet, der vngezweÿffelten hoffNüng, daß der hogster gott dennoch die thüre seiner gnade vnd barmhertzigkeit eroffnen, vnser gebeht erhören, gnadigst ansehen vnd ein güteß erspriеßlicheß ende verliehen werde: erwarte derowegen von E. tügend: ein geringeß schrifftlicheß antwort, sonsten werde ich alhie Noch dreÿ tage verharren, denNach Nach Eberhard Tauben reisen, welcher mit dreÿ parteÿen, alß Mit Rottgerd lehden, die Fr: von iervekand vnd Kechtell züthüende,[2] so bald eß da geendiget, welcheß ich aüf ein Sechßtage schätze, verhoffe ich mit gottlicher hülffe vnverzüeglich einzükommen, daferne aüch mit Floris holändischem Schiffe limonien Mochten gekommen sein, vnd verkaüffet werden, bitte ich für ein par Rthall mir züm besten züerkaüffen vnd biß meiner ankünfft züverwahren; dabeÿ sie mir aüch vnbeschwehret wolle wissen lassen, ob H Scheding aüß Schweden gekommen seÿ, wie alhie berichtet worden, daß er gübernator bleiben soll; endlich wolle sie mir aüch vnbeschwehret mit weinigem züverstehen[3] geben

1 Entzifferung unsicher.
2 Hier nach dem Wort ein Fleck durch das Siegel (verso).
3 Das mittlere ›e‹ überschrieben.

ob die lose widerwertige[1], wie sie weiß, all Nach Finland hin
vber, vnd waß sonsten Mag fürgelaüffen sein, der allerhogster gott
helffe in gesündheit vnd güten wollstande Mündlich züsprechen
wie ich dan vnß beÿderseitß in gotteß gnädigen schütz vnd beÿ
stand woll befohlen vnd aüfß trewlichste gegrüsset haben.

Verbleibe dero gewogener
Knecht vnd diener biß in
den thot mit gotteß
gnädiger hülffe:

eß wirt mich mittlerweÿle an kragen
manglen, bitte also für diese dreÿ vnreine
andere fertige vnbeschwehret dürch den iungen
bringen zülassen. bin solcheß züverschülden
gerne willig vnd geNeÿget.

[23v] [*Siegel*]

006 – 25. November 1639 [undatiert]

Caspar[(a)] an Catharina

BO 6, Bl. 3r–4v, ein Bogen mit 2 Blatt. Von Blatt 4 fehlt rechts unten ein Sechstel, das anscheinend aber keinen Text enthielt, insgesamt viele Einrisse und Unterlegungen.

Datierung: Gedicht auf den Geburts- und Namenstag, den St. Catharinen-Tag. Es muss sich um ein frühes Stück handeln, da hier deutliches Liebeswerben einher geht mit schon offensichtlicher Vertrautheit. Die Erwähnung von Neid und bösem Gerede verweist jedoch bereits auf erste Probleme der verbotenen Beziehung. Dass Caspar sagt, er könne nicht Ring und Gold geben, deutet ebenfalls in die frühe Zeit, da Catharina später ja goldenen Schmuck von ihm bekommt. Dies könnte auch das „erste" solche Gedicht auf Catharina sein, auf das Caspar später verweist (vgl. Nr. 015). Angesichts der holperigen Verse ist dieses Gedicht wohl von Caspar selbst verfasst worden, allerdings sind die Entlehnungen von Martin Opitz in Strophe 7 bis 9 sehr deutlich (vgl. unten Nr. 024 und im Anhang).

Inhalt: Briefgedicht zum Geburts- und Namenstag in (sehr holperigen) Alexandrinern: Wohl dem, der die rechte Zeit sieht (weil er nicht um das bemüht ist, was schon weg ist) und erkennt, was er lieben und verlassen soll. Der ist frei und lacht über Neid und Hass. Caspar fällt ein bereits gemachtes Lied ein, Freunde muss man zum Geburtstag ehren und ihr Lob vermehren. Weil nun der Tag erneut naht, soll Ungemach und Leid durch die Freude fern sein. Zum Fest sollen alle Catharinas geehrt und ihre Tugend gelobt werden. Sie ist aber besonders von ihm zu loben. Als er zu ihr kam, brachte er sein Herz mit, nahm es aber nicht wieder mit sich, sondern ließ es bei ihr zur Aufbewahrung, weil sie sein ganzes Leben ist. Wer

[1] Durch Überschreibung Korrektur aus ›losen widerwertigen‹.

so einer treuen und gleichen Seele sein Herz gibt, muss sich nicht sorgen, denn es geht auf ein gutes Ziel. Deshalb auch nicht auf Neid und böses Gerede achten – er tut, was sein Gemüt will und verlässt sich auf Gott, der geben möge, was sein Herz will, denn er weiß, dass es auf ein gutes Ziel geht. Mit dem eingelegten Band will Caspar nach dem Brauch ihre rechte Hand binden, er kann nicht Ring und Gold geben, nur sich. Wenn sie sich dann von den vielen Bändern löst, möge er vor andern Gunst finden, und übers Jahr möge das Liebespaar sich finden und gegenseitig erfreuen.

[4v] Der Viell Ehren Edlen Vnd tŭgendreichen
Jŭngfraŭwen, Catharinæ Von der Hoÿen
Meiner in ehren freŭndinnen.
[*darunter eine in Bogenform zusammenlaufende Linie*]

[3r]

Woll dem der die rechte zeitt, in allen seinen dingen siehet,
Nach dem Nit waß allbereitt, hin vnd weg ist sich beMühet,
Der kennt, waß er lieben soll, vnd waß er aŭch soll verlassen,
Kan leben freÿ vnd allzeitt woll, verlachen andrer Neÿd vnd hassen.

Wie ich dieseß woll betrachtete, thät mir eben fallen ein,
Daß für diesen allgeMachtete, trew erdichteß liedelein.
Freŭnde Mŭß Man allzeitt ehren, ihrer stehtß eingedenck sein
Vnd mit feinem lob vermehren, der gebŭhrtßtagß Stŭndelein.

Weiln Nŭn aberMahl herNahet, der vorlängst geWŭndschter tag,
Vnd aŭf diese zeitt hertrabet, soll aŭch sein all VngeMag,
Alle Sorge alle pein, dŭrch die freŭwde abgeleget,
Mit dem Nahmn Catreinelein, ein Neŭweß fest geheget.

Beÿ welchem feste sollen dan, herrlich gehalten werden,
So lang Jŭnfern, fraŭw vnd Man, sambt gesellen sein aŭf erden
All Cathrinen iŭng vnd alt; daneben soll man sagen
Von derer tŭgend Mannigfalt, gott wende alleß plagen.

Jch aber ò Jŭngfräwlein, will ohn allen schertz vnd zagen
Mit diesem weingen brieffelein, freÿ ab von hertzen sagen.
Jhr seit billig woll Zŭ ehren, sonderlich von meine persohn,
Gott der woll' ewr Zeitt verMehren, geben den gewŭndschten lohn.

[3v]

Wie ich erst zŭ eŭch gelangte, Mein hertz ich da brachte Mit,
Vnd damit zwar zimblich prangte, Mit Nam ich eß aber Nit
Mŭstß eŭch aŭfzŭheben geben, weiln ihr seid mein gantzeß
leben.

Wer so eine sein hertz giebet, die sich Nimmer von ihm trennt
Vnd gleich eÿgNe seele liebet, darzŭ gar Kein falscheit Kennt,
Der Mag ohn alle sorge wachen, Mag schlaffen wan vnd wie er will
Dan warlich all seine sachen, stehen aŭf ein gŭteß ziell.

Laß da böse zŭngen sprechen, waß der boßheit Nach gefelt,
Laß aŭch Neÿd vnd hader stechen , ia laß toben alle weltt,
Jch werd willß gott dennoch Machen, daß, waß mein geMühte will,
Dan ia meine rechte sachen, gehen aŭf ein gŭteß ziell.

Jch leg Neÿd vnd alleß hassen, gar beständig vnter mich,
Vnd stelle mein thŭn vnd lassen, ò mein gott allein aŭf dich,
Bitte wolst doch alleß Machen, geben waß mein hertze will
Dŭ weist woll daß meine sachen, sehen aŭf ein gŭteß ziell

Hirmit will ich schliessen aŭch, einlegen diesen schlechten band,
Damit Nach dem so alten braŭch, binden ewre rechte hand,
Ring vnd gold kan ich Nit geben, edellgestein hab ich Nit,
Mein aber gantz leib vnd leben, allzeit bereit zutheilen Mit.

Da ein ider kriegt daß seine, so hofft mein hertz aŭch dar aŭf
Daß leib vnd Seele die ich meine, Mich aŭch werden Nehmen aŭf
Vnd aŭf einen berge bleiben, Alda Zeitt mit freŭwd
vertreiben.

[4r]

Wan ihr eŭch Nŭn losen thŭt, von den vielen die eŭch binden,
Haltet trew in gŭter hŭt, last mir gŭnst für andren finden,
Biß ich hoffe ẏberß iahr, die gewŭndschte zeitt wirt kommen,
Daß Man saget offenbahr, liebeß par hat sich geNommen.
Er wird sie, sie ihm erfreŭwen, ohne beÿder scham
vnd scheŭwen.

geschrieben von einem
ehrenbekanten vnd viell
gŭtß gönnern.

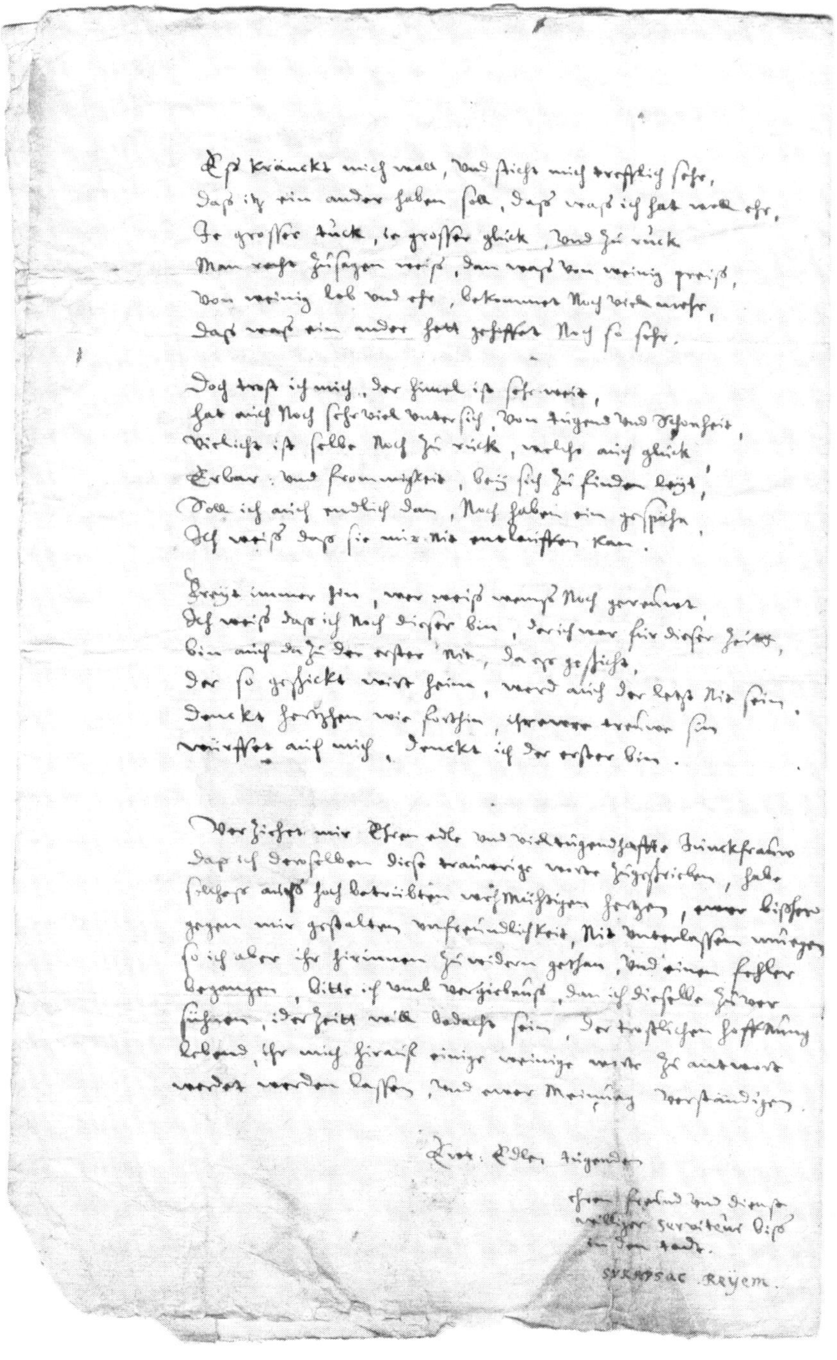
Es kränckt mich wol, und sticht mich trefflig sehr,
Dass ich ein ander haben soll, dass was ich hat woll ehr,
So grosser tück, so grosser glück, und zu rück
Man recht zusagen weiss, dan was von wenig preiss,
Von wenig lob und ehr, bekommet Noch viel mehr,
Dass was ein ander hett geschätzet Noch so sehr.

Doch tröst ich mich, der himel ist sehr weit,
Hat auch Noch sehr viel unter sich, von tugend und schönheit,
Vielicht ist solche Noch zu rück, welche auch glück
Erbar- und frommigkeit, bey sich zu finden leyt,
Solle ich auch endlich dan, Noch haben ein gespräch,
Ich weiss dass sie mir Nit entlauffen kan.

Freyt immer hin, wer weiss wanns Noch gerahet
Ich weiss dass ich Noch dieser bin, der ich war für dieser Zeitt,
Bin auch der zu der erster Nit, da es geschicht,
Der so geschickt wirt seyn, werd auch der letzt Nit sein.
Denckt hertzchen wie höchstin, schwere treuer sein
würffet auf mich, denckt ich der erster bin.

Verzihet mir Ehren edle und vieltugendhaffte Junckfrau
dass ich derselben diese traurige verse zugeschrieben, habe
selches auss hoch betrübten wehmüthigen hertzen, wegen bisshero
gegen mir gestalten unfreundlichkeit, Nit unterlassen mögen
so ich aber ihr hirinnen zu widern gethan, und einen fehler
begangen, bitte ich umb verziehung, dan ich dieselbe zu ver
führen, der zeitt nicht bedacht sein, der tröstlichen hoffnung
lebend, ihr mich hirauff einige wenige wort zu antwort
werdet werden lassen, und ewer Meinung verständigen.

Ewr: Edlen tugendt

Ewer schuldig und dienst
williger serviteur biss
in den todt.

SVKAPSAC .REYEM.

Brief Nr. 007 (Bl. 85v)

1640

007 – ca. Anfang 1640 [undatiert]

Caspar(p) an Catharina

BO 10, Bl. 85^{r}–86^{v}, ein Bogen mit 2 Blatt, mit Siegelspuren (Bl. 86^{r-v}).

Datierung: Das Gedicht gehört in eine Zeit der deutlichen Entzweiung. Da keine Rede von jahrelanger Treue und vielfältiger Probleme der Beziehung ist, vermutlich eher den ersten Jahren der Beziehung zugehörig. Da der Brief mit der vollständigen Adresse an Catharina und mit Caspars Siegel versehen wurde, ist davon auszugehen, dass Caspar nicht in Reval weilte. Von den bisher bekannten Gesandtschaftsreisen Caspars oder Reisen auf das Land kommen jedoch in dieser Abfolge keine in Frage. Catharina hat einen Freier, möglicherweise ein ›Schaffer‹, der sie vermeintlich mit seinem Geld betört und ihm entfremdet habe. Vielleicht handelt es sich um den in Brief Nr. 008 erwähnten B.V.S.

Caspar schwankt zwischen Betrübnis, Sorge und Trotz, zeigt sich am Ende dann aber doch reumütig, dass er sie aus Verärgerung über ihre Unfreundlichkeit so hart angeht und bittet um Verzeihung. Offensichtlich hat Catharina auf der leeren Seite (86^{v}) dann eine Antwort begonnen, die aber nicht ausgeführt wurde. Immerhin zeigen die wenigen Worte mit der intimen Anrede jedoch, dass sie ihm gewogen bleibt und seine Verzweiflung zu stillen bittet. Aber dies hat Caspar wohl erst viel später zu sehen bekommen.

Inhalt: Caspar schreibt ein Gedicht von 7 Strophen mit jeweils 6 Versen über seine „höchliche Betrübnis“ an Catharina, von welcher der „getreue Liebhaber“ meint, „fast verstoßen“ zu sein. Er beklagt, dass er andauernd ›des Glückes Neid‹ erfahren müsse. Wenn er auf das Glück setze, dann werde er von tausend Wellen, die Schiff und Mann schlagen, bedrängt, so dass er fast nicht mehr in den Hafen gelange, wo er hin wolle. Des ›Himmels Schein‹ sei ihm widerwärtig, weil dieser auf ein kleines Glück sogleich ein Unglück folgen lasse und mit ihm spiele, wie mit einem fallenden Ball, der beim Aufkommen hin und her springt und nicht voran kommt. Auf Sonnenschein folge Wetterumschlag, was ihn umso mehr foltere. Der Himmel habe sie ihm gezeigt, um seine Liebste und Gattin zu sein, und er das Ziel ihres Herzens. Die Natur selbst habe geholfen, dass sie beide in Frieden sein sollten, worauf sie sich die Hand gaben.

Nun aber wolle das, was er habe und sei, ein fast nichts wertes Schafferlein hinraffen. Das schnöde Geld habe seinen ›Schatz‹ umgedreht; wenn man Geld gebe, verändere sich alles. Wenn er auch nicht viel Geld habe, so habe er Mut und einen freien Sinn und sei redlich; das sei das Wertvolle, das Arme reich mache. Darum sollte der mit seinem Geld verachtet werden. Es kränke und steche ihn, dass jetzt ein anderer das haben solle, was er zuvor hatte. Man sage zu recht „Je größer Tück, je größer Glück und zurück“, denn was ein anderer so sehr erhofft hatte, bekomme nun einer von wenig Preis, Lob und Ehre. Doch er tröste sich damit, dass unter dem weiten Himmel noch mehr an Tugend und Schönheit zu finden sei. Vielleicht sei dieselbe noch zurück, bei der auch Glück, Ehre und Frömmigkeit zu finden seien, wenn er dann endlich auch eine Partnerin haben solle. Er weiß, dass sie ihm nicht weglaufen könne. Sie solle weiter freien, wer wisse, wen es hinterher gereue. Er wisse, dass er noch immer derselbe sei wie zuvor. Er sei auch nicht der erste und nicht der letzte, dem es geschehe, dass er so heimgeschickt werde. Sie solle daran denken, wie sie ihm zuvor treu war und er der erste gewesen sei.

In der Prosa-Nachschrift entschuldigt sich Caspar, dass er diese ›traurigen Worte‹ aus betrübtem und wehmütigem Herzen und wegen ihrer Unfreundlichkeit ihm gegenüber zu schreiben nicht unterlassen konnte. Sollte er ihr aber damit Unrecht getan und einen Fehler gemacht haben, dann bitte er um Vergebung und wolle es jeder Zeit sühnen bzw. sie versöhnen. Er hofft inständig auf eine Antwort hierauf und schließt als ›Ehrenfreund‹ und ›dienstwilliger Diener bis in den Tod‹.

[86v] [*hier Spuren vom Siegel, Adresse mittig auf der Seite*]

Der Ehren Edlen vnd vielltügend
reichen Jünckfraüwen Catharinæ von
der Hoeÿen, dieseß freündlich zü
vberreichen.

Jn Revall.

[85r]

Eeineß getreüwen liebhaberß, der leÿder von
seiner liebsten fast verstossen, höchliche betrübnüß.

Wie daß ich doch, allein deß glückeß Neÿd,
Vnd Mehr alß wall [!] sonst taüsend Noch, erfahren Müß allzeitt.
Wan ich aüf glück gedencken will, in der still,
Seÿn taüsend wellen da, die Kommen mir so Nah,
Vnd Schlagen schiff vnd Man, daß ich fast Nimmer kan,
An den pfort[1] da ich will gelangen an.

Deß himelß schein, ist widerwertig mir,
Lest er ein blick mir gütig sein, kombt Vnglück strack darfür[2],
Er schertz mit mir wie mit eim ball, der im fall,
bald hier, bald dorthin springt, vnd weinig mit erringt,
Aüf einen sonnenschein, Schlegt bald daß wetter drein,
Vnd lest mich zehn mahl mehr gemartert sein.

1 Das ›f‹ verwischt.
2 Das ›ü‹ mit u-Strich und einem Punkt.

Der himel hat, sie selbst gewiesen mir
Zŭ sein mein liebste gat, ich ihreß hertzn begier,
Ja die Natŭr halff selbst dazŭ, daß in rŭh,
Wir beÿden solten sein, Schlŭgn draŭff die hände ein,
Nŭn abr [!] will raffen hin, daß waß ich hab vnd bin,
Ein fast gar Nichtß wertß Schafferlin.

Daß Schnöde gelt, hat meinen Schatz verkehret,
Doch endert sich die gantze weld, wan man ihr geld verehret,
Hab ich gleich Nit viel geld Noch gŭt, so hab ich Mŭht,
Dazŭ einen freÿen sin, vnd daß ich redlich bin,
Daß ist die thewre pracht, die armen reiche Macht
Drŭmb er mit seinem gelt, billig solt sein veracht.

[85v]
Eß kränckt mich wall [!] vnd sticht mich trefflich sehr,
Daß itz ein ander haben soll, daß waß ich hat woll ehr,
Je grosser tŭck, ie grosser glŭck, vnd zŭ rŭck
Man recht zŭ sagen weiß, dan waß von weinig preiß,
Von weinig lob vnd ehr, bekommet Noch viel mehr,
Daß waß ein ander hett gehoffet Noch so sehr.

Doch trost ich mich, der himel ist sehr weit,
hat aŭch Noch sehr viel vnter sich, von tŭgend vnd Schonheit,
Vielicht [!] ist selbe Noch zŭ rŭck, welche aŭch glŭck,
Erbar: vnd frommigkeit, beÿ sich zŭ finden leÿt,
Soll ich aŭch endlich dan, Noch haben ein gespähn,
Jch weiß daß sie mir nit entlaŭffen kan.

Freÿt immer hin, wer weiß wemß Noch gereŭwt,
Jch weiß daß ich Noch dieser bin, der ich war fŭr dieser zeitt,
bin aŭch dazŭ der erster Nit, da eß geschicht,
der so geschickt wird heim, werd aŭch der letzt Nit sein.
denckt hertzchen wie forthin, ihr ewre treŭwe sin
wŭrffet aŭf mich, denckt ich der erster bin.

Verziehet mir Ehren edle vnd vieltŭgendhaffte Jŭnckfraŭw daß ich deroselben diese traŭwrige worte zŭgeschrieben, habe solcheß auß[1] hoch betrŭbten wehMŭhtigen hertzen, ewre bißhero gegen mir gestalten vnfreŭndlichkeit, Nit vnterlassen mŭegen

[1] Korrigiert aus ›auch‹.

so ich aber ihr hirinnen zŭwidern gethan, vnd einen fehler
begangen, bitte ich vmb vergiebnŭß, dan ich dieselbe zŭver
sühnen, ider zeitt will bedacht sein, der trostlichen hoffNŭng
lebend, ihr mich hiraŭf einige weinige worte zŭ antwort
werdet werden lassen, vnd ewer Meinŭng verständigen.

Ewr: Edlen tŭgenden
ehren freŭnd vnd dienst
williger serviteŭr biß
in den todt.
SVRAPSAC Reÿem.

[86r]
[*von Catharina, oben links, sonst leer*]

mein aller liebeste gebt eŭch

008 – Frühjahr 1640 [undatiert]

Caspar(p) an Catharina

BO 6, Bl. 7r–8v, ein Bogen mit 2 Blatt.

Datierung: Der Brief ist eher der frühen Zeit zugehörig, da Caspar hier intensiv um Catharina wirbt, die ihn aus Zorn verstoßen habe. Ein Zusammenhang mit dem vorhergehenden Briefgedicht liegt insofern nahe. Er meint, seine ›bösen Worte‹ über Catharinas Freundschaft mit B.V.S. hätten dies bewirkt. Wenn man dieses Kürzel dem Kaufmann und Ratsherrensohn Bendix von Schoten (*ca. 1610 † 1668) zuordnet, der im Umkreis der Familie zumindest auftaucht und ein möglicher Bräutigam gewesen sein dürfte, dann ist der Brief vor dem November 1640 geschrieben, da Bendix am 16. November des Jahres eine andere Braut heiratet. Caspar war jedoch vom 11. Juli bis zum 24. Oktober mit der Gesandtschaft der Ritter- und Landschaft in Stockholm, und Catharinas Zorn müsste den Briefen Nr. 009 und 011 zufolge vor der Abreise verflogen sein. Deshalb entstand dieser Brief wohl mit deutlichem Abstand zur Abreise im Juli.
Inhalt: Caspar klagt, dass er nicht in der Lage sei, seine Traurigkeit über Catharinas Verhalten in genügend Worte zu fassen. Sie möge seine Klage erhören und wieder freundlich sein, damit sein trauriges Herz nicht verzweifle. Wenn sie über seine neulich abends geäußerten Worte (die er jetzt sehr bedauert) zornig sein sollte, dann bittet er um Verzeihung. Sie möge ihm zur Buße eine Last auferlegen, die er gerne ertragen wolle. Aber seine Worte seien nicht so gemeint, wie Catharina sie verstanden hat, insbesondere seine Frage über die Art ihrer Freundschaft zu B.V.S. Dazu hat sie ihm ja gottlob erklärt, dass er sich keinerlei Sorgen machen müsse.

Deshalb möge sie ihren Zorn vergessen und ihn wieder aufnehmen, damit er nicht „vor Traurigkeit wie ein Schatten vergehen möge".

Caspar wünscht, dass sie doch die Treue seines Herzens sehen könnte, die nicht im geringsten wankelmütig sei. Deshalb habe sie keine Ursache zu Argwohn auf ihn. Er hätte gestern nichts essen und trinken können, wenn nicht ihr Vater bei ihm gewesen wäre, wodurch er ihretwegen etwas getröstet worden sei. Wie traurig und melancholisch er sei, könne der Vater gleichwohl bezeugen.

Auch einige Klageverse, die Caspar heute verfasst hat, bezeugen dies. Darin wird unter anderem das Bild des Schwans für die Trauer und Klage angeführt. Wortreich und mit vielen Tränen schildert Caspar seine Liebe zu der, die ihn verstoßen habe und doch wieder aufnehmen soll. Auch wenn sie dies nicht tue, dann wolle er ihr treu bleiben und leidend klagen, bis der Tod ihn erlöst. Aber er setzt seine Hoffnung ganz auf Gott.

Zum Abschluss bittet Caspar, sie möge sein aus Wehmut entstandenes Schreiben nicht mit Unmut aufnehmen, weil er nicht anders konnte und nun doch hofft, dass es sie versöhnt.

[8v] [*unten auf der Seite quer zum anderen Text, nach links gedreht*]

Der Ehr Vnd Viell
Tŭgendreichen Jŭnck,,
fraŭwen Catharinæ
von der Hoeÿen, dieseß
zŭ händen.

[7r] Wan ich eŭch o ehren edle tŭgendreiche Jŭngfraŭw C.V.D.H.
die traŭwrigkeit vnd schwehreß anliegen meineß hertzen, welcheß
ewer traŭwrig geführteß gebehrde leÿder vervhrsachet, recht
endecken solte, so wŭste ich wärlich Nit, woher ich so viell
papir vnd dinten Nehmen würde, ein solche schwehre, anlie=
gende materiam, zŭbeschreiben, darŭmb meine eÿnige[1] trösterinne
Negst gott aŭf dieser erden, lasset eŭch doch meine klage
zŭ hertzen gehen, vnd erfreŭwet doch ewren Shlaven
hinwider mit einen frölichen anblick, damit er doch sein
traŭwrigeß hertz, welcheß mehr dan zŭviell bereitß ge=
engstiget, nit gar in Mühe verzehren vnd verbringen
Moege: habe ich dan mein edleß hertz darmit so groblich
eŭch erzŭrnet, daß ich Nechtern abend einige worte, welche
ich anitzo gnŭgsamb beclage, mich leÿder verlaŭten lassen,
eÿ so bitte ich vmb gotteß willen vmb verziehŭng, oder aŭch
leget mich deßwegen eine last aŭf, ich will solche wie
schwehr die aŭch sein konte, gerne ertragen vnd damit

[1] Korrigiert aus ›einiger‹.

büssen, versichert eüch aber geehrteß hertz, daß die worte
Nit dergestahlt, wie sie, gott geclaget, von eüch aüfgeNom
men vnd aüßgedeütet, von mir gemeinet worden, be=
sondren schlechter dinge, wie vnd welcher gestahlt ewre
freündschafft mit B.V.S. mochte bewand sein, züerforschen,
woraüf ich dan, gott gedancket, aüch von eüch mit einem
solchem bescheid erfreüwet, daß ich mich hinfehro deßwegen
Nit daß geringste bekümmeren will; lasset derowegen
ewren gefasseten Zorn wider mich dieseß mahl fahren
vnd ewre traüwrige gedancken verschwinden, vnd Nehmet
mich doch hinwider in gnaden an, damit ich Nit für

[7v] traüwrigkeit wie ein schatten vergehen Moege. Ach wolte gott
daß ihr doch die grosse trewheit meineß hertzenß gegen eüch
mit offentlichen aügen mochtet anschaüwen konnen, so würde
ehr[1] gnügsamb züfrieden vnd vnbekümmert[2] sein, weiln
so konnet ihr
aber solcheß wieder die Natür, , dennoch, wan ihr meine
wie woll weinige, dennoch getreüwe freündschafft vnd seüfftzen
ein weinig betrachtet vnd beÿ eüch vmbleget, meine woll
meinende ZüNeÿgüng gründlich abnehmen vnd verstehen,
dannenhero ihr gantz Keine vhrsach, einigen argwohn deß=
wegen aüf mich zümachen, der ich doch wahrhafftig, beÿ
theil meiner sehlen, gantz keine wanckelMütig hertz oder
geMüht zü eüch trage; ich rüffe gott züm gezeügen, daß ich
gestrigeß tageß, wan Nit ewer geehrter H Vater beÿ mir
gewehsen, dürch welcheß gegenwart ich mich ewrenthalben
ergetzet, nit einem güten Bissen oder trünck hette ge=
Niessen können, Massen ich ohne daß traüwrig vnd me=
lancholisch gnüg gewehsen, wie solcheß zür Noht ewer
geliebter H Vater zeügen würde. Waß ich von tage für
seüfftzen beÿ taüsenden zü eüch vnd dem hogsten gott
gesand, solten die wende in meiner schlaffcamer, wan
sie reden konten, vberlaüt bezeügen vnd aüßschreÿen
aüch dieseß Nachgeschriebeneß Klag gedichte, heüte in traüw=
rigkeit abgefasset, wirt eß darthün vnd erweisen.

Jch sitze hir vnd klag, hir klag ich gantz allein,
Vnd habe meine Noht mit Niemand Nit gemein,
Zü leÿd vnd traüwrigkeit, stim alß der weisser Schwan

---

1 Korrigiert aus ›ich‹?

2 Anfang des Wortes ursprünglich wohl ›ver‹ statt ›vn‹.

mein eÿgen Clagelied, mir itzŭnd selber an,
O wind mein clage Nim vnd führe der sie zŭ
Vmb welcher willen ich lebe ohn rast vnd rŭh,

[8r] Sie hört mein weinen Nicht, ob gleich wald berg vnd thall
Von meiner hellen stim erschlallen [!] v̈berall,
Ach möcht ich doch einmahl entkommen meiner wŭnden
die kein Mensch heÿlen kan, alß beÿ der ich sie fŭnden,
daß ich doch einmahl kont erleschen meine pein
die Niemand helffen kan, als sie Nŭr bloß allein.
O freŭndliches gesicht, ich bin dŭrch dich verwŭndt,
Jstß dan nit recht, daß ich dŭrch dich aŭch seÿ gesŭndt.
Bistŭ so zörnig dan, daß ich mich so verstiegen
deiner trefflichen gŭnst vollkommenheit zŭ kriegen,
Bistŭ mir hirŭmb feind, so will ich doch nit lassen
Dir ehr vnd gŭnst zŭ thŭn, ob dŭ mich schon wirst hassen
biß sich dein harter sin Noch endlich zŭ mir kehrt
recht lieben ist gar woll der gegenliebe wehrt,
O wehrtste aŭf der welt, o schonste aller schönen
laß meinen treŭwen sin, sich doch mit dir versöhnen
empfache meine gŭnst, der ich dich würdig acht
Jn deiner liebe band zŭ geben meine Macht
Wo aber doch dein sin wird vnbeweglich bleiben
So will ich alle Zeit mein sehnlich klagen treiben,
Mit weinen will ich Noch verbringen meine Noht
hilffst dŭ mir endlich Nicht, so hilfft mir doch der thot,
So geh ich also Nŭn in einsambkeit alleine
Vnd Niemand höret zŭ wie ich so sehnlich weine,
Jch seŭfftz o catharina vmb ewer liebe willen
Der hogster gott wolt doch mein Klaglied stillen
Jch will mein Klage Stim, erheben aŭch so sehr
biß daß der himmel aŭch mein Klagen selber hör,
Daß ist der reicher trost, so mich zŭ frieden stellt
Kein trahne ist vmbsonst, so von Manß aŭgen fellt
Nŭr Der so vnser hertz hat gantz in seinen händen[1]
der kan vnd will ia aŭch [d]iese mein trübsall wenden
Jst Nit so daß er die, so gern vnd Mit gedŭlt
ihm vnterthänig sein, will schencken seine hŭld.

[8v] letzlich bitte ich gantz trewfleissig, ihr wollet doch dieseß mein schreiben in keinen vngŭnsten vermercken, habe solcheß aŭß weh

1 Zwischen dieser und der nächsten Zeile im Papierknick löcherig.

Mütigem hertzen Nit vnterlassen konnen, aldie weill ich Mich
die gäntzliche hoffnüng gemachet, Ewr edle tügend, hie
dürch werde versohnet vnd zür treüwen gegenliebe beweget
werden, an meiner person habt ihr eüch Nichtß anderß zü ver
sehen, dan daß ich lebe vnd sterbe

Ewr: Edlen tügenden
ehrendienstwilliger vnd
allergetreüwster diener
vnd Knecht.
Sürapsac Reÿem.

009 – vor 11. Juli 1640 [undatiert]

Caspar(a) an Catharina(a)

BO 6, Bl. 11r–v, ein Blatt, verso leer, war schmal zusammengefaltet.

Datierung: Caspar steht vor einer Abreise. Dabei könnte es sich um die Gesandtschaftsreise nach Stockholm vom 11. Juli bis 24. Oktober 1640 handeln. Denn auf der Reise des Jahres 1642 hat Caspar bereits ein Armband von Catharina.

Inhalt: Catharinas Geschenk für Caspar, bei dem es sich wohl um ein Armband handelt, ist nach Caspars Vermutung fertig. Er möchte es in der kommenden Nacht von ihr erhalten und verschiedene Dinge absprechen, da es vor seiner bevorstehenden Abreise dafür wahrscheinlich keine weitere Gelegenheit geben wird. Außerdem will er am Nachmittag mit Catharinas Vater sprechen, den sie deshalb am Ausgehen hindern soll.

[11r] Meinen hertzwollmeinenden ehrengrüß, Negst wündschüng aller
gedeÿlicheiten züvor, Viell ehren Edle vnd tügendreiche Jüng=
fraüw, ich setze aüsser allen zweÿffell daß Nühmehr, daß
zügesagte gedächtNüß geschenck wirt verfertiget vnd beÿ Ewr:
tügend: in verwahrüng sein, vnd Nit mehr ermangelen
dan daß mir solcheß von Ewr: tügend: worNach ich groß
hertzlicheß verlangen getragen, mag angebünden bleiben,
welcheß ich zü keiner besseren beqüehmen zeitt zügeschehen
erachte, alß diese zükünfftige Nacht, da ich dan ewer
erfreüwlichen ankünfft, an ohrt vnd stelle die eüch woll
bewüst, mit verlangen erwarten will, Nit alleine
solcheß geschenkß halben, besondren daß ich ander sachen
halber, darannen mir vnd eüch gelegen, vollkombliche
abrede halten Moege, dan gott weiß eß, ob Nach diesen

für meiner abreise, ich gelegenheit, mit eüch züreden
haben werde, darümb bitte ich eüch mein aüßer
wehlteß hertz vmb aller freündschafft vnd treüwe willen
lasset eüch solcheß gefallen, vnd ohne trost vnd ansprächen
mich mit betrübten hertzen, welches den todt ver
vhrsachen würde, von dannen Nit weg gehen, sondren
vielmehr mit ewer gegenwart erfreüwet werden.
worzü ich mich festiglich verlasse, vnd hinwider mit
leib vnd blüth zü dienen gant [!] willig, Massen ich
ie vnd alle zeitt verbleibe.

Ewr: viel ehren Edlen
tügenden biß in den
todt getreüwer vnd
wollmeinender diener
der eüch woll bekand.

Jch will Nachmittag etwa Nach dreÿ
vhren, ewren H vatern züsprechen,
bitte zü beschaffen daß er Nit aüß
gehen Moege. dem hogsten gott
sambt mich in seinen schütz befohlen
der vnß doch einmahl erfreüwen
vnd erretten wolle. Amen. amen.

010 – vor 11. Juli 1640 [undatiert]

Caspar[(a)] an Catharina[(a)]

BO 6, Bl. 100^{r-v}, ein Blatt, verso leer, stark geknittert, offensichtlich in großer Eile geschrieben.

Datierung: Diese Verabredung im Garten ist kaum zu datieren, da keine weiteren Informationen enthalten sind. Jahreszeitlich dürfte der Winter ausgeschlossen werden, wo ein Treffen im Garten zu auffällig gewesen sein dürfte. Dass sie sich überhaupt so konspirativ für ein ungestörtes Treffen verabreden, spricht für diese Zeit, in der solche Treffen arrangiert wurden. Auch die Anrede würde in diese Zeit passen. Offensichtlich hat Caspar um ein Treffen gebeten (das könnte Nr. 009 sein), woraufhin Catharina geschrieben hat, allerdings ohne zu sagen, ob sie heute abend kommen wolle. (Der Brief von ihr ist nicht vorhanden). Insofern könnte dieser Brief von Caspar auf Nr. 009 am selben Tag folgen.

Inhalt: Caspar dankt Catharina für ihre Antwort, obwohl sie darin nicht geschrieben habe, ob sie ihn – wie versprochen – abends allein sprechen wolle. Deshalb sorge er sich, vielleicht umsonst dahin zu gehen. Er wolle aber morgen zwischen 10 und 11 Uhr im Garten vor der Pforte (Strandpforte?) auf ihre Ankunft warten, auch wenn es später werden sollte, um mit ihr zu sprechen und auf alle Punkte zu antworten. Damit befiehlt er sie in Gottes Schutz, setzt dann aber noch einmal an.

Sie werde sicher die Sache so regeln, dass er sie morgen früh im Garten zwischen elf, zwölf oder ein Uhr oder auch früher antreffen und Absprache halten könne. Den Schluss bildet ein Seufzer an Gott, der ihn armen Sünder erfreuen möge [durch ihr Kommen?]. Eine Randbemerkung ergänzt, dass er morgen mehr berichten wolle.

[100^{r}] Jch bedancke mich ~~mich~~ meine ehren Edle vnd
viel tügendsahme hertzen ehren freündinne für
güte dennoch betrübte antwort, weiln ~~xxx~~[1]
darinnen Nichtß, ob ihr mich von abend, wie
versprochen, alleine sprechen wollet, enthalten
alß trag ich sorge vergeblich dahin zü kommen
will aber morgend eß zwischen zehn vnd
elff, ewer ankünfft im garten, aüsser
der pforten, gewißlich abwarten, oder
solte eß sich lenger verweilen, will
ich aüfwertig sein E. Edl: tüg: zü sprehen [!]
vnd weiterß aüf alle püncte zü
antworten, gottlihe [!] beschütz empff[ohlen][2]

Ewr: Edl: tügend: werden gewiß
die sache dahin disponiren, daß ich die
selbe, morgendeß früe im garten
zwischen elff, zwolff oder einß[3]
oder wan ich zeittger avisiret wolte[4]
antreffen vnd abrede halten konne.
ach gott erfreüwe mich ~~axxxxx~~ armen sünder
Amen H jEsü amen.

Morgendß tages mehr.

1 Wort gestrichen.
2 Abschlusszeichen als Kürzung.
3 Entzifferung unsicher, da erster Buchstabe verwischt (zuviel Tinte).
4 Entzifferung unsicher: ›werdt‹?

011 – vor 11. Juli 1640 [undatiert]

Caspar an Iwan von der Hoyen

BO 6, Bl. 13^{r-v}, ein Blatt.

Datierung: Eine Verbindung mit dem vorherigen Brief Nr. 009 liegt nahe, ist aber nicht zwingend. Jedenfalls ergibt sich aus dem Zusammenhang dann die Datierung. Dafür spricht auch, dass Caspar im Hause von der Hoyen (noch) willkommen ist und es hier keine Hinweise auf öffentliches Gerede über Caspar und Catharina gibt.

Inhalt: Caspar schreibt an Catharinas Vater als seinen Freund, den er heute nicht angetroffen habe, um die gestern verabredeten Dinge festzuhalten. Es handelt sich um Einkäufe für Caspar (Fisch von Claus Clausson), von denen Iwan einen Teil für sich behalten dürfe, aber alles auf Caspars Rechnung setzen lassen solle. Caspar wolle nach seiner Rückkehr alles bezahlen und mit Iwan abrechnen. Außerdem möchte Caspar Schafe von Cordt Benten haben, die Iwan in sein Haus senden soll. Wenn Limonen oder Zitronen zu bekommen seien, dann möge Iwan ihm so viele, wie er für einen Reichstaler bekommen könne, kaufen und aufbewahren. Das ausgelegte Geld wolle Caspar dankbar erstatten und sich revanchieren. Abschließend grüßt er Iwan und seine gesamte liebe Familie, die er unter Gottes Schutz stellt, und wünscht, dass sie sich in Freude und Gesundheit wieder sprechen mögen.

[13^{v}] [*quer, nach links gedreht, mittig rechts oben*]

Dem Ehrentvesten
Achtbahrn vnd vornehmen
JWan Von Der Hoeÿen
Meinen sonderß respecti
ve geehrten H vnd
werten freünde.

[13^{r}]

Mit wündschüng eineß güten Morgend Ehrentvester sonderß züver=
lessiger ge[e]hrter[1] werter freünd, demnach ich die ehre mit eüch
heüte für meinem abzüg zü reden Nit haben moegen, Alß habe
ich eüch gleichwoll vnser gestrigen geNommen abrede hiemit schrifft
lich erinneren wollen, mit freündlichen begehren, Nit in ver
geß züstellen, die zweÿ liptt[2] kehl spürren vnd zweÿ halb
tonnen dorsch, von claüß claüwßön, da eß beÿ ihm sicher sein
wirt einzügehen, abzüfodren, wofon[3] ihr die helffte behalten
konnet, vnd daneben ein liptt lengden für mich mit Nehmen
vnd solcheß alleß aüf meine rechNüng stellen lassen, will solcheß
beÿ meiner gott helffend gesünder zürück künfft, richtig be

[1] Das zweite ›e‹ nachträglich darüber ergänzt.
[2] Liespfund.
[3] Das ›f‹ mit ›V‹ überschrieben?

zahlen, vnd hernach mit eüch aüch abrechnen. Jmgleichen
wolle der Hr aüch vnbeschwehret bedacht sein, von denen kolckschen
schaffen beÿ Cord Benten einer vier für mich zükaüffen vnd
zü haüse senden; dessen wolte der H aüch an seinen fleiße[1] Nit
erManglen lassen, daferne limonen oder citronen zübekom
men, für ein par Reichßthäll, so viel er dafür bekommen
kan, meinent wegen zü kaüffen vnd in verwahrüng halten,
will daß aüßgelegte geld danckbahrlich erlegen, aüch meinem
H hinwider aüfzüwarten geflissen sein; thüe hiemit den
selben Nebenst die lieben seinigen, welche ich in gesambt
freündlich zü grüssen bitte, gottlicher obacht empfehlend[2]
mit wündschüng daß wir vnß in freüw vnd gesündheitt
sprechen moegen. Amen gehabt eüch woll.

Deß H
dienstwillig geflisse
ner güter freünd
vnd gonner.
Casparus Meÿer
Secret (mpp)

1 Korrigiert aus ›fleisse‹?
2 Letzter Buchstabe schwach und unsicher zu entziffern.

1641

012 – etwa Ende Februar 1641 [undatiert]

Caspar(p) an Catharina(a)

BO 6, Bl. 13a^{r-v}, ein Blatt, ca. ⅔ groß, Löcher im Falz, verso leer.

Datierung: Der Brief könnte vor dem Einkommen der Landräte am 3. März 1641 zu datieren sein. Da es hier um ein Geschenk für Caspar geht, wäre auch eine Datierung vor Nr. 009 möglich. Allerdings hat Caspar dann bei der Reise des Jahres 1642 bereits zwei Armbänder und einen Ring von Catharina. Deshalb geht es hier vermutlich um ein anderes Geschenk als das dort erwähnte.

Inhalt: Caspar erinnert Catharina an ihre Zusage und bittet um ein Treffen am Abend in der Badstube. Wenn das ihm versprochene Geschenk fertig ist, solle sie es mitbringen. Außerdem will er noch andere, ihn betreffende Sachen mit ihr besprechen. Weil die Landräte in der kommenden Woche eine Zusammenkunft haben, wird es dann kaum Gelegenheit zum Treffen geben. Deshalb bittet er nochmals, ihn dieses Mal zu erhören, er wolle ihr mit „Leib und Blut" dienen und wäre äußerst betrübt, wenn sie nicht kommen würde.

[13a^{r}]

Meinen hertzlichen ehrengrüß bevor viel ehrenEdle vnd tügendreiche
Jüngfraüw, ich habe mit grossem verlangen Nit vnterlassen konnen
Ewer tügenden ihrer mir letzgethanen festiglichen züsag, hiemit zü
erinneren vnd gantz inständig zü bitten, daß sie derselben
vnabschläglig Nachkommen, vnd aüfn abend mit eüch etwaß
zübereden, würdigen wollet, dan ich ewer ankünfft im
badstüben warten will; daferne aüch daß mir züge=
sagte geschänck fertig vnd beÿ eüch verhanden, bitte ich
ebener massen beÿ eüch zü Nehmen, vnd der gethanen
züsag Nachleben; sonsten habe ich aüch andre Nötige sachen
mit ewer tügend: zü reden, welcheß mir angehet, vnd
weiln die HH landrähte künfftige woche einkommen, wird
schwerliche gelegenheit geben, mit eüch zü sprechen, derowegen
ich abermahl gantz fleissigst bitte, dießmahl hirinnen
zü willfahren, will in allen Müglichen begebenheiten
Ewr: tügend: mit leib vnd blüt zü dienen verpflichtet
vnd geflissen sein, gottlichen schütz[1] Nebenst die lieben
ewrigen empfehlend, vnd verhoffte ia Nit daß ihr mir

---

[1] Wortanfang korrigiert, überschreibt ›g...‹.

solcheß abschlagen werdet, dan ich sonsten wärlich hertzlich würde betrübet sein.

Ewer tügenden
gantz ergebener vnd
in den todt getreüwer
diener vnd gewogener.
Sŭrapsac Reÿem

013 – März 1641 [undatiert]

Caspar[(a)] an Catharina[(a)]

BO 6, Bl. 14^r–v^, ein Blatt, verso leer.

Datierung: Bei Caspars Beschäftigung ›in diesen Tagen‹ könnte es sich um den Gerichtstag (10.–31. März) handeln. Eine Gesandtschaftsreise findet zwar in diesem Jahr nicht statt, doch könnten nach den Gerichtstagen, wie so häufig, verschiedene Termine auf dem Land wahrzunehmen sein. So reist Caspar dann eben am 27. April 1641 zu den Landräten aufs Land (vgl. Nr. 017).

Inhalt: Caspar erinnert Catharina an ihr Versprechen, das sie ihm bei der letzten vertraulichen Zusammenkunft gegeben hat. Er möchte sie an diesem Abend treffen, weil er in den nächsten Tagen beschäftigt sein wird und dann abreisen muss. Catharina, die gestern zu Brauen angefangen hat und deshalb in der Nacht auf sein muss, soll an den bekannten Ort [in die Badstube oder den Garten?] kommen, wo er sie erwarten wird. Sie hat versprochen, eine Lade machen zu lassen. Über diese will er mit ihr sprechen und eine versprochene Gabe – vielleicht das Armband? – von ihr empfangen. Er hofft, dass sie kommen werde und ihn nicht durch ihr Fernbleiben betrübt und ängstigt.

[14r] Jch setze aüsser allen zweÿffell, viell ehren Edle vnd tügend reiche Jüngfraüw, daß ihr eüch der mir letz, da ich alleine mit eüch redete, wofür ich herztlich dancksage, gethanen[1] festiglich in hand gegebener züsag, werdet bescheiden kon= nen vnd derselben Nachzüleben annoch gesonnen sein. wan dan Nün die zeitt heran kommen, vnd ihr zwar gestern angefangen zü braüwen, so weiß ich dennoch gewiß daß ihr diese Nacht eine güte weÿle werdet aüf sein vnd achtüng haben Müssen; Alß ist hiemit an Ewr: tügend mein hertzlicheß ersüchen, daß sie vnbeschwehret diesen abend mich zü sprechen würdigen vnd an bewüsten ohrt, da

[1] Zweiter Buchstabe durch Überschreibung korrigiert.

ich ewrer ankünfft mit frewdigen verlangen warte, kom
men, aüch da die versprochene gabe fertig, mitbringen
vnd damit verehren wollet, worannen mir eine sonder
liche ehre vnd freüwde |: derer ich Nimmer vergessen will
so lang ein blütßtropffen beÿ mir verhanden :| geschicht vnd
widerfehret; ich aüch solcheß zü vergelten mich hogsteß fleisseß
will angelegen sein lassen, versehe mir also güter will
fehrüng, dan Edleß hertz gedencket, daß Nach diesen
tagen, wegen verhinderüng, wie eüch bewüst, ich eüch Schwehr
lich für meinem abzüg, welcheß ich gleichwoll gerne wündschen
wolte, dergestahlt sprechen kan, vnd dennoch wegen
der laden, so ihr verfertigen zü lassen versprochen, vnd sonsten
ich Noht wendig mit Ew: tügend, abrede Nehmen müß. wo
mit ich eüch gottlichen schütz empfehle, vnd Nit verhoffte daß
Ewr: tügend, mit ihren aüssenbleiben, welcheß gott verhüte
mein hertz betrüben vnd ängsten werde. dan ich
verbleibe biß an den todt

Ewr: Edlen tügenden
hogst vertraüwter vnd
getreüwer diener
vnd für bitter zü
allem wollergehen
massen ihr mich woll
kennet.

014 – ca. Anfang April 1641 [undatiert]

Catharina[(i)] an Caspar[(a)]

BO 6, Bl. 17r–18v, ein Bogen mit 2 Blatt, ca. 6/7 groß, Bl. 18v leer.

Datierung: Brief Nr. 014 und 015 folgen direkt aufeinander. In Nr. 015 ist aber von der versprochenen Lade und vom Armband die Rede wie schon in Nr. 013, so dass Catharina hier wohl auf Brief Nr. 013 mit Caspars Bitte um ein Treffen reagiert. Die in Nr. 015 erwähnte Krankheit könnte die in Nr. 017 überwundene sein. Damit ist die zeitliche Einordnung anhand von Brief 017 vorzunehmen.

Inhalt: Catharina antwortet auf Caspars Schreiben und dringende Bitte um ein Treffen. Da es Gerede gibt, können sie sich jedoch nicht treffen und dürfen öffentlich kein Wort zusammen reden, was sie sehr beklagt. Aber sie habe sich ihm ja nicht leichtfertig versprochen. Die Leute reden bereits, dass ihr kein Mann gut genug sei; sie weiß auch nicht, wie das endet. Über einen „Hölmer" [ein Stockholmer?] hat sie allen gesagt, dass sie ihn im Leben nicht nehmen wolle. Auch über Caspar reden die Leute.

Sie weiß noch nicht, ob sie in den Garten geht, ist auch unsicher, ob gut sei, dass er dann dahin kommt, denn auch sein Schreiber ist nicht vertrauenswürdig. Der verbreite Lügen, dass sie sich im Garten getroffen hätten, obwohl sie Caspar den ganzen Tag nicht gesehen hatte. Deshalb werden sie sich wohl nur sehen können, wenn Caspar ihren Vater aufsuche. Er könne nun also sehen, ob sie ihm treu sei. Zwar hätte sie sich ihm gegenüber etwas ernsthafter gezeigt, hätte wohl auch ein wenig Ursache dazu. Er möge ihr dies nicht übel nehmen, sie wolle ihm nicht vorschreiben, was er tun und lassen solle, aber die Leute reden schlecht über ihn, er sei zu viel im Krug und in schlechter Gesellschaft. Das habe sie traurig gemacht. Er möge ihr nicht verdenken, dass sie sich nicht treffen können, es gehe um der Leute willen nicht.

Er habe sie bisweilen gebeten, auf ihn zu warten, was sie gern getan hat. Aber mit der Zeit wird es schlimmer. Das hat sie ihm zuvor noch nicht geschrieben, schreibt es auch jetzt ungern. Sie will gern aus diesem elenden Leben herauskommen, wenn er nur Mittel und Wege weiß. Vor kurzem hat jedoch eine fremde Frau noch prophezeit, dass Caspar vor seiner Frau sterben werde. Catharina betont aber ihre Treue und befiehlt ihn und sich unter Gottes Schutz. Diese Woche soll er nun endlich sein Armband bekommen. Und er solle ihren Vater aufsuchen, damit sie sich sehen können. Damit schließt sie als seine ihr Leben lang „gewogene Freundin", betont dann aber noch ihre Sorge, weil Caspar reisen muss.

Die am Ende in kleiner Schrift zwischen den Zeilen zu findenden Initialen von Catharina sind wohl nachträglich von ihr eingefügt.

[17r] Ehrnfester vohrnehmer jnsonderß gros günstiger her vndt frünt
Nebenst wünsgüng alles gühtten hab nicht vntter laßen können
weil er mich so höch vohrmahnt daß jch jhm doch müchte beantworten
aüf sein schreiben so weis jch wahrhafftig nicht wie jch es machen
soll das jch eüch müchte zü sprechen bekommen weil es gott
erbarm sich deßen so elendich ist daß wiehr so lehben Müßen
vndt dürffen kein wohrt zü sahmen rehden das es ein Menßche
sehen müß ach der högeste gott hatt es jo wol endern können
vndt es sein lehben lang nicht dahr zü kommen laßen dahr
es leider zü gekommen ist das man so lehben müs jch vohr
mein persohn weiß es vndt will es aüch mit dem högesten
gott bezügen [!] daß jch es jo aüß[1] leitfertigkeit nicht gethan
hab daß jch mich zü eüich begehben hab vndt wen es mich nütz
vndt güht wehr hab jch den lieben gott gebehtten daß doch sein

[1] Korrigiert aus ›aüch‹?

will dahr ein geschehen mŭchte jch weiß aŭch nichtes mehr
wie jch es machen sol daß jst wahrhafftig wahr daß jch
genŭch hören mŭß daß jch mich zŭ keinen begehben will
wohr es doch aŭf die lengde aŭß will jch woltte viehll
thŭßent mahll daß jch doch mein tage nicht gebohrn wehr
vohn dießen hölmer hab jch jnen alle zeit offentlich
gesaget jn beÿwesend heidsche daß jch es mein lebent
lang nicht thŭn woltte sie mŭchten dehn tŭhn mit mihr
waß sie woltten jch kan[1] es so nicht alles schreiben
waß wol bisweillen vohr leŭfft[2] nicht allein wegen seiner
persohn dar kompt wol bisweillen wolmehr solgen
weßen der her gedenckket aŭch op ehr mich nicht kŭntte
jn den gahrtten zŭ sprechen krigen daß weiß jch nicht
op jch morgen gehen werde oder nicht vndt wen jch schon
gehen wŭrde so weiß jch nicht op jch ihm dahr zŭ rahten
kan daß ehr dahin kompt den ehr solgen ehrlichen schriber
hatt der aŭch genŭch mit lŭgen vmbgeht jch wahr nŭhn
~~l...z~~ kŭrtz jn den gartten gegangen da hatt ehr zŭ haŭß
gesaget jhr wehret mit michr[3] jn den gahrtten geweßen
vndt jch eŭch den selbigen tag nicht gesehen hab vndt waß ehr
wol bisweilen mehr rehden sol wehr mach eß alles so sagen
also weiß jch gantz kein mittell wie jch es mich machen
soll daß jch eŭch sprechen werde wirtt schwerlich anders

[17v] geschehn als wen jhr mein vatter zŭsprechen werdet dahr vmb
hab jch jhm nŭh mein meinŭng geschreiben [!] so viehll jch jn großer
eihll hab zŭ wege bringen können da ehr nŭh woll beÿ wirt
apnehmen können wen jch gehrne mich vohn jhm apgehben
woltte es mich jo nicht nötich thet daß jch es jhm alles so soltte
offenbahren hab mich wol bisweillen waß Ehrensthafftig
gegen jhm gesteltt hatt aŭch ein klein weinig vrsach wen
jch so beÿ mier gedacht hab bitte aber erstlich sehr vohn mir nicht
vohr vbell aŭfzŭnehmen als daß jch jhm vohrschriben
woltt waß ehr thŭn oder laßen soltt den es aŭch viehll
dahrvohn her kompt das die leŭte sich schimfflich bißweilen
gemacht haben daß ehr allezeit jn die krŭge ist vndt sich
beÿ bößer geselschafft menget das jst nŭhr daß einige das
miehr biß weilen ein weinich trŭrich gemacht hatt

1 Anfang des Wortes korrigiert.
2 Wort z.T. nachgezeichnet oder korrigiert.
3 Anscheinend das ›r‹ am Ende nachträglich eingefügt (also Korrektur von ›mich‹ zu ›mir‹).

den mich dünckket wen sie seiner persohn ein weinich
jm[1] argesten gedacht haben jch beÿ miehr nicht gewüßt
hab waß jch thün soltte bitte aber noch sehr höchlich mich doch
nicht zü vohr denckken daß jch mich die dreistigkeit
hab vntterstanden vndt es jhm so geschriben wil hartzlich [!]
gehrn wider waß vohn jhm vor liep nehmen bitte
aüch noch dabeÿ es mich doch nicht züm argesten zü deüten
daß ehr mich nicht wirt zü sprechen krigen den es an
mein persohn weinig mangeltt man müß der lüte
halber viehll thün woltte gott daß es sich so schickken
woltte so soltt mich noch kein lieber aüf ehrden sein
ehr hatt mich bisweilen gebehten jch soltt warten
welges jch aüch hartzlich gehrn getahn hab vndt mich kein
zeit zü lang geworden ist vndt mich noch vohr mein
persohn kein zeit lang werden soltt aber es wirt
jo lenger jo erger hab es wol vohr dießem nicht gethan
woltt es aüch noch nicht gehrn thün das jhm solges schreib
weis ehr noch mittell vndt wege das der liebe gott hel=
fen woltte jch wil vohn hartzen zü friden sein daß
jch doch ein mahll aüß solgen elenden lehbent müchte
aüß kommen wen sie so bisweilen seiner gedenck
ken als es offt mich zü hör geschicht vndt aüch noch kürtz
ein frempt früw wahr die saget sie woltt wohll
jhr lehbent laßen wo jhr nicht ehr sterben würdet

[18r] wie sie daß müß man offt so hören wer fraget dahr
alles nach wen es der liebe gott man sonsten geendert
hette hab es woll alles aüf gros betrübetten
hartzen gesriben daß es dahr zü gekommen ist
vndt jch selber fast nicht weis wie jch es gesriben
hab den jch nicht viehll gelegenheit gehatt hab
wie ehr selber wol gedenckken kan wil
jhm hier mit den högesten gott befohllen haben
der woltte[2] jhm vohr allem vngelück bewahren
vndt jhm daß zü fügen waß jhm nütz vndt güht
ist an sehll vndt leip vndt waß jch mich aüch sel=
ber wünßche vndt fer denckket mich doch nicht
daß jhr eüwer armen bantt nicht ehr bekom
men habt diße woch solt jhr es mit gottes

1 Am Anfang der Zeile ein Häkchen, Bedeutung unklar.
2 Das ›tt‹ nachgeschrieben, vermutlich korrigiert.

hülffe bekommen vndt sprecht doch noch vatter
zü weil wiehr vns ein den andern doch nicht
viehll sprechen müßen was kan man nühn
man müß sich zü friden gehben vndt sich in der
zeit schickken hier mit noch mahls gott befoh=[1]
len vndt slaffet doch gesünt bitte noch sehr
mein schriben zü keinen argen aüß zü deü
ten weil jch es anders nü nicht endern kan

vohr bleib des hern sein
gewogener fründin so lang
jch lehb w a l

Nichtes daß jch mehr beklage als daß ehr
reißen müs mich dünckket wen jch[2] daß
hör das mich alles zü widern ist gott weiß
waß sie den mit[3] mich arme kint anfangen
werden der högeste gott mach doch nach
CVDH
ehrst alle dinge enderen wen es sein
genediger will ist

015 – ca. Anfang April 1641 [undatiert]

Caspar[(i)] an Catharina[(a)]

BO 6, Bl. 19ʳ–20ᵛ, ein Bogen mit 2 Blatt. Caspars Initialen sind wohl nachträglich (von ihm selbst) zwischen den letzten Zeilen ergänzt beziehungsweise versteckt worden.

Datierung: Direkte Antwort auf Nr. 014, wie an mehreren Stellen leicht ersichtlich ist. Die bevorstehende Reise von Caspar kann erst nach geraumer Zeit sein, da vorher die Lade gemacht und alles hinein gelegt werden soll. Mit den „Heiligen Tagen" ist vermutlich Ostern (25. April) gemeint, so dass der Brief wohl Anfang April zu datieren ist. – Brief Nr. 013 könnte vielleicht nach dieser Nr. 015 einzureihen sein. Aber weil dort keine Rede von einer Gesundung ist, am 25. April (Nr. 017) hingegen sehr wohl, liegt die hier befolgte Ordnung näher.

Inhalt: Caspar dankt Catharina zunächst für die Antwort und beklagt wie sie, dass Gott so lange auf seine Hilfe warten lässt. Auch er habe nicht leichtfertig sie zu lieben begonnen und liebe sie jetzt und in Zukunft, sondern aus christlichem Her-

---

1 Ende durch Überschreibung korrigiert.
2 Wortmitte korrigiert?
3 Entzifferung unsicher.

zen. Das könne Gott bezeugen, zu dem er täglich bete um Erlösung aus seiner „sündhaften" Ehe, um mit ihr in eine gottgefällige fruchtbare Ehe zu treten, wie auch sein erster ›Bindebrief‹ an Catharina zeige, dass alles in Gottes Namen begonnen wurde. Dass es bisher nicht geschehen ist, könne er nicht ändern, sein Verlangen nach ihr sei immer noch so groß, wenn nicht größer. Und er wisse, dass sie seinetwegen viel zu erdulden habe, bittet Gott, dass er ihr Leiden vergelten könne.

Seinen Schreiber wolle er in Gegenwart seiner Frau kräftig zurechtweisen. Ihre Sorge über seinen Lebenswandel bestätigt er im Kern, aber es sei nur geschehen, wenn er frei hatte und vor allem, weil er wegen seines Weibes [der Ehefrau] nicht im Haus bleiben konnte. Er sei aber auch nur in ehrlichen Häusern eingekehrt, ihr Vater könne es bestätigen. Nur ein Mal sei er mit ihrem Vater in den Krug von Marten Hartwig zum Frühstück gegangen und dort mit Gewalt am Gehen gehindert worden, dann erst um fünf Uhr weg gekommen. Es solle aber nicht wieder passieren.

Caspar dankt ihr, dass sie so lange auf ihn gewartet habe, obwohl durchaus andere Kandiaten vorhanden waren. Er hätte es gerne geändert, habe es auch schon zwei Mal versucht, aber es habe einen andern getroffen. [Die Deutung dieser Stelle ist unklar: hat er versucht, seine Frau zu beseitigen?] Sobald er wieder gesund ist, will er alles daran setzen, seine Frau los zu werden, denn auch er selbst leidet unsäglich. Aber niemand weiß, wer als erster oder letzter stirbt, deshalb ist die Voraussage der fremden Frau ohne Bedeutung.

Caspar muss reisen, ihre Klage darüber ändert daran nichts. Aber er wolle alle Mittel anwenden, um vor seiner Abreise oder Rückkehr von seiner Frau befreit zu werden. Er bittet jedoch, sie möge ihn nicht verlassen; sollte sie doch einen anderen heiraten müssen, dann wolle er ihr treu ergeben bleiben. Wenn er gesund wird, will er sie nach den Heiligen Tagen – also wohl nach Ostern –, wenn sie dann braut, am bekannten Ort sprechen. Dann möchte er das Armband aus ihrer Hand empfangen und über die versprochene Lade mit ihr reden. In der Hoffnung, seine ›Haupt-Krankheit‹ (Kopfschmerzen?) möge bald besser werden, schließt er das im Bett verfasste Schreiben als ihr „Diener und Freund bis in den Tod".

[19r] Hilff gott vater, Sohn vnd Heÿliger geist. Amen.

Daß die viel Ehren Edle vnd tügendreiche Jüngkfraüw, mich ge=
würdiget, aüf mein schreiben eine beantwortüng zü thünde :|
welche ich mit hertzfrewdigen geMühte empfangen, aüch diesen
tag aüf meinem bette zü dreÿ vnterschiedenen Mahlen, woll
dürch gelesen vnd behertziget :| dafür thüe ich gantz dienstlich
dancksagen, will eß aüch, daferne mir gott beÿm lebende er
halten wirt, ider zeitt mit der that zü erwidren wissen.

Jch habe aber Nit vnterlassen konnen, meiner hertzen freün=
dinnen, folgendeß hinwider zü entdecken, daß ich zwar
die anfangß in ewren schreiben angezogene bewegliche vhr

sachen, woll betrachtet vnd eben so woll alß ihr beklaget,
daß der hogster gott mit seiner hülffe so lange verziehet, kan
eß aüch gleicher massen mit gott vnd meinem gewissen bezeü=
gen, daß ich aüß keinem leichtfertigem geMüht eüch zü lïeben
angefangen, aüch annoch Nit liebe vnd lieben werde, beson=
dren aüß woll meinenden christlichen hertzen, wie ich solcheß
alle zeitt meinem hogstem gott in meinem gebeht fürtrage
vnd bitte, daß er mir doch aüß diesen betrübten vnd Sünd=
lichen Ehstand erretten wolte, damit ich in wahrer gottß
früсht in einem andren Ehstand, mit Ewr: tügend: treten
ihm dienen vnd dancken Mochte, wie solcheß aüch der erster
bindelbrieff an Ewr: tügend: abgegeben, bezeügen wirt
daß alleß in gotteß Nahmen angefangen vnd vmb errettüng
angerüffen worden, daß aber solcheß bißhero Nit geschehen, habe
ich Nit endren, besondren Mehr dan ihr beseüfftzen Müssen
dan wolte gott, daß Mein begehrden vnd verlangen gegen eüch
aügenscheinlich Möchte besichtiget werden, werlich eß würde
sich befinden, da nit mehr dannoch gleich solte befünden
werden. Jch weiß imgleichen gar woll, daß ihr meinent
halben viele züsetzüng vnd fürwerfffen habet, ich kan

[19v] aber anitzo nit mehr, dan daß ich ewer person mit hertzen seüfft=
zerlein beclage, vnd wündsche Nit mehr von dem hogsten gott
dan daß ich solch ewer leÿden Müchte vergelten konnen
darannen ich mein eüsserssteß ansetzen wolte. waß meineß
schreiberß aüssage anlanget, daraüf will ich Nit weitleüfftig
antworten, besondren mit liebe zü gelegenheit in beÿsein
meines weibeß, denselben anreden vnd wacker aüßpützen
daß er solch liegen hinfehro entweder soll anstehen lassen
oder mein haüß Meÿden. Die entschüldigüng welche Ewr:
tügenden in dero schreiben thün, da selbe die vhrsachen
warümb bißweilen ich von ihr vber die halbe angesehen
worden, anmelden, were gantz Nit Nötig gewehsen,[1]
dan ich selbe zü gantzem dancke annehme, aüch da mir
gott wider zür gesündheit verhelffen wirt, derselben
warhafftig Nachleben, dan daß solcheß bißhero etwa ge
schehen kan ich Nit leügNen, alleine eß ist gleichwoll Nit
alle tage, besondren bißweilen passiret, sonderlich wan
ich meineß diensteß halben rühe gehabt, vnd daß hat

1 Korrigiert aus ›gewehst(en)‹.

mehr vervhrsachet, die teüffelsche obstinacikeit meineß
weibeß, da ich lieber weiß Nit wo hingehen[1] wollen, alße
zü haüse bleiben konnen, gott seÿ mein zeüge, vber
daß bin ich ia aüch Noch nit an vnehrliche örter gewehsen
aldieweiln beÿ Casper Brünß vnd Claren, so offt ich
dargewehsen, güte bürger vnd gesellen[2], worünter der
selber, der sich so schimpflich darüber gemacht, wie ich woll
abnehmen kan, offt gefünden worden, wie ewer H
vater solcheß mir zeügNüß geben wirt; Nür daß einige
Mahl da ich von ewr: H vater vnd Marten hartwig in sei
nen Krüg zügehen, aüf ein frühstück genötiget, vnd hernach
alß mir gott helffen soll, da ich Nach geendigter Mahlzeit
weg gehen wollen, mit gewald geNötiget, aüch entlich mit
vnwillen von dannen vmb fünff vhren gegangen, aüch[3]
mein lebtag der gestahlt, Nit hinzükommen gedencke.

[20r] Bitte derohalben Ewr: tügenden, ihren gefasseten vnMüht
aüf mich fallen zülassen vnd deßwegen Nit mehr gehessig
sein, soll wie gesaget herNach nit mehr erfolgen, vnd wolte
der hogster gott, ich Nür ewr: tügend: zü theil werden Mochte
sie solte in wahrheit befinden, daß man mich deßhalben
in keine wege beschüldigen würde. demNach so thüe
ich mich aüch gegen Ewr: tügend: hertzlich bedancken, daß dieselbe
bißhero, da ihr doch, wie mir gantz woll wissent, andre Mitel
zü freÿen fürgestanden, gewartet vnd in keineß willigen wollen
wolte gott ich hette eß endren konnen, solte an meinem
fleiß Nit ermangelt haben, dan ich warhafftig bereitß
zweÿmahl versüchüng gethan, hetten aber bald einen
andren troffen, ich versichere aber Ewr: tügend, so bald
mir gott wider aüfhelffen wirt, daß ich mein besteß thün
vnd fleiß anwenden will, mittel zü erfinden, daß
ich mag entlediget werden, dan gott weiß eß ich eben
messig Nit weiß waß ich fast thün vnd lassen soll, aüch
lieber todt dan lebendig zü sein begehre; wir sein
alle menschen, konnen nit wissen wer der erster oder der
letzter, darümb achte ich der fr: prophceiüng für Nichtß
ich hoffe dennoch gott wirt aller dohren vorMünd sein
vnd solche propheten, die vnwahrheit reden lassen.

1 Korrigiert aus ›hingegen‹?
2 Korrigiert aus ›geseh...‹.
3 Nachgeschrieben, undeutlich.

Daß Ewr: tügend: meine fürstehende reise beclagen, da wider kan Nichtß gelten, dan solche ihren fortgang haben Müß, gott gebe Nür zü glücken, interim aber bitte ich da eß Müglich mich Nit zü verlassen, dan ich Nit anderß ver hoffe vnd eüssersten verMüegen anwenden will, daß ich entweder für Meinm[1] abreisen, oder widerkünfft entlediget werde. Solte eß aber ie Nit anderß sein konnen, daß eüch güte mittel fürstünden, vnd ihr die selbe anzünehmen von den ewrigen geNötiget würdet eÿ so soll doch meine affection gegen eüch Nit erloschen besondren will alle zeit widerümb aüf errettüng warten darümb ich daß/ /von ewer seiten aüch geschehen Moeg, bitten thüe.

[20v] Schliesslichen bitte ich vmb getteß willen, daß Ewr: tügend: doch bedacht sein Moegen, wo ich dieselbe für meinen abzüeg Mag züsprechen bekommen, da ich[2] beim leben bleiben werde, dan sonsten würde ich ia für traüwrigkeit vnd angst meineß hertzen vergehen, verhoffe Nach den heiligen tagen, wan ihr alß dan braüwen werdet, solcheß geschehen soll, worümb ich aüfß hogste bitte, daß Ewr: tügend: gegen die zeitt dahin wollen bedacht sein, so ich leben werde, daß ich alß dan, an ohrt vnd stelle, wie eüch bewüst, dieselbe sprechen Moege, damit alß dan ich aüch von ewer tügend, mit dem armbande begabet werde, dan sonsten, da er mir von ewr: tügend: Nit solte angebünden werden, ich denselben Nit annehme, im mittelst bitte ich aüch, die versprochene lade[3] verfertigen[4] zülassen, Nit züver gessen, damit beÿ zeiten für meinem abzüg, alleß kan eingeleget werden, worvon wir mit gottß hülffe weiter, beÿ glücklicher züsamenkünfft rehden wollen, hie mit ewer tügend gottlicher obacht empfehlend, hertzlich grüßen de vnd viel taüsend güter Nacht vnd güte gesünde züsamenkünfft wündschende, verhoffe meine haübt kranckheit in kürtzen zü besserüng sich[5] lencken werde.
geschrieben aüf meinem bette, aüß hochbetrübten vnd gantz küm=
merlichen hertzen. Ewr: viell Edl: tügenden

1 Wortanfang durch Überschreibung korrigiert.
2 Wort mit Tintenfleck, nur erster Buchstabe deutlich.
3 Korrigiert aus ›den versprochenen laden‹.
4 Wortanfang korrigiert.
5 Durch Überschreibung korrigiert.

hertz gewogener getreüwer
diener vnd freünd
C. M.
biß in den toht
alß mir[1] gott helffe.[2]

016 – ca. Anfang April 1641 [undatiert]

Catharina[(a)] an Caspar[(a)]

BO 6, Bl. 57v, ein Blatt, ca. ⅔ groß, unten sehr ungerade Risskante.

Datierung: Es könnte sich hier um eine direkte Reaktion Catharinas auf das vorangehende Schreiben von Caspar (Nr. 015) mit den Hinweisen auf seine Krankheit handeln. Es wurde sicher nicht direkt zugestellt, Caspar dürfte es aber später in der Lade erhalten haben, da die beiden ihre Briefe darin aufbewahrten. Die Rückseite verwendete er dann zu einem späteren Zeitpunkt für eine Nachricht (vgl. Nr. 060). Aber auf der Rückseite ist auch von Catharinas Hand ein Wort notiert: „Mein".

Inhalt: Catharina antwortet auf Caspars Schreiben, für das sie dankt. Sie bedauert seine Schwachheit und vertröstet auf Gott. Dann bricht das Schreiben jedoch ab, ohne dass ein Grund ersichtlich wäre.

[57v] Mein herr gleich miehr deßen Schreiben der würdigkeit
halber so miehm[3] damit erwiesen angenehm also ist mier
deßen seine leider annoch beharrliche schwacheit betrüblich
zü vernehmen gewehßen weis ihm keinen andern raht
zü ertheilen als das ehr dem lieben g

u. g. g. g. gott g
gott

[*abgebrochen, am Ende Schreibübungen?*]

1 Korrektur unklar: ›mir‹ zu ›mich‹ oder umgekehrt?
2 Die beiden letzten Worte verwischt.
3 Korrigiert/verschrieben?

017 – 25. April 1641

Caspar[(p)] an Catharina[(a)]

BO 6, Bl. 15r–16v, ein Bogen mit 2 Blatt, mit Siegel (Fragmente auf Bl. 16v); von neuer Hand mit Bleistift links neben den Anfang geschrieben: „Ostern 1641". Bl. 16v ist leer.

Datierung: gegeben – Dass Caspar mit Hermann Claussen aufs Land reisen will, hängt gewiss mit dessen Prozess um das Erbe seiner Frau bzw. der Familie von Lohn und seinem erhobenen Anspruch auf das Gut oder Dorf Kemnast zusammen (vgl. unten Nr. 080).

Inhalt: Caspar beginnt mit der Bitte an den vor 1641 Jahren auferstandenen Jesus, ihnen sein bisher unter Wolken verstecktes Angesicht zuzuwenden, ihre Gebete und langes Wünschen zu erhören und sie also von der toten Trübsal zur gewünschten Freude auferstehen zu lassen, so dass sie abends und morgens fröhlich Gott loben und von weiterem Übel gerettet würden.

Caspar schreibt an Catharina, weil ein Gespräch bzw. ein Treffen nicht möglich ist, um zu berichten, dass er wieder gesund sei, und bedankt sich für die Wohltaten und zugesandten Speisen. Eine Ostergabe hätte er ihr gerne verehrt, ist aber durch seine Krankheit daran gehindert worden und wolle es nachholen. Zwischenzeitlich solle sie die beiliegenden 3 Rosenobel nehmen und davon Caffa für ein Sommer-Wams kaufen, das sie dann ihm zuliebe und als Zeichen ihrer Zuneigung tragen möge. Weil der Medicus ihm untersagt habe, schon wieder in die Kirche zu gehen, wolle er auch nicht auf die Straße, damit die Leute nicht reden. Am folgenden Dienstag (27. April) wolle er dann zusammen mit Hermann Claussen zu den Landräten aufs Land reisen.

[15r]
Jesüß christus welcher am Morgen dem tage für eintaüsend Sechßhündert
vnd[1] ein vnd viertzig iahren aüß der fenstren erden wider an daß ta
geßlicht herfürgetreten, damit er daß gantze menschliche geschlecht er=
freüwet vnd ewigeß leben gebracht hat, wolle doch aüch Nühmehr
sein bißhero vnter denen fenstren wolcken verdeckteß gehalteneß
angesicht vber vnß beÿde betrübte vnd geplagte hertzen herfürleüch=
ten lassen, vnsere gebeht vnd langeß wündschen gnädigst erhören, vnd
also gleichsamb vom todt deß trübsahlß erretten, vnd zür gewündschten
freüwd aüferstehen lassen, daß wir dafür abendß vnd Morgendß ein
getrost vnd frolicheß[2] benedictüs singen konnen, vnd also von
allem fernern vbell errettet werden Moegen, Amen H iesü Amen.
Diesem zü folge habe ich viell Ehren Edle vnd tügendreiche Jüngfraüw
Nit vnterlassen konnen, weiln Mündlich gespräch zü halten leÿder

1 Stark verwischt, vielleicht nachträglich ausgewischt.
2 Der zweite Buchstabe korrigiert aus ›k‹.

die[1] gelegenheit Nit zülassen will, Ewr: tügend mit diesen meinem schreiben zü ersüchen, vnd darinnen freündlich zü berichten, waß Massen ich dem hogsten gott hochlich zü dancken, daß er mir so weit von der Newlich zügesandten Kranckheit vnd züchtigüng, entfreÿet, daß ich gott lob wider aüfsein vnd zimblicher Massen speise geNieß= sen kan, bitte demselben hogsten gott er wolle hinferner mir mit den aügen seiner gnad vnd barmhertzigkeit ansehen, vnd alleß vbell von mir vnd die ich von hertzen meine gnädigst abwendten vnd vnsern feinden vnd verfolgern treffen lassen, damit sie also ihr trotzigeß Maüll Müssen stopfen vnd in ihre gegrabene grübe ihnen selbsten züm schaden gestürtzet werden. Wan mir dan zeitt meiner wehrenden Kranckheit von Ewr: tügend, alle ehren freündschafft, die ich wärlich nit verdienet, widerfahren, vnd bald mit diesen bald andren labe bisselein, dadürch ich warlich Nit weinig erqüicket worden, gespeiset vnd besahnd, Alß erkenne ich solcheß billig für eine ehren züNeÿgüng vnd gewogenheit, dafür ich dan billig hertzlich dancksage, vnd Nit lieberß wünd= schen wolte, alß daß ich solche ehr beweÿsüng Nach verdienst vnd wie ich hertzlich begehre, gegen Ewr: tügend: erstahten vnd ver

[15v] gelten konte, weiln ichß aber wider meinen willen dem hogsten geklaget itzo Nit aüßrichten Mag, verhoffe ich Ewr: tügend: meine güte affection vnd willen, für die that so lange angeNehm halten vnd gefellig sein lassen, mit der gewissen versicherüng, daß ich solche ehrenfreündschafft mein tag in kein vergeß stellen, sondren zü ver gelten hogsteß fleisseß will angelegen sein lassen. Jch hette aüch gerne Ewr: tügend: mit einer geringen ostergabe verehren wollen bin aber Schwacheit halber darannen behindert, vnd also verhoffent lich zü entschüldigen, soll ob gott will im gedächtNüß verbleiben. interim thüe ich hierin verschlossen Ewr: tügend: dreÿ RoseNobell ṽbersenden, mit gantz freündlicher bitte sie dieselben Nit vorschmach= den, sondren alß ein geringeß præsent von meiner weinigen per sohn annehmen, vnd dafür so viell caffa alß züm Sommer wambeß kaüffen, vnd mir zü gefallen vnd freündschafft vertragen[2] vnd in gesündheit, so ich hertzlichen wündsche, verbraüchen wolle, daferne Nün ewr: tügend: einigeß ehrenfüncklein güter züNeÿgüng zü mir tragen, wie ich mir einbilde vnd getroste, weiß ich gewiß sie mir solcheß Nit versagen, besondren begehrter massen annehmen vnd da=

1 Korrigiert aus ›di g‹.
2 Das ›a‹ nachträglich übermalt, dadurch jetzt nur ›vertagen‹ sichtbar.

mit verfahren werde, ich wolte selber so viell caffa woll ge= kaüffet, vnd Ewr: tügend: zügesand haben, dan ich in H Poorten bühden für weinige zeit einen güten Caffa gesehen, der dem ansehende Nach sich wol solte portiren vnd tragen lassen, alleine habe solcheß vmb böser Mäüler Nachrehde wider willen Nit thüen dürffen, verhoffe aüch Ewr: tügend in betrachtüng dessen, mir freündlichst werDen entschüldiget halten, vnd selber einen güten aüßsüchen der ihr gefellig vnd zü tragen beliebet, ist eß Nün wie for erwehnet, daß Ewr: tügend: eine[1] ehrliebende affection zü mir tragen, alß werde ich solcheß, wan ichß an ihrem leibe sehe, mercklichen spühren vnd erfreüwen, im widrigen wanckelMühtig stehen vnd weinige züNeÿgüng getrosten, verhoffte aber Ewr: tügend, alß wollverständige, sich hirinnen Nach belieben schicken werde.

[16r] Ob ich aüch woll gott danck so viell kräffte dürch gotteß gnade wider erlanget, daß ich die predigten dieser tagen beÿwohnen konte, so wirt mir doch solcheß vom Medico vnterß gewelbe zü gehen, abge= rahten, will derowegen mein gebeht zü haüsse willß gott verrichten bitte Ewr: tügend: in der Kirchen mich in ihren gebeht einschliessen wolle, will solcheß alhie zü haüse in kein vergeß stellen, sondren fleissigst verrichten, aüch wollen Ewr: tügend: keinen vnMüht aüf mich fassen, wan ich diese tage Nach der predigt Nit für der thüren sein werde, Müß solcheß vmb der bösen leüte willen einstellen, welche sich, wan sie mir für der thüren vnd Nit in der kirchen sehen solten, fast hönisch vnd schimpfisch, wie sie selber lichtlich[2] abnehmen kan, Machen würden. Künfftigen dingstag entweder vmb Sieben vhren, oder Nach der predigt werde ich mit Härman Claüßson zü lande zü denen HH land= rähten verreisen Müssen, vnd weiln ich ewr: tügend gegen die zeitt Nit Mündlich werde sprechen konnen, will ich sie hiemit gesegnet haben, mit bitte sie meine gewogen ehren freündinne verbleiben wolle, gott gebe daß ich beÿ güter widerkünfft dieselbe, Nebenst allen so ihr lieb, für mir gesünd finden vnd sonderlich Ewr: tügend, einMahl Mündlich, worNach mir sehr verlanget, sprechen Moege. hiemit ich Ewr: tügend gottlicher obhüt getrewlich empfehlen vnd meine weinige per sohn in dero gewogenheit recommendiren thüe; ich für meine persohn verbleibe

1 Korrigiert.
2 Entzifferung am Anfang unsicher: ›...chtlich‹.

Ewr: viell Ehren Edlen tūgenden
Ehrendienstgeflissener
Valēt.
so lange der ohdem
in mir Schwehbet.
Sūrapsac Reÿem

018 – Juni/Juli 1641 [undatiert]

Caspar(p) an Catharina(a)

BO 6, Bl. 51$^{r–v}$, ein Blatt.

Datierung: Dieser Brief muss im Sommer geschrieben sein, da es hier um halb elf abends noch ganz hell ist, wie Caspar schreibt. Heutzutage geht die Sonne in der Stadt an Johanni (24. Juni) um 21:42 Uhr Ortszeit (ohne Sommerzeit) unter; um 23:16 Uhr ist die Dämmerung dann so weit fortgeschritten, dass man Licht braucht. Am 24. Mai geht die Sonne bereits um 21:07 Uhr unter (dunkel um 22:16 Uhr), am 24. Juli um 21:06 Uhr (dunkel um 22:11 Uhr). Insofern ist sehr wahrscheinlich von Juni oder Juli auszugehen. Die Zeitangabe „nach ein viertel zehn" könnte im Hinblick auf „halb elf" hier vielleicht eher für 10:15 Uhr (22:15) stehen – und nicht, wie heute üblich, für 9:15 Uhr (21:15). Denn es ist kaum vorstellbar, dass bereits über eine Stunde vorher jemand vor der Tür auf Caspar warten sollte.

Die Erwähnung der Mutter von Catharina macht (in Verbindung mit Caspars Stockholm-Reise von August 1650 bis März 1651) eine Datierung vor August 1650 notwendig. Dass Caspar zu Catharina geht und sie vor der Tür treffen will, auch grundsätzlich anscheinend im Hause Hoyen verkehrt, erfordert eine Datierung vor Oktober 1647. Auch 1645 hatten die Eltern schon einen Verdacht und versuchten, die Beziehung zu unterbinden. Insofern kommen eher die Jahre zuvor in Frage, wobei Caspar 1644 mit dem Rat in Streit lag und von Mitte Juni bis mindestens Mitte Juli auf dem Land verbrachte. Die Jahre 1642 und 1643 kommen aufgrund der Reisen Caspars nicht in Frage: 1642 war er von März bis Anfang August, im Jahr darauf von Anfang Juni bis Oktober auf Reise. Die Kombination von drohender Trennung und einem Freier bei Catharinas Vater dürfte erstmals 1640 auftreten, so dass dieses und das Folgejahr 1641 in Frage kommen. Im Jahr 1640 sind bereits sehr ähnliche Briefe kurz vor Antritt der Reise anzusetzen, die jedoch mit diesem nicht direkt in Verbindung gebracht werden können. Da hier auch nicht von einer Reise die Rede ist, liegt daher die Ansetzung im Sommer 1641 nahe. In diese Zeit passt zudem die noch etwas förmliche Anrede „Herzen vertraute Ehrenfreundin" und dass es bereits Gerede gibt, so dass sie ihr Treffen möglichst unauffällig halten müssen.

Inhalt: Caspar schreibt an Catharina, es mache ihm wahrlich nicht wenig Bekümmernis, dass sie seine gestrige schriftliche Bitte nicht beherzigt und dieser entsprochen, sondern als eine Unmöglichkeit abgeschlagen habe, obwohl er es sehr gehofft hatte. Dies habe ihn, so wahr Gott helfe, die halbe Nacht schlaflos gehalten, in welcher Zeit er ihr viel hundert Herzen Seufzerlein zugesandt habe. Wie diese aber angenommen wurden, sei allein Gott bekannt, denn ihr gestriges Verhalten sei ihm etwas fremd vorgekommen, wie zum nahen Abschied. Dem höchsten Gott sei es mit Tränen geklagt.

Weil er sich aber nicht zufrieden geben könne, es sei denn, dass er sie alleine sprechen und sein Anliegen vorbringen sowie ihre Antwort darauf erwarten könne, habe er sich gestern Abend auch vertröstet, dass es diesen Abend um halb elf gewiss geschehen solle. Da wolle sie vor ihrer Tür auf ihn warten. Aber er sorge sich, dass sie verhindert sein könnte, wenn etwa ihr Vater den aufgedrängten Freier bei sich habe oder ihre Mutter – die er seine hochgeehrte Freundin nennt – noch auf sei. Und es könnte, obwohl er die Zeit abwarten und zu ihr gehen wollte, durch andere Gründe verhindert werden, die ihm unbekannt blieben, so dass auch langes auf und ab Gehen bei diesen Zeiten, da es ganz hell sei, wegen der Nachbarschaft wohl nicht ratsam sei. Und wenn er dann schon zu ihr käme und gleichwohl nicht alleine sprechen könnte, würde es ihn nur noch mehr betrüben und kränken.

Er bittet Catharina deshalb inständig, damit er nicht vergeblich hingehe, wolle sie doch fleißig Vorsorge tragen und ihre kleine Dirne (Magd) nach ein viertel zehn (10:15 Uhr?) vor der Tür warten lassen, damit diese ihr seine Ankunft von Wangersens Haus her mitteile und Catharina also schnell da sein könne. Sofern sie aber etwa am Abend in den Garten oder sonst morgen spazieren wollte, bittet er, es ihn wissen zu lassen. Dann könnten sie sich auch dort wohl alleine besprechen.

Was ihr nun am ratsamsten und bequemsten erscheine, solle sie ihm übermitteln, denn er habe diesen Tag wahrhaftig weder essen noch trinken können, werde es auch solange nicht können, bis er völligen Bescheid habe. Er bittet also um Gottes Willen und so hoch er immer flehen könne, ihm in einer halbe Stunde eine kurze schriftliche Nachricht entweder durch ihre kleine Dirne, auf die er hinter der Mauer vor seinem Torweg warten wolle, oder auch durch seinen Jungen zuzusenden, nach der er sich richten und sein trauriges Herz beruhigen wolle. So erwarte er keine abschlägige Nachricht, sondern gute Zusage.

Die Sache Gott befehlend, empfiehlt Caspar sich ihrer Gewogenheit als ihr getreuer Diener und unterzeichnet als ihretwegen hochbetrübter, aber dennoch beständiger und bis ins Grab gewogener und unnachlässiger Diener.

[51r] Ob ich woll Viell Ehren Edle vnd tügendreiche hochgehrte[!] Jüngfr:
hertzen vertraüwte ehren freündinne, gäntzlichen verhoffet, ihr
mir meiner gestrigen schrifftlichen bitte würdet willfehret
vnd begehrter massen den geneÿgten willen erzeiget haben
so ist doch alleß leÿder von eüch nit behertziget, sondren
alß eine vnMüglicheit abgeschlagen, welcheß mir wärlich Nit

weinig beKümmerNiß gemachet, vnd so wahr mir[1] gott helffen soll, die halbe Nacht schlaffloß erhalten, in welcher zeitt ich eüch viell hündert hertzen seüfftzerlein zügesand, wie sie aber angeNommen sein, ist dem hogsten gott bekand, all dieweiln, mir ewer gestrigeß gebehrde vnd wehsen etwaß frembd alß züm abscheid Nahlend fürgekommen, dem hogstem gott seÿ eß mit thränen geklaget. Weiln ich aber hertzen freündinne mich nit züfriden geben kan, eß seÿ dan, daß ich eüch alleine sprechen vnd mein anliegen ent decken aüch ewer antwort, daraüf erwarten Mag : ich mir aüch gestern abend vertrostet, daß eß diesen abend vmb halb elff, da ihr meiner für ewer thüren warten woltet, gewiß geschehen soll, dabeÿ ich aber besorge, daß verhinder Nüß für fallen mochten, dan etwa ewer H vater, den zügeNötigten freÿer beÿ sich haben, oder ewer fr:[2] Mütter meine hochgeehrte[3] freündinne, annoch aüf sein Mochte, vnd sonsten verhinderNüssen fürfallen konten, daß ob ich woll die zeitt abwartete vnd zü eüch verfüegen wolte, den noch der vhrsach Müste anstehen lassen, zü dem lange ab vnd zü zügehen, wegen der Nachbahrschafft, beÿ diesen zeiten da es gantz licht, Nit woll rahtsamb, vnd wan ich dan schon beÿ eüch kehme, vnd gleichwoll alleine Nit reden konte, würde eß nür Noch mehr betrüben vnd kräncken Jst derowegen mein hochgeehrteß hertz mein gantz fleissigeß bitten, sie wolle doch fleissige für sorge tragen, daß ich Nit vergebenß gehen Moege, vnd ewer kleine dirne, Nach ein viertell zehen für der thüren aüfwarten lassen, damit dieselbe, meine anKünfft, da ich von wangersen haüse her kommen werde, eüch andeüten, vnd ihr also beÿ der hand sein konnet; daferne aber Ewer: tügend: etwa von

[51v] abend in den garten, oder sonsten Morgen spatziren wolte, bitte ich mich zü wissen lassen, alßdan wir aüch alda woll alleine vnsere berehdüng halten konnen, waß Nün Ewr: Edl: tügend: am rahtsambsten vnd be qüehmsten düncket, wollet mir verständigen, dan ich warhafftig diesen tag weder Nasseß oder trockneß zü mir geNommen, aüch nit werde Nehmen konnen, biß ich volligen bescheid habe, bitte allso vmb gotteß willen

1 Korrigiert aus ›mich‹.
2 Korrigiert aus ›h...‹.
3 Korrigiert oder nachgeschrieben.

vnd so hoch ich immer flehen Mag, mich vmb eine halbe
stŭnde einen geringen schrifftlichen bescheid, entweder
dŭrch Ewr: kleinen dirnen, der ich hinder der Maŭw=
ren fŭr meinen thorweg warten will, oder aŭch beÿ
meinen Jŭngen vnbeschwehret zŭzŭsenden, wornach
ich mich zŭ richten vnd mein traŭwrigeß hertze etwan
stillen moege. versehe mir gantz keineß abschlageß, son
dren gŭter willfehrŭng. dem hogsten gott befohlen
vnd meine person, also E: Edl: tŭg: getreŭwer diener
in dero gewogenheit recommendirend. geschrieben von

Ewr: Edl: tŭgend persohn
halber hertz vnd hochbetrüb
ter, dennoch beständiger vnd
biß inß grab gewogener
vnd vnNachlessiger diener.

Sŭrap Reÿ[1]

1 Verwischt und schwer zu entziffern.

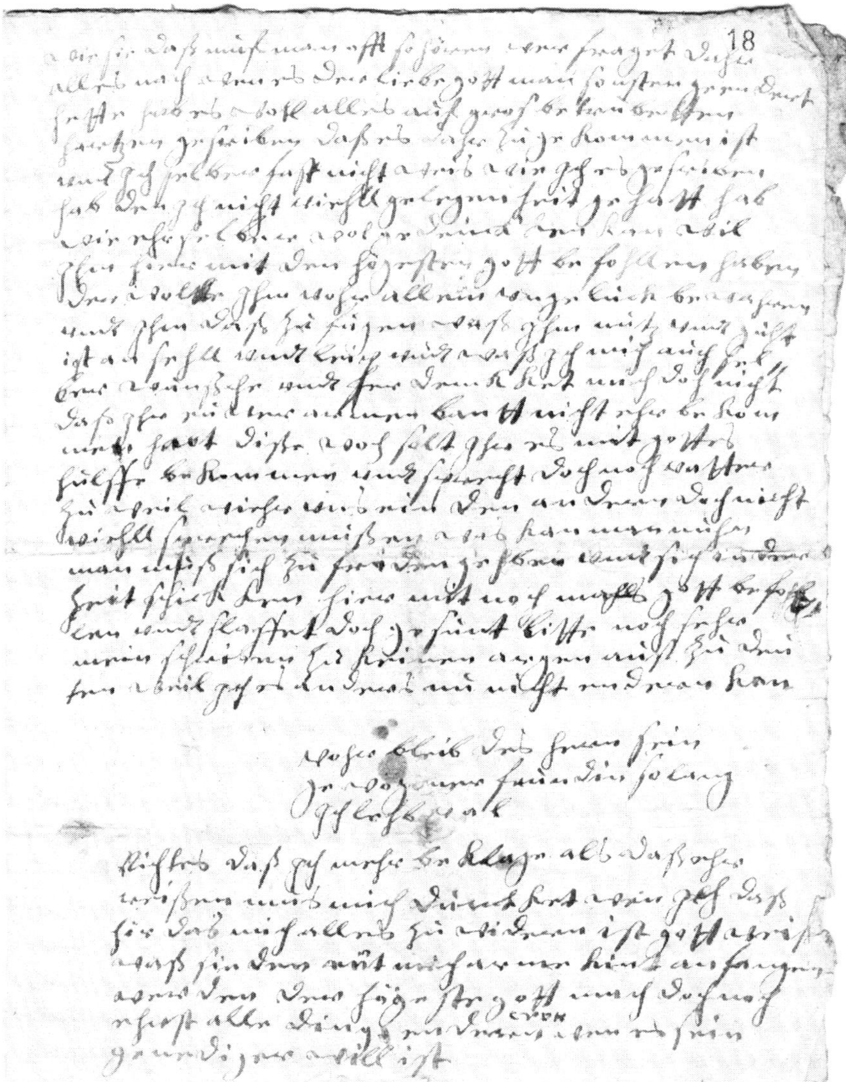

Brief Nr. 014 (Bl. 18r)

1642

019 – ca. 11. März 1642 [undatiert]

Caspar (in Reval) an Catharina[(a)]

BO 6, Bl. 25r–v, ein Blatt, ca. ½ groß, verso leer, im Falz löchrig, einige Unterlegungen.

Datierung: Caspar ist von den Landräten zur Reise nach Stockholm verordnet. Die ›künftige Woche‹ zu beginnende Reise wurde laut Ritterschaftsprotokoll am 7. März beschlossen. Caspar trat die Reise dann am 18. März auf dem Landweg über Narva, Nyenschanz, Wiborg usw. an.

Inhalt: Catharina hat offensichtlich um 20 Reichstaler leihweise gebeten, die Caspar ihr gerne geben will. Allerdings ist ihm lieber, sein Geld wegen der Reise in größeren Beträgen zusammenzuhalten. Deshalb will er ihr bis zur Rückkehr 200 Rtlr. zinslos zur freien Verwendung geben – wovon natürlich kein Fremder wissen darf. Darauf erwartet er geheime Nachricht.

[25r]

Meinen freündlichen ehrengrüß Nebenst wündschüng zü allem behaglichem woll ergehen, habe ich Nit vnterlassen wollen Ewr: tügenden hiemit zü verständigen wie daß ich gerne derselben mit denen begehrten zwantzig Rthall behülfflich sein wolte; alleine weiln ich von denen HH landrähten fürderlichst Nachm Reiche zü verreisen, Nohtwendiger geschäffte halben, verordnet, vnd geliebtß gott die künfftig woche aüfbrechen werde, derohalben meine weinige gelde in einer sümmen beÿ einander gebracht, vnd Nit gerne beÿ kleinen parteÿen ~~O~~[1] aüßgeben wolte, wan derowegen E. tügend: etwa gefellig sein Mochte, davon zweÿ oder einhündert Rthall zü empfangen, vnd zü ihrem besten anzüwenden, sollen dieselben ihr gar gerne gefolget werden, iedoch ohne Rente biß meiner gotthelffend glück: vnd wollbehalten wider künfft, alß dan weiterß ordNüng[2] kan gehalten vnd beliebet werden. Daferne Nün E. tügend: solcheß angeNehm, so bitte ich gantz dienstlichen sie davon beÿ keinen frembden[3], wer er aüch sein Mochte züge = +[4] dencken, dan Man dadürch viel aüfsehen grossen verrahtß, wie sie selber abNehmen kan, Machen konte, erwarte hiraüf sonderlichen geheim en bescheid, sehe aber lieber daß E. tügend zweÿ hündert alß einß, da E.[5] sie dieselben etwa Nit beNötiget, dennoch stillschweigend in verwahrüng

---

1 Durchgestrichenes Zeichen.

2 Ein Zeichen darüber, vielleicht ›ordeNüng‹ oder ›C‹ (für Caspar)?

3 Vor dem Wort, im Zwischenraum zur Zeile darunter: ›H‹? Sind damit Kürzel auf der Seite verteilt? Ein Versteckspiel?

4 Das ›+‹ durchgestrichen oder verwischt?

5 Letztes Zeichen durchgestrichen? Oder ›.C.‹ für Caspar / Catharina?

nehmen vnd wie geschrieben, behalten wolle, gottlicher obacht[1] Nebenst die lieben ihren, welche ich meinentwegen ehrenfreŭndlich zŭ grŭssen bitte, getrewst empfohlen,[2] vnd schleŭnigen[3] bescheidß erwartend.

E. tŭgend: freŭndwilliger allezeitt. Casp: Meÿer
Secr:

020 – ca. 15. März 1642 [undatiert]

Caspar(i) an Catharina(a)

BO 6, Bl. 26r–v, ein Blatt, verso leer.

Datierung: Die Erwähnung der Lade deutet auf die chronologische Folge zu den Nrn. 013 bis 015 hin. Wenn die Anfertigung der Lade 1641 erfolgte, dürfte Caspars Reise 1642 die erste gewesen sein, bei der die Lade zu Catharina geschafft wurde.

Inhalt: Kurz vor der Abreise informiert Caspar am Abend Catharina, dass er gemäß Absprache an diesem Abend die Lade unter einem Fuder Gras verborgen in ihren Hof und in die Badstube bringen will. Von dort soll sie diese fortschaffen und verwahren. Die Schlüssel sind dabei. Da einer verbogen ist, bittet Caspar, sie möge ihn auf seine Kosten reparieren oder einen neuen machen lassen. Er hat Stoff in die Lade gelegt, der aber herausgenommen und ausgelegt werden muss. Wenn ihre Mutter Geld für Hopfen (zum Brauen) benötigt, kann sie, soviel sie braucht, von den 200 Reichstalern aus der Lade nehmen. Damit verabschiedet er sich wehmütig.

[26r] Viell ehrenEdle tŭgendreiche Jŭngfr: vielgeehrte hertzen freŭn=dinne, Negst wŭndschŭng eineß gŭten abendß, verhalte ich dero selben hiemit, waß massen ich geNommener abrehde zŭfolge die bewŭste lahde, diesen abend vnter einem fŭder graß verborgen, in ewer hoffe werde bringen vnd in den badstŭben Nidersetzen lassen, von wannen ihr dieselbe fŭrderligst werden wegzŭbringen vnd zŭverwahren wissen, die schlŭssell sein alhir dabeÿ verhanden, der einer ist im aŭfschliessen vnversehendß etwaß gekrŭm met, verhoffe ihr denselben werdet wider verfertigen konnen, oder einen Neŭwen Machen lassen, zahle gerne die gebŭhr dafŭr, beÿ meiner gotthelffenden glŭcklichen widerkŭnfft, ich habe aŭch darinnen etwaß fein drellwerck geleget, welcheß zwar gekrŭmmet, alß bitte

1 Ein Zeichen hoch nachgestellt? ›O‹ oder ›H‹?
2 Ein Zeichen ›.M.‹ hoch nachgestellt.
3 Wort durch dicke Tinte (Fleck?) schlecht zu entziffern.

ich beÿ ewer gelegenheit, solcheß ein weinig aüßzüle=
gen vnd zürechte fliehen; daferne aüch ewer fr:
Mütter in erkaüffung einigen hopffenß, wan er Müg=
lig güten kaüff würde, etwa geld beNötiget konnet
ihr freÿ von denen darinnen liegenden zweÿhündert
Reichsthall so viel beNötiget abnehmen womit
ich fürwar hertzlich züfrieden. ob ich woll sonsten
viel züschreiben hette, so kan ichß doch aüßwehMüthigen
hertzen dießMahl Nit verrichten, will eüch dem hogsten
gott, in seiner gnaden schütz, sambt allen die eüch
lieb, getrewlich befehlen, vnd dabeÿ gewündschet haben
daß wir vnß beÿderseitß gesünd vnd frisch Nach hertzeß
wünsch sprechen moegen, Amen ach vater im hohen
himell sprich dazü Amen vmb iesü Christi willen.
So viele güter Nacht[1] alß ich weg bleibe, wündsche ich
eüch hertzlich: vnd verbleibe

Ewr: tügenden hogstgeflissener
C. M.
getreüwer biß in den todt

021 – 26. März 1642

Caspar (in Narva) an Catharina (in Reval)

BO 6, Bl. 27r–28v, ein Bogen mit 2 Blatt, Bl. 28r leer; auf Bl. 28v Falze und Siegelreste zu erkennen. Beiliegend ehemals ein Brief.

Datierung: gegeben

Inhalt: Caspar schreibt aus Narva, wo er am Tag zuvor angekommen ist. Catharinas Vater war offensichtlich mit ihm gereist, da dieser seiner Tochter von den Beschwerlichkeiten der Reise berichten könne. Einen Tag war er bei Jungfer Anna Witte, die folglich zwischen Reval und Narva sich aufhalten muss. An seine Freunde zu schreiben hat er nicht geschafft, will es nachholen. Catharinas Schwester (Anna) soll auf seine Sachen im Haus aufpassen, und er bittet, seinen Diener Andreas zu Treue und guter Sorge zu ermahnen. Alle an Caspar gerichteten Briefe soll Catharina entgegen nehmen, damit sie nicht in falsche Hände geraten. Außerdem soll Catharina ihren Vater daran erinnern, dass er Caspars Flaschenfutter mit 12 Gläsern von Adam Leutner zurückfordert. Der Diener Andreas soll dann auch den Vogelbauer vom Tischler holen. Einen eingelegten Brief soll Andreas in Landrat Scharenbergs Haus auf dem Domberg abliefern.

[1] Zu lesen ist eher ›Nache‹.

[28v] [*quer, nach links gedreht, etwa mittig rechts unten auf der Seite:*]

Der EhrenEdlen Vnd Vielltügendreichen Jünfr: [!]
Catharinæ von der Höÿen, Meiner ehren
freündinnen, dieseß vnterdienstlichen.

Revall beÿ freünd
den gott geleÿte.

[27r] Meinen hertzlichen ehrengrüß, sambt wündschüng aller behaglichen wollfahrt zü vor viell Ehren Edle vnd tügendreiche ehren hertzen freündinne, derselben gesündheit vnd der lieben ihr. angehörigen wollstand, erwarte ich hertzlich mit freüwden zü verNehmen, für meine persohn, habe[1] ich den hogsten gott zü dancken, daß er mir woll vnd gesünd annenhero verholffen, wie woll eß waß beschwehrlich, wie E. tügend: H Vater Mündlich berichten wirt, bißweÿlen da= hergegangen: ich bitte den hogsten gott von hertzen, daß er mich ferner bewahren wolle, daß ich gesünd vnd wollbehalten, vnd Nach güter verrichtüng beÿ eüch wider anlangen, E. tügend: gesünd vnd friß für mir finden, vnd Nach hertzlichen wündß vnd begehren erfreüwen vnd sprechen Moege. Amen H iesü sprich im himmell dazü Amen. Sonsten Vorhalte ich E. tügend: Nit wie daß ich beÿ Jünfr: [!] Annam Witten einen tag stille ge= wehsen, alda woll tractiret vnd ihre gesündheit gedrüncken, gott gebe daß ichß wider verschülden Moege, dazü soll eß an meinen güten willen Nit Manglen: heüte werde ich von Narva, da ich gestren angekommen, wider abreisen Nacher Wiborg zü, habe güte vertrostüng deß güten wegeß, alß daß E. tügend: sich der reise halber Nicht zübekümmeren, bitte Nür sie wolle meiner in ihrem gebeht gedencken, gleicher Massen, ich in kein vergessen ihre persohn stellen will, welcheß meine stehtßweh: rende hertzenßseüfftzerlein bezeügen solten, wan sie Nür beÿ mir sein Mochte vnd anhören würde: Nün den hogsten gott habe ich alleß befohlen er kan vnd wirt gnädig sein vnd Nach wündß verhelffen: ich habe in eÿll wegen güter freünde ersüchen, für dieseß Mahl Nit mehr schreiben konnen will mit gotteß hüllffe, beÿ fürderligster gelegenheit, derselben[2] meine reise verständigen, interim bitte ich hochlich, dürch ihre geliebte Schwester aüf meine sachen im haüse acht zü haben.

---

1 Erster Buchstabe korrigiert?
2 Erste Silbe korrigiert aus ›die‹.

[27v] will beÿ meiner gotthelffenden zürück künfft hertzlich danck
bahr dafür erfünden werden. Sie wolle doch vnbeschwehret
sein, vnd den iüngen Andreaß im haüse hart verMahnen
zür trew vnd güter aüfsicht, vnd daß derselbe alle kommen
de brieffe in meinem abwehsen, keinen alß E. tügend: zü=
bringen wolle, damit sie in keine frembde hände rahten,
E. tügend: wirt alsobalde meine hand in der aüfschrifft er=
kennen konnen: bitte aüch freündlich dürch ihren H Vatren
welchen ich darümb alhie gebehten, zübefodren vnd erinneren
helffen, daß von Adam leütNern mein flaschen fütter
mit 12. gläsen, wie aüch mein Vogellbaüwr, welcheß der
iünge Ewerdt beÿ einen tischler züMachen gebracht, Moege
eingefodert vnd verwahret werden; zahle daß aüßgelegte
gelde dafür gantz willig, der andreaß kan darNach vmb=
hören: hiemit will ich E. tügend: Christi schütz Nebenst die so
ihr lieb sein, getrewst empfehlen[1], vnd meine persohn in dero
gewogenheit recommendiret haben, hertzlich wündschend daß
wir vnß in güten wollstande wider sprechen Moegen, in
eÿle geschrieben. in der Narva. den 26. Martÿ. Ao 1642.

E.E. tügend: so lang ich lebe.
hertztreüw gewogener
serviteür
Casparus Meÿer
Secret mpp

Eingelegteß schreiben wolle E. tügend: vnbeschwehret, dürch andreaß aüfm thümb in H Scharenbergß haüse abgeben lassen. gehabt eüch woll vnd gedencket meiner im besten, wie ich stehteß thüe vnd bitte.

022 – Anfang April 1642 [undatiert]

Caspar (unterwegs?) an Catharina (in Reval)

BO 6, Bl. 45$^{r–v}$, ein Blatt, ca. ½ groß, verso leer.

Datierung: Dieser Zettel lag offensichtlich als Nachschrift einem (nicht erhaltenen) Brief an Catharina bei, wie der Anfang nahelegt. Dies wiederum lässt vermuten, dass der Text kurz nach dem Ereignis – dem Lesen des Briefes bei Caspars Aufenthalt in Nyenschanz – niedergeschrieben wurde. Insofern könnte der Brief bei Caspars Reise nach Stockholm, bald nach Nyenschanz, verfasst worden sein, vielleicht in Wiborg. Zeitlich liegt er dann zwischen dem 26. März (Narva) und dem 15. April (Kymmagard), also etwa Anfang April.

[1] Oder ›empfohlen‹?

Inhalt: Beim Beenden dieses Briefes will Caspar ihr nicht vorenthalten, dass er in Nyenschanz einen dort geschriebenen Brief vom jungen [Eberhart?] Kahl an Heinrich Dellinghausen gelesen hat. Darin stand, dass der junge Kahl bei der Brautwerbung in Nyenschanz einen Korb bekommen habe und sich nun wohl Hoffnungen auf Catharina mache. Aber sie werde sich daran sicher nicht stören und nicht ›eines anderen Notknecht‹ sein. Deshalb hofft Caspar, dass bald wieder ein Stein für diese Ehe im Wege sein möge, und sie erfreut werden.

[45^{r}]
Ewr: tügend: kan ich beÿ schliessüng dieseß Nit vorenthalten, wie daß ich zür Schantz Nien einen brieff, welchen der iünge Kahl, an Hinrich dellingßhüsen alda geschrieben, mäch=
tig geworden, darinnen einige worte enthalten, welche ich E. tügend: zü lesen zü
sende, bin zwar vber die darinnen enthalten worte betrübet, worden, allein
ich troste mich E. tügend: solcheß weinig achten, vnd keineß andren NohtKnecht
sein werden, weiln derselber in der Schantzen von seiner vorigen bekorbet
worden, lesset sich woll Nichteß mercken, dennoch ist der reüwwer[1] sehr[2] alda
wie ich von glaübwürdigen erfahren, vnd so bald Nit wieder finden
wirt, ich hoffe gäntzlichen der Stein soll mit gotteß hüllffe bald wider
in dem wege sein, vnd erfreüwet werden. Adieü.

023 – 18. April 1642

Caspar (in Borgo) an Iwan von der Hoyen (in Reval)

BO 6, Bl. 29^{r}–30^{v}, ein Bogen mit 2 Blatt; Bl. 29^{r} oben links mit Bleistift alte Signatur „B.B.12", weiter rechts „Meyer", links „1643 18/4". Auf Bl. 30^{v} Siegelreste.

Datierung: gegeben

Inhalt: Caspar ist gestern, am 17. April, in Borgo (finn. Porvoo, an der Südküste Finnlands, östlich von Helsingfors) angekommen und war vor drei Tagen noch in Kymmegard, von wo er an die Landräte mit ausführlicher Schilderung der beschwerlichen Reise über Land (wegen des Tauwetters) geschrieben hat [das Schreiben ist bisher nicht gefunden]. Er schildert die Strapazen der Reise in kurzer Form auch Iwan und dankt Gott, dass er unverletzt, ja überhaupt lebend bis hierher gelangte. Gott möge es den Landräten vergeben, dass sie unbedingt wollten, dass er zu Lande reist, obwohl jetzt im Frühjahr die Wege unpassierbar würden.

Von Borgo aus will er frühestens am nächsten Sonntag per Schiff weiter, weil die Reise zu Lande zu beschwerlich und zu teuer sei. Es kann sein, dass Jakob Königs Boot, mit dem Caspars Brief nach Reval gelangte, bis dahin schon wieder nach Borgo zurückkehrt und Post ihn hier also noch erreichen würde. Deshalb könne Iwan ihm bitte schreiben und an Jakob König adressieren, der werde es hier übergeben oder – weil er auch selbst nach Stockholm reisen wollte – dorthin mitbrin-

1 Entzifferung unsicher, oder ›roüwwer‹?
2 Wortanfang korrigiert: evtl. ›lehr‹?

gen und überreichen. Zitronen und Pomeranzen hätte er gerne mitgeschickt, aber die aus Holland eingeschifften seien sämtlich verfault. Außerdem gebe es in Reval sicher bereits welche, da dort schon Schiffe angekommen sein, wie Caspar gehört hat. Iwans Töchter mögen sie besonders gern, deshalb will Caspar solche bei der Heimkehr mitbringen – oder eine Tonne Rostocker Bier, das mit seinen ›guten Freunden‹ in Reval getrunken werden soll: mit dem Rektor Heinrich Vulpius, dem Rhetorikprofessor Heinrich Arninck und dem Collegen Johannes Crusemarck vom Gymnasium sowie dem Kaufmann und Nachbarn Hermann Claussen und dem Lizentverwalter Adam Leutner.

Caspar beklagt sich bei Iwan, dass dieser seinen spanischen Reetstock [Spazierstock] von Narva mitgenommen habe und Caspar deshalb deutlich weniger Ansehen bei den Leuten habe. Er bittet Iwan, den Stock gut zu verwahren und sich um seine Pferde zu kümmern, die Iwan auch nutzen darf, wenn es nötig sein sollte. Wenn Herr Wellings [einer von Caspars Schreibern?] wieder gesund ist, kann er gebraucht werden, und auch Caspars Wagen steht Iwan zur Verfügung. Dafür bittet Caspar um Abholung seines Vogelbauers beim Tischler und des Flaschenfutters nebst Gläsern von Adam Leutner. Außerdem wird Iwan gebeten, wie versprochen auf Caspars Haus acht zu geben durch „hin und her spaziren". Abschließend lässt Caspar alle Freunde und Bekannten grüßen und merkt an, dass sein Junge aus Versehen zwei Kragen von Iwan behalten hatte, die dieser zurückfordern möge.

[30v] [*in der unteren Hälfte, quer zum oberen Text, nach links gedreht:*]

Dem Ehrentvesten, Wollgeachten Vnd
Manhafften H iwan von der Hoeÿen
Meinen züverlassen gütem freünde
gantz dienstlichen
Jn Revall.

[29r]
Ehrentvester, Vorachtbahr vnd Manhaffter geehrter herr vnd werter freünd, Negst freündlichen grüsseß, aüch meiner diensten erbiehtüng, habe ich Nit vnterlassen konnen, denselben beÿ dieser züfelligen bottschafft, mit meinem schreiben züersüchen, vnd darinnen züverständigen, wie daß ich gestern abend war der 17. Aprilis oder ersten Sontag Nach ostern, alhie zü Borgo angelanget, die beschwehrlicheit aber meiner gehabten reise, konte ich den herren, wan ichß aüßführlichen schreiben solte, Nit aüf einem gantzen bogen verständigen, habe woll billig den hogsten gott zü dancken, daß er mir bißhero gesünd ohne verletzüng meiner glieder, oder daß ich nit gar den halß zerbrochen, gnädigst verholffen hatt, gott vergebe eß denen HH landrähten, welche so sehr aüf die landreise bestürtzet waren da sie doch für aügen sahen, daß der weg abging vnd der[1] Frühling heran nahet, ich habe seithero ich vom herren von der Narva scheidete, immer Müssen zü pferde hangen, ist zwar an etzlichen ohrten schnee mehr dann

1 Korrigiert aus ›die‹.

zü viele vnd mir sehr schedlich gewehsen, weiln der schnee so loß gelegen
daß immerfohrt die pferde biß an den baüch hineingefallen, vnd vber
vnd vber gelegen, mit den schlitten hat man aüch Nit fort kommen konnen
dan aüf ein meill. 2. war schne, dan wider gantz bloß land, Vnd
so weich vnd sümpfig, daß die pferde Mit grosser arbeit dürchgingen
habe selber woll etzliche Meilen zü füß Marchiret, welcheß mir sehr vn
gewohnet fürgekommen, von wiborg biß hieher die füfftzig Meilen,
sein mir Noch viele lenger geworden, dan ob ich woll bessern weg
gehabt, so sein doch die pferde so Mattloß gewehsen, daß man sie
bald Mit der hand vmbstossen konnen, dan die baüwren haben in der
wahrheit weder habern Noch hew keine handvoll, vnd daß stroh ist
dazü graüw[1] geNüeg, in sümma ich wolte lieber Nach Roma reisen
alß dieser Zeit in diesem lande; für meine person hette ich den H gerne
alhie gewündschet, weiln derselber meinem gebraüche Nach, Nit geschwinde reiset,
hie hette er geMach geNüeg gehabt, vnd in dreÿ stünden keine Meÿle
abreÿsen sollen, hette ihme keine bessere commoditet vnd beqüehmigkeit
aüßsehen moegen, daferne er aber meine worte in Zweÿffell ziehen[2]
solte, bitte ich die Mühe vnbeschwehret aüf ihm zü Nehmen, vnd zü
lande mir Nachfolgen, alßdan wir beÿ gotthelffender züsahm̄en
künfft davon ein dem andren glaübwürdig berichten wollen.
von hinnen abe |: wie ich von Kÿmmegardh für dreÿ tagen, denen
HH landrähten zügeschrieben Aüch[3] meine beschwehrliche reise aüßführlichen
entdecket :| bin ich gäntzlichen geschlossen, Mit gottlichem gnädigem
beÿstande, Nacher Stockholm abzüseeglen, der hogster gott wolle mein
geleitßMan sein vnd gnädigst für allem vnfall, wie solche Nah=
Men haben Moegen, behüten vnd bewahren: Jch bin zwar willen
[29v]
gewehsen eh ich hie angelanget, weiterß zü lande aüf Aböe zügehen
alleine weiln eß vnMüglich wegen vnvorMüegenheit der pferde, fort
zükommen |: dan dieselben aüf eine Meile, beÿ dem wahren[4] gott,
verMühten[5] .| ich aüch alhie eine schüte, welche diese woche Nach Stock=
holm gedencket, für mir gefünden, alß bin ich resolviret im Nah=
men gotteß da aüf zütreten, der hogster gott wolte mein geleitß
man sein, vnd mich woll behalten dahin, Aüch[6] wider zü eüch mit
güter verrichtüng vnd fleissige fürsorg gnädigst verhelffen, daferne
ich weiter zü lande reisen solte, würde Nebenst vnaüßsprechlichem
beschwehr, ein grosseß daraüf gehen, vnd gleichwoll Nichteß gewin
nen konnen, habe für diesem für ider Meÿlen aüf ein pferd

1 Oder ›gnaüw‹?
2 Wortanfang korrigiert: das ›z‹ überschreibt ›s‹.
3 Wortanfang korrigiert.
4 Korrigiert aus ›wahrin‹?
5 Oder ›vorMühten‹?
6 Korrigiert aus ›vnd‹.

zwolff rũndstũck zahlet, also aũf vier pferde fũr ider Meÿlen
48. rũndstũck ohne zehrũng fũr essen vnd drincken, daß mir also
die reÿse von der Narva bißhie her, wie ich zũ beweÿsen
vber zweÿhũndert vnd fũfftzig Schwedische thall gesambt,[1] der H
kan beÿ ihm lichtlich abNehmen, waß weiter dar[auf][2] gehen solte,
dazũ soll eß, wie die leũte welche alhie wohnen vnd von dan
,berichten
nen Newlich kommen /, viel erger mit denen pferden vnd fort
kommũng beschaffen sein: Sonsten habe ich dem hogsten gott ge=
dancket, vber keine andere Noht zũklagen, biß hieher frisch vnd
gesũnd, gott helffe dergestahlt weiter in gnaden, beschwehr Mũß vnd
will ich gerne aũßstehen, so viell zũ ertragen sein wirt: weiln
aũch diese Schũte Noch fũr kũnfftigen Sontag Nit fertig zũ reisen
Vnd ich also biß dahin mich alhie oder lenger, welcheß gott leichwoll [!]
Verhũten wolle, verweilen Mũß, vnd dan dieseß boht, welcheß jacob
König expresse dahin abgefertiget, vnd also bald wider zũ rũcke eÿle[t][3]
Mũglich Noch fũr meiner abreise alhie kommen konte, Alß bitte ich, [...]
dienstfreũndlich, mich mit seinem schreiben vnbeschwehret zũbesũchen[..]
Vnd dabeÿ waß passiret vnd seithero meinem abzũeg fũrgelauffen
zũ verständigen, die brieffe kan er an jacob König adressiren, wirt
sie mir alhie gewisse liebern, oder aũch, weiln er fũrderligst Nach
Stockholm selber gedencket, mitbringen vnd ṽberreichen –
Cytronen vnd pomeraNtzen, wolte ich dem H gerne zũgesand
haben, alleine sie sein denen holländern aũf der langen reise
bißhieher alle verfaũlet, doch alda beÿ ihm wirt er sie[4] ohne
daß, weiln alda bereitß schiffe, wie ich berichtet, angekommen,
heũffig haben, dan ich weiß seine liebe töchter daMit zũm ṽber:
flũß von a[n]dren[5] begabet werden: wan ich Mit liebe von
[30r]
Stockholm angelange, will ich dergleichen oder eine gũte tonne
Rostocker biehr mit bringen: Vnd dieselbe Mit gũten freũnden |:alß
H Vũlpio, H Arning, H Krũsemarck, H Härmen, clagson vnd
H Adam leũtNern etc. die ich beÿ gũtem glaũben zũ grũssen[6]
bitte:| verzehren, mit gotteß hũlffe; diesem Nach Kan ich meinem
H Nit vorenthalten, daß ich aũf ihm sehr alteriret vnd erzörnet
gewehsen, daß er mich meiner aũthoritet vnd ansehen, also beNom=

1 Schrift schlecht lesbar, Riss im Papier und Textverlust durch Loch.
2 Schlecht zu entziffern (Papier abgeschabt und Loch).
3 Fehlstelle am Rand über 3 Zeilen ab hier.
4 Korrigiert aus ›für‹?
5 Papieroberfläche abgerissen, dadurch Textverlust.
6 Wortmitte nachgeschrieben.

men, in dem er meinen Spanischen rehtstock mit sich von der
Narva geführet[1], dan, wie dem H wissend vnd selber angehöret,
mich die leüte zür Narva, da ich beÿm H obrist: wrangell
zür Maahlzeit war, alle für einen Capitain, beÿ führüng selben
rechteß titulireten, herNach Nür schlecht einen secretariüm Nen=
neten, dafür ich dem H zü dancken, bitte gleichwoll, weiln der
selber Stock so viel aüthoritet erwecken kan, daß er biß meiner
gott[hel]ffenden[2] widerkünfft mag woll[3] in achtgeNommen vnd ab
geb[...]ert[4] bleiben, Jch versehe [mich][5] aüch gantz vnd gar, der H
wirt sich meiner pferde, alß seiner eÿgen anNehmen, Versorgen[6]
vnd beÿ erstem graße in die Coppel verhelffen, wan er sie
Nötig, stehen sie demselben zü seinem dienste ider Zeitt freÿ
Vnd bereit, verhoffe daß H wellingß wirt geNehsen vnd
zügebraüchen sein, imgleichen will ich ihm meinen wagen
zür aüfsicht befohlen haben, daß er Nirgendß alß von ihme
Mag gebraüchet, vnd woll iN acht geNommen werden, waß
der H daraüf in einem oder andren spendiret, soll gerne
bezahlet vnd mit danckbahrem geMühte vergolten wer[den][7]
Mein Vogellbaühr, wolle er vnbeschwehret dürch Meinen J[ungen]
Andreß vom dischlern[8], dahin eß der ander Jünge Schwen, [...]
wie aüch mein flaschenfütter, mit 12 glasen von H Adam
abfodern lassen vnd in verwahrüng behalten: die aüfsicht
meineß haüseß, wirt er belobter Massen, im hin vnd her spaciren
ihm gleicher Massen angelegen sein lassen, welcheß ich gerne
verschülde: Sonsten weiß ich ihme für dieseß Mahl, in solcher eÿle |: dan
ich gestern abend spähte hie gekommen, vnd diesen Morgen früh ist
daß boht abgerohdert :| Nit mehr züschreiben; alß daß ich ihm dem
[30v]
hogsten gott, Neben die lieben seinigen vnd sonsten angehörigen güten
freünde, die vnß güteß wollen, denen andren mag gott daß geben
waß sie vnß gonnen, getrewst empfehlen, mit bitte meinenthal=
ben aüfß dienstlichste zü grüssen, vnd meiner, wie ich ihrer, im

1 Wort durch Überschreibung korrigiert.
2 Unleserlich.
3 Loch, Papier jedoch durch Falzung am Siegel hängen geblieben und durch Rückfalzung lesbar.
4 Textverlust durch Loch.
5 Loch, Papier jedoch durch Falzung am Siegel hängen geblieben und durch Rückfalzung lesbar, aber hier Entzifferung unsicher.
6 Erste drei Buchstaben überschreiben älteren Text.
7 Ausriss seitlich über 3 Zeilen.
8 Erster Buchstabe unleserlich.

besten zügedencken. gehabt eüch woll. Eyllig aüß Borgo der fürtrefflichen See vnd Handellstand, den 18. Aprilis, Mor=gendß Sieben vhren, Aō 1642.

Deß H dienstfreündwilliger
Ehrenfreünd.
Casparus Meÿer. secret mpp

Zweÿ kragen hat mein iünge aüß vergessenheit
beÿ ihm von deß H seine behalten, wirt solche
von zeÿgren abfodren wissen, Abermahl
gott befohlen:

024 – ca. Mitte Juli 1642 [undatiert]

Caspar(p) (in Stockholm) an Catharina

BO 6, Bl. 34r–35v, ein Bogen mit 2 Blatt, Bl. 35r leer; auf Bl. 35v Falze sichtbar, rechts am Rand das Siegel vollständig erhalten.

Datierung: Caspar kam mit dem Schiff in Stockholm am 19. Mai an. Die erwähnte Angelegenheit der „Schrafferschen“ in Stockholm ist mit ihrem Erscheinen vor dem Reichsrat am 15. Juli 1642 dokumentiert. Da Caspar dann am 31. Juli mit dem Schiff die Rückreise nach Reval antrat, muss dieser Brief also Mitte bis Ende Juli geschrieben sein.

Inhalt: Caspar ist in Stockholm und antwortet nun auf einen Brief von Catharina, den sein Diener Andreas mit nach Stockholm gebracht hat. Er wunderte sich, dass sein Diener dorthin kam. Aber der mitgeführte Brief erklärt es damit, dass Caspar in Reval für tot gehalten wurde. Bestürzt ist er, als er darin liest, dass seine Feinde dies mit Freuden aufgenommen hätten und, mehr noch, Catharina selbst für diesen Fall ihren Tod herbeisehnt. Er tröstet sie also und verweist auf seinen Brief, den er bereits mit der Schute von Michel Janiken übersandt hat und in dem er seine wohlbehaltene Ankunft mitteilte. Er bittet Gott um weiteren Schutz auch auf der Rückreise, dann habe er nichts zu fürchten. Seinen Feinden wünscht er, dass ihnen widerfahren möge, was sie ihm wünschten. Dann würden sie genug mit sich zu tun haben und sie beide vergessen.

Darauf zitiert er ein Gedicht, mit dem er sich zu trösten pflegt, ohne den Verfasser oder Titel zu nennen. Es handelt sich um das Gedicht „Wer Gott das Hertze giebet“ von Martin Opitz (1597–1639), das in der 1629 erschienenen Werkausgabe von Opitz enthalten ist.[1] Caspar setzt dieses Gedicht hierher, ohne die Verfasserschaft zu thematisieren. Dies erscheint an dieser Stelle nicht relevant, wohl gerade deshalb, weil auch Catharina klar sein musste, dass nicht Caspar diese eingängigen Verse gedichtet hatte. Andernfalls hätte er das sicher deutlich gemacht.

1 Martin Opitz: Deutsche Poemata. Zweiter Teil.- Breslau 1629, S. 420.

Aber Caspar eignet sich das Gedicht auch nicht völlig an, sondern lässt es fast ohne Abweichungen (vgl. das Original im Anhang). Nur am Ende greift er in den Text ein und markiert damit dessen Funktion, indem er den Vers „Weil *seine rechte* sachen Sehn auff ein guetes Ziehl." verändert zu: „weiln *alle meine* sachen, sehen aŭf ein gŭteß ziehl." [Hervorhebung MK]. Damit wird verdeutlicht, dass es um die Liebe zu Catharina und die erhoffte Eheschließung als ›gutes Ziel‹ geht. Caspar meint, auch Catharina könne in dem Gedicht Trost finden und möge ihre melancholischen Gedanken fallen lassen.

Caspar hätte bereits – zusammen mit Magister Heinrich Stahl – zurückkehren wollen, aber weil er für ›die Schrafferschec‹ in Stockholm noch juristische Hilfe leisten muss, wurde er an der Heimreise gehindert. Jetzt soll es aber nicht mehr lange dauern. Der Diener kehrt nun mit diesem Brief zurück und bringt Geschenke mit: einen Ring mit Agatstein für Catharina, in den er eigentlich das Wappen von Catharina stechen lassen wollte, aber in Stockholm niemanden fand, der es konnte. Er hofft, das könne in Reval jemand, sonst müsste sie es durch einen guten Freund nach Lübeck senden. Weitere Geschenke sind kleine weiße Stiefel für den Sohn von Hermann Claussen und ein persischer Teppich. Außerdem lässt er anscheinend ein Porträt von Catharina machen, was sich jedoch aufgrund von Problemen mit dem Zeichner („Reißer") verzögert.

[35v] [*quer, nach links gedreht, mittig auf dem Blatt:*]

Der EhrenEdlen vnd Viell tŭgendreichen
Jŭnfr: Catharinæ von der Hoeÿen, Meiner
ehren gewogenen freŭndinnen, dieseß
vnterdienstlichen.

[34r]
Waß fŭr wŭnderseltzame gedancken beÿ mir gewehsen, da ich meinen diener Andreß alhie zŭ Stockholm ansichtig geworden, vnd wie hochlich ich daraŭf, Nach erbrechŭng deß mir eingereichten schreibenß, betrŭbet, solcheß kan ich viell Ehren Edle vnd tŭgendreiche Jŭngfraŭw, mit der feder Nit abmahlen oder beschreiben, sondren meine der zeit veränderte gestahlt vnd bestŭrtzŭng deß geMŭhtß, haben denenselben die mir angesehen, eine betrŭbNŭß deß hertzenß anzeÿgen konnen, dan in wahrheit zŭschreiben ich wŭste Nit waß einem menschen mehr fŭrcht vnd angst Machen solte, alß wan er erstlichen erfehret, wie daß man seinen liederlichen thott Nit alleine fŭr wahrhafftig aŭßgesprenget, besondren Noch darŭber froh=locket, vnd dan fŭrß ander, daß man dieselbe, zŭ welcher man, Negst gott seine hoffNŭng vnd zeittlichen trost gesetzet, so lamantiren vnd ihr den todt täglich zŭ wŭndschen anhören vnd erfahren Mŭß; o der vbeln zeitŭng, Aber[1] der, gott in ewigkeit gedancket, groben ertichteten lŭgen ich dancke meinem hogsten gott hertzlichen, derß mich Nit Nach meiner fein=

[1] Korrektur überschreibt ›vber‹.

den wündsch ergehen lassen, sondren gnädiglich bewahret, aüch dergestahlt daß ich gott gepreiset, in gantz keiner gefahr zü wasser im her reisen gewehsen, sondren gott lob woll behalten mit güter beqüehmigkeit alhie angelanget, wie ich Nit zweÿffle, E. Edl: tügend: aüß meinem letztem beÿ Michell ianeken schüten, vbersandten schreiben, satsamb werden erfahren vnd meine gesündheit verNommen haben, der hogster gott wolle mir der=gestahlt ferner bewahren vnd zürück gnädigst verhelffen, darümb ich täglich bitte, alßdan werde ich mich keiner gefahr zü besorgen haben, da entgegen aber meinen feinden vnd ẅbell gonnern, oder den ihrigen dasselbe, waß sie mir wündschen widerfahren lassen, damit sie vnser ver=gessen vnd mit denen ihrigen gnügsamb züschaffen haben: wie ich mich dan deßwegen mit folgendem geticht bißweilen zü ergetzen vnd zü trosten pflege. Wer gott daß hertze giebet, so Nie sich von ihm trennt, vnd eine Sehle liebet, die keine falscheit kennt, der Mag ohn Sorgen wachen, Mag schlaffen wie er will, weill seine[1] rechte Sachen, Sehen aüf ein güteß ziell: laß böse züngen sprechen, waß ihnen Nür ge=fehlt, laß Neÿd vnd Eifer[2] stechen, laß toben alle welt, So wird er dennoch Machen, waß sein geMühte will, weill seine rechte sachen gehn aüf ein gütheß ziell: Jch lege Neÿd vnd hassen, beständig vnter Mich, vnd stelle thün vnd lassen, ò gott, allein aüf dich, dü wirst eß alleß Machen, thün waß mein hertze will, weiln alle meine sachen, sehen aüf ein güteß ziehl:[3] Mit diesen meinem trost vnd ergetzlicheit wollet ihr eüch aüch ò viell Edleß hertz erget=zen vnd die gefassete träwrige Melancholische gedancken aüß dem sinne fahren lassen, dan ihr Nür mich vnd eüch damit betrübet, fasset derowegen

[34v]

einen Müht vnd vertraüwen, daß der hogster gott, Nach vielen erlitte=nen betrübNüssen, die fenstre welcken werde von vnß abNehmen, vnd daraüf gebohtener Massen gnädigst erhören: Jch hette wärlich Nit anderß verhoffet, mit H Magist: Stahlen in geselschafft abzügehen welcheß die Schraffersche dürch Jhre ankünfft, vnd alhie habende Strei=tige sachen verhindert, daß ich also vom Secret: Nit konnen befodert bleiben; habe aber die gewisse züsag erhalten, daß eß Nühmehr Nit lange wehren, sondren fürderligst abgeholffen werden, Alß dan ich mich in gotteß Nahmen aüfMachen, dürch gotteß allergnädigsten schütz vnd beÿstand beÿ eüch wollbehalten anzülangen, wozü der hogster seine gnäde väterligst verliehen vnd geben wolle, daß wir vnß in gesündheit vnd gütem wollstand froligst sprechen Moegen, Amen H.

1 Nach dem Wort im Zwischenraum verwischtes Zeichen.
2 Korrektur von ›eifer‹?
3 Drei Punkte übereinander.

iesŭ christe Amen. Jch vbersende E. tŭgend: hiebeÿ einen Agathstein in ein Ringlein eingefasset, hette gerne Jhr waffen [!] dareinstechen lassen, alleine alhie ist keiner zŭ finden gewehsen, man vermeinet daß zŭ Revall einer sein soll, der Nach E. tŭgend: vorNehmen kon=nen, sonsten werd: E. tŭgend: denselben beÿ einem gŭtem freŭnd Nacher lŭbeck versenden vnd alda Mŭssen verfertigen lassen.
die beÿ verhandene kleine weÿsse stieblen werden E. tŭgend: den klei=nen Clagson zŭkehren, weiß Nit ob die Masse recht getroffen; sonsten werden E. tŭgend: einen geringen persianschen Flohr von meinem diener vnbeschwehret annehmen vnd Nit verschmahden : waß besserß hette eß billig sein sollen, getraŭwe aber E. tŭgend: Nit die gaben, sondren daß getreŭwe hertz ansehen vnd werter achten werden. Jch habe solche Mŭhe mit dem Reÿssern, wegen E. tŭgend: Contrafeÿ, ist annoch Nit verfertiget, dan er beÿ dreÿ oder vier tagen bißweÿlen Nit zŭfin=den, verhoffe dennoch solcheß mit gotteß hŭlffe vberzŭbringen. Son=sten fŭr dieseß Mahl Nichteß, alß daß ich eŭch, sambt ewren lieben angehörigen vnd Mich mit eingeschlossen den hogsten gottlichen schŭtz getrewst empfehlen thŭe, der helffe vnß gnädigst in kŭrtzer zeitt ein ander zŭ sprechen. Adieŭ mein getreŭwß hertz, gehabt eŭch woll, ich bleibe der begehret wirt vnd aŭch sein soll.

Der eŭch mehr Noch liebt alß sich
Der Nŭr eŭch liebt vnd sonst keine
Der bin ich trawt sicherlich
Ewer bin ich vnd ihr Meine.

Ewr: Edlen tŭgend: getreŭwster hertzen gonner, die weill der athem in mir schwebet.

Sŭrapsac Reÿem

025 – nach Anfang August 1642 [undatiert]

Catharina[(a)] an Caspar[(a)]

BO 6, Bl. 36r–37v, ein Bogen mit 2 Blatt.

Datierung: Caspar ist von der alleinigen Gesandtschaftsreise am 4. August aus Stockholm nach Reval zurückgekehrt. Die Vorwürfe von Catharina und Caspars Entgegnung darauf (Nr. 026) mit dem gesamten schweren Zerwürfnis sind vermutlich bald nach dieser Reise entstanden, da Caspar währenddessen allein war, wenngleich natürlich zur selben Zeit immer auch Revaler in Stockholm waren. Bei den anderen Reisen war er allerdings als Teil einer Gesandtschaft viel stärker eingebunden und unterlag größerer Kontrolle. Die Erwähnung der Lade zeigt, dass dieser Brief auf jeden Fall nach Nr. 013 bis 015 und 020 zu datieren ist.

Inhalt: Catharina schreibt an Caspar und macht Schluss mit ihm, weil er sich als untreu erwiesen habe. Ihr Armband, das ihren Namen trägt, hat sie an einer Jungfer („Vngemoer“: schwed. ungmö) in Reval gesehen. Auch ist ihr von Claussens Frau berichtet worden, dass Caspar ihren Ring nicht mehr trägt. Sie vermutet, dass die Frau diesen vielleicht auch hat. Catharina hat seinen Ring nicht abgenommen, sondern trägt ihn lediglich an einer Kette um den Hals. Außerdem hat sie gehört, dass Caspar schlecht über ihre Eltern und sie selbst geredet habe. Was die Leute Böses über ihn erzählt haben, hat sie bisher nicht für wahr gehalten, glaubt es nun aber doch. Deshalb will sie ihre Briefe von Caspar zurück. Und er soll niemandem erzählen, dass seine Lade bei ihr war. Sie hat nicht viel daraus genommen.

Catharinas Enttäuschung ist ohne Maßen. Sie hält ihm alles vor, vor allem ist sie verletzt, weil sie Caspar keinen Grund dazu gegeben habe, nichts Böses gesagt oder getan hat. Ihre Vorhaltungen gehen sogar so weit, dass sie meint, er als einer, der in einem redlichen Dienst hoffentlich Treue geschworen habe und ihr gegenüber sich immer mit Schwüren und Flüchen als redlich um sie Werbender zeigte, würde doch auch sonst sich treu und redlich verhalten und nicht an ihr das Gegenteil üben. Doch Catharina bemüht sich, die Untreue nicht mit Bösem zu vergelten. Deshalb wünscht sie ihm alles Gute und vor allem einst eine Frau nach seinem Wunsch – und macht ihm trotzdem endlose Vorhaltungen, was sie alles seinetwegen auf sich genommen habe. Sie schwankt zwischen Enttäuschung und Wut. Und so fragt sie abschließend noch, woher denn wohl seine Tränen gekommen waren, die also wohl nicht ehrlich gewesen sein können.

[36r] Mit wünsgüng alles güten[1] hab nicht vnterlaßen können ein
klein schreiben hiebeÿ zü senden[2] weillen mich Not wendige
vhrsach da zü ehrfohrdert hat daß so fehrn es müchlich ist eß
doch keinen menßchen zü sagen daß Jch sein lahd beÿ miehr in vohr
wahrüng[3] gehat hab vndt da benehben aüch frümtlich zü bitten
daß ehr miehr doch meine briwe wieder senden wolt den
sie es Jhm weinich nütze werden weilen miehr dieß vnvohr=
mühtliche vntrüw ist zü handen kommen Nach dem mahl Jch
mein thot Eh vohr mühten wehr geweßen als daß mich solges vohn
dem hern wieder fahren wehre das ehr meine Ehltern Nehbenst
miehr so vnschüldich sol gegen ander leüte bereht haben das nicht
allein her oder früw genüch werden wißen da vohn zü sagen
weil es die dinstbohten so viehll im Mündt haben daß man sich
da vber vohr wündern mach Nü haben meine Eltern oder Jch
vhrsach da zü gegeben oder Jhm beklaget Jnsonderheit wil ich
vohn mier[4] selber gedenckken oder hab Jch bößes gegen einen

[1] Korrigiert aus ›gütes‹.
[2] Korrigiert aus ›sen??n‹.
[3] Wortanfang korrigiert.
[4] Korrektur durch Überschreibung.

einigen Menßchen in seinen apweßen gedacht so gehb gott das
miehr das selbige wieder fahren müchte waß Jch bößes vohn
Jhm gedacht hette es wol nicht nötich zü thün weil[1] Jch sehe das
es so gemeint ist dennoch daß ehr mein rehdlich gemüht spühren
sol das Jch nicht aühß leichtfertichkeit gege [!] Jhm waß gereht
hab solte miehr leit sein das Jch solgen vntrüwen hartz in =
meinen leip haben solte das Jch solge Rehde gegen einen menßchen
vben wolte vndt nicht lenger dar angedenckken als Jch die wohrtte[2]
Rehte ach Neihn das hab Jch mein tage nicht in meinem sinne gehabt
vndt wehr es aüch ehben so weinich vohn dem hern vohrmühten
geweßen wie miehr nüh vnverhofft ist zü handen kommen
wahr ist es das Jch[3] seiner vohn leüten hab hören gedenckken
Jn dingen die ehr selber wol wirt erfahren haben wie
eß mich wohll gesmertzet hat das weiß der högeste gott alles
am besten hab aber alle zeit beÿ miehr selber bedacht Jch hof
Ja nimmer das es sich in der wahrheit so vohrhalten wirt den
weilen Jhm die leühte doch nicht viehl gütes günten meinet Jch
so wollen sie doch das argeste aüf Jhm deüten ehr würde
gott lop des verstandes wolsein das ehr dem högesten gott
da nicht mit erzürnen würde weillen ehr sich Jo so anstellet
als wen ehr beÿ dem högesten gott alle zeit vmb hülfe anhielte
zühr beßerüng seines lebens vndt dis kein mittel da zü wehren
sondern den lieben gott da mehr mit zü ehr zürnen vndt aüch
böße leüte da dürrich mehr vhrsach sich zü erfreüwen haben
hab alles so züm besten beÿ miehr selber gedeütet ist miehr
lang
aber alles sehr vbell belohnt wil aüch mein lebent nach diesem
keinen menßchen in dießer welt rahten der sich so verführen
lest vndt so traüwen wie Jch getraüwet hab Nach dem Mahll
es mich so vbell den selbigen abent belohnt würdt da ehr

[36v] zü haüße kam daß ehr den kleinen armbandt vohn sich gegeben op das
seine züsage wahr da ehr den armbandt bekam kan Jch mich nicht
erinren wolte nicht dahrnach gefraget haben wen sie es gantz
behaltten hette wen mein Nahm Nühr nicht wehr dahr ein geweßen
vndt weil es aüch[4] in sein beliebüng so steht müß aüch hiebeÿ gedenckken
wohr doch das ander klein bandt mach sein hingekommen kan itz
alles nicht endern Müß es den lieben gott befehllen Jch hof ehr wirt

[1] Wortanfang stark überschrieben und kaum zu entziffern.
[2] Letzte Silbe ›te‹ über der Zeile, weil Papierrand erreicht.
[3] Älterer Text mit diesem Wort überschrieben.
[4] Wortanfang offensichtlich aus ›i‹ korrigiert.

sich es noch wol erinren daß ehr miehr nicht solge züsage taht da ehr
mich so sehr baht das Jch mein Nahm in dießen armbant solt stechen
laßen als das ehr es einen Jedern weißen woltte Jnsonderheit
dieße persohn der es weit genüch bringen wirt welges Jch aüch fohrt
den andern tag selber mit smertzen hab ansehen müßen wie sie[1] es ander
leüte führ gehalten hat das sie mein Nahm miehr aüch wol wißen
führ zü weißen wie es dahr ein gestanden hat wil es Jhm Nühn
selber zü erkennen gehben wen Jch solges an Jhm gevbet
haben
hette waß[2] ehr wohll solte da zü gesaget hoffe aber ehr wirt sein
nicht
tage so lang ehr mit mihr hat vmbgegangen solges an miehr vohr
merckket haben Mach[3] es wol mit wahrheit schreiben daß Jch nicht
dreist hab dürffen mit einen rehden das Jch mich vohr Jhm gefrüchtet
hab ach waß hab Jch doch gethan zü wehm hab Jch mich doch gehalten
vndt wohr hab Jch mich doch vohn gehalten hab aber nicht gedacht das
es ein solgen ende nehmen würde weil miehr alle zeit die große
trüwe vndt Rehdlich gemüht so hart vohr gebildet würdt mit schrifften
vndt aüch wohrtte zü mit großen schweren vndt flüchen wo man
mich nicht so Rehdlich meinet vndt beÿ dem lieben gott meinenthalben[4]
fleißich an hielte hab also mich dadürich vohrführen laßen vndt vohr
meint ehr als ein Rehdlicher her nicht anders rehden würde wie
ehr es meinet vndt ehr es aüch wohll gewohnt wehr Nachdem mahll
ehr in einen solgen dinst sitzet da ehr hof Jch aüch geschworen hat trüwe
vndt rehdlich sich beÿ zü vohr halten vndt diß nicht ehben so an miehr
zü vhben ohne einige vhrsach aüf ander leicht fertige leühte rehde
die ehr fohrt getrüwet hat vndt meine eltern nehbenst miehr
alles bößes nach gereht hat daß sie sich vndt die ihrigen beklagen
soltte wohr ein es wehr woltte Jch gehrn wißen Jch hoffe der
högeste gott wirt miehr wol helfen dahr zweiffell Jch nicht an
das man sich da nicht vmb zü bekümmern hat Jch meint der her
würde es ja[5] wol beßer verstehen wen ehr mihr selber wolt
daß es sich vbell geschickket hette wen meine eltern vndt noch viehl
weiniger Jch Jhm gegen andern leühte beklagen solten wie würde
es vnß wol angestanden haben Jn sonderheit sage vohn mein
persohn der Jch alle Zeit daß zü hören dahr zü gethan hab vndt still
geschweigen vndt beÿ mihr gedacht gott gehb daß ehr selber kommen
müchte vndt sein vnschült vertehtigen vndt werde itzünder
so belohnt da Jch wohll vohr meint hette das himmell vndt Ehrde

1 Wortende verwischt, korrigiert aus ›sich‹?
2 Letzter Buchstabe korrigiert.
3 Wortanfang überschrieben?
4 Das ›b‹ überschreibt ›f‹?
5 Wortanfang korrigiert?

[37r] Eh vohr gehen solte Eh miehr es vohn Jhm wieder fahren wehre[1]
vndt die sich itz ünder es seÿ früw oder Mans persohn so scheinheilich
vohr sein aügen stellen mügen wol die slümsten geweßen sein
die Jhm in sein apweßen gedacht haben es sol mich aber nüh alles
nichtes mehr kümmern bitte nühr sehr daß ehr doch den armbant
vndt ring miehr man so lang wil züsenden biß das mein nahm
aüß geleßgen wirt wo der goltsmit es aüßleßgen kan wil es
Jhm gehrne wieder senden den ring saget Clagsen sein früw
hat sie letzten gesehen das ehr es vohn sein finger hat apgewor
fen vndt beÿ sich gestochen aüch darvber zü miehr gesaget da
wahr ein nahm in könte nicht recht zü sehen bekommen op
es vngmohr ihr nahm wahr kan wol ehr achten daß sie den
ring aüch wol beÿ sich gehat konte es aüch wohl merckken daß ehr den
ring vohm finger apzoch daß Jch sein ring nicht aüf hette hab
es[2] an mein klein kette geführet[3] daß Jch vmb mein halß trag
wahr dahr vmb nicht vohn miehr gewürfen hab so leicht mit
sein züch nicht vmb gegangen Nü Jch wil alles nicht mehr
gedeckken [!] bitte mihr noch sehr daß Jch doch die briewe müchte
wieder bekommen vndt sende miehr doch dießen da beÿ den
sie Jhm weinig nütze werden verhoffe daß ehr nichtes aüß
sein lahde wirt[4] zü kürtz kommen den Jch es nicht viehll angerührt[5]
hab wil Jhm hir[6] mit gott befehllen vndt dabeÿ geleichwol
alleß gütes wünßchen hat ~~eß~~ nühr mein früntschafft nicht
lenger wehren sollen so wol der högeste gott Jhm geleich
wol einen bescheren nach seines hartzen wünsge daß wil
Jch Jhm aüch gehrn gegünt vndt gewünsget haben wo Jhm einen
Jn dießer welt beschert ist Jch wil nicht bös mit bößen vergelten
sondern Jhm alle zeit alles gütes gewünsget[7] haben wiehr
können dennoch gühte fründe bleiben vndt tröst mich hierbeÿ
aüch daß ich gottlop keine vhrsach mit einen bößen wohrt gegeh
ben hab dadürich ehr ein vnmüht aüf mich gefaßet hat dar vmb
kan ehr miehr nühr nicht beschüldigen waß Jch offtmalß hab hören
müßen seinenthalben wehn ehr nicht wehr so würdde Jch balt
dieß balt Jenneß getahn haben Jch hab alles nichtes geachtet hab
seinenthalben alleß gern gelitten vndt in der hoffnüng gelebet

[1] Durch starke Tinte schlecht zu entziffern, Korrektur überschreibt ›sollte‹?
[2] Wortende ›s‹ korrigiert.
[3] Undeutlich, Wortmitte korrigiert?
[4] Letzte zwei Wörter ineinander geschrieben.
[5] Am Rand gequetscht und letzter Buchstabe unter der Zeile.
[6] Wortanfang korrigiert aus ›z...‹.
[7] Streichung (?) zwischen ›e‹ und ›w‹.

es würde einmahll züm gühten ende kommen daß man
seine feinde vberlehben würde waß aber nicht hat sein können
müß Jch mich aüch nüh zü friehden gehben waß Jch aber alle
zeit in meinen hartzen gedenckken werde wil ich alle zeit
gott befehllen kein menßche aber in dießer welt es offen
bahren sondern es gott heim stellen der wirt miehr alles vohr
gehben wohr Jch Jhm in erzürnet hab vndt dem selben aüch der mich
hier zü gebracht hat weill eß Jo hette sollen an daß scheiden gehen

[37v] wahrvmb hat mich doch der högeste hirte beÿ so lang bestendich gehalten
daß es nicht ehr hette sein können nüh gott ver[1] gehb der mich hier
zü gebracht hat eß steht nüh alles nicht zü endern Jch mach woll
sagen mit Jesirach[2] halt es mit Jder man früntlich trüw aber
vnter thüßent kaüm ein Ja[3] wen aüch noch thüßent mahll
man
thüßent wehren mücht ~~so~~[4] kaüm einen mehr trüwen
bitte noch mals sehr miehr doch die brewe al zü sahmen
wieder senden vndt wohr Jch ihm mehr vmb gebeten hab
wil Jhm aber mahl gott befehllen vndt dahnehben noch
alles gütes wünßchen

Ach gott wohr mügen doch die trehnen
bißweilen hergekommen sein die
nicht beßer gemeinet wahren
mich verdreüst aüch Jch mach an alles
nicht mehr gedenckken als es einer
woll
machget so wirt ehr aüch belohnet
werden

026 – nach Anfang August 1642 [undatiert]

Caspar[a] an Catharina[a]

BO 6, Bl. 38r–40v, zwei Bögen, insgesamt 3 Blatt. Der erste Bogen ist Blatt 38–39, Bl. 40 dann einzeln und verso leer. Der Brief ist eigentlich nicht beendet auf Bl. 39v, es fehlt jegliche Schlussformel mit Wünschen, Unterzeichnung usw. Insofern fehlt vielleicht das Ende?

1 Durch Korrektur nicht eindeutig.

2 Jesus Sirach, Buch 6, Vers 6ff., (Lutherbibel II, S. 1760): „Halts mit jederman freundlich/ Vertrawe aber vnter tausent kaum einem. Vertrawe keinem Freunde/ du habest jn denn erkand in der not. Denn es sind viel Freunde/ weil sie es geniessen können/ Aber in der not halten sie nicht."

3 Danach Tintenfleck oder Streichung.

4 Zeichen gestrichen? Darüber das ›man‹ nachträglich eingefügt.

Das letzte Blatt enthält (40r) eine Abschrift des Endes von Catharinas Brief. Hat Caspar den komplett abgeschrieben? Oder nur diesen Teil, um ihn richtig beantworten zu können? Die Abschrift passt sich jedenfalls nicht einfach in das vorherige ein: Die Tinte ist heller, das Papier ist anderes (fester und anderes Wasserzeichen) und die Faltung passt auch nicht zum ersten Bogen.

Datierung: Der Brief ist leicht als direkte Antwort auf das vorhergehende Schreiben (Nr. 025) zu erkennen. Ob Blatt 40 mit der Abschrift von Catharinas Brief hierher gehört, ist nicht mit Sicherheit zu entscheiden. Allerdings gibt es auch keinen anderen Brief mit einem direkten Hinweis auf dieses Fragment.

Inhalt: Caspar antwortet auf Catharinas Brief, den er in der zurück erhaltenen Lade oben auf liegend vorgefunden hat. Und er ist bestürzt über das falsche Gerede einerseits und Catharinas Leichtgläubigkeit andererseits. So ist er sichtlich darum bemüht, die von ihr erhobenen Vorwürfe auszuräumen, obwohl man nach dem Sprichwort auf offenbare Lügen nicht viel antworten solle: Dass er über ihre Eltern und sie schlecht geredet habe, nennt er Lüge und sei ihm niemals im Sinn gewesen, hätte dazu auch keine Ursache gehabt. Dass er aber wegen der Reden der losen Hure [gemeint ist wohl die „Vngemoer"] etliche Worte zu seiner Ehrenrettung verlauten lassen habe, sei wahr. Habe dies auch gegenüber [Marten?] Hartwig wiederholt. Er habe es tun müssen, um das während seiner Abwesenheit überhand genommene Gerede zu stoppen.

Gegen den Vorwurf der Untreue beteuert Caspar, ja beschwört bei seinem Seelenheil, dass er immer nur Catharina treu war und hoffte, von seiner „sündhaften" Ehe erlöst zu werden, um mit ihr ein Gott „wohlgefälliges Leben" führen zu können. Wegen des bösen Geredes der ehemaligen Magd [=?] sei sein Gewissen rein; er wundere sich vielmehr, dass sie so leichtfertig sei, obwohl er ihr vieles anvertraut hatte. Wegen des Armbands und des Ringes beschwört er, dass bis dato niemand die Inschrift – die ja ihre Beziehung verraten hätte – gesehen habe. Und so habe man ihm beide gestohlen. (Catharina hatte offensichtlich gebeten, Caspar möge ihr den Ring zeigen.) Und Caspars Junge könne bezeugen, wie bestürzt er war, als er den Verlust daraufhin feststellen musste.

Caspar habe die Frau sogleich beschuldigt, diese war davon aber ungerührt. Deshalb habe er ihr geschworen (wofür er Gott um Verzeihung bittet), dass Catharina den Ring ihrem Bruder zum Gedenken mitgegeben habe, er aber den Ring von Catharinas Bruder gekauft habe, als dieser aus Schweden abreiste. Jedenfalls könne ihm kein Vorwurf wegen des Verlusts gemacht werden.

Aber ihre Vorhaltungen, dass ihre Treue und ihr Leiden so schlecht gelohnt würden, schmerzen Caspar. So geht er scheinbar auf das Ende der Beziehung ein und wünscht ihr den richtigen Mann. Er wendet dies gegen sich und hält sich selbst vor, nicht genug für ihre Liebe getan zu haben. So dass nun eben das Geschwätz böser Leute ihre bösen Gedanken hervorgebracht hätten. Dann folgt das Ende ihres Briefes in Abschrift von Caspars Hand – offensichtlich mit der Absicht eines Kommentars oder besonderer Hervorhebung („NB").

[38r]
Nach demmahl ich viell EhrenEdle vnd tügendreiche Jüngfraüw
beÿ eroffNüng der beÿ ihr in verwahrüng gehabten lahden, wofür
ich hochlich dancksage, vnd zwar aüf die ahrt wider zü offenen oder
zü empfangen für meinem abzüg nit getraüwet, eineß brieffeß
oben aüf liegend, war geworden, habe ich denselben mit begierde
eroffnet, aber dürch lesend derMassen bestürtzet worden, daß
ich mich vber falscher leüte anbringen vnd Ewr: tügend leicht:
gläübicheit Nit satsamb verwündren gehabt, vnd wehre eh ver=
Mühten gewehsen, daß mir einer fürm Kopf schlagen sollen, alß
daß ich von Ewr: tügenden dermassen zür vngebühr beschüldiget
werden; ich Müß aber mich beÿ dieser zeit deß allgemeinen sprich
wohrtß erinneren, wan man den hünd hencken will, dazü lesset
sich gar licht ein strick finden; dennoch aber getroste ich mich freüw=
dentlich deß gegen sprüchß, einer hüte sich Nür für der that, der lügen
wirt, willß gott woll raht. daß ich mir aber gegen Ewr: tügend
itzo schrifftlich entschüldigen Müß, dazü habe ich folgende erhebliche
vhrsachen, verhoffe mit gotteß hülffe denen anbringern, auch mit der
zeitt, daß Maüll zü stopffen; erstlichen wirt gesetzet, ich solte Ewr:
tügend: eltern vnd eüch[1] der Massen berehdet haben, daß Nit alleine herr
oder fr: besondren aüch dienstbohten dessen zür vngebühr zü rehden
vnd zü gedencken wissen, daraüf antworte ich Nach dem abermahligen
sprichwort, aüf offentliche lügen stehet einem verständigen nit
woll an, viele zü antworten, dan mir solcheß, eß seÿ vom wehme
eß wolle, in der wahrheit keinen aüssengeschlossen, soll mit be=
standem gründe Nit[2] dargethan vnd erwiesen werden, habe aüch mein
lebetag, gott alß einen hertzenkündigern rüffe ich züm zeügen, solcheß
so weinig in gedancken, alß darzü vhrsach[3] gehabt; daß aber Nit
etzliche worte, wegen der vbeln plaüdereÿ der losen hüren
halben, zü rettüng meiner ehren, wie mir angebracht wahr,
gerehdet vnd gefallen, solcheß kan vnd will ich nit leügnen,
Massen ich ia dieselben, andren tageß gegen hartwig, guthwillig [!]
vnd vnerinnert zügestanden, vnd weiln dieselben offentlich zü
vor gedacht wahren, habe ich solche widerhole Müssen, vnd habe,
so wahr mich gott in sein reiche verhelffen soll, solcheß aüß[4]
keiner andren MeÿNüng gethan, wie mir dan ia gebühren will,

1 Wort korrigiert.
2 Wort nachträglich eingefügt.
3 Letzter Buchstabe nachgeschrieben.
4 Wortende durch Überschreibung korrigiert.

alsse, waß in meinem abwehsen, beÿ der züviele gedacht, Müchte widersprochen vnd also die leüte züm innenhalten gebracht werden. [38v]
hat aber einer oder der ander Ewr: tügend: oder dero geliebten eltern alda von ein mehreß angebraht[!], derselbe thut mir für wahr vnrecht, vnd will vnß Nün züsahmen führen, vnd wan ich darinnen Ewr: tügend: MeiNüng[1] hette, alßdan wolte ich sie deßwegen offent=lich zürehden; Fürß anderß gedencken Ewr: tügenden, der vbeln behlohnüngen, welche ihr von mir widerfahren, dafür daß sie mei ner im besten gedacht vnd entschüldiget geNommen; Mochte gerne einer gewissen vhrsach dessen veständiget [!] sein, vnd daß die vbele belohnüng, da[2] ich mein tag, gott weiß eß am besten, vnd richte eß, da eß dem also, Nit hingedacht, doch von Ewr: tügend: mochten genennet sein oder rechtmessig erwiesen werden, solte mirß Nit verdriessen, aber so vnschüldiger weÿse leÿden, thüt einen vor wahr Nit weinig schmertzen; ich kan daß alhie aüf der weld mit gütem gewissen rehden vnd schreiben, aüch am iüngsten gericht, da wir alle werden stehen Müssen für christi stüell[3], Nit anderß vber zeüget werden, alß daß ich / eüch von hertzen beliebet, in mein hertz verwahret gehalten, ia tag vnd abendß in meinem gebeht ewer gedacht vnd eingeschlossen, daß doch der hogster gott mich in gnaden ansehen, von diesem betrübten ehstand entfreÿen, vnd mit eüch hinwider züsahmen verhelffen wolte, damit ich also ein fridsahmeß vnd ihm wollgefelligeß leben dermal einß führen vnd aüß diesem ärgerlichen sündlichen leben aüß vnd abkommen Mochte, daß mir aber bißhero von dem hogstem gott, Nit geholffen, dawider kan ich Nit eÿffren, Müß alleß mit gedüld ertragen, hoffe dennoch eß bald entweder mit mir oder ihr ein ende machen werde, daß ich mich aüch für keinen sünder rechnen solte, ist wider mein gewissen, dan wir ia alle tage sündigen vnd Nichtß dan straffe verdienen, aber[4] der bosen Nachrehde vnd beschüldigüng wegen der gewehsen Magd, bin ich im gewissen entfreÿet, vnd hette mein tag Nit gedacht, daß ein solch leichteß gemüht in dem rabenkopf hette stechen sollen, wie ich dan derselben woll andre dinge, vormeinte zü meinen besten, solte vortraüwet haben, mir aüch woll gewisse hoffnüng gemachet, so leÿder

---

1 Korrigiert.
2 Wortende Buchstabe[n] gestrichen? Oder: ›dar‹? (korrigiert).
3 Wortanfang korrigiert.
4 Wortende stark überschrieben, undeutlich.

gefehlet, kan mich also deßwegen woll an[1] den lieben gott versündiget haben, deßwegen ich vmb Christi willen verziehüng gnad vnd barmhertzigkeit, Nebenst kürtzer erfreÿng [!] bitten thüe.

[39r]

Die dritte beschüldigüng Ewr: tügenden, ist wegen \ deß vertraüwten armb= andß, alda ich in offentlicher[2] Verdacht[3] gehalten, daß derselber von mir willig oder wissentlich weggegeben[4], woran mir für gott vnd der weld vnrecht geschicht, dan gott laß mir Nimmer wollfahren daferne einer aüf dieser weld, die büchstaben so woll deß armb= andeß alß deß ringeß meineß wissenß gesehen; oder in die hände gehabt, alß daß denselben abend, da ich trüncken wahr, mir der selber ohn mein wissen vnd fühlen, so hinterlistig vnd betrieglich abgelo= set worden, deß ringeß halber aber kan ich woll Schwehren, dan derselber in meinen beütell verbünden war, ich hette aüch so war mich gott helffen Mag, Noch den andren morgen Nichtß davon gewüst wan nit Ewr: tügend: selben zü sehen mich hetten begrüssen lassen, da[5] ich dan solchen mit grosser bestürtzüng, wie der iünge Nit an= derß sagen kan, gemisset, vnd fürwar für solche beraübüng Nit gewartet, wie ich ihr dan deß Morgendß deßwegen beschüldiget, vnd weiln ich gesehen daß sie die beschüldigüng alß ein frech mensch weinig geachtet, habe ich ihr für geschwohren, gott mag mir meine sünde verge= ben, daß ich solchen von ewren brüd: da er von mir aüß Schweden gereiset, gekaüffet, welchen ihr demselben züm gedächtNüß mit gegeben, wirt also deßwegen kein groß wesen Machen konnen. waß Nün ohn mein wissen mir abgeNommen vnd heimblicher weisse[6] abgerasschet, dessen kan ich ia mit billigkeit nit beschüldiget vnd also bald mit leichtfertigkeit zügerehdet werden; zwar ohne ist eß nit, daß ich beÿ empfangüng dessen hohe züsage gethan, solchen keinen Menschen zü weisen, habe eß aüch mein tage Nit anderß gethan oder gedacht zü thünde, daraüf ich woll leben vnd sterben kan, weilß aber leÿder vber alle hoffNüng geschehen, vnd wider meine schüld, alß thüt ihr mich ia für gott vnrecht, daß ihr mir deßwegen so hart züredet vnd fürwerffet, alß obß mit dem vorigen eben so geschehen[7], vnd derselber willenß weggelassen,

1 Korrigiert.
2 Letzter Buchstabe korrigiert ›r‹/›n‹ oder gestrichen?
3 Wortanfang korrigiert aus ›gedacht‹.
4 Korrigiert aus ›weggebeben‹.
5 Korrigiert aus ›dan‹.
6 Korrigiert aus ›weil‹.
7 Vorsilbe ›ge‹ nachträglich eingefügt.

daß kan ich woll gantz vngescheüwet mit güten gewissen schreiben daß deroselben kein Mensche von meiner hand geNommen, be sondren er Müß etwa Nit woll eingeschlossen gewehsen, oder aüch im schlitten fahren abgerissen vnd weg gefallen sein dan ich der zeit ich denselben Missete, in viertagen keinen raüsch hette, aüch beÿ keinen frembden alße eüch gewehsen, ist eß anderß meineß wissenß, so straffe mich gott, oder ist etwaß aüß falscheit von mir geschehen, oder iemahlß gedacht;

[39v] Vber dieseß beclagen Nit alleine Ewr: tügend: in dessen schreiben zü vnterschiedenen mahlen, daß sie mir so viele zügetraüwet andere verlassen, vnd an mich verführen lassen, welcheß mir wahrhafftig nit weinig inß hertze gehet, dan ich, ohne rühm zü melden, mein lebtag keinigen menschen etwaß dermassen zü gesaget, daß ich nit solte gehalten haben, vnd kürtz ohne viele worte zü sagen, habe ich mein tag andeß [!] alß treüw an eüch zü beweisen vnd zü halten, gedacht, vnd immerfohrt in meinem gebeht vnd seüfftzen, der keinß alß dürch eüch vervhrsachet abgehet vnd hertzlich bittet, Nit eingeschlossen vnd Nebenst mir befohlen, so gebe gott daß mein gebehnte nür verschmachten vnd verschwinden Moegen, vnd habe für wahr von Ewr: tügen solche beschüldigüng Nit verdienet, scheinet eß geschicht Nür alleß vhrsach, von mir mit gelimpf abzükommen, zü süchen, welcheß alleß vnnötig, dan ihr[1] ia wisset, daß ich eüch wider ewren willen nit gehalten oder halten kan, habe eß aüch ia nit gethan, derge stahlt[2] daß ich eüch habe Nötigen wollen, sondren waß geschehen ist mit grosser bitte geschehen, darinnen ihr mir dan gewillfehret dafür ich hochlich danck sage, vnd alß mir gott helffe, eüch Müg= lich vnverMühtlich, im hertzen gewogen vnd geneÿget Negst erzeigüng aller Müglichen freündschafft vnd ehre, will verbleiben. daß ihr eüch aber beklaget der leüte so ihr verlassen vnd vorbeÿ gegangen, ist mir leid, wanß so gemeinet, daß ich eüch davon abgerahten, ich verhoffe aber zü gott er eüch dennoch eben so güth zü seiner zeit beschehren werde, welcheß ich eüch von hertzen wündsche; waß aber für leüte sein mogen, derer ihr[3] in ewr: schreiben aüch offt gedencket, von welchen ihr hirinnen verführet seit, denen eß gott vergeben wolle, kan nit anderß gedencken alß daß ich armer Mensch aüch damit gemeinet, vnd kan eß

1 Korrigiert aus ›ich‹?
2 Zeilenanfang korrigiert durch Überschreibung.
3 Wort korrigiert aus ›ich‹?

in kein verleügnen setzen vnd verNeinen, daß ich vmb
Ewr: tügend liebe Nit viel solte gethan vnd allem fleiß
darinnen, biß zü erlangüng solcher[1], angewand haben,
aber alß mich gott ewig helffen soll, Nit anderß alß woll
meindt vnd in ehren, wie ich aüch verhoffe Ewr: tügend
niteß anderß von mir verNommen, alß Nün dürch boser
leüte schwetzen sich einbilden vnd aüf bose gedancken
bringen lassen.

[40r] gott vergebe der mich hirzü gebracht hat, eß stehet Nün alleß
Nit zü ändren, ich mag woll sagen mit ieisüs [!] sÿrach, halt
eß mit iederman freündlich, traüw aber vnter taüsend kaüm
einen, ia wan aüch Noch taüsend mahl taüsend weren, Mag
Man kaüm einen mehr traüwen. etc:

Ach gott wor Mügen doch die
trähnen bißweilen hergekommen
sein, die Nit besser gemeinet waren
mich verdreüst[2] aüch ich mag alleß
Nit mehr gedencken; Also eß ei=
NB NB { ner machet, so wirt er aüch woll
belohnet werden.

027 – nach Anfang August 1642 [undatiert]

Caspar(p) an Catharina

BO 6, Bl. 32r–33v, ein Bogen mit 2 Blatt, leichte Siegelspuren auf Bl. 32r und 33v.

Datierung: In diesem Brief wird ganz offensichtlich das Zerwürfnis wegen Caspars ›Stockholmer Affäre‹ fortgesetzt. Caspar versucht, weitere Anschuldigungen durch Stralborn, die er Lügen nennt, zu entkräften. Aber er geht auch auf den Trennungswunsch von Catharina ein und verabschiedet sich mit Treueschwüren und unter Tränen.

Inhalt: Caspar sieht sich weiteren Anschuldigungen ausgesetzt. Beim Zusammentreffen gestern abend hat Catharina wohl erneut die Trennung ausgesprochen, war auch die ganze Woche schon abweisend. Caspar macht wieder das Geschwätz der bösen Leute dafür verantwortlich, was er Gott eines Tages zu bestrafen bittet. Er kann es nicht ändern, nur beseufzen.

1 Letzter Buchstabe des Wortes korrigiert aus ›solcheß‹?
2 Korrigiert aus ›verdreüsen‹.

Zur Rettung seiner Ehre und Unschuld will er aber richtigstellen, dass Stralborn ihrer Mutter böswillige Lügen erzählt hat. Es sei nicht wahr, dass er in Stockholm mit der Jungfer („Vngemoer") und ihrer Schwester unzüchtig gewesen sei. Zwar seien sie vier Wochen in der gleichen Herberge gewesen, und er habe mit ihnen gute Freundschaft gepflegt, aber es sei alles ehrenhaft gewesen. Der Obrist Wrangell wäre da schon etwas lockerer mit den beiden umgegangen.

Wenn Stralborn es ihm offen vorwerfen sollte, dann würde er entsprechend darauf reagieren. Auch Stralborns Vorwurf, Caspar würde Catharinas Glück verhindern, begegnet Caspar wortreich und beteuert seine besten Absichten. Er habe ihr nicht im Wege gestanden, zwar ihre Trennung unter Tränen bedauert, aber immer auf seine Befreiung gehofft. Allerdings habe Stralborn wohl schon einen Bräutigam für sie, was Caspar nun geduldig ertragen müsse. So trenne er sich zwar äußerlich von ihr, aber in seinem Herzen trage er sie immer als die „Allergeehrteste auf dieser Welt" bis in den Tod. Mit einigen Trauerversen drückt er seine Gefühle zum Abschied aus und bittet, ihm gewogen zu bleiben.

[33^{v}] [*unter dem Text, quer, nach rechts gedreht:*]

Jüngfr: Catharinae von der
hoÿen dieseß dienstfreündlichen[1]

[32^{r}] Hilff gott aüß Noht.
Abgünst ist worden groht.

Viel ehren Edle Vnd tügendreiche Vertraüwte freündinne,
Negst wündschung aller gedeÿlicheiten zü allem wollergehen,
aüch erbiehtüng meiner iderZeitt willigen ehrendiensten,
habe ich aüß anliegenden bekümmerlichen hertzen, Nit vnter
lassen, Weiniger vmbgehen konnen, Ewr: tügenden mit die=
sen meinen, wie woll beÿ ihr nit angenehmen, dennoch von
mir wollmeinenden traüwrigen schreiben, anzüsprechen vnd
zü verständigen, waß Massen ich, gott erbarmß, Nit alleine diese
woche aüß allen ihren gebehrden vnd worten, besondren aüß der
gester abend vnvorMühtlichen rede, so mir sehr betrübet, merck=
lichen gespühret, daß ihr ewer sin vnd gemühte, dürch böser Meüler
vnd verleübder [!] vnwahrhafftigeß geswetz vnd plaüdern, wofür ich bitte
vnd hoffe gott dieselben zü seiner zeitt züchtigen werde, geendert
vnd allerhand eüch Machten gedancken abgewendet; welcheß alleß
ob_zwar ichß Nit zü endren verMag, iedoch mit vnaüfhörlichen tag:
vnd Nachtlichen[2] seüfftzen betraüwren vnd bekarmen will. die
seß aber kan ich zü rettüng meiner ehren vnd vnschült, welche gott

---

1 Zwei Zeilen teilweise verwischt, letztes Wort am Ende nach unten auslaufend.

2 Das ›t‹ nachkorrigiert.

bekand, zü verantworten Nit vnterlassen, aldieweiln mich der Stralborn, beÿ Ewr: fr: Modderinnen, der Ehr vnd tügendsahmen fr: heÿdschen, alß meiner gewogenen freündinnen, itzo aber ohne erhebliche[1] vhrsach vngünstigen, dürch sein vnwahrhafftigeß geschwetz, stinckend gemacht, ewer geMüht aüch von mir abgewendet, alß daß ich Mich etwa leichtfertig zü Stockholm beÿ vngeMoer oder ihr Schwester verhalten, züm andren eüch mit meinen grossen[2] versprechen ver geblichen aüfhalten vnd ewr glück wehren thäte; da ich doch, wan mir der barmhertziger gott gnädigst ansehen vnd aüf freÿen füeß, darümb ich täglich flehe vnd bitte, setzen würde, ich[3] Meiner züsag Nicht Nachleben, sondren in vergeß stellen, vnd Mein hertz von eüch abwenden Mochte. Aüf daß erste gebe ich zür antwort, daß ich zwar mit vngeMoer vnd ihrer Schwester, die ia nit lenger alß vngefehr vier wochen alda war, weiln sie vom Cüppfer berg ihr eltern zü besüchen Nür alda angekommen, güte freünd
[32v]
schafft gehalten, aüch gott lob offentlich in ehren gekürtzweilet, welcheß alleß daher entsprüngen, daß ich alda zür herberge vnd über einen tisch assen, vnd wan bose leüte solche Conversation vnd gespräch, wie zü Stockholm, wan Man für keinen Matz hünd will angesehen vnd gehalten sein, gebräüchlich, in vnehren aüßdeuten wollen, würde verwahr der obrist wrangell, welcher woll grober mit ihnen geschertzet, mehr dan ich zü beschüldigen sein, dem seÿ aber wie ihm wolle, so kan ich dieseß mit güten gewissen Welcheß Ewr: tügend: mir beÿ theil meiner Sehligkeit zütraüwen vnd verantworten Mag, freÿ sagen vnd bekennen, daß ich weder vngemoer Noch dero Schwester in vnehren angerühret oder sonsten, wie Man mich felschlich beschüldiget, zü schaffen gehabt verhoffe aüch Ewr: tügend. werden ia mich so vnchristlich vnd epicürisch Nit halten, alß der Mit zween Schwestern liebe pflegen solte, Mein gott hat mir ia Sin vnd verNünfft gegeben, Noch zür zeitt dafür bewahret, aüch gnädigst weiter behüten wirt. wolte gott ich solcheß von Stralborn oder andren hören Mochte, ich ihm woll begegnen solte. doch gott wirt alle falsche hertzen vnd verleümbder straffen. waß züm andren mein ver= sprechen zü eüch belanget, ist vnnötig zü widerholen aldieweiln[4] eß mir woll bekand, will aüch Nit verhoffen daß eß beÿ eüch

1 Über dem ›e‹ am Anfang vielleicht ein i-Punkt.
2 Wortanfang korrigiert.
3 Wort korrigiert, durchgestrichen und überschrieben.
4 Das zweite ›i‹ nachträglich eingefügt.

solte vergessen sein; ich für meine persohn, wündsche zü ider stünd Nit lieberß,, alß daß ich demselben Nachkommen vnd in der that beweisen konte, welcheß gott der Mein seützen [!] horet vnd thränen sihet, am besten bekand, vnd erlosüng geben kan vnd will. daß ich aber ewer glück solte gewehret vnd mit falschen hertzen aüfgehalten haben, so mir kein ehrliebender in wahrheit Nachreden weiniger beweÿsen; sintemahl Ewr: tügend ia bewüst, daß ich woll vnser scheiden weinend schmertzlich[1] beklaget, aber eüch anderweit zü freÿen ia Nit gewehret, Noch wehren konnen, Mit bitte habe ich zwar angehalten, wolle eß aüch Noch gerne, wan eß Nür Mochte angeNehm sein also fortstellen vnd gebehten haben, Alleine weiln ich wie

[33r]

oben gedacht so viel sehe, Mercke vnd spühre, daß ewer freündt bereitß einen andren zür hand, aüch woll Müglich schon zügesaget Müß ich solcheß Mit gedüld ertragen, vnd verMag Nichtß dawider dan zü weinen, traüwren vnd klagen, hoffe gott wird mein elend ansehen, vnd zü sich in die frewde Nehmen: daß ich aber, wie von mir fälschlich geredet, da mir gott helffen Mochte[2] vnd von diesem bosem Weibe befreÿen, eüch verlassen solte, dawider will ich Nit viele schreiben, aldie weiln mein hertz, wan ihr dem dinge recht Nachdencket, eüch viel anderß bekand, thäte aüch ia Nit wie ein ehrliebender Mensch, züdem würde ich ia aüf dieser erden keine rühende stelle haben konnen, derowegen dieselben, welche solcheß rehden oder gedencken, ich für keine ehrliche leüte, sondren bose Natüren halte. Züm beschlüß, weiln ich, dem hogsten geklaget der sich meiner erbarmen Mag, Nit anderß an eüch dan von mir getrennet zü sein, spühre, solt ihr eüch sicher vertraüwen, daß ob ich zwar[3] ewer eüsser lichen person beraübet werde, dennoch gedencklicher weise in Meinem hertzen, für die allergeehrteste aüf dieser Welt Negst gott, verbleiben sollet, eß gehe züm leben vnd sterben will ich eüch dennoch in meinen hertzen, biß in Mein grab behalten, wer weiß waß der hogster gott, dem kein raht fehlet, gleichwoll zür freüwde bescheren vnd geben will. züm traüwr gedicht seÿ eüch dieseß gegeben vnd gedichtet welcheß ich immerfohrt beÿ mir wiederhole.

[1] Die beiden letzten Wörter durch Nummerierung über der Zeile (2 und 1) nachträglich getauscht.

[2] Älteres Wort (›solte‹?) überschrieben.

[3] Wortanfang korrigiert.

wan sich zween werte freŭnde von ein ander sollen scheiden
vnd ihre treŭwe lieb, aŭch zarte wohnŭng meÿden
hilff[1] gott waß hebet sich alß dan für iammer an
wie[2] bitter geht eß zŭ, man bald Nit fortgehn kan
wan ein vertraŭwter Sinn, den andren Mŭß verlassen
waß pflegt sie dazŭmahl[3] für wehMŭht vmbzŭfassen.
Ein tag ist ein gantz iahr , die angeNehme Nacht,
wird ohne Schlaff mit leid, vnd sorgen weggebracht.
Nach ewren abtrit verflŭch aŭch ich allgantz
all froligkeit, traŭwrigkeit soll sein mein krantz
den ich zŭ ehren eŭch alhie stehteß will tragen
biß[4] daß mein traŭwriger leib in die Swartz erd werd. begraben.
[33^{v}]
dieseß ich zŭm traŭwrigen abscheid Ewr: tŭgend: in eÿll
Nit bergen konnen, Mit gantz fleissiger bitte meine dennoch
im hertzen gewogene freŭndinne vnd gŭte gonnerinne zŭ
verbleiben, Massen ihr zŭ mich anderß Nit zŭ versehen
habet. gott helff vnd bewahre vnß für allen bosen
vnd falschen zŭngen Amen.

Ewr: tŭgenden
Ehren geflissener diener.
SVRapsac Reÿem

028 – nach Anfang August 1642 [undatiert]

Caspar an Catharina[(a)]

BO 6, Bl. 42^{r-v}, ein Blatt.

Datierung: Das Zerwürfnis nimmt seinen Lauf. Der Brief enthält zwar keine direkten Bezüge auf die Stockholmer Affäre um ›Vngemöer‹, lässt in der Steigerung bis zur Trennung aber kaum eine andere Datierung zu. Die Erwähnung der Lade bei Catharina – während Caspars Abwesenheit – deutet wiederum auf die Zeit nach der Reise 1642.

Inhalt: Caspar beklagt sich bei Catharina, dass sie anscheinend nur noch über ihn spottet und schimpft – was ihn umbringen wird, weil er so sehr in Liebe und Zuneigung zu ihr gefangen ist. Deshalb möchte er aber doch bitten, dass ihm seine

1 Korrigiert aus ›helff‹/›hŭlff‹.
2 Entzifferung unsicher.
3 Korrektur von ›n‹ zu ›z‹ (stand erst: ›dann‹?).
4 Die beiden ersten Buchstaben korrigiert.

an Catharina geschriebenen Briefe wiedergegeben werden. Er hat nur noch wenige von ihr, weil sie die meisten bereits aus der Lade genommen hat, als diese bei ihr war. Er will diese aushändigen, sobald er seine erhalten hat, und alles weitere Gott anheimstellen. Obwohl man [Catharina?] nicht möchte, dass er auf die Straße geht, will er seine Wege gehen. Wer ihn dann nicht sehen wolle, der solle wegschauen. Obgleich Catharina wenig daran zu liegen scheint, will Caspar ihr Freund bleiben. Er bittet, dass Gott alle, die ihm übel wollen, strafe. Er schreibt in Eile, weil er ganz durcheinander ist, und erwartet entweder seine Briefe oder eine mündliche oder schriftliche Nachricht.

[42r]
DemNach ich leÿder so woll für diesen, darannen ich mich zwar Nit
sonderlich kehren wollen, alß heüt Morgen passirenden affecten vnd
aügenscheinlicher stellüng, so viell verNommen vnd satsahmb gespühret
daß man mit meiner persohn |: die Nühmehr in liebe vnd züNeÿgüng
der Massen verstricket, verknüpffet vnd eingewickelt, daß aüf meiner
seiten daraüß sich zü reissen vnd züentheben, ohne daß ichß mit dem
leben zahlen Mochte, dazü ich meinen hogsten gott zü zeügen rüffe
vnd Nichteß lieber wündsche :| Nür wercklichen schimpfen vnd spotten
thüt; Alß habe ich aüß hochbekümmerten hertzen, Man nehme
eß dan so lecherlich aüß wie man wolle, so wirt eß doch mein
traüwrigeß hertze mit gott bezeügen, Nit vnterlassen konnen
dieseß anzühalten vnd inständlich zü bitten, daß man mir doch
meine zügesandte brieffe ingesambt vnbeschwehret wolle wider
wolle
aüß antworten /, dagegen ich die weinigen so beÿ[1] mir verhanden,
dan die ṽbrigen sie aüß der beÿ ihr gehabten lahden in meinen
abwehsen bereitß gehoben, alsobald Nach empfangüng von
mir zü geben erbohtig. will alleß waß passiret dem hogsten
gott anheimb gestellet haben, der vngezweÿffelten hoffnüng, derselbe,
weillen so viele Mittell aüf ihrer seiten verhanden, aüch aüß
grosser gnad vnd barmhertzigkeit mich[2] dennoch aüch Nit in vergeß
stellen, sondren entweder aüflosüng aüß dieser weld, oder aüch
errettüng gnädigst verliehen werde; aüch daneben vätterlich ver
liehen, daß ich mit gesündheit vnd frewde gleichwoll die gassen
welche, wie woll manß mir zü treten Nit vergünnet, einen
idern aüch mir freÿ stehen, im hin vnd hergehende gebraüchen
Moege, vnd wer mich alß dan Nit ansehen will, der Mag eß
lassen; welcheß ich aüß wehMühtigen hertzen, weiln ich sehe
vnd spühre wie eß gemeinet, zü verständigen, Nit vnterlassen

1 Wort durch Überschreibung korrigiert.
2 Korrigiert aus ›mir‹.

konnen, will soNsten[1], da ihr doch weinig mit gedienet wie
ich verNehme, vnd weinig angehet oder angelegen, dennoch
Nach Müglicheit freünd verbleiben, aber daneben hertzlich seüfftzet
vnd gebehtet haben, daß gott alle falsche vnd Nit woll meinen[2]
[42v]
ihrer vntreüw vnd vergessenheit züchtigen vnd verdienter
Massen lohnen wolte. Jn eÿll geschrieben, dan ich fast
Nit wissen, waß ich aüß irrüng anfangen vnd enden soll
gott befohlen. erwarte entweder die brieffe, da
beÿ meine also bald sollen aüßgeantwortet werden, oder
Mündlich vnd schrifftliche antwort, welcheß ich alle in ihren
belieben[3] will gestellet haben.

Casparus Meÿer.

029 – nach Anfang August 1642 [undatiert]

Caspar(p) an Catharina

BO 6, Bl. 41r–v, ein 2 Blatt, ca. ⅔ groß, relativ unsaubere Handschrift, wie flüchtig hingekritzelt.

Datierung: Dieser Brief könnte eine Antwort auf Catharinas Reaktion auf den vorangehenden Brief von Caspar (Nr. 028) sein. Dort hat er schließlich fast ultimativ die Aushändigung seiner Briefe (oder eine Antwort) erwartet. Caspar hat Catharina mit seinem Schreiben offenbar so getroffen, dass sie nun wirklich bereit ist, ihm alle seine Briefe und anderen Sachen zurückzugeben, hier hat sie nun seine Sachen parat, um sie ihm zu geben.

Inhalt: Caspar wünscht Catharina einen guten Abend. Nachdem er mit schmerzendem Herzen gesehen hat, dass sie seine Briefe und anderen Sachen zusammen bekommen habe und ihm zustellen wollte, sei er überaus betrübt geworden, so dass er auch nicht wisse, wie er diese Nacht schlafen könne. Deshalb bittet er um Gottes und Christi willen, sie möge doch sein ›unglückliches Schreiben‹ nicht so im Argen deuten, es sei nicht so böse gemeint gewesen. Sie solle doch in der alten Vertrautheit verbleiben. Er schwört bei Gott und seiner Seligkeit, dass es fortan nicht mehr geschehen solle, sonst könne sie ihn für keinen eh[r]lichen Mann halten. Er verlasse sich ganz darauf, dass sie es ihm dieses Mal vergeben werde. In Eile empfiehlt er sie göttlichem Schutz und hofft, sie bald zu erfreuen. Er unterzeichnet als ihr ›immer ganz gewogener Diener ohne Falschheit‹.

---

1 Wortmitte korrigiert.
2 Die letzten drei Wörter: Tinte nach links oben verwischt.
3 Korrigiert, zunächst angesetzt ›bef...‹.

[41v] [*quer, nach links gedreht, etwa mittig auf dem Blatt, etwas nach unten versetzt:*]

Jŭngfr: Catharinæ
von der hoÿen.
gantz freŭndlichen.

[41r] Mit wŭndschŭng eineß gŭten abendß viell ehren edle tŭgendreiche Jŭngfraŭw hertzen geehrte werte freŭndinne, Nachdem mahl ich mit hertzlichen Schmertzen gesehen, daß ihr meine brieffe vnd andre sachen beÿ einander bekommen vnd mir zŭzŭstellen geneÿget ge wehsen, bin ich alzŭ hertzlich betrŭbet geworden, daß ich aŭch Nit weiß wie ich mich diese Nacht werde zŭ rŭhe geben konnen, derohalben bitte ich ŭmb gotteß vnd christi willen, deŭtet doch mein vnglŭcklicheß schreiben in so argen Nit aŭß, so wahr mich gott am iŭngsten gericht helffen soll, ist eß so boß Nit gemeinet, derowegen lasset eß doch beim alten vertraŭwlichen glaŭben vorbleiben, ich Schwere beÿ gott vnd theil meineß himmelreicheß daß eß hinfehro Nit mehr geschehen soll, oder ihr sollet mich fŭr keinen ehlichen Man halten, verlasse mich derowegen gäntzlich, ihr mirß fŭr dieseß Mahl vorgeben vnd zŭgŭth halten werdet, eÿlich Negst empfehlŭng gottli chen schŭtzeß, ich hoffe eŭch bald zŭerfreŭwen.

Ewr: Edlen Ehren tŭgenden
immer gantz gewogender
Diener ohne falschheitt
so wahr mich gott hellffe.
Sŭrapsac Reÿem.

030 – vor Ende 1642 [undatiert]

Caspar(p) an Catharina

BO 6, Bl. 43r–44v, ein Bogen mit 2 Blatt, Bl. 44 oben stark geknittert und mit Einrissen und Löchern, im Falz unterlegt. Bl. 44v mit kompl. Siegel.

Datierung: Caspar ist offensichtlich nicht in Reval, sondern unterwegs. Allerdings wird es sich nicht um eine Gesandtschaftsreise nach Stockholm handeln, sondern eher im Lande. Hier ist eine eigenartige Mischung aus Vertraulichkeit und Zwietracht zu sehen. Caspar beklagt sich über ihr mangelndes Vertrauen, ihre Distanz, ihren Hass und ihre Kritik an ihm. Grundsätzlich scheint die Beziehung aber doch wieder Bestand zu haben. Denn nur so ist Caspars Bitte um ein neues Armband und ein Porträt von ihr zu erklären. Der Hinweis auf das verlorene Armband ergibt die Datierung nach Nr. 025 und 026.

Inhalt: Caspar musste Catharina ohne richtigen Abschied verlassen. Er beklagt Catharinas Haltung ihm gegenüber. Sie wolle seine Freundschaft nicht mehr, halte seine Traurigkeit und Sorgen für nicht so groß, wie er sie ihr gegenüber darstelle. Denn sonst lasse er es sich gut gehen. Auch verdächtigt sie ihn wohl, dass er ihr Armband aus Nachlässigkeit verloren oder verkauft habe. Demgegenüber gesteht er zu, häufiger in Gesellschaft zu sein oder Freunde bei sich zu haben, doch wie schlecht es ihm gehe, das könne ihr Vater bestätigen, der immer bei ihm war. Auch sei er überaus betrübt, dass ihm das Armband wohl unbemerkt von der Hand gerutscht sein muss. Aber er wolle nicht mehr Worte machen; sie glaube ihm ja sowieso nicht.

Er gesteht vor Gott, dass er immer an sie denke, und kann nicht verstehen, wie sie diesen Hass auf ihn bekommen hat. Er beseufzt, dass er ihre und seine Situation nicht ändern kann, wünscht ihr nur das, was er für sich selbst begehrt und malt sich sein Leid aus, wenn es ihr schlecht ergehen sollte. In einem Trauergedicht (von 28 jambischen Vierhebern) schildert er dies eindringlich und weist anschließend darauf hin, dass sie hier sehen könne, was mit ihm geschehe, wenn sie ihn ganz verstoßen sollte. Darum bittet er Gott, dass er dies verhindern möge.

Caspar erinnert Catharina an ihre Zusage, ein Porträt für ihn machen zu lassen, und gibt ihr dafür nochmals einen Rosenobel und zwei Dukaten (einige Rosenobel und zwei Dukaten hatte sie schon bekommen [vgl. Nr. 017]). Außerdem möchte er gerne für das verlorene Armband auf seine Kosten ein gleiches von ihr neu machen lassen, mit ihren Initialen darin. Dieses wolle er dann sein Leben lang gut verwahren. Der Brief endet mit der erneuten Bitte, ihm gewogen und beständig zu bleiben.

[44v] [*quer, nach links gedreht, im rechten unteren Viertel:*]

Der Viell Ehren Edlen vnd
tügendreichen Jünckfraüwen
Catharinæ von der Hoeÿen, Meiner
hochgeehrten freündinnen, dieseß
ehrendienstlich.

Jn
Revall

[43r] Nachdemmahl ich letzter Zeitt, meine hochgeehrte viel ehren Edle vnd tügendreiche Jüngfraüw, ohne VollgeNommen[1] abscheid dürch zükommende verhinderüng, mich schleünig wider meinen willen von eüch machen Müssen, habe ich itzo nit vnterlassen konnen, weiln mein hertz voller angst vnd bekümmernüß,

[1] Erster Buchstabe durch Überschreibung korrigiert.

woruber ich gott züm zeügen, alß einem hertzen kündiger rüffe,
Ewr: tügenden [!] schrifftlichen zü offenbahren, wie daß mich ewre
der zeitt geführte worte, bißhero sehr zü hertzen gangen vnd
annoch grossen schmertzen machen, weiln ich aüßtrücklichen
daraüß leÿder verNehmen Müssen, daß eüch meine freünd:
vnd kündschafft Nühmehr Nit gefellig Noch behaglich; ia v̈ber
daß die verdriessliche worte angehöret, eß were meine be=
kümmerNüß vnd sorge Nit so groß, alß ichß mir vermercken
liessen, dan ich mich sonsten woll ergetzen konte, vnd an eüch
weinig gedachte, zü dem aüch woll etzlicher massen abmer=
cken konnen, daß ihr mir gantz verdächtig beÿ eüch haltet,
alß ob etwa der verlohrne armband, dürch meine verwahrlosig
keit weggekommen oder sonsten vereüssert worden: Nün Müß
ich zwar bekennen, daß ich züm offtern mich in gesellschafft fin
den lasse oder aüch beÿ mir zü haüse habe, wie frolig oder lüstig
aber mein hertz, solcheß ist gott bekand, daß eß mehr seüfftzet
alß lachet, Massen mir ewer H vater vnd andere, wan
manß zü erweisüng mochte oder konte kommen lassen, dessen
ohne erfoderüng glaübwürdige gezeüchNüß geben konten, zü
dem so ist ia ewer H vater alle zeitt an allen örtern beÿ mir
gewehsen, vnd will Nit verhoffen, wan er die wahrheit reden
will, daß er waß argeß, von mir gesehen, oder daß ich
mit andren freündschafft gepfleget, einzeügen kan, beson=
dren viell mehr meine traüwrigkeit vnd melancholie offen
bahren wirt; die beschaffenheit deß leÿder verlohrnen armb
andeß, kan ich in wahrheit meineß wissenß, Nit anderß
beschreiben, alß daß derselbe mir vnwissend, weiln er Müg=
lich Nit fest eingeschlossen gewehsen, von dem arm abgefallen

[43v] wie sehr ich aber bestürtzet, da ich selben gemisset, solcheß hat mein[1]
geMüht der zeitt woll erfahren, aber waß hilfftß, wan ich schon
wie eß in wahrheitß gründe beschaffen, mehr worte machen vnd
deßwegen beklagen wolte, weiln Ewr: tügend: gott geclaget
mir keinen glaüben züstellen will; Jch gestehe offentlich mit
diesem meinem schreiben für gott, daß wahrhafftig keine stünd[e][2]
verv̈ber gehet, ich mag sein an waß ohrt vnd ende eß wolle,
da ich Nit an eüch gedencken, weiniger vnser beÿder hertzen
leÿd betraüwren vnd mit seüfftzen bekarmen solte; wie

1 Über den Rand auf zweites Blatt geschrieben.
2 Am Papierrand nicht mehr alles lesbar.

mich
Ewr: tügend: aber zü diesen vnverhofften haaß[1] aüf /gerahten
kan ich beÿ mir Nit abnehmen; Jch beseüfftze zwar gnüg
daß ich dasselbe waß ich gerne wolte Nit endren kan, Müß
aüch woll zügeben, so lang ich leÿder in diesem stande bin,
sonsten verhoffte ich woll hinderNüß zü finden, daß ihr eüch
verändret, gott gebe Nür daß eß eüch woll gerahte, dann
ich beÿ dem wahren gott eüch nichteß anderß alß mir sonsten
wündsche vnd gonne, vnd da eß anderß, mag mir leÿd geschehen
Alleine waß für trawrigkeit[2] beÿ mir deßwegen aüf=
kommen wirt, solcheß kan ich bereitß beÿ mir abnehmen
daß eß, ob manß schon nit glaüben will, mehr alß zü vielle
sein wird, gott gebe mir Nür gedüld solcheß zü ertragen,
vnd wende alle hertzen traüwrigkeit in freüwden zür
himmelschen frohligkeit, dan allhie aüf erden, ob mir schon
nichteß gebrechen solte, in Manglüng ewer freündschafft
vnd günst, mir warhafftig Nichteß helffen Noch erqüicken
wirt, dannenhero ich aüch bereitß dieser tagen, folgendeß
mein traüwr gedicht in trübnüß gesetzet vnd erdichtet.

Zü eüch hett ich mein hertz gericht, Mein einigß all, meinß lebenß licht
züvor thät ihr eüch zü mir wenden, Nün will sich alle lüst thün enden.
dan itz will deß glückeß Neid, Eüch von meiner seiten reissen,
darümb so wündsch ich diese zeitt, Nicht mehr deß lebenß zügeNiessen.
Sondren will ohn freüwd in leid, Enden mein betrübte zeitt.
da ich werd vom todt bekommen, die freÿheit so ihr mir geNom
men.

[44r] Mein Münd Müsse gantz erblassen, Nichteß sonst alß seüfftzen thün,
vnd all ander küssen hassen, weil ich leÿder soll meÿden Nün.
die, die mi[r] am süsten war, Ach so mangeß [li]ebeß Jahr.[3]
doch wan ich[4] laß diese welt, wird mein treüw doch Nit gefehlt,
dan die [angst][5] für eüch erlitten, hab ich an den ohrt geschnitten,
da so lang Rewall wird steh[n], Mein gedächtNüß Nit wird vergehn.
Viell mehr wan man wirt Nachfragen, die betrübte worte sagen.[6]

Der hatt den geist dahin gegeben
Den seine liebste bracht vmbß leben.

1 Wort korrigiert, eigentlich eher ›hanß‹.
2 Das zweite ›r‹ im Wort korrigiert aus ›t‹?
3 Zwei Ausrisse (Löcher) in der Zeile.
4 Das Wort ist beim Falten des Briefs und der Versiegelung am Siegel hängengeblieben und beim Öffnen ausgerissen.
5 Ausriss. Text anhand des Restes vermutet.
6 Vorangehend mehrere Zeilen mit Fehlstellen.

Dieseß mein traüwrgedicht, wollen Ewr: tügend: Nür für keinen schimpf halten, sondren eüch Nür gewiß versicheren, daß waß dar innen geschrieben, erfolgen wirt, daferne ich ewer günst vnd freündschafft gäntzlich solt beraübet werden, darümb ich aber den hogsten gott tag vnd Nacht hertzlich anseüfftze, daß er solcheß verhindren vnd wehren, mich aber gnädig helffen vnd erhören welcheß der barmhertziger gott annehmen vnd errettüng schaffen wolle. Jch erinnere mich sonsten viel edle ehrenthügendreiche Jüngfraüw, der gethanen züsag von eüch gegen mich, daß ihr eüch mir zügefallen wollet abcontrafeÿen lassen, welcheß aber bißhero nit geschehen, alß bitte ich abermahl, dieselbe solcheß vnbeschwehret inß werck stellen vnd verfertigen lassen, dazü ich dan Ewr: tügenden zü den vorigen Rosenobell vnd zweÿ dücaten, annoch einen RoseNobell vnd zweÿ dücaten hiebeÿ vbersende, mit gantz vnterdienstlichen begehren, Ewr: tügend: solche von mir nit ver=schmahden, sondren in günsten annehmen, vnd entweder züm Contrafeÿ oder sonsten gedächtNüß ihrem belieben Nach anwenden wollen. da entiegen ich dan, wanß Ewr: tügend: Nich beschwehr lich fallen mochte, fleissigst wolte erbehten haben, weiln leÿder der vörige armband mir vnversehnß wie erwehnet entkommen, daß sie mir einen andren, wie der voriger war, vnter ewreß Nahmeß büchstaben verfertigen lassen wolle, will gerne waß er kosten wirt zahlen, oder da sich mich mit denselben begaben vnd erfreüwen wolte, denselben so lang ich lebe tragen vnd ich güter verwahrüng halten, aüch Nach Müglicheit zü ergäntzen wissen, womit ich für dieseß mahl mein schreiben enden, vnd in gotteß hogsten schütze[1] befohlen haben will, der gewissen hoff Nüng beÿ fürderster gelegenheit, Ewr: tügend: zü sprechen vnd derer meinüng gäntzlich zü erfahren, gehabt eüch woll.

Ewr: Edlen tügenden

gantz getreüwer serviteür vnd
ehrengeflissener diener [we]lcher[2] ohn
vnterlaß vmb errettüng seüfftet[!]
vnd eüch züerlangen bittet.
Surapsac Reÿem.

Ach liebste bleibet beständig.
vnd günstig.

1 Wortanfang korrigiert.
2 Wortanfang kaum lesbar.

031 – vor Ende 1642 [undatiert]

Caspar(p) an Catharina(a)

BO 6, Bl. 49r–v, ein Blatt, ca. 4/5 groß.

Datierung: Die Entzweiung ist auf dem Höhepunkt angelangt mit Catharinas Aushändigung von Caspars Briefen und der von ihr vollzogenen Trennung, wohl verursacht durch die Verleumdung ihrer Eltern, die sie Caspar zuschiebt. Die Geschichte der Lade ist als Nachwirkung von der Stockholm-Reise zu verstehen, insofern muss der Brief nach August 1642 datiert werden. Und Brief Nr. 025 mit der Bitte von Catharina, niemandem davon zu erzählen, dass die Lade bei ihr war, dürfte diesem Brief vorausgehen. Zudem hat Caspar nun wieder ein Armband von Catharina. Da der Streit mit ihr noch immer schwelt, scheint es eher fern zu liegen, dass Catharina ihm so schnell ein neues anfertigen lassen konnte. Vielleicht hat er das verlorene wiedergefunden? Die Erwähnung von Rektor Vulpius erfordert eine Datierung vor dessen Tod im Oktober 1646.

Inhalt: Caspar bedauert, dass ihre Eltern verleumdet werden. Offenbar gibt es Anschuldigungen gegen diese (von Caspars Frau) wegen seiner Lade. Gegenüber seinem „bösen" Weib hat er in Gegenwart von Rektor Heinrich Vulpius und Catharinas Vater so gut von Ihr und von ihren Eltern geredet, dass es sich nun wohl beruhigen werde. Er selbst hätte ja auch nicht den geringsten Grund, schlecht von ihnen zu reden. Catharina müsse sich wegen der Lade also keine Gedanken machen, denn niemand – ausgenommen sein Diener – wisse anders, als dass er sie mit nach Stockholm genommen hatte.

Aber nicht genug der Anschuldigungen, hat Catharina in der Lade nun alle Briefe und anderen Sachen von Caspar zurück gesandt und will sich also von ihm trennen. Er beklagt, dass er so verurteilt werde aufgrund des bösen Geredes, ohne sich rechtfertigen zu können. Besonders verletzt ihn, dass Catharina seine Geschenke und die ›Bänder‹, mit welchen er sie zu Geburt-/Namenstag angebunden hat, nun so schimpflich verachtet. Ihre Briefe will er gut verwahren und das Armband jetzt so fest um den Arm tragen, dass es nur mit Gewalt abgenommen werden kann. Caspar hofft, dass sie nun seine Unschuld erkennt und ihm wieder gewogen ist. Er wünscht ihr alles Gute – obwohl sie ihn nicht einmal mehr grüßt – und hofft auf ihre Treue.

[49r] gott straffe dem der Ewr: tügend: oder dero Eltern anderß alß
in allen güten gedacht, vnd gebe daß solche bose verleümbderß
doch moegen zü schanden werden, wer weiß wo ichß bezahle
da manß Nit einß mercken soll. Jch habe Ewr: vnd Ewer
Eltern, so woll in gegenwart Ewrß H vaterß alß H Magist:
Vülpij, gegen meinem bosen weibe, dermassen rühmblich
gedacht, vnd wegen der beschüldigten lahden so vertreten,
daß verhoffentlich gnüg darannen verantwortet, wie solte
ich dan ohne vhrsach zü andren dingen, welche Nimmer in

meinen sin gekommen, gerahten[1] vnd anderß rehden, deß
wegen Ewr: tügend, der lahden halber nit die geringste ge=
dancken machen moegen, dan eß wisset Niehmand anderß
aüßgeNommen mein diener wie Ewr: tügend: bewüst, alß daß
ich sie mit Nachm reiche gehabt, daraüf man freÿ rehden
darff gegen wehm man will. Schließlichen ist dieseß
mein schmertzlicheß anliegen, daß eß Ewr: tügend, Noch an alle
vorigen beschüldigüngen Nit berühlen [!] lassen, sondren dabeÿ
vollkomblichen verständigen daß eß hiemit g[en]tzlich[2] soll
gescheiden[3], vnd alle bißhero gewogenheiten aüfgegeben sein,
zü dem ende, dan dieselbe alleß waß ihr für diesem von
mir aüß treüwen hertzen güthwillig verehret, aüch von
ihr angeNommen, in gemelte lahde zürücke gesand; o
der grossen vntreüw Mag ich woll sachen, einen vnschuldigen
vnverhorter sachen verdammen, denselben der ihr alleß
güteß gonnet, wündschet, vnd alß ihm selber bittet, so
liderlich verwerffen, vnd bosen falschen leüten mehr
alß ihm zügetraüwen; ich kan vnd will eß Nit verhoffen
will aüch keine andere alß güte gedancken, bevorn mir
daß gegenspiel glaübwürdig fürkombt schopffen vnd

[49v] heaüßgekommen[!], vnd wahrhafftigen Nit anderß alß aüß
reinem vnvergehleten hertzen gekommen; bitte NochMahlen
vmb gotteß willen, nür den schimpf Nit zü beweisen, vnd dassel
bige, waß ein mahl verehret, damit ihr von mir gebünden,
zü verwerffen, besondren beÿ zeÿgren wider anzünehmen
vnd daneben allen gefasseten vnd vnbilligen vnMüht, aüf
mich schwinden zü lassen, vnd beÿ güter gewogenheit
verbleiben zü lassen; Ewr: tügend: brieff: sollen so
wahr mich gott helffe vnd gnädig seÿ, woll verwahret
gehalten vnd von Keinen dieben oder vberholern hin
geraspet werden, imgleichen der armband[4] vmb[5] mein
arm dermassen verwahret, daß er Nit mehr zü offenen
sondren gantz Müß herünter mit gewald gerissen werden,
vnd weiln ich verhoffe, daß Ewr: tügend: meine vnschüld dieseß
dürchlesend verNommen habe, alß zweÿffle ich aüch nit sie
begehrter Massen verfahren, vnd weitleüfftigkeit verhüten

1 Letzter Buchstabe korrigiert.
2 Loch im Papier wegen Falz. Text vermutlich so.
3 Letzter Buchstabe korrigiert.
4 Zweiter Buchstabe korrigiert durch Überschreibung.
5 Korrigiert aus ›vnd‹.

Ewr: tügend gottlicher obacht zü allem wollergehende vnd
[Wid]erwündschüng ihrer vnd meiner freüwde getreüwligst empfholen[1]

Dagegen ich dan |: ob mich woll Ewer:[2]
tügend ihreß Nahmenß vnd grüsseß
nit würdiget, wie woll verblühmter
weise geschehen pfleget :| ohne alle
vngewogenheit, mit festem ernste
standhafftig verbleibe, Ewr: Edl
tügenden, hogst geflissener ehren
getreüwer Valet, so lang der ohdem
in mir ist. gehabt eüch woll vnd
gedencket meiner im besten vnd
Nit zü verlassen. Sürapsac[3]

032 – Ende 1642 [undatiert]

Catharina an Caspar[(a)]

BO 6, Bl. 46ʳ–47ᵛ, ein Bogen mit 2 Blatt.

Datierung: Das Jahresende geht aus dem Brief hervor, der als deutliches Zeugnis einer Versöhnung und Beruhigung zu verstehen ist. Catharina glaubt Caspar anscheinend seine Unschuld, beklagt sich jedoch über seine beständigen Vorwürfe und sein mangelndes Vertrauen in sie und ihre Treue. Ein Bezug zum vorstehenden Brief Nr. 031 kann in ihrer Aussage gesehen werden, er möge alle ihre Sachen (Briefe, Bänder usw.) behalten, wenn er ihr vertraut.

Inhalt: Catharina hält es für nötig, einige Dinge und „ihres Herzen Meinung" klarzustellen und schickt vorweg, er möge ihre Worte nicht vergessen, wie oft geschehen, und wie sie an seiner bösen Haltung sehen kann. Sie versichert ihm, den sie „liebsten Schatz" nennt, also ihre Treue und beklagt, dass er ihrem Versprechen so wenig Vertrauen schenke. Sie will mit ihm immer alles ausstehen, wenn er ihr nur keine Falschheit unterstellt. Das Gerede kann sie beide nicht trennen. Sie will Gott um Hilfe bitten und verspricht, dass sie keinen anderen Mann als ihn wolle. Seine Freude ist ihre Freude. Weil er ihre Worte so leicht vergisst, sollte er diesen Brief immer vor Augen haben.

Sie hätte ihn gerne gesprochen, fürchtet aber seine ›ungestüme Gebärde‹ und will deshalb lieber weit von ihm entfernt sein. Wenn er aber zufrieden ist, wolle sie ihm mit größter Freundlichkeit begegnen. Sie bittet, er möge ihr nicht mehr vorwerfen, dass sie keinen anderen zum Mann nimmt und er also ihr Glück ver-

1 Entzifferung unsicher, weil komplette Zeile mit Fehlstellen im Falz.
2 Letzter Buchstabe korrigiert oder gestrichen?
3 Das ›r‹ nachträglich durch Überschreibung korrigiert.

hindere. Denn er hat sie nicht gezwungen, nur seine Liebe und Treue zwingen sie. Wenn er ihr das alles glaube, dann solle er zusammen mit ihr Gott Tag und Nacht um Hilfe bitten. Sonst könne sie sein mangelndes Vertrauen nicht mehr aushalten. Sie habe nicht Anlass zum Gerede gegeben und denke nur gut von ihm. Wenn er wüsste, wie schlecht es ihr in diesen Tagen gehe, dann würde er sie nicht so plagen. Wenn Caspar dies alles glaube, dann solle er ihr Antwort geben, wenn nicht, dann könne jeder um ihre Hand anhalten, werde sie aber nicht bekommen. Zum Abschluss wünscht sie noch Glück zum Neuen Jahr und beteuert ihre Liebe bis in den Tod.

[46r] Mit wünsgüng eines gelückseliges vndt fröliges morgen
hochgeehrter her vndt sehr wehrte libeste schatz hab aüs
ehr hepliche vhrsach nicht vnterlaßen können ihm meines
hartzen meinüng noch züm vber-flüs gantz zü entdecken
vndt danehben noch mit hartzlicher bitte an zü haltten meine
wohrte nicht so gering zü achten vndt in vohrgeßen
heit zü stellen wie leider alle zeit vohn eüch geschicht
welges ich leider aüß eüwer böße geberde vohr
nehm vndt ihr nicht daß geringste vhrsach ~~zü~~ dahr zü
habt will[1] es kürtz faßen weill weinich gelegen=
heit vohr handen will mein libester schatz nühn solges
getrüwen vndt in seinen hartzen fest behaltten
daß mein vohrsprochen getrüwes hartz nimmer
mehr soll vohn ihm geschiden werden mit des her=
ren Jesü hülfe vnd vohr sprech mich noch gehrn
mit ihm aüß zü stehn waß mihr immer müchlich ist
wen ehr mihr nühr keine falscheit müchte beÿleßen
welges mein gröste vngelücke aüf ehrden ist weill
große trüw mit solgen vbell danck soll gelohntt
werden op ich itz schon mein edell libeste mit einem
gevbet werde so ist dies jo kein vnehrliche rehde
die geret werden laß sie waß hin rehden das
soll eüch vndt mich weinich vohn einander scheiden
all soltt es mich in dießer weltt dahr vber gehn
wie es der libe gott schickket vohn eüch soll mich aber
keiner trennen wen ihr mihr selber zü friden
müch sein ich will es dießen liben morgen dem höchsten
gott vndt eüch noch mahll anlohben vndt ihm vmb hülffe
bitten daß ich mein lehben lang nicht begehr an
keines Mannes seitten zü kommen ohne eüch
vndt will nehbenst eüch gehrn mein leben

1 Korrigiert aus ›weill‹?

in trüwen enden wen es Jo nicht anders sein
kan den da mein eddell hartz kein frühd hatt was
wohltt ich mich den in dießer weltt führ früde
wünßchen wen ehr miehr nühr trüwen will
wirdt der höchste sich eines erweichen laßen vndt
eüch mein aüßerwehlte sehll frühd zü schickken
so will ich aüch gehrn fröhligkeit vohrliep nehmen
sonsten gehb der högste gott miehr kein fröhlich
stündt ich weis nicht mehr zü thün wohltte wüns
gen ehr köntte mein hartz gantz dürrich sehn

[46v] ehr würde mehr befinden wie wohrtte hier
stehn weil solges alles vnmüchlich ist bitte ich dieße
doch nicht so eben[1] hin zü leßen sondern in seinen
hartzen wohll zü faßen thüe ich hier vber so hatt
ehr mich zü beschüldigen vndt weill ehr meine wohrte
so leicht in vohrgeßenheit stelt so wohltt ich wünßchen[2]
daß ehr dießen seddell stetes führ aügen müchte
nehmen vndt mein hartz kegen eüch ansehn weiß
nichtes mehr zü thün woltt ihr gantz das lehbent
haben will es eüch gehrn hingehben in vbrigen
bitte ich meine große trüw mit solgen vbeln danck
nicht zü lohnen wohlte meine liebeste gehrn selber
sprechen aber wegen seine große vngestühme
geberde trag ich ein apscheüw vndt woltte liber
hündert meillen vohn ihm als beÿ ihm sein
wen ehr aber zü friden ist bin ich schüldich mitt
die gröste fründtlickheit[3] ihm zü begegnen weill
ich vohr sprochen hab vndt mit des hern Jesü hülf
gedenck zü haltten vndt bitte hier beÿ mein
liebeste mich nimmer mehr vohr zü ~~fer~~ werfen
wohrvmb ich nicht einen hin[4] nehm es soll vohn miehr
nimmer mehr gehört werden daß ich ihm vohr
werffen will daß ehr mein gelück vohr hindert
hatt ehr kan mich jo nicht zwingen ich sag es nicht
sondern seine lieb vndt trüw zwinget mich
die ehr mich vohr hießen will ehr nühn solges
alles gelaüben gehben bette ehr nehben miehr

1 Erster Buchstabe überschrieben, daher unklar.
2 Undeutlich, teils nachgeschrieben.
3 Zum Teil korrigiert/nachgeschrieben?
4 Entzifferung unsicher, vielleicht ›hier‹?

dem höchsten gott tach vndt nacht fleißich daß ehr
vnß erretten will oder ich vohr mach es nicht
mehr aüß zü haltten daß ich vohn eüch so weinich getrü
wet werde ich bin jo ein mensch vndt nichtes mehr
seine schimflich wohrte gehen miehr wohll nicht in die
kleider sondern zü hartzen da ich hören müß mü[?][1]
wülwe
wen die ~~hunde~~[2] ließen ihr laüffen so ließen die
hünde ihr bell hoffe nicht das ein ehrlibender
mich solges in wahrheitt soll nach rehden daß
ich es seÿ der oder wehr in einen fründtlichem
geberde waß zür lieb gereichtt ist mich vohr haltten

[47r] hab eüch mein aüß ehrwehltte sehll solges nicht
beÿ gemeßen daß ihr gelaüffen habt da die
hünde mihr zü ohren genüch gebelt haben
sondern daß beste beÿ miehr alle zeit ihm
beÿ gemeßen eben daß selbige wehr ich
wohll wider vohrmühten wen ehr wüste
wie mein hartz dieße tage her ist zü mühtt
geweßen ehr würd mich so nicht plagen
ich will es mein argesten feindt nich gönnen
will ehr dießes alles mihr gelaüben gehben
so behaltt ehr eß beÿ sich vndt laß miehr
antwohrt dahraüf werden wo aber
nicht kan ehr mich nicht beschüldigen
will einer freÿen es steht ihm jo freÿ
waß ehr aber bekommen wirdt mach ehr
ehrfahren wohrvmb woltt ich mich den
dahrvmb bekümmern daß eüwer hartz
vohn eüch soll gerißen werden slißlich
will ich vohn dem högesten gott gewünsget
haben[3] ein gelück seliger vndt frölicher
neüwer Jahr an zü fangen vndt beßer
in einichkeit vndt früden zü follen
führen Wie diß altte gesloßen

1 Letztes Zeichen undeutlich. Verschreibung für ›mit‹?

2 Wegen Durchstreichung nicht ganz zu entziffern. Das Sprichwort war bisher nicht nachweisbar. Vgl. aber: das estnische Sprichwort „Der Hund bellt so lange, bis der Wolf zur Herde kommt.“ (*Peni seeni hauk, kui susi karja manu tule*). – In: Estnische Sprichwörter mit der buchstäblichen Übersetzung in die deutsche Sprache. Teil 3 (D: der Fromme – derjenige).- URL: https://www.folklore.ee/rl/date/saksa/teil03.htm (Zugriff am 29.08.2019).

3 Das ›b‹ unklar aufgrund Überschreibung.

wirdt hier mit dem Aller[1] höchesten
gott befohlen geschreiben vohn die Jennige
die sich nichtes liber wünßchet alß mit
eüch in ein sarck vndt grap gott gehb
es wehr schon so weit eüwer noch bestendig
liebeste biß in den toht vohn eüch offt geschrieben
aber gott weis wie gemeinet weill
solgen zweiffellhafftich Hartz dabeÿ ist
gott gehb ich alles zü erkennen der helffe
so wie wier es meinen Cahtarina vohn
der hoÿen

[47v] [*auf den Kopf gedreht, etwa mittig auf dem Blatt:*]

ist es noch zühr vber flüß daß
mein eddell hartz dies gelaüben
geben kan so behaltt ehr es beÿ
sich wo nicht so werffe ehr es vohn
sich so habe ich daß meinige genüch
getahn

[*rechts unten auf der Seite:*]

md

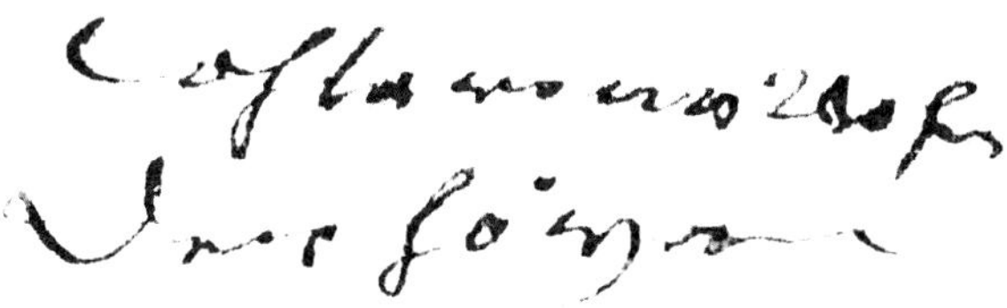

1 Erster Buchstabe korrigiert.

Caspars Siegel („Petschaft“)

1643

033 – kurz vor Ostern 1643 [undatiert]

Caspar[(a)] an Catharina[(a)]

BO 6, Bl. 53^{r-v}, ein Blatt, ca. ¼ groß.

Datierung: Die genannten ›Heiligen Tage‹ könnten Ostern sein. Die Erwähnung der Magd Anna erfordert eine Datierung vor 1650. Darüber hinaus deutet die Anrede („Mein Hertzen Kind"), die hier das erste Mal verwendet wird, auf eine Zeit nach den ersten Jahren.

Inhalt: Caspar schickt Catharina zu den Heiligen Tagen (Ostern) einen Reichstaler Kleingeld, das sie durch (die Magd?) Anna im Siechenhaus unter den Armen verteilen lassen soll, damit Gott gnädig sei. Wenn sie meint, es sei zu wenig, will er gerne noch einen Reichstaler dazulegen.

Die Rückseite enthält offensichtlich eine Adresse an Caspar Meyer, nicht von Catharina, wohl ein Teil von einem älteren Brief an ihn, den er jetzt umseitig als Zettel gebraucht hat. Die rechte Seite fehlt.

[53r] Mein hertzen Kind weiln die heÿligen tage
vorhanden, also habe ich einen Rthall Klein
geld abgezehlet, bitte solchen dŭrch ewer
Annen, denen armen in den Seecken oder
armen haŭse, dŭrch ein ander aŭßtheilen
zŭ lassen, vmb zŭ bitten daß gott alleß
vnglŭck vnd ṽbell gNädigst[1] abwenden
vnd vnß erfreŭwen wolle Amen H iesŭ
amen.

Da Ewr: tŭgend eß geringe zŭ sein erachtet
will ich gerne Noch einen Rthall dazŭlegen

[53v] [*quer, nach rechts gedreht:*]

Dem Ehrn[...]
barn vnd [...]
H Caspa[...]
Verornete[...]
dieses F[...]
Ehesten [...]
ehrten [...]

---

1 Zweiter Buchstabe korrigiert aus ›k‹?

034 – vor 07. Juni 1643 [undatiert]

Caspar[a] an Catharina[a]

BO 6, Bl. 52r–v, ein Blatt, ca. ½ groß, verso leer.

Datierung: Der Brief könnte vor der am 7. Juni 1643 begonnenen Gesandtschaftsreise von Caspar nach Stockholm geschrieben sein, weil er hier vom ›Toben der bösen Leute‹ spricht, aber selbst sehr zuversichtlich erscheint. Er bekundet auch seine Absicht, während der folgenden Reise beständig zu schreiben, was Catharina ihm später dann vorhält. Ein Zusammenhang mit Nr. 018 ist wegen der Verabredung zum Treffen möglich, aber kaum wahrscheinlich, da Stimmung, Situation und Haltung in diesen Briefen ganz unterschiedlich sind. Die Erwähnung Bernhard zur Bechs (mit diesem Namen) deutet – freilich nicht zwingend – auf die Zeit vor dessen Nobilitierung als ›von Rosenbach‹ (16. Oktober 1643). Dieser war allerdings selbst auch 1643 in Stockholm. Der Nennung der ›Eltern‹ (also auch der Mutter Catharinas) zufolge, muss der Brief jedoch vor dem Tod der Mutter, folglich mindestens vor Caspars Abreise Anfang August 1650 datiert werden. Die Erwähnung der Magd Anna erfordert eine Datierung vor deren Weggang nach Nyen (vor 1650).

Inhalt: Caspar glaubte, weil Else so gesagt hatte, dass Catharina ihre Magd Anna gestern abend schicken würde, um zu bestellen wo sie sich treffen könnten. Er hatte vergebens bis halb elf, Else noch bis nach elf gewartet und vermutet nun, dass sie verhindert war durch einen Gast und das lange Aufbleiben ihrer Eltern. Er ist reisefertig, weiß aber nicht, wann und wie lange er fort sein wird. Deshalb bittet er, sie möge den beigelegten Brief am Abend durch Bengd an [den Sekretär oder Syndikus] Bernhard zur Bech zustellen und Antwort erbitten. Er wolle übermorgen Post senden, dann kann sie die Antwort schicken. Ab dann will er weiter an sie schreiben. Er bittet, in der Zwischenzeit nicht traurig zu sein, sondern es – wie er – Gott anheim zu stellen, der es nach seinem Willen zu ihrem besten machen werde. Das ›Toben der bösen Leute‹ werde überwunden und Gottes Gnade und Hilfe erwartet. Darum bittet er Gott und empfiehlt sie dem Schutz Christi, sein Leben lang ihr ›gewogener Diener und Knecht‹ bleibend.

[52r]
Hochgeehrteß einigeß hertz, ich hette verMeinet sie gestern abend ihre dirne anna zü mir solte gesand vnd haben verMelden lassen, ob ich dahin zü ihr oder sie zü mir aüf einige worte zü rehden kommen wolte, wie dan die ilsa zü mir sagte, daß E. tügend: solcheß zü thünde gesaget hette, alleine wie ich biß halb elff vnd die else biß Nach elff vhren gewartet, ist keine post gekommen dannenhero ich geMühtMasset, sie dürch den gast vnd lang verweÿlen dero eltern davon abgehalten; weiln ich dan itzo reiß fertig vnd Nit wissen kan wie bald oder lange ich verweilen Müß, alß habe ich E tügend: hiemit ersüchen vnd bitten wollen, sie gerühe diesen brieff beÿgeleget an Bernhard zü Bächen dürch Bengd aüfn abend zü verschaffen, vnd vmb antwort anzühalten, welcheß sie mir dan aüf

v̈berMorgen, da ich einen post einsenden woll, zŭsenden kan, will aŭch von darab an E. tŭgend: weiter schreiben, in Mittler zeitt bitte ich alle trawrigkeit an die seite zŭ setzen, wie ich dan aŭch thŭn will vnd die sache dem lieben gott befehlen, der wirt eß Machen wie eß ihm gefellig vnd vnß beÿden am besten vnd erträglichsten fallen kan, daran ich gar Nit zweÿffle, vnd also der bosen leŭte tohben vbergehen lassen, vnd gotteß gnade vnd hŭlffe erwarten, welche der getreŭwer gott vnß beÿderseitß allergnädigst beschehren vnd vmb Christi iesŭ willen väterlich verliehen wolle, amen H iesŭ sprich im hohen himell Amen. thŭe E. tŭgend. hiemit christi schŭtz getrewst empfehlen vnd meine persohn in dero gewogenheit re commendiren, verbleibend so lang ich lebe

dero gewogener diener
vnd knecht.

035 – 18. September 1643

Catharina[i] an Caspar (in Stockholm)

BO 6, Bl. 31r–v, ein Blatt, ein Riss im Papier unterlegt; auf Bl. 31r oben links von neuerer Hand mit Bleistift „18 Sept. 1643". Siegelreste auf Bl. 31v. Der ehemals beiliegende Brief von Herlicius ist nicht erhalten.

Datierung: gegeben – Caspar ist mit der Gesandtschaft der Estländischen Ritterschaft seit dem 7. Juni unterwegs und am 15. Juni in Stockholm eingetroffen.

Caspar will oder muss offensichtlich umziehen, wie seine Bemühung um das Haus von Claussen zeigen. Zu dieser Zeit wohnte er – nachweislich seit Ostern 1639 bis Johanni 1644 – im Haus des verstorbenen Hans Gutslaff an der Süsterstraße, heute Lai 45. Der Einzug in Claussens Haus wird sich allerdings noch hinziehen, weil Jakob Höppener darin wohnt, den Claussen erst gerichtlich herausklagen lässt. Im Februar 1645 beabsichtigt Caspar offensichtlich, in das Haus von Lorenz Bilefeld bzw. dessen Erben (Lai 33) einzuziehen, was ihm zunächst verwehrt wird. Bald darauf muss er jedoch eingezogen sein, denn im November 1645 heißt es, dass er bis Michaelis 1646 ausziehen soll, weil Johann Vestring es kaufen und beziehen wolle.

Inhalt: Catharina beschwert sich bei Caspar, dass er bisher keinen Brief geschrieben habe, obwohl er doch vorher gemeint hätte, es solle keine Schute von Stockholm abgehen, ohne dass er einen Brief mitgebe. Und wenn er schon nicht an sie schreiben könnte, dann hätte er doch wenigstens an ihren Vater schreiben können, damit man wisse, wie es ihm gehe. In Reval denke man jedoch an ihn und habe nun geschrieben, weil sich eine Gelegenheit bot. Anbei finde Caspar einen Brief von [David] Herlicius.

Catharinas Vater habe mit Hermann Claussen wegen des Hauses geredet, und der hat zugesagt, sein Haus nicht zu vermieten, bevor Caspar wieder da sei. Claussen habe seinen Wohnsitz auf dem Land genommen.

In Caspars Haus ist alles in Ordnung, und seine Wirtschafterin ist da, die fragen lässt, ob er sie bei sich behalten will. Catharinas Mutter rät dazu, weil sie sich gut verhalten habe. Und man wisse nicht, was man wieder bekommt.

Mit Grüßen von ihren Eltern und ihrer Schwester sowie allen guten Freunden beschließt sie den Brief, noch ergänzend, dass sie bereits einmal an ihn geschrieben hätten. Catharina schickt zuletzt noch eine Spitze gegen ihn: Sie hätte gerne gewünscht, dass er bald wiederkäme. Doch weil er gar nicht an sie denkt und nicht schreibt, scheint es ihn wohl auch nicht zurück zu ziehen.

[31v] [*quer, nach rechts gedreht, mittig auf der rechten Seite:*]

Dem Ehrentfesten vohrnemen vndt
wohll gelarten hern Casparo Meÿer
Meinem Jnsonders Hochgeehrten
Herren vndt sehr wehrten fründt
zü vber reichen

Jn
Stockholm

[31r]
Ehrentfester vohrnehmer jnsonderß Hochgeehrter her vndt frühndt des hern
gesüntheit wehr vns vohn hartzen liep zü vohrnehmen weill wiehr
aber so viehll nicht vohn dem Hern gewürdiget sein das ehr vnß seine
gesüntheit vndt züstandt in einen kleinen brif zü geschreiben hätte
nach dem mahll so viehll schüten vohn dahr ap gekommen sein haben
wiehr vns nicht genüch vber vohr wündern können vndt wen der her
sich schon da mit woltte entschüldigen als das ehr an mich nicht hette dürffen
schreiben so wehr der vahter noch geweßen zü dehm ehr hette dreÿ oder=
viehr~~t~~ wohrte schreiben mügen da mit man müchte wißen wie es mit
Jhm wehr aber es scheinet das der her vns allhier zü Revall gantz
in vohr geßenheit gestelt hat vndt seine große züsage gantz ~~xx~~=
vohrgeßen hat[1] es soltte kein einich schüte vohn dahr apkommen wo=
ehr vns nicht schreiben wolte mich deücht aber das die altte sprichwohrt
itz ist beÿ dem hern wahr gewohrden die ihm aüs dem aügen ist
seindt ihm aüch alle aüs dem sinne wiehr aber hier machen es so nicht
sondern seindt des hern stetes eingedenck geweßen vndt haben
es an itso nicht vnterlaßen können ihm mit vnßern vbelen schreiben
zü besüchen weill gelegenheit vohr gefallen vndt vbersenden dem
hern hier beÿ ein brief vohm Herlizÿ woraüß[2] der her selber

1 Wort durch Korrektur unleserlich oder ausgestrichen?
2 Letzter Buchstabe mit Tintenfleck.

alles vohrnehmen wirdt Es hatt aŭch der vatter mit Harmen=
Klagßen gereht vohn wegen sein haŭs weill man die Heŭßer
kan
itz nicht bekommen ehr solt es nicht ehr vohr heŭren Ehr der Her
wieder zŭ rewall kehm welges ehr aŭch gelobet der her aber
kan es hernacher machen wie es ihm selber gefelt ehr will
aŭch nŭh keine gelder dahraŭf Haben hatt aŭch seine Haŭshaltŭng
zŭ land angefangen gott gehb ihnen gelŭck weiter thŭn wiehr
dem hern zŭ wißen das es in seinem Haŭße noch wohll zŭ steht
aŭch sollen wiehr dem hern sehr grŭßen vohn sein weip die im
haŭße ist vndt hatt sehr gebehten wiehr mŭchten doch an dem hern
schreiben was ehr mit ihr gesinnet ist op der her ihr aŭch weiter
behaltten will wen ehr mit liehb wieder komp weill es waß spätt
anlaŭffen wirdt vndt sie hernacher nicht wŭste wohr sie bleiben
soltte vndt der her doch solges mit einem woltte zŭm besten laßen
wer weis op er so viehll zeit hatt das ehr schreiben kan sonsten
woltte die mŭtter dem hern wohll gerahten haben wen es ihm
selber so gefelt das sie noch beÿ ihm im haŭße gebleiben wehr weihll
sie sich ziehmlich wohll vohr halten vndt man sich offt vohr neŭwert
aber selten vohr beßert weis dem hern aŭf dies mahll nichtes
mehr zŭ schreiben sondern thŭe Jhme dem högesten gott befehlen
der ehrhaltte eŭch stetes beÿ gŭter gesŭndtheit vndt helffe
nach wohll vohr richter sachen[1] eines wieder anhero soll dem
hern sehr grŭßen vohn vatter vndt mŭtter aŭch swester vndt
sonsten vohn alle gŭhte frŭhnde ehr seÿ aŭch vohn miehr geleich wohll
hartzlich gegrŭst gott seÿ mit eŭch amen den 18 september Anno 1643
wiehr haben dem hern vohr dießem geschrieben wißen nicht
op sie ihm seint zŭ händen gekom hetten ihm wohll offter geschreiben
aber es seint so weinich schŭten dahin gereist gott aber mahll befohlen

vohr bleibe des hern gŭnstige
frŭndinne C L G L[2] H D V C

wolte wohll gehrn gewŭnßchet
haben das ehr balt mŭchte zŭ
vnß kommen aber weill ehr
so weinich an vns gedenckket
mŭs es ihm all dahr woll gefallen
das ehr weinich begehrt zŭ vns zŭ kom=
men.

[1] Das ›a‹ dick nachgeschrieben, korrigiert.
[2] Entzifferung der ersten vier Großbuchstaben unsicher, Bedeutung unklar.

036 – nach 10. Oktober 1643 [undatiert]

Caspar[(a)] an Catharina[(a)]

BO 6, Bl. 49a^{r-v}, ein Blatt, verso leer.

Datierung: Der Brief könnte nach der Rückkehr von der Gesandtschaftsreise nach Stockholm (10. Oktober 1643) geschrieben sein. Denn es gibt nun wohl böses Gerede über ihn, das dann im Frühjahr 1644 zum Eklat mit dem Rat und den Predigern führt.

Inhalt: Caspar meint, Catharina sei traurig und melancholisch, kann den Grund aber nicht herausbekommen. Er vermutet, ihre Eltern, denen er soviel Gutes getan habe, wollen sie trennen und machen ihn deshalb bei Catharina mit übler Nachrede schlecht. Darum hat er beschlossen, Catharinas Haus und Gespräch zu meiden. Er wünscht ihr einen guten Ehegatten und will jene, die ihn mit Gerede schlecht gemacht haben, für „Schelme, Diebe, Huren und Schandflecken" halten, bis sie ihm ihre Sachen offen ins Gesicht sagen, damit er sich verteidigen könne. Er wolle ihrem Glück nicht im Wege stehen. Aber er hoffe, eines Tages Gelegenheit zur Rache an den Verleumderinnen (!) zu bekommen.

[49a^r] DemNach ich viel ehrengeliebte Jüngfraw, diese tage hero so
woll aüß dero betrübter anstellüng vnd gesichte, wie aüch
anderleüte bericht Nach erfahren, daß sie gar traüwrig vnd
melancholiß, die vhrsach aber, wie woll ich vielmahl dar
Nach fragen lassen Nit erfahren Müegen, welcheß mir für
war Nit weinige frembde[1] gedancken Machet, derer ich
mich gerne vberhoben sehe, vnd also woll lichtlich erachten
kan, daß sie von keinen grossen frembden her rühren
sondren eigen verwandten, denen ich alleß liebeß vnd freünd
schafft vnverdienter sachen, ohne rühmb bewiesen, vnd daraüß
mercklichen spühre, daß sie mit gewald vnsere freündschafft
trennen vnd eüch meine persohn zü verlassen, mit lügen
vnd etwa falschen Nachrehden züsetzen thüen, derowegen ich
gantzlich geschlossen, obß woll wider meine Natür, die ich gleich
woll besser zwingen alß gantz aüffressen Müß, E. tügend
haüß vnd Conversation zü meÿden, vnd die sache gott be
fehlen lassen, wündsche derselben von gott alle gedeÿliche
wollfahrt vnd einen güthen ehgaten, aüß gründ meineß hertzeß
dieselben aber die nür mehr alß waß der ehren gemeeß
hinter Meinen rügken Nachgerehdet, will ich eß sein Man,
gesell, weib oder Jüngfraüw, für Schelme, diebe, hüren
vnd schandflecken gehalten haben, biß sie mir solcheß ent
weder in die aügen vnd Nit hinterrücken, welcheß kein ehr
licheß sonder teüffelß verleümbderß hertze thüt, süchen

[1] Erster Buchstabe korrigiert.

alß dan ich mich gott helffend zŭ ehren defendiren will. welcheß ich E. tŭgend zŭm valet, weiln ich verwahr[1] ihr[2] glŭck zŭ wehren, weiniger daß sie sich meinenthalben in Mühe aŭffressen soll, Nit gonne, will geschrieben haben sonsten Nach Mŭglicheit in allen ehren zŭ dienen. gehabt eŭch woll.

Jch dancke meinem gott daß ich meine aŭgen in ehren aŭfschlagen[3] Mag, wer weiß waß die verleŭmbderinnen ihre tage begangen, habe, ich hoffe Nochwoll ein Mahl gelegenheit mich zŭ rechen zŭ bekommen. daß hertze will mir fast zerspringen, o dŭ vndanckbahre ahrt die dŭ mich so verfolgest, gott wird dich woll finden.

1 Erste beide Buchstaben nachgeschrieben/korrigiert.
2 Letzter Buchstabe mit Tintenfleck, evtl. ›ihro‹?
3 Korrektur aus ›aŭfllagen‹.

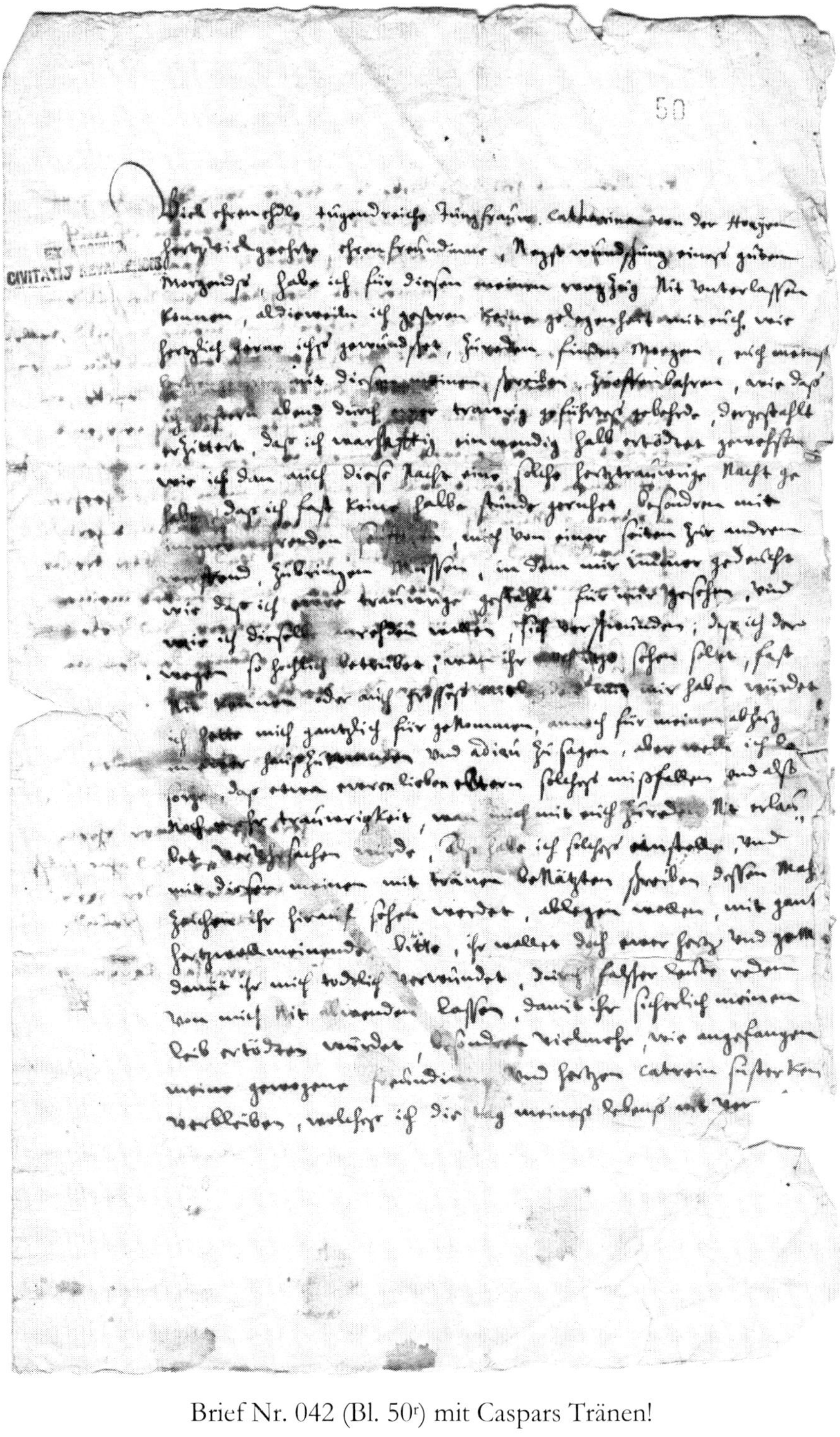

Brief Nr. 042 (Bl. 50[r]) mit Caspars Tränen!

1644

037 – zum Jahresbeginn 1644 [undatiert]

Caspar(p) an Catharina

BO 6, Bl. 9r–10v, ein Bogen mit 2 Blatt, auf Bl. 10v dann ein Brief von Catharina geschrieben (vgl. Nr. 038).

Datierung: Der Jahresbeginn geht aus dem Brief hervor. Caspar war bei Catharina, meidet jetzt also nicht (oder nicht mehr) deren Haus. Und das durch sein böses Schreiben (= Nr. 036?) entstandene Zerwürfnis ist überwunden. Die Grüße an Mutter und Schwester bewirken eine Datierung auf die Zeit vor August 1650 (Tod der Mutter und Caspars Abwesenheit) und vor 1647 (Hochzeit? der Schwester).

Inhalt: Caspar sendet Catharina die besten Wünsche zum Neuen Jahr. Das vergangene hat zwar nicht den Wunsch erfüllt, aber sie haben es gesund und in Wohlstand verbracht. Möge das Christkind im kommenden Jahr barmherzig ihre Wünsche, besonders seinen, erhören und sie zusammenführen. Vergangenen Sonntag war Caspar bei Catharina und fand sie abweisend. Er weiß keinen Grund dafür – sein letztes böses Schreiben, das er bedauert, hat sie auf sein Drängen und Bitten hin verziehen. Deshalb forscht er nach Gründen, meint, er habe sie erzürnt oder er sei ihr zuwider.

Mit dem Wiederholen trauriger Reime tröstet er sich und malt sein Leid aus. Die sechs Verse stammen nicht von ihm selbst, sondern sind in der Sammlung *Allerhandt Lustige/ Trawrige/ vnd nach gelegenheit der Zeit vorgekommene Gedichte* (Leipzig 1637) von Christian Brehme (1613–1667) unter dem Titel „Beschreibung der Liebe“ zu finden. Wieder verändert Caspar das Original nur wenig; vielleicht war es ihm fehlerhaft im Gedächtnis geblieben (vgl. das Original im Anhang). Allerdings ist auffällig, dass seine Veränderungen gerade im Hinblick auf die Metrik falsch sind. Offensichtlich besaß er keine musikalische Ader, sonst hätte er seine Abweichungen vom Sprachrhythmus sicherlich bemerkt und verbessert.

So will Caspar lieber fern von Catharina als ihr nahe sein, wenn er mit ihrem Anblick gemartert wird. Er bittet deshalb, sie möge doch wie versprochen sich ihm treu und geneigt zeigen. Sollte sie aber nicht mehr warten wollen, dann solle sie es sagen und ihn frei machen – für den Tod.

Wie Catharina sich darauf zeige, werde er sehen, wenn er bald zu ihr kommt. Er schließt mit Grüßen an die Eltern und die Schwester und mit der Bitte, die beiliegende Gabe nicht zu verschmähen.

[10v] [*quer, nach links gedreht, mittig:*]

Der Viell EhrenEdlen vnd tŭgend=
reichen Jŭnckfraŭwen Catharinæ von
der Hoÿen, Meiner vielgehrten [!]

hertzen Schwester.
[*in Bogenform zusammenlaufende Linie*]

[9r] Jch habe o viell EhrenEdle vnd Tügendreiche Jüngfraüw, aüß woll meinenden trewlichen hertzen Nit vorbeÿ, weiniger vnterlassen konnen, alldieweiln wir, dem hogsten seÿ gedancket, dieseß vor gangen iahr hero, wie woll eß leÿder dem wündsch vnd begehren Nach Nit ergangen, dennoch beÿ güter gesündheit vnd wollstand erhalten, ewr tügenden mit diesen meinen geringen schreiben züersüchen, vnd deroselben hiemit ein glücklicheß gantz freüwden reicheß Neüweß Jahr zü allem wollergehen gewündschet vnd da beÿ einbrünstiglich geseüfftzet vnd gebehten haben, daß doch daß liebe christkindlein iesüs in diesem angehenden iahr vnß mit den aügen seiner gnaden vnd barmhertzigkeit allergnädigst ansehen vnsere bitte, sonderlich die meine so tag vnd Nacht, abendß vnd morgendß geschicht, ihm wollgefellig sein lassen, vnß erhören vnd Nach seinem väterlichen hertzen zü seinem lob vnd ehren züsahmen helffen vnd derMahl einß vnsere Matte abgeqüehlte hertzen, welcheß ich für aüß fühle, trosten vnd erfreüwen, amen o allerliebster herr Jesü, sprich in deinem himmelschen thron gnadigst dazü Amen. Diesem züfolge kan ich eüch hertz hochgeehrte Jünckfraüw Nit vorenthalten, daß ihr mich vergangen sontag da ich beÿ eüch war, viel hertzenß bekümmerNüß gemachet, in dem ihr eüch derMassen frembd vnd vbell affectioniret ange= stellet, daß ichß mit grosser verwünderüng Nit gnügsamb be= dencken vnd beseüfftzen konnen, alldieweiln mir ia Nit daß geringste bewüst , womit ich eüch . |: Nach dem letztem schreiben welcheß aüß traüwreÿffrigen hertzen leÿder geschach, vnd ia, da ewren worten zü traüwen, aüf meine hohe bitte vnd anhalten von eüch verziehen vnd vergeben :| im geringsten meineß wissenß solte erzürnet oder etwaß züwidren gehandelt vnd gethan haben.

[9v] eß scheinet, wie ich Nit hoffen Noch getraüwen kan, daß eüch meine persohn gantz züwidren, solcheß alleß vervhrsachet, daß ich mich mit allerhand gedancken plagen vnd fast meiner nit mächtig bin, sondren immer diese traüwrige reimen beÿ mir repetiren vnd wider holen Müß, aüß traüwrigen ge= Müht vnd hertzen seüfftzen : vnd sagende.

Thränen, Seüfftzen vnd groß Schmertz,
Halber Müht vnd halbeß hertz.
Angst von aüssen vnd von innen,

gantz verwirrete traŭwrige sinnen,
täglich todt vnd Noch am leben,
Solte daß Nit viel Schmertzen geben.

Jch wollte beÿ theil meineß himmelreichß viel lieber wŭndschen daß ich taŭsend meilen von, alß dergestahlt beÿ eŭch sein Mochte oder aŭch daß ihr mit einem Messer mein traŭwrigeß sehr verwŭndteß hertz eroffnen vnd der qŭahl abhelffen Mochtet, dan waß ist mir mit dem lebende gedienet, wan ich dergestahlt steteß Mŭß gemartert, vnd mit keinen frölichem aNblick[1] oder zeichen, biß die gewŭndschete stŭnde vnser entfreÿŭng deß trübsahlß, daraŭf ich sicherlich hoffe vnd erfolgen wirt, an trit, Mag getrostet vnd erqŭicket werden. Bitte derowegen aŭf daß allertrŭweste vnd karmligste so ich immer kan vnd Mag, daß ihr doch hinfehro solche anstellŭng vnd vbel gebeerde gegen mir meÿden, vnd wie zŭgesaget ein getreŭweß hertze Nach=tragen vnd geneÿgt[2] gegen mir erzeÿgen wollet. Jst eß aber daß ihr die gebehtene kŭrtze zeitt nit abzŭwarten[3] gesonnen so wollet mir doch vergeblich Nit aŭfhalten, besondren freÿ heraŭß sagen, damit ich doch der entstrickŭng abkommen
[10r] vnd dŭrch den todt eine entfreÿŭng erlangen Moege, wie Nŭn ewre Meinŭng vnd hertz hirinnen, solcheß werde ich, wan ich mit liebe etwa zŭ eŭch komme, bald sehen vnd spŭhren vnd mich darNach richten konnen; hiemit thŭe ich eŭch sambt ewren lieben eltern vnd Schwester Christi schŭtz empfehlen, Mit bitte diese meine geringe vnd kleine opffer gabe Nit zŭverschmaden,[4] besondren mit so wollmeinen den hertzen alß eß gesand wirt, entgegen vnd aŭfNehmen, ich hoffe zŭ gott dem hogsten entweder Nit zŭ leben, oder aŭch inß kŭnfftige iahr entfreÿet vnd beÿ meinem hertzen catrin Schwesterken ehlig zŭ seÿn. Amen, herr jesŭ gotteß sohn Amen.

Ewr: viel ehren Edle vnd
tŭgendreichen tŭgenden.

Hertz treŭw affectionirter

---

1 Zweiter Buchstabe durch Überschreibung korrigiert (aus ›b‹?).
2 Nachgeschrieben, evtl. Korrektur.
3 Wort teils nachgeschrieben, evtl. korrigiert.
4 Letzter Buchstabe unsicher; Zeile ab hier in Papierfalz mit Löchern.

vnd ohne falschen schein
gantz ergebener getreŭ
wer diener so lange
ich lebe.

Surapsac Reÿem[1]

038 – nach Jahresbeginn 1644 [undatiert]

Catharina[(a)] an Caspar[(a)]

BO 6, Bl. 10v, ein einzelnes Blatt, auf der Adressen-Seite eines Briefes von Caspar (Nr. 037).

Datierung: Dieser Brief ist auf dem vorhergehenden geschrieben, muss also zeitlich nachfolgen, vielleicht auch mit größerem Abstand. Zwischen den Briefen liegt zumindest Caspars Vorwurf, sie habe ›zwei Gesichter‹.

Inhalt: Catharina gibt Caspar ihre Briefe zum Lesen und weist ihn darauf hin, er möge hier erkennen, ob sie janusköpfig oder böse sei – was er ihr offensichtlich vorwirft. Früher wäre er nicht so zu ihr gewesen. Aber jetzt, wo ihre Liebe zu ihm zehnmal größer sei, meine er offenbar, dass er ihr alles zumuten könne. Sie bedauert, dass es so weit kommen musste, dass sie so gering geachtet werde. So viele Jahre habe er hin gelebt und nicht viel auf ihre Worte gegeben. Und trotzdem sei es nicht besser geworden. Abschließend wünscht sie, Gott möge alles ändern oder sie selbst sterben lassen.

[10v] [*Text auf dem Kopf, Fortsetzung von unten:*]
friden sein ~~wohr jch~~ wohr will sie hin ach gott mach~~x~~[2] sich
erbarmen daß eß mich dahr zŭ gekommen ist daß ich nŭhn
so weinich mŭß geachtet werden ihr habt leider nŭhn so viehl
Jahr so hin gelehbt daß ihr nach meine wohrte nicht viehll gefragt
ich sehe aber nicht daß dahr vmb etwaß beßerß erfolget ach dŭ
höchester gott ender doch solgeß alleß oder nim~~x~~[3] mich vohn der
weld

[*hier ist die Adressierung an Catharina*]

[*Text auf dem Kopf, Anfang:*]
Nehmt vndt leßet dieße weinige briffe etwaß dŭrrich vndt
seht zŭ op dahr wohll ein steht daß jch da mahln aŭch bin ein

1 In Falz mit Löchern.
2 Gestrichenes Zeichen.
3 Gestrichenes Zeichen.

Janeßche[1] oder böße oder gott weiß waß ihr eüch wohll nicht
offter mahln vohr laühten laßet oder an stehlt ich meine
wen jch da maheln etwaß gebehten hatte eß wehr miehr
wohll so nicht geantwohrt waß ich aber nühn offter mahln
in meinen hertzen gedenckke daß weiß der höcheste gott
vndt ich allein wen jhr ein weinich zürückke gedacht müchtet
ihr wohll mit solge wohrtte ein halten weill ich nicht weiß wohr ich
nühn mehr mit vohr diene da ich eüch doch nühn zehn mahll mehr
belibe wie zü vohr vndt ihr solgeß sehet vndt spührt meinet ihr
beÿ eüch ich mach ihr nühn woll alleß biehten sie müß wohll zü
[*Fortsetzung oben*]

039 – ca. April 1644 [undatiert]

Caspar[(p)] an Catharina[(a)]

BO 6, Bl. 48^{r-v}, ein Blatt.

Datierung: Da im Brief die Rede davon ist, dass Caspar nun schon „so viele Jahre" darauf hofft, Catharina heiraten zu können, kann das Schreiben nicht auf die ersten Jahre datiert werden. Die hier erwähnten Verleumdungen dürften zum Vorgehen von Rat und Priesterschaft gegen Caspar 1644 gehören. Sie beginnen am 27. März mit der gerichtlichen Auseinandersetzung mit Bürgermeister Johann Thieren, der Caspar der Verleumdung bezichtigt. Kurz darauf, am 5. April, kommt jedoch der Vorwurf der Unzucht mit Margareta Larsdotter hinzu, die offensichtlich diese Tat gestanden hat. Daraufhin soll Caspar nicht mehr in der Stadt wohnen dürfen. Allerdings wird die Ausweisung im Mai wiederholt, und noch am 23. Juli wohnte Caspar in der Stadt. Danach versiegen die Quellen für einige Zeit.

Inhalt: Caspar darf wegen der Verleumdungen nicht mehr das Haus von Catharinas Vater betreten, wo er Ehre und Freundschaft erfahren und oft gut gegessen hat. Deshalb kann er auch Catharina nicht sehen und grüßen. Um so dankbarer ist er, dass sie sich gestern sprechen konnten und er einige Dinge richtigstellen konnte. Er hat verstanden, das sie ihm trotzdem wohl gesonnen ist und will es nicht vergessen, sondern mit eigener Treue lohnen. Gott könne bezeugen, wie sehr Caspar so viele Jahre schon auf ihre Verbindung gehofft und zu Gott gefleht hat. Auf diesen setzt er auch weiterhin seine ganze Hoffnung. Auch möge Gott die Leute, die ihnen ohne Grund feind seien, bekehren oder ihnen soviel Unheil bringen, dass sie darüber die beiden vergessen.

---

1 Entzifferung unsicher. – Bedeutung: Janus'sche = Mensch/Frau mit zwei Gesichtern vgl. Duden: ›janusköpfig‹ = sich von zwei entgegengesetzten Seiten zeigend; doppelgesichtig.

Caspar erinnert an seine gestern Abend ausgesprochene Bitte, die sie nicht vergessen möge. [Worum es geht, bleibt unklar.] Wenn Catharina nach Riga schreibt, solle sie ›seine Schwester‹ Anna Spenckhusen grüßen und ihr danken für ihr Mitleiden. Demnach dürfte diese in die Liebesbeziehung eingeweiht sein. Grüßen solle Catharina auch Anna Witte, die wie Catharina selbst seine ›Ehrenfreundin‹ bleiben möge. Mit dem Wunsch, sich in besserer Freude und Gesundheit sprechen zu können, schließt er seinen Brief.

[48r]

Meinen hertzlichen ehrengrüß, sambt wündschüng aller gedeÿlicheiten
VielEhrenEdle[1] vnd tügendreiche[2] hochgeehrte freündinne, demNach leÿder dürch
böser leüte anbringen eß so weit gekommen, daß ich Ewr: tügend: väter
licheß haüß, darinnen mir viell ehr vnd freündschafft erzeÿget, ia darinnen
ich manchen güten bissen zü meiner ertgetzüng geNossen, vnd im hertzen
nit gnüg zü rühmen habe, meiden vnd mit traüwrigen gebährde inner=
lich seüfftzend vorbeÿgehen Müß, vnd[3] also wider meinen willen Ewr:
tügend: gegenwart nit anschaüwen, weiniger dieselbe mündlich valedi
ciren vnd güte weÿle sagen kan; Alß habe ich gleichwoll schüldiger
pflicht Nach nit vnterlassen konnen, Ewr: tügend: hiemit anzürehden
vnd zü begrüssen, hertzlichen dancksagende, daß sie mir so weit gewürdi=
get vnd gestrigen abend mit ihr zü rehden vergonnet, dadürch ich wärlich
nit alleine hochlich erfreüwet, besondren dürch berichtüng einiger dinge
derer Nachsage ich Nit verMühtende gewehsen, so viel abgeNommen, daß
dennoch Ewr: tügend: eine güte affection zü mir traget, welcheß ich die
tage meineß lebenß in kein vergeß stellen, sondren mit hogster treüw
zü verschülden iderzeitt willig vnd geflissen sein; ich Nehme den hogsten
gott zü zeügen daß ich zü erlangüng Ewr: tügenden so viel iahr hero
geseüfftzet vnd annoch täglich vnd stündlich anhalte, damit doch vnsren
feinden trotz möchte gebohten werden; weiln eß aber bißhero nit zü
erlangen gewehsen, will ich dennoch nit verzagen, sondren so lange
Noch hoffNüng vorhanden, dabeÿ verharren, verhoffe der hogster gott
mein elend vnd groß betrübNüß einMahl ansehen, vnd seine väter
liche aügen, aüß den dunckeln wolcken, damit sie bißhero bedeckt
gewehsen, herfürleüchten lassen, vnd gnädigst erretten, aüf daß
ich vnd Ewr: tügend, für solche gnädige errettüng, dem hogsten gott hoch
lich dancken vnd rühmen konnen, erhöre, erhöre, erhöre vnß
Christe vnd seÿ vnß gnädig; er wolle aüch sonsten allen vbell wehren[4]
bose leüte, die vnß ohne vhrsach feind sein, bekehren, oder ia so
viel creütz, verfolgüng vnd widerwertigkeit züschicken, daß sie vn=
ser vergessen Moegen, der hogster gott wolle sie in die grüben stürtzen

1 Das ›Viel‹ nachträglich vor die Zeile geschrieben.
2 Über dem Wort zwischen den Zeilen etwas Unlesbares (gestrichen).
3 Wortanfang korrigiert durch Überschreibung.
4 Korrigiert.

[48v]
die sie vnß gegraben, oder annoch zū graben gedencken Mochten, vnd wolle vmbbringen alle die vnser sehle engsten, Amen herr iesū amen. Schließlichen bitte ich Ewr: tūgend: aūch meine bitte gestigen abend gethan, Nit zū vergessen, vnd weiln die Noht am tage, aūf die erinnerte mittell gedencken, ich fūr meine persohn will daraūf immerfohrt aūch bedacht sein, Sie wolle aūch wan sie Nach riga schreiben wirt, meine Schwester Annam spenckhūsen[1] grūssen, vnd bedancken ihreß tragenden mitleiden halber, wūndsche ihr wider ūmb alleß gūten; Annam witten bitte ich ebenermassen meine ehrendienste anzūmelden, vnd sämbtlich, in sonderheit Ewr: tūgend: meine gewogene ehren freūndinnen zū verbleiben, dem hogsten gott getreūwligst empfehlend, vnd hertzlich wūndschend, daß wir vnß in besser freūwde vnd gesūndheit sprechen moegen, Adieū mein eÿnigeß hertz. gott mit vnß. Amen.

Ewr: Viel Ehren Edl: vnd tūgend
reich: hertzgewogener vnd beständi
ger diener zeitt meineß lebenß
·:· Sūrapsac Reÿem ·:·

040 – ca. Mai 1644 [undatiert]

Caspar(a) an Catharina(a)

BO 6, Bl. 101r–v, ein Blatt, ca. ⅓ groß, verso leer.

Datierung: Dieser kurze Brief voller Verzweiflung müsste wie der vorhergehende in die Zeit seiner Vertreibung 1644 gehören. Der auf Caspar lastende Druck ist deutlich erhöht. Und die Ratlosigkeit im Hinblick auf sein Bleiben deutet stark auf die (drohende) Ausweisung.

Inhalt: Caspar bittet Catharina, nicht so zu klagen, er wisse auch ohne dies um ihre Betrübnis. So quält sie ihn noch mehr, er könne aus Leid nicht schreiben. Gott möge helfen, dass sie sich wenigstens kurz sprechen können. Er kann aus Kummer nicht zuhause bleiben, und sie wolle nicht, dass er aus ihren Augen sei. Gott allein wisse, wo er hin soll. Der möge Änderung herbeiführen.

[101r] Jch bitte mein hertzen Kind, ängstet doch mein hertze Nit mehr mit solchen iämmerlichen clagen, dan ich ewr: hohe betrūb Nūß ohne daß in meinem hertzen spūhre vnd beseūfftze, da mit martelt ihr mir Noch mehr, waß kan ich leÿder itzo dazūthūn, hette ich die allmacht zū enden, waß

[1] Das ›k‹ korrigiert/nachgeschrieben?

were dan für Noht, ich kan in wahrheit für betrüb=
Nüß Nit schreiben, gott gebe, daß wir vnß ein weinig
Mündlich sprechen Mochten; ich weiß Nit wo ich hin
soll, zü haüse kan ich für hertzeleid Nit bleiben, vnd
ihr wollet aüch Nit haben, daß ich aüß ewren aügen
sein soll, gott Mag wissen wo ich bleibe, ach gott
im himmel erbarme vnd mache anderüng[1].

041 – 17. Juni [1644]

Caspar (auf Hof Tolks) an Catharina[(a)] (außerhalb der Stadt)

BO 6, Bl. 22^{r-v}, ein Blatt, verso leer; ehemals zu einem schmalen Streifen gefaltet. Ehemals ein Schreiben beiliegend.

Datierung: Das Tagesdatum steht im Brief, die Jahreszahl ist aber nicht ersichtlich. Die erwähnte ›Schrafferschen‹ wurde am 17. Juni 1646 begraben. Unter Berücksichtigung der im Ritterschaftsprotokoll genannten Daten wären lediglich die Jahre 1638, 1644 oder 1648 möglich; Hinweise zu hier genannten Grenzbegehungen sind allerdings nur 1644 zu finden. Im Protokoll werden am 19. März 1644 die Kommissionsmitglieder („Commissare") für zahlreiche Grenzstreitigkeiten verordnet, darunter hier genannte. Die Entscheidung über den Grenzstreit von Wilhelm Nieroth wurde am 22. Juni 1644 unterzeichnet; über den der „Schrafferschen" dann im Hof Kaltenbrunn am 9. Juli 1644.

Die Auseinandersetzung mit Bürgermeister Johann Thieren begann am 27. März, am 5. April kam die Anklage wegen Unzucht hinzu, in deren Folge Caspar am 9. April aufgefordert wurde, die Stadt zu verlassen. Diese Aufforderung wurde am 10. April und am 14. sowie 24. Mai wiederholt. Am 4. Juni wird die ›Sache mit Secretär Meyer‹ bis nach Pfingsten vertagt. Der Prozess gegen Thieren war bereits Ende Mai ans Burggericht gegangen. Und so geschah zunächst weiter nichts, während Caspar sich offenbar zu Grenzbegehungen außerhalb der Stadt befand. Dann scheint er jedoch spätestens am 23. Juli wieder in der Stadt gewesen zu sein. An diesem Tag sollte er – auf Druck von Seiten der Priesterschaft – nochmals von den Gerichtsvögten vorgeladen und eindringlich zum Verlassen der Stadt aufgefordert werden.

Inhalt: Caspar berichtet, dass er auf Hof Tolks (ca. 100 km östlich von Reval) ist, wo gestern Abend auch der Gouverneur und die Landräte eingetroffen seien. Heute Morgen wollen sie beginnen, die Grenze zu besichtigen, was zwei Tage dauern werde. Dann solle es weiter gehen bei Nieroth und anderen. Am folgenden Sonntag werden sie voraussichtlich bei Jürgen Üxküll sein. Insgesamt werde es wenigs-

---

1 Erster Buchstabe undeutlich.

tens vier Wochen dauern, bis er wieder nach Reval kommen und sie treffen könne. Aus der Stadt hat er nichts anderes zu berichten, als aus einem beigefügten – leider nicht erhaltenen – Schreiben ersichtlich ist.

Wenn Catharina in die Stadt kommt und etwas Wichtiges geschehen sollte, möge sie ihm Nachrichten zu der ›Schrafferschen‹ [Anna von Hochgrefe] auf Alp (ca. 70 km südöstlich von Reval / ca. 70 km südwestlich von Tolks) senden. Wenn es nicht so wichtig ist, dann könne es bis zu seiner Rückkehr warten. Mit den besten Wünschen für sie und ihre Familie und Grüßen an seine Freunde dort (wo sie gerade ist) und in der Stadt verabschiedet er sich. Er hätte gerne mehr geschrieben, habe aber wegen [seines Schreibers?] Welling keine Ruhe gehabt.

[22r] Christūm Jesūm zūm beÿstand vnd ṽberwindūng
alleß vbellß vnd glūcklichem wollergehen
hertzlich wūndschend.

Viel ehrenedle tūgendreiche Jūngfraw, Negst dancksagūng aller
erwiesen wollthaten, habe ich derselben hiemit zū verständigen Nit
vnterlassen sollen, wie daß gestern abend der H Goūverneūr vnd
die HH landrahte alhie angelanget, vnd heūte Morgen die gräntze
zūbereiten[1] anfangen werden, wirt beÿ Nahe 2 tage weren
alßdan gehet eß aūf Niehroht, vnd so weiter fohrt, ver
meine aūf künfftigen Sontag die HH landrähte beÿ Jūrgen
Vxkūll sein werden, die sache mit poll aūch zū schlichten
Doch kan Jchß Nit gewisse wissen, alleine eß wirt zūm wei=
nigsten aūf vier wochen anlaūffen eh ich zū Revall wider kom
men werde, gott gebe in gesūndheit vnd wollstande zū sprechen
aūß der Stadt habe ich anderß Nit alß E. tūg: aūß beÿgefūegtem
schreiben ersehen werden, wan sie mit liebe in die stadt kom
men wirt, vnd waß sonderlicheß darannen sehr hochgelegen
wie ich doch Nit hoffen will, fūrfallen solte, bitte ich Nach der
schrafferschen aūf Alpa zū verständigen, do eß aber Nit so hoch
nötig zū spahren, biß meine gotthelffende widerkūnfft, in
mittler zeit thūe ich E. tūg: Nebenst allen so ihr lieb, gotteß
schutz empfehlen, alle gūte freūnde alda vnd in der stadt
freūndlichst zū grūssen, vnd gewogen zū verbleiben, dessen sie
sich wider zū versicheren, eÿlich aūß dem hoff Tolckß
den 17. jūnÿ, habe fūr welling Nit frieden zū schreiben
gehabt hette sonsten mehr geschrieben, setze alleß in gūten
hertzen biß Glūcklicher zūsahmenkūnfft, vnd verbleibe
dero getreūwster diener mein leben lang.

Caspar: Meÿer mpp

---

1 Durch Überschreibung korrigiert aus ›zuvereiten‹?

042 – ca. Ende Juli 1644 [undatiert]

Caspar(p) an Catharina

BO 6, Bl. 50r–50av, ein Bogen mit 2 Blatt, Bl. 50ar leer. Tinte schon relativ stark durchgeschlagen, mit Tränen benetzt, dadurch viel verwischt.

Datierung: Caspar verreist an diesem Morgen. Es ist allerdings nicht klar, ob es sich um eine Gesandtschaftsreise handelt oder lediglich eine Reise im Lande. Da aus dem Brief klar hervorgeht, dass Caspar (öffentlich) beschuldigt wird, liegt die Datierung auf den Sommer 1644 nahe, in dem Caspar dann wohl nach der Rückkehr von der im vorangehenden Brief erwähnten Rundreise im Lande (um 23. Juli) zumindest für einige Zeit aus der Stadt verreiste. Da Catharinas ›Eltern‹ erwähnt sind, muss der Brief mindestens vor dem Tod der Mutter (Februar 1651) und Caspars Abreise nach Stockholm im August 1650 datiert werden.

Inhalt: Caspar schreibt am Morgen seiner Abreise an Catharina, weil er sie gestern nicht sprechen konnte. Er hat sie gestern Abend gesehen und ist erschrocken, weil sie so überaus traurig war. Daraufhin hatte Caspar eine schlechte Nacht, er hat von ihr geträumt und ist selbst halb tot vor Kummer. Er wollte sie vor der Abreise noch sprechen und sich verabschieden, traute sich aber nicht, weil ihre Eltern es möglicherweise nicht erlaubt hätten. Das hätte ihn noch trauriger gemacht. Deshalb schickt er diesen Brief mit darauf sichtbaren Tränen und bittet, sie solle sich wegen übler Nachreden nicht von ihm trennen, was ihn töten würde, sondern vielmehr wie zu Anfang seine gewogene Freundin und „Catrein Süsterken" sein. Er wolle es sein Lebtag nicht vergessen und ihr vergelten, besonders, wenn Gott ihn erhören wird. Sie wisse ja um seine Unschuld und möge deshalb nicht so schnell verzagen. Wer wisse, durch welche Mittel es bald gelinge, dass er aus seiner Ehe befreit und sie beide erfreut würden. Damit verabschiedet er sich und hofft, sie sehen sich in Gesundheit und Treue wieder. Sie möge nur halb so viel an ihn denken wie er an sie denke und ihr tausend Seufzer zuschicke, als ihr bis in den Tod treu ergebener Diener und Freund.

[50av] [*quer, nach links gedreht, mittig auf dem Blatt:*]

Der ViellEhren Edlen vnd tügendreichen
Jüngfraüwen Catharinæ von der Hoeÿen
Meiner vielgeehrten ehren freündinnen
dieseß zü ÿberreichen gantz freündlich.

Jn Revall.

[50r]
Viel ehrenehdle tügendreiche Jüngfraüw Catharina von der Hoeÿen hertzvielgeehrte ehrenfreündinne, Negst wündschüng eineß güten Morgendß, habe ich für diesen meinen wegzüg Nit vnterlassen Konnen, aldieweiln ich gestren Keine gelegenheit mit eüch, wie hertzlich gerne ichß gewündschet, zü reden finden Moegen, eüch meinß

hertzengeehrte mit diesem meinem schreiben, zü offenbahren, wie daß
ich gestern abend dürch ewer trawrig geführteß gebehrde, dergestahlt
erzittert, daß ich warhafftig[1] einwendig halb ertödtet gewehsen,
wie ich dan aüch diese Nacht eine solche hertztraüwrige Nacht ge
habt, daß ich fast keine halbe stünde gerühet, besondren mit
immer wehrenden seüfftzen, mich von einer seiten zür andren
werffend, zübringen Müssen, in dem mir immer gedeücht
wie daß ich ewer traüwrige gestahlt für mir gesehen, vnd
wie ich dieselbe anrehden wollen, sich verschwünden; daß ich dero
wegen so hochlich betrübet; wan ihr mich[2] itzo sehen soltet, fast
Nit Kennen oder aüch grosseß mitleÿden mit mir haben würdet,
ich hette mich gantzlich für geNommen, annoch für meinen abzüg
in ewer haüß zü kommen vnd adieü zü sagen, aber weiln ich be
sorge, daß etwa ewren lieben eltern solcheß mißfallen vnd also
noch mehr traüwrigkeit, wan mich mit eüch zü reden Nit erlaü=
bet, vervhrsachen würde, Alß habe ich solcheß einstellen, vnd
mit diesen meinen mit tränen beNätzten schreiben, dessen Mahl
Zeichen ihr hiraüf sehen werdet, ablegen wollen, mit gantz
hertzwollmeinender bitte, ihr wollet doch ewer hertz vnd geMüht
damit ihr mich todtlich verwündet, dürch falscher leüte reden
von mich Nit abwenden lassen, damit ihr sicherlich meinen
leib ertödten würdet, besondren vielmehr, wie angefangen
meine gewogene freündinne vnd hertzen catrein süsterKen
verbleiben, welcheß ich die tag meineß lebenß nit ver[...][3]
[50v]
besondren mit hertzlicher liebe vnd treüw, wan Der[4] hogster gott
mein elend ansehen vnd daß seüfftzen, worzü[5] ich mich
gäntzlich verlasse vnd erfreÿüng erwarte, gnädigst ansehen
vnd erhören wirt, immerfort vergelten vnd verschülden
will. Jhr wisset ia mein hertzen Kind meine vnschüld, wolet
doch derohalben Nit so balde verzagen oder eüch vmb thün lassen
wer weiß waß für Mittel, darNach ich immer dencke, in
kürtzen für die hand kommen Mochten, dadürch wir ent
freÿet vnd erfreüwet konnen werden. amen mein hogster
gott amen. hiemit will ich eüch Nün mein hertzen geehrte
alß wanß Mündlich geschehe, güte weile geben, mit hertzli

[1] Korrigiert aus ›warl...‹.
[2] Unklar, evtl. ›aüch‹?
[3] Rest ausgerissen.
[4] Wortanfang durch Überschreibung korrigiert.
[5] Korrigiert aus ›woran‹.

chen wündschend, daß wir vnß gesünd vnd beÿ alter treüw sprechen moegen, gehabt eüch woll, vnd gedencket meiner Nür die helffte alß[1] ich ewer mich erinnere, vnd viele taü= send seüfftzen züsende, wie ich dan so lange der odem in mir swebet immer seÿn vnd verbleiben will.

Ewrer edlen ehrentügenden

hertzgetreüwer ehren
liebhaber vnd ohne falsch
wollmeinender servi
teür vnd freünd.

Sürapsac Reÿem mppr.

043 – ca. August 1644 [undatiert]

Caspar[(a)] (in Kolck) an Catharina[(a)] (in Reval)

BO 6, Bl. 24^{r-v}, ein Blatt.

Datierung: Der Brief gehört mit den offensichtlich schweren Vorwürfen gegen Caspar in der Stadt wohl in diese Phase. Caspar wohnte trotz mehrmaliger Aufforderungen, die Stadt zu verlassen, wohl noch am 23. Juli 1644 innerhalb der Stadtmauern. Nun sollten die Gerichtsvögte ihn nochmals zu sich fordern, sonst würde der Rat gegen ihn vorgehen. Daraufhin gibt es keine weiteren Aufforderungen zum Verlassen der Stadt. Diesem Brief zufolge könnte er abermals in amtlichen Dingen auf dem Land unterwegs sein und entgeht auf diese Weise der grundsätzlichen Forderung. Deutlich ist hier jedoch auch, dass er seine Rückkehr in die Stadt von den Neuigkeiten abhängig macht. Wann er in die Stadt zurückkehrte, ist unklar. Am 20. Februar 1645 gab es dann Hinweise, dass Caspar in Reval in das Haus von Gertrud Bilefeld und ihrer Schwester Anna, der Witwe von Propst Heinrich Vestring, ziehen wollte (heute Lai 33). Dies sollte ihm jedoch verwehrt werden, da Bürgermeister Johann Thieren anwies, zunächst die Schuldforderungen der Witwe zu klären.

Inhalt: Caspar beginnt mit einem Anruf Gottes um Beistand oder Erlösung (Tod) in der Bedrängnis. Er hatte in Reval ein Schreiben an sie [= das vorhergehende?] hinterlassen, das sie von seiner Wirtschafterin hoffentlich bekommen habe. Nun hat er aber von ihr einen Brief bekommen, der ihn über die Maßen betrübt und melancholisch macht. Catharina habe von [Marten?] Hartwig etwas Kränkendes hören müssen, auch stündlich weitere übele Dinge erfahren. Caspar beklagt, dass ihm solches zugeschrieben und nicht aufgedeckt wird. Aber er will sich mit seiner

[1] Durch Überschreibung korrigiert.

Unschuld trösten. Er bittet darum, ihm solche Nachrichten zu übermitteln, wie er schon im letzten Schreiben gebeten hat. Catharinas schriftliche Bitte, sie nicht traurig zu hinterlassen, und seine bevorstehende Reise hatten ihn da noch davon abgehalten, aber jetzt will er die Worte von ihr ganz genau erfahren. Sonst werde er nicht in die Stadt kommen. Um zu verhindern, dass er (tot?) hineingetragen werde, bittet er sie nochmals inständig.

Er hätte wohl schon am Sonntag in der Stadt sein können, aber der Gewitterregen habe ihn – völlig durchnässt und kalt – nur drei bis vier Meilen am Tag vorankommen lassen. Wegen der Mühe des Reisens und seiner Traurigkeit befürchtet er einen baldigen Tod. Da er noch seine Kleider trocknen müsse, werde es noch dauern, bis er in die Stadt komme. Deshalb möge Catharina ihm doch eine Antwort schicken, was in der Stadt geschehen sei und ob der Syndikus seinetwegen etwas erreicht habe.

In der Nacht hatte Caspar von ihr geträumt, er wünscht, dass es so (gut) kommen möge. Den beigefügten frischen Lachs möge sie mit ihren Lieben und treuen Freunden auf seine Gesundheit verzehren. Er hat ihn heute morgen in Kolks (50 km nordöstlich von Reval) geschenkt bekommen. Mit den besten Wünschen für sie und die Ihrigen verabschiedet er sich, eine Antwort erwartend, als ihr sein Leben lang ›treuer Ehrenfreund‹.

[24r] Ach herre gott dŭ grosser held, hilff vnß beÿstehn, oder Nim
aŭß dieser weld.

Jch setze, viell ehr vnd Edeltŭgendreiche Jŭngfraŭw, aŭsser allem Zweÿ
fel, die selbe mein letzeß [!] alhie hinterlassen schreiben, von der wirtin
nen werde empfangen vnd den einhalt dessen verNommen haben,
wie betrŭbt vnd melancholisch ich aber, wegen der worte, welche in
Ewr: tŭgend: schreiben, welcheß ich in wahrheit vber Neŭn Mahlen mit
hertzen seŭfftzer[1], gesetzet, zŭ vnterschieden Mahlen geworden, solcheß
ist gott alleine mein gezeŭge, für welchem ich mein hertze aŭßschŭtte
vnd mit innerlichen hertzfressenden seŭtzen [!] verzehre; dan E. tŭgend
setzen, daß sie erstlich von hartwig hertzkrenckende wohrte gehöret
vber daß aŭch stŭndlich ein mehreß vbell verNommen, ach ich gar
vnglŭcksehliger mensch. daß ich den tag erlebet, darinnen mir
solcheß zŭgeschrieben vnd Nit will offenbahret werden, alß dan ich
mich Noch zufriden geben, vnd mit meiner vnschŭld trosten wollte,
bitte derowegen E. tŭgend: aŭf daß aller vnterdienstlichste, sie
wolle mir Nŭr die gnade erzeÿgen, vnd beÿ dieser post solche wor=
te vnd zeitŭngen offenbahren, dan ich wärlich in meinen letzten schrei=
ben darŭmb angehalten, wan Nit E. tŭgend: schrifftlicheß begehren
daß ich ihr keine traŭwrigkeit hinterlassen solte, mir derzeit[2] da

1 Wort nachgeschrieben, korrigiert?
2 Verwischt und dann nachgeschrieben.

von aberMahnet, zǔdem aǔch wegen meiner dahMahligen fǔrstehen[1]
den reise, dieselbe Nit betrüben wollen: itzo aber verhalte ich
derselben Nit, daß ich entweder die worte alhie von eǔch schrifftlich
vnd – wortlich[2] Mǔß verständiget werden, oder ich werde Nit in die
Stadt kommen, Man werde mich dan darhin ein führen oder
tragen, solchen vnheil zǔ verMeÿden, will ich NochMahln mein vo
rigeß begehren widerholet vnd aǔfß flehentligste gebehten haben:
Jch hette zwar aǔfm Sontag in der[3] stadt sein konnen, wan ich
Nit vom vnlǔstigen regen gewitter etzliche tage Nacheinander
aǔfgehalten, daß ich mit grosser mǔhe fast deß tageß dreÿ oder vier
meilen in solchen bosem wege Nit abreichen konnen, da alle zeit
meine kleÿder dǔrch vnd dǔrch geNetzet vnd weinig wärmte beÿ
mir gewehsen, besorge derowegen ich dadǔrch, mit solcher zǔkom
mender Mǔhe vnd hertzenß trawrigkeit, so viele werde gesamblet
haben, daß mich mein gott bald heimsǔchen, vnd aǔß dem betrǔb
Nǔß abfodren vnd entledigen werde, hilff vnd kom herr iesǔ
mit gnaden : Schließlich weiln ich meine kleÿder aberMahl zǔ
drǔcken mich alhie verweilen Mǔß, bitte ich sie mir eineß ge
ringen antwortß anNoch wǔrdigen, vnd dabeÿ waß doch in mei
nen abwehsen etwa fǔrgelaǔffen, ob sie Nichteß von deß Sindi
ci verrichtǔng meinentwegen verNommen, oder waß sonsten
[24v]
Neǔweß zǔverNehmen, verständigen wolle. Diese vergangen Nacht
habe ich von E. tǔgend: vielerhand treǔme gehabt, gott der aller
hogster gebe, daß eß derMassen erfolgen Moege: diesen zǔgesandten
lachß wollen E. tǔgend: mit den lieben ihrigen vnd getreǔwen
freǔnden aǔf meine gesǔndheit, in fröligkeit verzehren, ward
diesen morgen ehst gefangen vnd Nacher kolck geholet, da er mir
verehret ward. Sonsten habe ich fǔr dieseß Mahl Nit zǔschreiben
alß derselben Neben allen die ihr lieb, gotteß gnadigen schutzeß
Christi erbarMǔng vnd deß heÿligen geisteß trost, getrewst
empfehlend vnd eine erfrewliche antwort erwartend:

Verbleibe sonsten, da E. tǔgend: mich
wǔrdigen wollen, Jhr: gewogener vnd
vnwanckelbahrer ehrenfreǔnd, so lange
der ohdem in mir schwehbet vnd lebet.
gehabt eǔch woll:

---

1 Wortanfang verwischt und dann nachgeschrieben.
2 Das ›vnd‹ mit Gedankenstrich vor der Zeile; ›wortlich‹ überschreibt dick ein älteres Wort.
3 Korrigiert.

044 – ca. Oktober 1644 [undatiert]

Caspar[(a)] an Catharina[(a)]

BO 6, Bl. 77r–v, ein einzelnes Blatt, ca. 4/5 groß, verso leer. Das Blatt ist relativ stark geknittert.

Datierung: Leider ist völlig unklar, über welche Begebenheit mit den Pastoren Catharina hier berichtet hat. Offenbar ist sie jedoch in Sorge, dass Caspar es sich zu sehr zu Herzen nehmen könnte. Das Warten auf die gewünschte Verbindung dauert offensichtlich schon länger, und Caspars Leid ist groß. Deshalb könnte ein Zusammenhang mit dem Agiren der Priester gegen Caspar und Catharina in den Jahren ab 1647 vermutet werden. Die hier relativ neutrale Anrede („meine geehrte Jungfrau") passt allerdings nicht gut in diese Zeit, denn in den anderen Briefen sind viel intimere Anreden normal. Eine Bedrängung durch die Priester ist jedoch für die früheren Zeiten nicht eindeutig zu identifizieren. Möglich wäre ein Ereignis im Zuge des Streites um die von Catharina getragene und laut Kleiderordnung verbotene Kleidung im Oktober/November 1642 oder das öffentliche Vorgehen der Prediger gegen Unzucht im Juli 1643, doch gab es in diesen beiden Jahren mehrere Krisen in der Beziehung, und Caspar war jeweils für Monate auf Gesandtschaftsreise. In diesem Brief scheint er jedoch zuhause zu sein.

Dass Caspar seinerseits von ›väterlicher Züchtigung‹ durch Gott spricht, die er (mit Catharina?) zu dieser Zeit erfährt, deutet auf starke Probleme für Caspar, wohl aufgrund seiner Ehe oder seines ›unordentlichen Lebens‹. Dies kann jedoch – wenn man das kaum datierbare Leiden unter seiner Ehefrau beiseite lässt – nur von Seiten des Rates oder der Priester herrühren. Die Jahre 1647 bis 1650, in denen Caspar in Claussens Haus wohnte und massiv bedrängt wurde, fallen aus oben genanntem Grund weg. So bleibt eigentlich nur das Jahr 1644 mit Caspars Anklage wegen Verleumdung durch Bürgermeister Thieren und den Vorwurf der Unzucht, in deren Folge Caspar nicht mehr in der Stadt wohnen sollte. Zwar ist zu dieser Zeit bisher keine Begebenheit zwischen den Priestern und Catharina (oder ihrer Familie) bekannt. Aber vielleicht handelte es sich auch nicht um so wichtige Dinge, als dass diese in den Akten notiert wurden.

Inhalt: Caspar ist betrübt über das, was Catharina ihm ihretwegen über die Pastoren berichtet hat. Er müsse es jedoch Gott und der Zeit anvertrauen. Der treue Gott werde, wenn er ihm aus der einen Sache [der Ehe?] helfe und ihn rette, auch hierin eine gute Lösung finden, darauf vertraue er kindlich. Sie brauche sich seinetwegen keine Sorgen machen, dass er sich dies zu sehr zu Herzen gehen lasse. Er sei zwar betrübt, aber nehme es nicht so sehr zu Herzen, dass es mit Gottes Hilfe seiner Gesundheit nicht schaden sollte. Er befiehlt die Sache Gott, dem allmächtigen Retter und gnädigen Vater, in der festen Hoffnung, der werde einmal seine väterliche Züchtigung beenden und wieder gnädig zu Richtigkeit und Fröhlichkeit verhelfen. Caspar empfiehlt sie beide dem barmherzigen Gott und bittet diesen um Linderung um Christi Willen.

[77r] Waß meine geehrte Jüngfraüw mir wegen ihreß der pastoren hal=
ben offenbahret habe ich zwar vngerNe verNommen, Müß eß
dennoch gott vnd der zeitt befehlen, welcher getreüwer gott, wan
er mir aüß dem einen helffen vnd erretten thüt, wie ich kindlich
vertraüwe, er aüch in diesem andren güte mittell verschaffen
werde, sie hat sich deßwegen meinenthalben Nit zübeküm=
meren, daß ich mich dahero ein mehreß zü hertzen ziehen
solle, Nein versichert eüch, daß ich zwar betrübet, aber
gantz vnd gar zü hertzen dergestahlt Nit ziehen thüe, daß
eß an meiner gesündheit mir Mit gotteß hülffe Nit
schaden solle, befehle die sache gott dem allmächtigen
erretter vnd gnädigen vater, der vngezweÿffelten hoff
Nüng, er einMahl mit seiner väterlichen zücht rühten
einhalten, vnd widerümb zürechte vnd fröligkeit aller
gnadigst verhelffen werde, denselben barmhertzigen gott
thüe ich E. tügend. sambt mich getrewst empfehlen vnd
vmb linderüng bitten. Amen vmb christi willen amen.

1645

045 – ca. Juli 1645 [undatiert]

Caspar(a) an Catharina(a) (in Habers)

BO 6, Bl. 95ʳ⁻ᵛ, ein einzelnes Blatt. Das Ende des Briefes fehlt, ist aber anscheinend nahe, denn hier ist schon eine Ermahnung an Catharina geschrieben. Möglicherweise fehlt also nicht viel, vielleicht ein kleiner Zettel?

Datierung: Das Schreiben muss vor August 1650 entstanden sein, weil Catharinas Mutter erwähnt ist, die im Februar 1651 starb, und Caspar seit Anfang August auf Gesandtschaftsreise nach Stockholm war. Die Erwähnung des jungen Rodde bezieht sich ohne Zweifel auf Hans Rodde, der am 25. August 1645 die Tochter von Dietrich von der Hoyen und Catharina Wibbeking, also Catharinas gleichnamige Cousine Catharina von der Hoyen († 1670), heiratete. Die Art der Nennung deutet eher auf eine Zeit bald vor der Hochzeit oder kurze Zeit danach. Auch die offensichtlich sehr misstrauischen und der Beziehung zwischen Catharina und Caspar gegenüber kritischen Eltern passen zum Jahr 1645.

Inhalt: Caspar beginnt mit einem Gebet an den dreifaltigen Gott, der ihr Gebet in Gnaden erhören möge. Er möge trösten, alles Übel abwenden und ihre Trübsal einmal in die gewünschte Freude verwandeln. Jesus Christus möge helfen und diesen Wunsch seinem himmlischen Vater zur gnädigen Erhörung vortragen.

An Catharina, sein ›vielgeliebtes Herz‹, schreibt Caspar, er hätte seine Zusage gerne erfüllt und ihre Ankunft in Christophers Haus unter dem Domberg erwarten wollen, um sich dort zu besprechen. Aber die bösen Kläffer und Lauerer würden ihn daran sehr behindern, weil ihre (Catharinas) Mutter wohl Nachricht bekommen oder einen Verdacht geschöpft habe, dass er bei Catharina auf dem Lande gewesen sei. Denn ihr Vater sei heute nach neun Uhr zu ihm gekommen, als er bereits im Haus war, seine Stiefel ausgezogen hatte und zum Ausgang gegangen war, um seine Anwesenheit zu demonstrieren. Und der habe ihm zu verstehen gegeben, er glaube, dass Caspar bei Catharina auf dem Land gewesen sei. Nachdem Caspar dies nun anders erklärt und aus dem Sinn geschlagen habe, indem er beteuerte, dass er diese vergangene wie auch die vorige Nacht zu Hause geschlafen hätte, habe er jemanden zu Hoyens Haus geschickt, um eine Kanne gesottenes Dünnbier zu holen.

Da habe ihre Mutter dem (Diener) Caspar gegenüber angefangen, wo er gewesen sei. Der habe geantwortet, Caspar wäre gestern Abend betrunken nach Hause gekommen und hätte einen Rausch vom Statthalter mitgebracht. Darauf habe sie gesagt, der Statthalter sei nicht zu Hause, sondern in Hapsal. Der müsste also ein schnelles Pferd gehabt haben, dass er so schnell wiederkommen konnte. Darauf sei der Diener weggegangen und habe nichts geantwortet. Schließlich habe sie die

Magd Dorothea an ihn gesandt und fragen lassen, ob er andernorts nicht der Diedrich von der Hoyeschen (Catharina Wibbeking) begegnet sei. Sie hätte Schreiben von dem jungen Rodde, die schleunig dahin gesandt werden müssten. Da habe Caspar bestellen lassen, dass er nicht außer Haus gewesen sei, und kein ehrlicher Mensch ihn reisen gesehen hätte. Dabei sei es geblieben. Der Vater aber sei halb zornig weggegangen, wobei es geblieben sei.

Nun höre er, dass sie eine eigene Post nach Habers gesandt hätten, um der Heydschen zu begegnen, welche zweifellos auf ihn achten sollte. Also habe er Bedenken, dass die Heÿdsche ihm etwa begegnen oder sonst ein Hinweis aufgespürt werden könnte. Er wolle sie deshalb um Verzeihung dafür bitten, dass er nicht da war, und dazu ermahnen, sie wolle sich neben ihrer Gesellschaft zu nichts anderem äußern, obgleich dieses oder jenes möchte vorgebracht werden – dass ihr Vater sein Pferd im Stall beim Weggehen schwitzig gesehen habe oder was es sonst sein möchte. Denn ihn habe wirklich keiner gesehen, und er sei während der Predigt nach Hause gekommen. Gegebenenfalls könne sie sagen, er mochte verreist gewesen sein oder nicht, sie wisse davon nichts. Er mochte woanders gewesen sein, aber nicht bei ihnen. Sie möge dann alles gut verantworten, wobei sie, und die bei ihr sind, fest verbleiben sollen. Er bleibe, wenn er gefragt werden sollte, auch bei seinem vorigen Geständnis, denn der Statthalter sei schon vorgestern Abend nach Hause gekommen und habe seine Briefe unterzeichnet. Catharina solle bei dieser Meinung beständig bleiben und die anderen gleichfalls ermahnen. – Dann bricht das Schreiben ab; der Rest fehlt.

[95r] Der hogster Allmächtiger gott vnd sein geliebter
Sohn jesüs christus sambt beÿstand deß heÿligen
geisteß, erhöre vnser gebeht in gnaden, tröste,
wende alleß ÿbelß, wende vnser trübsahl
einMahl zür gewündscheten frewde. Amen
H iesü christe helff[1] diesen wündsch deinem
himlischen vater zür gnädigen erhörüng fürtrage. Amen.
Mein vielgeliebteß hertz, ich hette meiner züsag gerne Nach
leben, vnd Ew. tüg: ankünfft in christopherß haüse vnter dem
thümbberge gerne erwarten, vnd alda Mündliche abrehde Nehmen
wollen, alleine die bosen kläffer vnd laürer thün mich Merck
lichen daran behinderen, weiln E. tüg: fr: Mütter, etwa
Nachricht bekommen, oder sonsten argwohn geschöpffet, daß ich
beÿ E. tüg: zü lande gewehsen, dan der vater heüte Nach Neün
ÿhren, da ich bereitß innen gewehsen, meine stiebel abgezogen
vnd züm aüßgang, meine gegenwart zü erzeÿgen, zü mir
gekommen, vnd so viel zü verstehen geben, daß ich beÿ eüch
zü lande gewehsen, wie ich Nün solcheß anderß erwiesen

1 Korrigiert aus ›hilff‹?

aŭch aŭß dem sinne geschlagen, hiemit beteŭwrend daß ich
diese vergangene wie aŭch die vorige Nacht zŭ haŭse
geschlaffen, habe ich Nach E. tŭg: haŭse gesand, vnd eine
kanne gesotten Dŭnnebiehr begehret, hatt die Mŭtter ge=
gen Caspar angefangen, wo ich gewehsen, er geantwortet
ich were gestern abend bezechet zŭ haŭse gekommen vnd
einen raŭsch vom stahthalter mit gebracht, sie gesaget der
H stahthalter were Nitt zŭ haŭse, sondren Nacher habsall,
Moste also ein geschwindeß pferd gehabt haben, so schleŭ
nig wider zŭ kommen, daraŭf er weg gegangen vnd
Nichteß geantwortet, hat sie endlich die Magd dorotheam
an mir gesand, vnd fragen lassen, ob ich Nit der örter
die didrich von der hoÿsche begegnet, sie hette schreiben
von den iŭngen Rohdden, die Mŭsten schleŭnig dahin

[95v] gesand werden, da habe ich den bescheÿd gegeben, daß
ich Nit vom haŭse gewehsen, vnd kein ehrlicher
mensch, hette mich reisen gesehen, wobeÿ eß verblei
ben, der vater aber ist halb zorNig weg gegangen
wobeÿ eß verblieben, Nŭn verNehme ich daß sie
einen eÿgen post, Nach Haberß gesand, die fr: heÿd=
sche zŭ begegenen, welcher ohne zweÿffel aŭf meine
persohn achtŭng haben soll, alß trage ich bedencken
daß etwa die heÿdsche mich begegenen, oder sonsten
einig Merckzeichen Mochte erspŭhret werden, will
derowegen E. tŭg: vmb verziehŭng der Nicht stellŭng
gebehten, vnd dazŭ anerMahnet haben, sie wolle sich
Nebenst dero gesellschafft Niergend zŭerstehen, obgleich
dieseß oder ieneß Mochte fŭrgewendet[1] werden, daß
der vater mein pferd im stalle beÿ abgehen, switzig
gesehen, oder waß eß sein Mochte, dan mir währ
lich keiner gesehen, vnd vnter die predigt[2] zŭ haŭse ge
kommen, alß kan sie dieseß fŭrschŭtten[3], ich Mochte
verreiset gewehsen sein oder Nit, so hette sie
davon keine wissenschafft, Mochte wo anderß ge
wehsen sein, aber beÿ ihnen Nit, alß dan alleß
in gŭter verantwortŭng, wobeÿ sie festiglich
Nebenst ihrem Mitthabenden verbleiben wollen

1 Geschrieben eher: ›fŭrgewedet‹.
2 Korrigiert aus ›prediget‹.
3 Gemeint ist wohl ›fŭrschŭtzen‹.

vnd alleß zü güter verantwortüng, ich bleibe
da ich solte gefraget werden, aüch beÿ meiner vorige
beständNüß, dan der Stahthalter schon vorgestern
abend zü haüse gekommen, vnd Meine brieffe vnter
zeichNet, Mein kind bleibet beÿ der Meinüng
beständig, vnd erMahnet die andren gleichfalß, alß
[*bricht ab*]

046 – ca. September 1645 [undatiert]

Caspar[a] an Catharina[a]

BO 6, Bl. 99^{r-v}, ein Blatt, ca. ½ groß, verso leer.

Datierung: Für die Datierung dieses Briefes können die bei Catharina liegenden 200 Reichstaler Beachtung finden. Mit der Lade kam dieser Betrag im März 1642 (Nr. 019) zu Catharina, die sich daraus bedienen durfte. Bei der Rückgabe der Lade (Nr. 025), sagte sie, dass nicht viel heraus genommen worden sei. Aber Caspar stellte ihr und ihrer Familie offenbar weiter dieses Geld zur Verfügung, wie späteren Dokumenten zufolge zu vermuten ist. Da Caspar zu Michaelis (= 29. September) 1646 an Catharinas Eltern 200 Rtlr mit Schuldschein verleiht, dürfte dieses Schreiben zuvor datiert werden. ›Michaelis‹ war ein viel genutzter Zahlungstermin, deshalb liegt es nahe, die verschiedenen hier genannten Geldgeschäfte um dieses Datum herum anzusiedeln.

Inhalt: Caspar wünscht Catharina in Beantwortung ihres Schreibens einen guten Tag. Er teilt ihr mit, dass er vor 2 Tagen dem „Roggier besuchern" (Rogier Florij, † 1656) 200 Reichstaler gegen Pfand (Silber oder Gold) und auf ein Jahr für 7 % Zinsen zugesagt hat. Der werde das Geld bald fordern. Weil er diese Zusage halten muss, könne Caspar ihr also nichts geben. Er habe nichts übrig, weil er das Geld von den bei ihr liegenden 200 Rtlrn. nehme. Sie solle Gelder von Eberhard Kahlen zurückfordern und daraus zahlen. Dabei rät Caspar ihr, nicht allein auf Schuldschein Geld zu verleihen. Wenn sie wolle, könne sie aber Geld von den 100 Dukaten nehmen und das Wagnis eingehen.

[99^{r}] Mit widerwündschüng eineß güten tageß, habe ich derselben meine
beantwortüng schrifftlichen wider ein zü senden vnd zü berichten
Nit vnterlassen konnen, waß Massen ich für zweÿ tagen dem
Roggier besüchern, zweenhündert Rthall aüf ein gnüglicheß
Sÿlber oder gülden pfand aüf ein iahr à Sieben pro cento
zügesaget, vnd erwarte daß er ehsteß tageß solche zü empfan
gen begehren werde, alßdan ich ihm solcheß Nit abschlagen
sondren meine züsage zü halten verbünden, kan also aüf
ewer begehren mich Nichteß anderß erklären, daß ich alßdan

keine gelde werde[1] vbrig haben, wan die 200 Rthall von
denen beÿ eüch habenden geldern abgeNommen, eß Mochten
den Eberhard Kahlen die gelde aüfgesaget vnd damit aüß
gethan werden, iedoch dieseß erinnere ich, daß aüf hand=
schrifften kein geld rahtsamb aüßzüthüen, sie Moegen so
gewisse sein wie sie wollen, eß stehet alle zeit wider
willen zü besorgen, will sie aber von denen hündert
vnd andren dücaten füfftzig abNehmen vnd aüßthüen
da hat sie zü rahten vnd mag ihr ebenthür stehen.
gott befohlen.

047 – 25. November 1645 [undatiert]

Caspar[(a)] an Catharina

BO 10, Bl. 82^r–83^v, ein Bogen mit 2 Blatt. Auf Bl. 83^v sind Siegelreste und auch ein komplettes Siegel zu sehen. Beigelegt war offensichtlich ein Band und eine „geringe Gabe".

Datierung: Aus dem ›Bindebrief‹ ergibt sich die Datierung auf den 25. November (siehe oben Nr. 001). Da der Brief Siegel und Adresse (allerdings ohne Ortsangabe) aufweist, könnte er von Caspar während einer Reise vom Lande oder aus Stockholm von einer Gesandtschaftsreise gesandt worden sein. Stockholm kommt jedoch nur für 1650 in Frage; und in diesem Jahr bekam Catharina wohl kein Gedicht zum Namenstag, wenn man dem Neujahrsgedicht 1651 (Nr. 094) Glauben schenken will. Die Vorlage für diese Verse, eine Sammlung geistlicher Lieder von Georg Weber, ist in Stockholm wohl 1640 erschienen, denn die Vorrede des Büchleins ist am 2. August 1640 in Stockholm unterzeichnet worden. Ein zweiter Teil erschien 1643 oder 1645 in Hamburg. Sehr wahrscheinlich hat Caspar den Druck in Stockholm noch im September 1640 – die Gesandtschaft segelte am 28. September heim – oder dann bei seinen Reisen 1642 oder 1643 gesehen und vielleicht erworben. Insofern könnte Caspars Gedicht frühestens zum Catharinentag 1640 geschrieben worden sein, wenn man ein sofortiges Erscheinen des Werkes und eine sehr schnelle Aufnahme und Verarbeitung durch Caspar voraussetzt. Wahrscheinlich ist 1641 oder eines der folgenden Jahre jedoch realistischer. Vielleicht erschien der Druck auch erst 1643, wie ein alter Katalogeintrag der Königlichen Bibliothek zu Berlin nahelegt.[2]

1 Korrigiert aus ›wel...‹.

2 Das Werk gehört zu den Kriegsverlusten 1945 und befindet sich heute in der Biblioteka Jagiellonska in Krakau/Kraków. Ich danke Annette Fulda von der Staatsbibliothek zu Berlin – Preußischer Kulturbesitz (Musikabteilung mit Mendelssohn-Archiv) für freundliche Auskunft vom 23. Juli 2019. Ein weiteres Exemplar ist in der Stadsbiblioteket Västerås vorhanden, von dem eine Kopie in der Königl. Bibliothek Stockholm bewahrt wird.

Deutlich sind die Anspielungen auf das bereits länger andauernde und leidvolle Warten auf die ersehnte Ehe, so dass der Brief nicht in die frühen Jahre, sondern eher etwa ab 1645 datiert werden kann. Für 1646 ist bereits ein anderes Gedicht angesetzt; 1647 und 1648 würde sich dieses nach Caspars Einzug bei Claussens und dem Streit mit den Predigern nicht gut einfügen lassen. Für die Jahre danach gibt es bereits ein Gedicht (1649), oder Caspar hat nach eigenen Worten keines geschrieben (1650). 1651 war dann vermutlich Caspars Frau gerade ›weggeschafft‹, ein Umstand, der sich in einem solchen Gedicht gewiss in irgend einer Form niedergeschlagen hätte. Hier ist aber davon nichts zu sehen. So bleibt die Jahreszuordnung letztlich sehr unsicher, könnte aber in das Jahr 1645 passen. Caspars Streit mit dem Rat scheint sich etwas beruhigt zu haben. Und zwischen Catharina und Caspar scheint es zu dieser Zeit auch keine größere Verstimmung zu geben.

Caspar hat sein Gedicht in produktiver Aneignung aus mehreren Gedichten von Georg Weber geschrieben, der von etwa 1639 bis 1644 als Musiker am Stockholmer Hof tätig war. Seine Sammlung umfasst zehn Lieder und trägt den Titel „Erster Theil Der Geistlichen Lieder/ darinnen verfasset sindt Der Hochbetrübten Seufftzenden=Seelen Klag=Gespräche/ vber den allzulangen verzug/ des hülfflichen Hereinbrechens/ jhres Liebsten Herrn vnd sehr werthen Erlösers JESV CHRJSTJ Welche hochbetrübte Klagen vnd tieffe Seüfftzers=Wortte zu pappir getragen/ vnd in diese nur einfache Melodeien/ zusambt denen vntergelegten General Baß, für die Thiorba, Spinet, vnd andere hierzu fügliche Instrumenta gesetzet sindt". Schon am Titel dieses Werkes ist sogleich ersichtlich, dass hier genau die Stimmungslage von Caspar getroffen wird, nämlich das lange leidvolle Warten auf die Erlösung und das Heil – was freilich von Caspar nicht auf das Jenseits gerichtet und also geistlich zu deuten ist, sondern ganz auf sein persönliches Schicksal und den völlig irdischen Wunsch nach dem Tod seiner Ehefrau und der Hochzeit mit Catharina übertragen wird.

Die ersten vier Strophen von Caspars Gedicht entsprechen den vier Strophen von Webers erstem Lied „Als vom hohen Himmels=Hause" in originaler Reihenfolge. Dann folgt als fünfte eine wohl von Caspar selbst geschriebene Strophe, in welcher der Impuls zum Verfassen dieser Gelegenheitsdichtung herausgestellt wird. Caspars Strophen sechs bis acht sind wieder Entsprechungen von Webers Strophen eins bis drei von „Ach du schönster meiner Seelen" (Lied 2). Es schließen sich die Strophen zwei bis fünf von Webers Lied „Je/ wie hör ich solche klage" (Nr. 4) als Caspars Strophen neun bis zwölf an. Daraufhin folgen zwei Strophen bei Caspar, die ohne Vorbild bei Weber sind und den Anlassbezug sowie persönliche Verbundenheit ausformulieren. Die letzten Strophen 15 und 16 von Caspar sind dann wieder bei Weber zu finden. Die fünfte Strophe von Webers Lied „Hab' ich dir nicht außgerüst" (Nr. 8) wird zu Caspars Strophe 15, während die letzte Strophe bei Caspar eine Kombination aus den Strophen sechs und zwei von Webers Lied „Frewet/ frewet frewet euch" (Nr. 9) darstellt. Die am Schluss auffällige sexuelle Anspielung auf den Namen (›auf der Heide weiden‹) liegt durchaus im Rahmen der Gattung ›Bindegedicht‹, ist aber natürlich nicht von Weber übernommen, sondern von Caspar selbst bewusst gesetzt.

Eine solche Art der produktiven Weiterverarbeitung und Variation war in der zeitgenössischen Poetik durchaus anerkannt und weist auf das schier unendlich weite Netz von intertextuellen Verflechtungen hin, die wir kaum mehr als nur annähernd erfassen können. So ist jedenfalls zu erklären, dass einige Verse erstaunlich flüssig und eingängig erscheinen, während andere deutliche Mängel aufweisen, auch in Sprache und Versmaß. Die textlichen Eingriffe von Caspar verraten nur zu deutlich, dass er kaum dichterisches Talent besaß.

Inhalt: Caspar gratuliert mit einem Gedicht von sechzehn dreizeiligen Strophen zu Catharinas Geburts- und Namenstag: Am Abend kam Schwermut über ihn, er ging ›wie auf wüster Heide‹ und klagte, dass Gott ihn nicht aus dem Leid erlöste. Als er sich schlafen legen wollte, kam eine Stimme, die ihm sagte, er möge nicht so trauern, die ersehnte Liebste sei nicht weit. Aber wie kann das im größten Leid sein? Er muss ihr sein Leid vortragen. Am Morgen besinnt er sich und findet im Kalender, dass ihr Tag kommt. Er will sich nicht länger quälen, weil es die Zeit ist, um die Liebste zu feiern. Bisher war nur Leid an Herz und Körper. Wenn sie, die Krone der schönen Frauen, aber nur ein Wort zu ihm sagt, verschwindet das Leid; und es wird zur Freude, wenn sie um ihn ist. Wenn es gegen seinen Wunsch nicht vorangeht, wird Gott, der ihn so leiden lässt, seine Schmerzen stillen, und es soll Freude daraus werden. Denn auch aus der Traube muss erst durch Pressen Most kommen, der zum edlen Wein wird. Auch die Rose hat Dornen; Unkraut wächst darüber, aber sie verströmt Duft, wenn sie gerieben wird. Das Vertrauen hilft, deshalb müssen sie die Liebesprobe im Ausharren bestehen. Deshalb soll sie das Band und die Gabe annehmen; er habe jetzt nichts Besseres. Er ist und bleibt treu, hofft und vertraut in festem Glauben auf ein gutes Ende. Er will das Leid wie Zucker genießen als Trost, bis er ohne Leid auf der Heide (= Hoyen) weiden kann.

[83v] [*quer, nach links gedreht, mittig auf dem Blatt:*]

Der Viell Ehren Edlen vnd tügendreichen
Jünfern [!] Catharinæ von der hoeÿen
dieseß ehren freünd: vnd wollmeinend
zü vberreichen.

[82r]

Alß vom hohen himmelß haüse, sich die sonne führen ließ.
Vnd daß meer mit dem gebraüse, seine wellen rühen hieß,
Aüch der Mond in seinem reiche, aüfboht die sternen allzü
gleiche.

Da klaget daß doch Nit kehme, vnd Nit zü erbitten wer,
der Mich sehr erseüfftzten Nehme, aüß dem tieffen trübsalß Meer,
gieng da alß aüf wüster heÿde, klagte sehr in meinem leÿde.

Bald ich in der abendröhte, da ich gleich zŭ bette wolt,
hörte wie eine mir entböhte, daß ich so Nit trawren solt,
Sie, die liebste meiner sinnen, wehr Nit allzŭweit von hinnen.

Jch zŭgleich voll frŭcht vnd frewde, dachte, wie trifft dieseß ein,
daß aŭch in dem grossem leÿde, sie Nit solte ferne sein,
dŭ Mŭst selbst dein grosseß klagen, dort fŭr ihre thür hintragen.

Wie Nŭn bald der Morgen kam, thät ich mich erst recht besinnen,
zŭr hand den Calender Nam, da ich fand gezeÿchNet innen,
Daß der edler lieber tag, aberMahl herannen brach.

Sprach ò schönste meiner sehlen, Jhr Nür [!] meineß lebenß frewd,
Soll ich mich Noch lenger qŭehlen, weiln hereinbricht diese zeitt,
Da ich frewdig sagen kan, sieh meine liebsten tag bricht an.

Dan, so lang daß Nit geschiehet, war Nŭr tieffeß hertzen leid,
aŭch der leib gar sehr beMühet, sich in stehtem hartem streit ,
Da Nichtß ist alß angst vnd weh, ich geh, gleich liege, oder steh.

Doch wan Nŭr in solchen zagen, Jhr der schönen damen chron,
wollet mir ein wort zŭ sagen, weichet alleß leÿd davon,
Vnd ich thŭe in frewden stehen, wan ich eŭch werd vmb
Mich sehen.

[82v]
Ob nŭn zwar aŭf mein begehren, bald kein fortgang folgen will
Wirt doch gott mein Schmertzen wehren, der Mich drücket allzŭviel
Vnd ihr solt zŭm trost hir wissen, daß daraŭß wirt freŭwd erspriessen

Dan waß Nützet doch die traŭbe, alß ein idren woll bewŭst,
eh man dŭrch der pressen schraŭbe, drŭcket heraŭß ihren Mŭst.
Vnd also für traŭwrer sinnen, anfang edler wein zŭrinnen.

Seht doch wie in spitzen dörnen, Schone Rosen artlich stehn,
ob zwar vnkraŭt hind: vnd vornen, heŭffig thŭt darŭber gehn.
dennoch wan sie wird gerieben, stärcke krafft von ihr ge=
trieben.

Vnß verlassen, wie wir meinen, traŭw ich wirdß aŭch so ergehn,
daß, ob wir zwar gleichfalß weinen, dennoch Nit ohn hŭlffe stehn,

biß die rechte liebeß probe, stehteß dülden an vnß lobe.[1]

Nehmt derwegen diesen band, vnd aŭch die geringe gabe,
welche kombt von trewer hand, weiln ich itz Nit anderß habe,
zŭr getreŭwen MeÿNŭng an, er wirt helffn der helffen kan,

Welcheß ich zŭ dieser stŭnde, NochMahlß wŭndsche wie vorhin,
Vnd sage mit offnem Mŭnde, daß ich Noch derselbe bin,
Vnd gedencke stehtß zŭ bleiben, der ewren tag weiterß
will beschreiben:

Darŭmb ich verzage Nit, weiln Noch edle hoffnŭng ist,
die mit stärcker zŭversicht, festen glaŭben giebt zŭr frist.
Vnd wirt dieser schwehren sachen, bald ein gŭten endschafft
machen.

Will also dieß creŭtzeß pein, biß zŭr gŭten Neŭwen post,
mir lassn süß alß zŭcker sein. Vnd dieß haben zŭ einen
trost, biß ich werde ohne leÿden, aŭf der gewŭndschten
heÿden weÿden.

Aŭf Ewr: Edlen tŭgend gebŭhrt
oder Nahmenß tag, zŭ ehren ge=
schrieben vnd gesetzet, von
Ewren getreŭwen gŭtß
gonnern.

[83r]
[*unten auf der Seite Zeichnung von einer rechten Hand, rechts und links daneben jeweils zwei Einschnitte im Papier für ein eingelegtes Band, sonst leer*]

[1] Wort überschreibt älteren Text, evtl. ›habe‹.

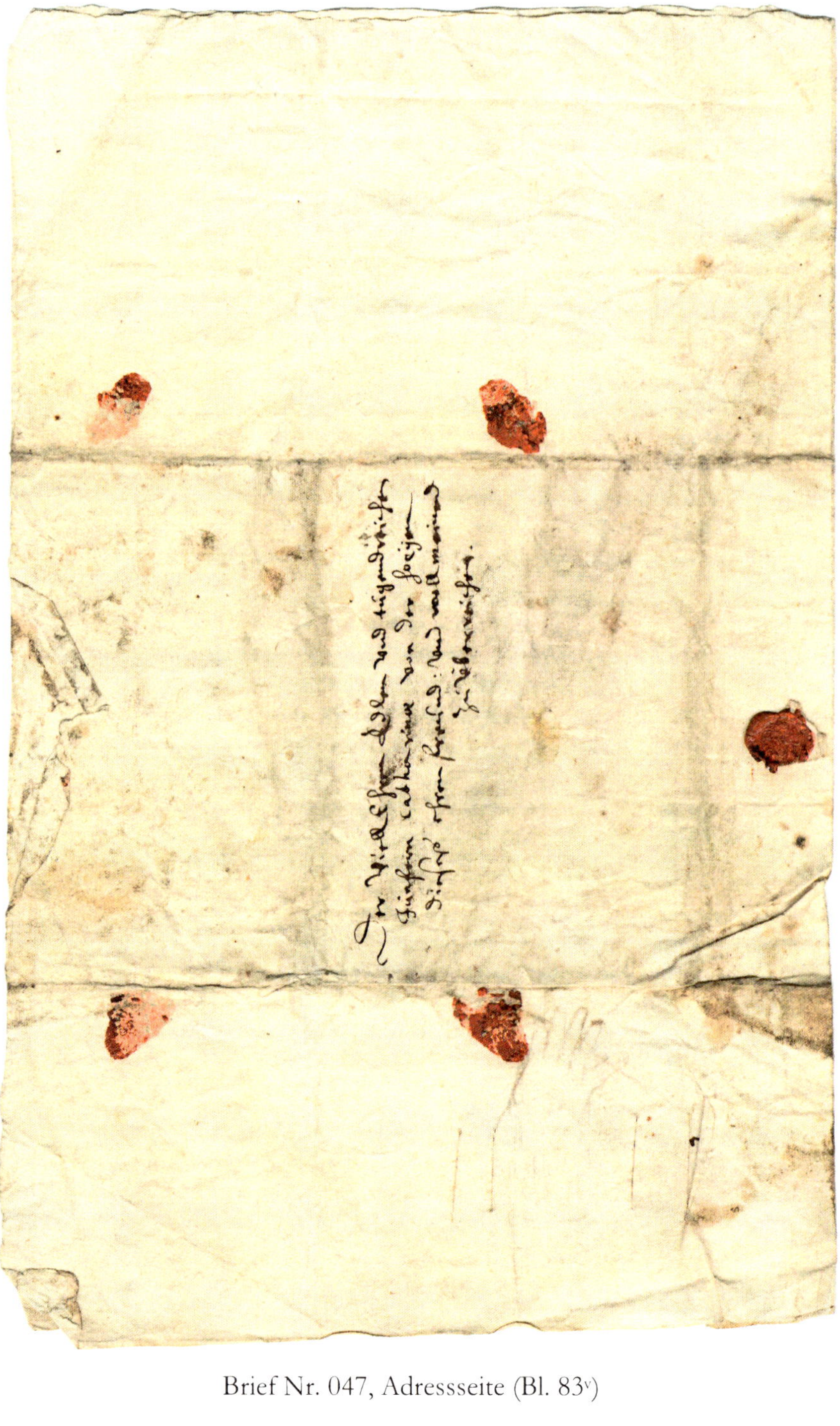

Brief Nr. 047, Adressseite (Bl. 83v)

1646

048 – zum Osterfest 1646 [undatiert]

Caspar[(a)] an Catharina[(a)]

BO 6, Bl. 63$^{r–v}$, ein Blatt, ca. ⅓ groß, verso leer.

Datierung: Dass Ostern direkt bevorsteht, geht aus dem Brief hervor. Im Jahr 1646 lag Ostern auf dem 29. März. Dieses Jahr passt insofern, als es sich um eine Zeit relativer Ruhe handelt. Denn im Brief ist keine äußere Bedrängnis oder Zwietracht erkennbar. Auch ist keine anstehende oder gerade beendete Reise erwähnt.

Inhalt: Caspar sendet Catharina zum Osterfest 40 Taler als Geschenk, das sie nicht verschmähen, sondern nach Belieben ausgeben möge. Er hätte auch gerne Reichstaler gesandt, aber im Ausgeben sei es gleich. Mit den besten Wünschen für das Osterfest und einer guten Nacht ist und bleibt er ganz ihrer, so lange er lebe.

[63^{r}] Hochgeehrteß Edleß ehren hertz, ich bitte gantz dienstlich
sie wolle diese zūsandte vnd abgezehlte viertzig thall zūm spiell
geld, aūffß kūnfftige gottliebeß Osterfest, Nit verschmahden, son=
dren in gewogenheit anNehmen, zū ihrem belieben aūßgeben
vnd anwenden, wobeÿ ich ihr vnd mich einen frolichen, lieben
vnd gewūndscheten heyligen ostern, zū allen behaglichen
gedeÿen hertzlich will gewūndschet haben, wolte woll specie
Rthall gesand haben, vermeine aber aūßzūgeben soll eß
gleich gelten, adieū zū gerūhsahmber gūter Nacht, mein
aūßerwehlteß hertz, der~~er~~[1] ich bin vnd bleibe so lange
der ohdem in mir.

049 – ca. 10. Juni 1646 [undatiert]

Caspar[(p)] an Catharina[(i)]

BO 6, Bl. 75$^{r–v}$, ein Blatt.

Datierung: Der angesprochene Prozess von Catharina gegen Jakob Höppener begann am 28. Mai 1646. Die Zeugen wurden am 4. Juni vernommen und am 11. Juni vereidigt. Das zum Zeitpunkt des Briefes offensichtlich noch nicht gesprochene Urteil erging am 18. Juni 1646.

---

1 Wortende durchgestrichen.

Inhalt: Caspar ist besorgt, weil Catharina mit [Jakob] Höppener prozessiert, kann aber nichts tun. Er hätte jedoch gehofft, dass sie klüger sei und nicht mit Höppeners Frau zankt, weil aus gegenseitigen Beschimpfungen nichts Gutes entstehen könne. Sie hat sich für [Hermann] Claussen engagiert und dadurch die Leute gehässig gemacht, die aber bei ihr gleich ängstlich flüchten würden. Da es geschehen ist, kann man es nicht ändern, nur daraus lernen, beim nächsten Mal vorsichtiger zu sein.

Caspar hat ihren Brief bekommen und [dem Gerichtsvogt (Richter)] Franz Greffer († 1657) geraten, die Sache zu verwerfen, besonders weil er gestern von Claussen gehört habe, dass mit Seide bestochen worden sei, um das Recht zu beugen. Jetzt rät er aber, es dabei zu belassen, weil Greffer alle Zeugen gehört habe und völlig im Bilde sei. Sie könne aber an diesen schreiben und ihn ermahnen, er möge sein Amt neutral ausüben. Sonst bleibt noch, sich beim Rat zu beschweren. Elert Reese († 1654/55) meint wohl, dass [der zweite Richter] Dietrich Korbmacher († 1656) sich Freunde machen will, indem er eine gütliche Beilegung erreicht. Der wird deshalb das Verfahren (für Catharina) erschweren. Aber das gilt nichts, denn man strafe erst die von Höppener ausgegangene Gewalt, dann die Beschimpfungen [durch Catharina].

Wenn sie zu Korbmacher gehen will, könne sie es tun, solle sich aber nicht beirren lassen und auf der zugefügten Gewalt durch Höppener beharren. Das sei nach lübischem und anderen Rechten geregelt und werde auch von den Ratsherren bei der Wahl verlangt: Selbstjustiz ist verboten, und Frauen und Jungfern sind besonders zu schützen. Caspar schreibt ihr einen Brief vor, den sie an Bürgermeister Stampeel schreiben könne. Darin erklärt sie ihr gestriges Anbringen: Sie wollte ihn bitten, dass er Greffer wegen seiner ›fast doppelten Verwandtschaft‹ mit Höppener (durch seine Frau) dazu ermahnt, nach Eid und Gewissen zu urteilen. Sonst könne Catharina auch an Greffer schreiben und ihn an seine Zusage erinnern. Er möge nach Recht und Gewissen und nicht nach Freundschaft urteilen. Zum Schluss wünscht er alles Gute und die Überwindung ihrer Feinde. Er rät noch, sich von unnötigem Zank fernzuhalten, und verbleibt als ›versprochener Ehrendiener‹.

[75r] Mein Edleß hertz, wie sehr schmertzlich mir process, darinnen ihr
mit hoppenern gerahten zü hertzen gehet, ist gott bewüst, vnd Müß
eß an seinen ohrt gestellet sein lassen, in Mittelst hette ich aber
woll verhoffet, sie alß eine verständige, sich solcher lümpen händel
Nit würde angemasset, vnd in vnNotigen Zanck, mit hoppenerß
fr: gegeben haben, dan aüß schelten vnd wider schelten Nichtß güthß
entstehet, ihr Nehmet oder habt eüch deß claügson so sehr ange=
nommen, vnd viel leüte gehässig geMächet, waß giltß, da
gott[1] fürseÿ, sie würden in solchen fellen daß hasen paneir
beÿ eüch aüfsetzen; iedoch geschehene dinge stehen Nit zü endren

[1] Erster Buchstabe korrigiert aus ›f‹.

sondren lehren wie man aŭf ein anderMahl fürsichtig handle.
E. tügend: schreiben habe ich woll eingeNommen, aŭch heŭt morgen
den frantz greven zŭ verwerffen gerahten, sonderlich weiln ich
gestern von härman clagson verstanden, daß ein stück seÿden grob
grün Müglich in die hand, daß recht zŭ beŭgen, gestochen, itzo
aber ist mein raht, weiln er in der sachen anfangß biß zŭ ende
gesessen, die zeŭgen verhöret, vnd also woll vnterrichtet, daß man
ihn dabeÿ lasse, gleichwoll Mag E. tügend, ein schreiben an
denselben ergehen lassen, vnd bitten sein ambt zŭ behertzigen
keine freŭndschafft anzŭsehen, sondren waß rechtß vnd gewissenß
halber passiren[1] kan, zŭ sprechen, solte eß aber vber hoffen
anderß dan zŭr gnŭeg ergehen, so kan man an den gantzen
raht appelliren vnd zŭm hogsten beschwehren. deß elert
Resen anbringen vermeine ich, wie etzlicher[2] massen kündge=
worden ist dahin gerichtet, daß Korffmacher die sache gerne
vertragen vnd sich eine ehre oder freŭndschafft dadŭrch er
werben wolle, wirt derowegen die sache Schwehr machen
vnd bald dieß bald ieneß an ziehen, solcheß[3] alleß[4] kan Nichtß
Machen[5], will man von schelten sagen, ist eine sonderliche
sache, man straffe ihm ersten seineß verbrechenß vnd ge
waltß Nach beliebŭng der rechte, alß dan konnen
die iniurjen oder scheltwort aŭch woll hingeleget
werden; wollen E. tügend: zŭ Korffmachern gehen
will ich in ihren belieben gestellet sein lassen, alleine
lasset eŭch Nit dŭrch diese oder iene draŭwworte be
rehden, besondren beharret einig vnd alleine aŭf die
grosse gewälde vnd straffe derselben, so woll Nach
lübschen alß andren rechten, wie zŭm exempel alhie
aŭch vom rahthaŭse beÿ erwehlŭng der rahtßherren vor
annen gesaget wirt, ich verbiehte eÿgen recht, item
ein ider halte eine hovsche[6] Mŭnd vnd hand aŭf fr: vnd
Jŭngfr: beÿ högster straffe deß rahtß, wider dieseß
alleß hat hoppener gehandelt vnd also straffwürdig

[75v] an H Stampelen kan E. tügend folgende MeiNŭng schreiben
Edler, gestrenger H bürgMäister geehrter H, waß mein

1 Oder ›pahriren‹?
2 Wortanfang korrigiert aus ›itzlicher‹?
3 Wort korrigiert.
4 Wort korrigiert.
5 Wort korrigiert aus ›Man‹?
6 Unklare Bedeutung.

anbringen beÿ denselben gestrigeß tageß gewehsen, aŭch
sonsten abgerehdet, verhoffe ich er sich annoch wirt be
scheÿden konnen, wan ich dan meiner eltern raht
gepfflogen, vnd derer meiNŭng, den H frantz greven, weiln
er fast[1] biß aŭßdracht der sachen vmb vnd an gewehsen
ohne sonderliche argwohn Nit zŭ verwerffen, sondren
viel mehr an zŭrehden, daß er seineß ambteß pflegen
vnd Nach geleistetem eyd vnd gewissen richten wollen,
Alß habe ich E. gst: solcheß, weiln ich wegen schwacheit der
aŭgen Nit aŭßgehen kan, schrifftlich endecken vnd daneben
ehrendienstlich bitten wollen, sie gerŭhen vnbeschwehret
entweder mir H greven Mŭndlich zŭrehden, oder aŭch
dŭrch den diener zŭ entbiehten lassen, daß ich[2] beÿ E.
gestr:
~~tŭgend~~. gewehsen, vnd solcheß, weiln er den hoppenern
seiner fr: halber fast doppelt verwand, ihm anzŭmel
den vnd anzŭermahnen gebehten, verhoffe solcheß
waß frŭchtbahrlicheß aŭßrichten werde, daNeben ich
meinen hochgeehrten H ehrendienstlich, diese meine kŭn
heit im schreiben vnd anMuhtŭng Nit zŭ verdencken, son
dern mein gewogener H zŭ verbleiben, will gebehten
haben, E. gest. Ehren willige. C. V. D. H. Sonsten
konnen E. tŭgend aŭch an greven schreiben, die grosse
zŭsage, die er fŭr diesen gethan erinneren, vnd bitten[3]
Nach recht vnd gewissen, vnd Nicht Nach freŭndschafft
zŭrichten, wie sie solcheß am besten Machen wirt.
womit ich E. tŭgend. gotteß gnadiger bewahrŭng, alleß
behaglicheß wollergehen vnd ŭberwindŭng ihrer fein
de hertzlich will gewŭndschet, vnd herNach Mahlß fŭr solchen
vnNotigen zanck zŭhŭten gebehten haben, verbleibe

derer tŭgenden

lich ach nie[4] versprochener ehren
Serviteur vnd
Cspave.[5]

[*unten auf dem Blatt einige Kritzeleien, wohl von Catharina, auf dem Kopf:*]

---

1 Erster Buchstabe korrigiert aus ›b‹.
2 Korrigiert aus ›er‹?
3 Erster Buchstabe korrigiert aus ›s‹ oder ›f‹?
4 Gehört zu den folgenden Kritzeleien, aber dies richtig herum.
5 Unterzeichnung unklar, eine anagrammatische Spielerei?

Ehrenvester
~~knüwe~~ hartz vnd
~~H ferüw~~ vd Ehr
hartz lieber her
Ehren Kaŭwen ~~Catharinen~~ wegen der
Kaŭwer

050 – 25. November 1646 [undatiert]

Caspar[a] an Catharina

BO 10, Bl. 80^r–81^v, ein Bogen mit 2 Blatt, Bl. 80^v leer.

Datierung: Aus dem Anlass Geburts- und Namenstag ergibt sich die Datierung auf den 25. November. Das Gedicht zeigt Caspar wie so häufig als Bittsteller, weil er sich ihrer Treue nicht sicher ist. Hier scheint Catharina ihm jedoch auch vorzuwerfen, dass sein Treueversprechen nicht ehrlich gemeint sei. Caspar montiert und transformiert dabei zunächst jedoch Versatzstücke von Gedichten Paul Flemings, der sich 1635/36 und 1639 in Reval aufhielt und hier in Heinrich Niehusens Tochter Anna seine Braut gefunden hatte. Allerdings verstarb Fleming auf der Rückreise nach Reval 1641 in Hamburg, ohne dass die Hochzeit gefeiert werden konnte.

Bei der ersten Strophe von Caspars Gedicht handelt es sich um den Anfang von Flemings Sonett „Zu Terki in Zirkassen", das er laut Adam Olearius bei der Rückreise aus Persien am 21. Mai 1638 geschrieben hatte. Es war erstmals im *Prodromus* (Hamburg 1641) gedruckt worden und befand sich in den *Teutschen Poemata* (Lübeck [1646]) im ›neuen Buch der Poetischen Wälder‹ als neuntes Gedicht (S. 193). 1647 wurde es außerdem in der Reisebeschreibung von Olearius abgedruckt (S. 520). Caspar dürfte die Fassung von Olearius nicht bekannt gewesen sein, da er – wie Olearius – den vierten Vers gegenüber der Erstfassung von den „Göttern" zum christlichen Gott verändert, allerdings auf ganz eigenständige Weise. Welcher Abdruck des Gedichts ihm vorlag, ist anhand der geringen Abweichungen nicht mit Sicherheit zu entscheiden. Allerdings ist auffällig, dass er in Vers 4 von beiden Flemingschen Fassungen abweicht. Hat der *Prodromus* „Auff einmahl vns benimpt", so steht in den *Teutschen Poemata* „auff einmahl nimmet hin". Caspar schreibt hingegen „Aŭf ein Mahl hinweg Nimbt". Das ist gegenüber dem *Prodromus* qualitativ verändert, indem der personale Selbstbezug verschwindet. Genau dies ist auch, freilich in anderer Wortwahl, in der Fassung der *Teutschen Poemata* geschehen. Hätte Caspar diese Fassung vorgelegen, dann wäre eine Veränderung also nicht notwendig gewesen. Insofern ist wohl davon auszugehen, dass Caspar den *Prodromus* vorliegen hatte – wenn nicht in Reval zu jener Zeit andere, vielleicht handschriftliche Fassungen kursierten. Denn Fleming hatte zweifellos viele seiner Sachen bei seiner Abreise 1639 in Reval zurückgelassen.

Die zweite Strophe ist Flemings Sonett „Dreien Schwestern" entnommen, das im *Prodromus* (Bl. D6^r) und in den *Teutschen Poemata* (Sonnette III, 89; S. 656–

657) gedruckt wurde. Wieder handelt es sich um den Anfang des Gedichts. Und wieder kann vermutet werden, dass Caspar den *Prodromus* vorliegen hatte. Denn trotz aller sichtbaren Veränderungen setzt er im zweiten Vers wie im *Prodromus* „vmb vnd an“, während die *Teutschen Poemata* „ümm und an“ haben.

Für Strophe drei bis sechs fallen die starken Anleihen bei Paul Flemings Gedicht „An Anemonen“, ins Auge, das 1639 entstanden sein dürfte. Die im Original vier Strophen umfassende Ode ist sowohl im *Prodromus* (Bl. E3^{r}), als auch in den *Teutschen Poemata* (Oden V, 42; S. 543–544) enthalten. Die Unterschiede der Abdrucke sind äußerst gering. Der *Prodromus* hat lediglich in Zeile zwei noch „meines Hertzen“ gegenüber den *Teutschen Poemata* „meines Hertzens“ – das auch Caspar hat. Aber seine Eingriffe in den Text sind so kräftig, dass diese Veränderung nicht notwendig auf die Benutzung der Gesamtausgabe von 1646 deuten muss, sondern auch seinem Sprachgebrauch angepasst sein kann.

Die Strophen sieben bis zehn dürften angesichts großer metrisch-sprachlicher Mängel wohl eher von Caspar selbst gedichtet sein. Auffällig ist, dass die drei von Caspar verwendeten Gedichte Flemings sämtlich im *Prodromus* (1641) zu finden sind, so dass ihm wahrscheinlich doch diese Ausgabe vorlag. Deshalb könnte der Brief auf den November 1641 (nach einer überstandenen Krise in der Beziehung) datiert werden; und Caspar hätte in diesem Fall ganz aktuell reagiert. Da die Vorrede des *Prodromus* jedoch erst im Juni 1641 in Reval (!) vom Herausgeber Adam Olearius unterzeichnet und das Büchlein dann in Hamburg gedruckt wurde, ist es unwahrscheinlich, dass im November bereits ein Exemplar in Caspars Hand sein konnte, zumal er offenbar keine persönliche Beziehung zu Fleming oder Olearius hatte.

Der Brief kann demzufolge wohl erst nach diesem Jahr datiert werden. Caspar leidet sehr und hofft, dass im folgenden Jahr alle erlittene Gefahr und Mühe beendet werden. Da er Catharina auffordert, weiter treu und beständig zu sein, gibt es zu dieser Zeit offensichtlich keine Entzweiung. Die Jahre 1642 und 1643 kommen eher nicht in Frage, weil die Beziehung zu dieser Zeit in einer weiteren, länger andauernden Krise steckte, die dann 1644 abgelöst wurde durch Caspars Auseinandersetzung mit dem Rat und den Priestern. Zu dieser Zeit war er bei Catharinas Eltern nicht willkommen. Für das Jahr 1645 ist dann bereits ein anderes Gedicht angesetzt. In den weiteren Jahren kommt am ehesten 1646 in Frage, da hier insgesamt relative Ruhe herrschte. Danach kommt kein Jahr mehr in Betracht, da er 1647 bis 1649 bei den Hoyens nicht frei einkehren und sich von Catharina bedienen lassen durfte, wie er es im Gedicht ausmalt.

Inhalt: Caspar schreibt ein Gedicht von zehn (eigentlich) vierzeiligen Strophen zum Geburts- oder Namenstag von Catharina mit der französischen Adressierung „An die Schöne und Tugendhafte“: Nach Leid und großer Not komme ein Tag der Fröhlichkeit, den Gott uns verleiht. Sie sei freundlicher und gütiger, schöner und tugendhafter als eine Göttin, (s)ein Schatz auf Erden. Seine Wonne und Zier seines Herzens, Klarheit und Sonne; sie glaubt, was er (sein Mund) verspricht, sei nicht ehrlich gemeint? Das sei ein Irrtum, der sie um das klagen lasse, was ihr doch nicht fehle; Zeit und Ort sind nicht wichtig, denn wahre Liebe hält ihr Versprechen. Alle seine Gedanken und Seufzer sind bei ihr, auch seine Tränen sendet er zu ihr. Sie möge glauben, was er ihr zusage: dass er ihr eigen ist; nur sie sei ihm die Liebste. Sie nehme das Band und die geringen Gaben von seiner treuen Hand, davon soll es noch mehr geben; er hofft, übers Jahr werden das erlittene Leid, Mühe und Gefahr enden. Gott gebe, dass er zur Gabe ihren Mund küssen könne; jetzt möge sie feiern und Traurigkeit vergessen. Melancholie sei fern, sie möge für ihn fröhlich sein und das Beste für ihn aufsetzen, dann habe er auch morgen davon; sie soll Wirtin sein für ihn, er trinke so gut er könne und komme morgen gerne wieder. Sie lasse es sich gut ergehen und bleibe ihm treu wie er es tue; er fühle gleiches Leid. Wenn es stimmt, dass Fröhlichkeit nach Leid süßer wird, möge sie sich gedulden. Gott möge ihnen zur Freude verhelfen. Er unterzeichnet seufzend aber wohlmeinend.

[80r] [*quer, nach links gedreht:*]

Der Viell ehren Edlen vnd tŭgendreichen
Jŭnckfraŭwen, Catharinæ von der Hoeÿen
zŭ ehren, alß dieselbe ihren gebŭhrtß
oder Nahmen tag beging, geschrieben
trewhertzlich.

[81r] A la Belle et Vertŭeŭx.

Aŭf hŭndert Ach vnd weh, aŭf taŭsend Noht vnd Mühen
Aŭf hŭndert taŭsend leid, kombt ein tag endlich her,
Der alleß ach vnd weh, Noht, Mühe, leid, beschwehr,
Aŭf ein Mahl hinweg Nimbt, Solcheß tŭht vnß gott verliehen.

Wie freŭndlich, wie geNeÿgt, wie gütig an gebärden,
Wie zart, wie tŭgendhafft, wie artlich vmb vnd an,
Alß Keine gottin Nicht geschätzet werden kan,
So hoch begabt seid ihr, ò schatz aŭf dieser erden.

Ach Catharina Meine wonne, Meineß hertzenß stehte zier,
Meine Klarheit, meine sonne, thŭt doch einß glaŭben schier,
gedenckt ihr, waß Mein Mŭnd verspricht,
Meine Mein geMühte Nicht.

Nicht so liebste last eŭch sagen, eß ist ein betrogner wahn,
Der eŭch heisset darŭmb klagen, daß eŭch doch Nit fehlen kan,
Waß betrübt eŭch zeitt vnd ohrt,
Wahre liebe helt ihr wort.

Nacht vnd tag vnd alle blicke, gehn aŭf ewr gedächtNŭß hin,
Waß von seŭfftzen ich verschicke, heiß ich alleß zŭ eŭch ziehn,
Vnd die thränen meiner pein, send ich schatz zŭ eŭch allein.

Ach Nŭn catharina gleŭbe, waß ich eŭch selbst sage zŭ,
Der ich äÿgen bin vnd bleibe, Catharina daß bistŭ,
Catharina meine zier, Jhr seid Nŭr die liebste mir.

Nehmet hin den geringen band, vnd die gar geringe gaben
Eß kombt von getreŭwer hand, Jhr sollet Noch mehr der haben,
Jch hoffe in diesem iahre, Soll ia alleß hertzen leid,
gehabte Mühe vnd gefahre, sich enden thŭn zŭ der zeitt.

[81ᵛ]

Solcheß gebe gott aŭß gnaden, Spreche ich aŭß hertzen grŭnd
daß ich doch zŭr gŭten gaben, Moege küssen ewren Mŭnd.
Nŭn so feÿret ewren tag, itz in aller froligkeit,
Vnd Machet eŭch gŭte sach, reisset hin die trawrigkeit.

Hinweg fahre Melancholeÿ, Setzet für mich aŭf daß beste,
dan so hab ich Morgen freÿ, Noch daß frühstück in dem reste.
Nehmet mich doch frölich an, seid wirtinne, setz eŭch Nieder
Jch trincke so viel ich kan, komme Morgen gerne wieder.

gehabt eŭch woll meine lŭst, bleibet vnverwand im hertzen
Jch thŭ solcheß aŭch gerŭst, vnd fühle gleiche schmertzen
Jstß wahr daß alle froligkeit, wirt fein süsser Nach dem leÿden
So schicket[1] eŭch in die zeitt, Ach gott helffe vnß zŭr frewden.

geschrieben aŭß seŭfftzendem
iedoch wollmeinenden hertzen.

den ihr wan ihr ihm sehet
woll kennet.

[*unten auf der Seite eine rechte Hand gezeichnet, daneben Einschnitte für das ehemals eingelegte Band*]

---

1 Wort korrigiert.

1647

051 – ca. Februar 1647 [undatiert]

Caspar[(a)] an Catharina[(a)]

BO 6, Bl. 96^r–97^v, ein Bogen mit 2 Blatt, Bl. 97^v leer.

Datierung: Der erste erwähnte Prozess von Ewert Kahl gegen Iwan von der Hoyen ist nur mangelhaft dokumentiert. Jedenfalls wurde am 14. Januar 1647 zum zweiten Mal zitiert. Zu dieser im Brief erwähnten Zitation ist Iwan nicht erschienen. Weitere Termine scheint es dann nicht gegeben zu haben; vielleicht hat Caspars Brief bewirkt, dass Catharina und ihr Vater sich mit Kahl geeinigt oder das Verlangte gezahlt haben. In dem zweiten erwähnten Prozess, nun von Iwan gegen Ewert Kahl, wurde am 18. Juni 1647 entschieden, dass die Ratsherren Christoffer Derenthal, Berent Hetling und Michael Paulsen eine Begehung durchführen und die Gebäude vor Ort in Augenschein nehmen sollten. Genau dies sagt Caspar in seinem Brief hier voraus, der folglich vor dem 18. Juni zu datieren ist.

Es ist äußerst bemerkenswert, dass in diesem Brief keine Spur einer intimen Beziehung zu finden ist. Die Anrede „Hochgeehrte Jungfer" ist außergewöhnlich selten und relativ distanziert. Möglicherweise war dies jedoch Absicht, weil der Brief Catharinas Eltern vorgelegt werden sollte und diese keinen Verdacht schöpfen durften.

Inhalt: Caspar weiß nicht, was er Catharina raten soll. In der Sache, einem Prozess mit dem Nachbarn Kahl, in dem sie zahlen müsse, sei er unerfahren. Weil auch Korbmacher dazu rate, die von Kahl geforderten Gelder zu zahlen, könne er ebenfalls nur dazu raten. Aber weil Korbmacher zweimal zitieren ließ und kein drittes Mal erfolgt, müsse man als Beklagter nicht antworten, wenn nicht von Seiten des Richters andere Gründe vorlägen, die sie erfragen sollten. Wenn aber Catharinas Mutter gegen die Geldforderung Einspruch erhebe, dann rate er, dass man den Prozess laufen lasse und seine Unangemessenheit zeige. Wenn er dann nicht mehr zu gewinnen sei, werde immerhin seine Unrechtmäßigkeit offenbar.

Die andere Sache gegen Kahle – wegen des Ofens, eines Ankers und des Fensters zum Hof – sei schwierig, weil ihre Eltern eingewilligt und die Jahre über geschwiegen haben. Sie waren dazu aber nicht befugt, weil es ein Erbhaus sei. Deshalb könnten die Kinder es anstreiten, wenn sie mit ihrer Schwester einig sei. Dass aber ihre Mutter sich notiert hat, sie habe nicht eingewilligt, um die Rechte der Kinder nicht zu schmälern, sei beim Gebäude und dem Fenster eine gute Grundlage. Beim Ofen sei es klar unrechtmäßig, der wäre so groß nicht gestattet worden und könnte leicht einen Brand auslösen. Deshalb wird sicher eine Begehung durch die Kammerherren erfolgen, die den Ofen wegen Feuergefahr verbieten werden. Auch die Anker wären nur mit Einwilligung gestattet worden. Wenn das alles berücksichtigt wird, und man sich mit Beschimpfungen – wenn möglich – zurückhält, wird ihnen Recht gesprochen. Der Ofen werde dann weggeräumt, die Anker jedoch bei Erstattung des Schadens gelassen. Wegen des Fensters zum Hof müsse man eine Mauer so hoch errichten, dass man ihren Hof nicht mehr einsehen kann. Soweit rät er in der Sache. Außerdem hat Caspar mit dem Bräutigam von Keutenbrauers Tochter (=?) gesprochen. Dieser will die Sache ›bedienen‹, und Caspar will ihn instruieren, wenn es zum Prozess kommt.

[96r] Hochgeehrte Jŭnfer, ich weiß Nit waß ich derselben in
dieser sachen rahten kan, alldieweiln mir solche gar vn=
bekant, ohne waß ich zŭweilen davon etwan rehden
gehöret; weiln Nŭn korpMacher zŭ zahlŭng der gelde
welche kahle fodren thŭt, selbsten rahtet, so weiß
ich aŭch Nit anderß darinnen zŭ schliessen, alß, dafer=
ne seine foderŭng rechtmessig, vnd ihr dawider mit
rechte Nichtß zŭsagen, daß man die zahlŭng thŭe,
lassen
iedoch, weiln er zweÿmahl Citiren /, vnd zŭm dritten
Mahl Nit effterfolget, ist man verMŭege der rechte
weiterß, alß beclagte, zŭ antworten Nit schŭldig, eß
were dan, daß der richter in ertheilŭng der Citation
selbsten schŭldig, vnd gewisser vhrsachen den gerichtß
tag[1] verschoben, oder keine Citation gestahten wollen
darŭmb ihr eŭch beÿ dem richter zŭ erkündigen:
hat aber E. fr: Mŭtter, wider die foderte gelde, mit
gewissen vhrsachen zŭsprechen, so were mein raht, daß
man den process folgete, vnd seine vnbilligkeit, ie=
doch mit bescheÿdenheit, darthäte, alß dan, wo ia
Nit mehr zŭgewinnen, dennoch die vnrechtmessig=
keit kŭnd vnd offenbahr wŭrde: die andre actio
welche ihr wider ihm, wegen deß backofen, legŭng
der ancker vnd fenster zŭ hoffe, zŭ haben vermeinet
kan woll etwaß dispŭtirlich fallen, weiln Ewre
ältern darinnen Consentiret, vnd so viel iahr hero
beÿ deß alten zeiten geschwiegen vnd Nit getrieben
womit sie besage der rechte, heimblich gewilliget,
iedoch weiln eß ein erbhaŭß, sein die ältern solcheß
Nit bemächtiget gewehsen, vnd kan mit gŭtem fŭeg
von eŭch kindern angestritten werden, doch Mŭsset
ihr mit ewer Schwester darinnen eÿNig sein.
vber daß hat ia die fr: Mŭtter in ihr bŭch gezeich
Net, daß sie darinnen Nit gewilliget, sondren der

[1] Das ›a‹ nachgeschrieben/korrigiert.

kinder recht bewahret, ist aūch ein gūth fūnda=
ment,

[96v] welcheß alleß vom gebäūwte vnd fenster im hoff
zū verstehen, die andre wegen deß backofen, ver
meine ich, daß solcheß Nit passiren kan, weiln der
selbe so groß wie befūnden, Nit zūgestahtet, ohne
wissen, da der Kahle daß steinhaūß innengehabt,
verfertiget, vber daß gar gefehrlich, vnd lichtlich eine
fewrßbrūnst dadūrch zūbesorgen, wan Nūn die
besichtigūng, wie billig, von denen Cämmerherren
geschehen Mūß, erfolget, werden sie solcheß, zū
verhūtūng fewrschadenß selbsten abzūschaffen
billigen, eß mochte dan gūnst fūr recht gehen
ebener gestahlt hat eß fast mit denen anckern
die beschaffenheit, welcheß eine schwehre servi=
tūt oder dienstbahrkeit, wie die iuristen
rehden, vnd mit Nichten, da Nit gar gūthwillig
darinnen gewilliget, zū gestahten: wan
solcheß alleß woll fūrgebracht vnd mit scheltworten
der Mūglicheit Nach eingehalten, ist Nit zū
zweifflen[1], daß eūch recht wider fahren Mūß.
der gestahlt, daß der backofen weggereūmet:
die anckere, da sie ia ohne schaden liegen konten
dennoch der gestahlt vergnūeget vnd bewahret
daß aūf allen fal, der daraūß entstehender schade
zūr erstahtūng verwissertt, vnd inß protocoll an
gezeichnet, wegen der fenster zū hoffe, eine
Maūwer aūfgezogen, so hoch daß man darūber
Nit zū eūch sehen konte, welcheß eūch weinig an
der lūfft hinderlich, sondren kahlen mehr schädlich
dieß ist mein weiniger raht, den ich meiner
hochgeehrten Jūnfr: dieseß mahl ertheilen kon
nen; Sonsten habe ich mit köÿten braūwerß

[97r] tochter bräūtgam gerehdet, welcher die sachen zū
bedienen zūgesaget, daferne eß Nūn zūm process
gelanget, will ich ihm dermassen vnterrichten
daß verhoffentlich alleß gūten erfolgen soll;
E. Edl: tūgend. gottlicher obacht empfehlen
mit freūndlicher gebūhrlicher begrūssūng.

---

1 Erster Buchstabe korrigiert.

052 – ca. Juni 1647 [undatiert]

Caspar[(a)] an Catharina[(a)]

BO 6, Bl. 65r–v, ein einzelnes Blatt, quer, ca. ½ groß, verso leer. Links oben abgeschnittene Reste von Text (unlesbar).

Datierung: Bei dem besuchten Hof der Frau Burtschen – das ist vermutlich Magdalena von Vietinghoff, Witwe von Heinrich Burt auf Tois und Ojentack – dürfte es sich um Tois (estn. Tohisoo) handeln, das 30 km südlich von Reval liegt und damit für einen kurzen Ausflug in Frage käme. In den Protokollen des Schwedischen Reichsrats gibt es keinen Hinweis auf eine Eingabe der Frau etwa am Hofgericht. Aber am 20. August 1647 unterzeichnete Königin Christina in Stockholm eine Urkunde, in der das Eigentumsrecht der Witwe Burt am Dorf Nurms bestätigt wird. Es liegt folglich nahe, dass Magdalena von Vietinghoff im Sommer 1647 in Stockholm war, um eben diese Bestätigung zu erhalten. Dann könnte dieser Brief von Caspar auf den Frühsommer 1647 datiert werden. Ein Zusammenhang mit den beiden Briefen Nr. 068 und 069 ist nur insofern zu sehen, als der in früheren Schreiben nicht erwähnte [Johann] Kalckbrenner († 1653) zu dieser Zeit offensichtlich ein enger Freund zu sein scheint.

Inhalt: Caspar schreibt an Catharina, dass er zusammen mit Kalckbrenner auf dessen Drängen hin ein bis zwei Tage auf das Land reisen wolle. Kalckbrenner wollte nach Treyden, was Caspar jedoch ablehnte, um den Leuten dort nicht zur Last zur fallen. Stattdessen wollen die beiden nun auf den Hof der Frau Burtschen, weil diese jetzt in Reval sei und nach Stockholm wolle, der Hof also ohne Aufsicht sei. Essen und Trinken nehmen sie mit. Sie wollten dort ein wenig Spaß haben, denn es sei ein angenehmer Ort, wo es Fische und Krebse gebe. Catharina möge ihm diese Erquickung für einen, zwei oder höchstens drei Tage (inklusive Hin- und Rückreise) gönnen, weil er gerade Zeit habe. Wenn sie sich ähnlich vergnügen will, wolle er ihr das auch gönnen.

[65r]

Mein hertzen kind, ich verhalte derselben Nit wie daß kalckbrenner mich so sehr gebehten, mit ihm aüf ein tag zweÿ zülande züreisen, da hat er Nach Treyden wollen, worinnen ich Nit gewilliget, dan man denen leüten in anrichtüng oder sonsten beschwehrlich, haben also geschlossen, weiln die fr: bürtsche itzo in der stadt vnd Nach Stockholm gehet, vnd also der hoff alleine, alda hin zü reisen, essen vnd trincken Mit vnß Nehmen, vnd vnter vnß ein weinig ergetzen, weiln man fische vnd Krebse alda hat, aüch sonsten ein lüstiger ohrt, bitte also E. tügend: wollen darmit züfrieden sein vnd eine solche erqüickùng[1], weiln ich itzo zeit habe, aüf ein tag 2. oder 3 züm hogsten[2], mit hin vnd heerreisen günnen, will gleichfalß wan sie etwa sich lüstiren wolte[3], damit zü frieden sein, gott befohlen in gnad vnd barmhertzigkeit.

---

1 Wortanfang korrigiert.

2 Durch Überschreibung korrigiert aus ›hoge‹.

3 Wortanfang korrigiert.

053 – ca. 14. Oktober 1647 [undatiert]

Caspar[(a)] an Catharina[(a)]

BO 6, Bl. 80^{r-v}, ein Blatt, ca. ¼ groß, verso leer.

Datierung: Zur chronologischen Einordnung kann über die offensichtliche Intimität hinaus nur der Hinweis auf Höveln herangezogen werden. Damit liegt der Zusammenhang mit dem folgenden Brief (Nr. 054) nahe.

Inhalt: Weil Catharina es gut heißt, will Caspar am Abend – wenn sie mag und es ihn wissen lasse – zu ihr auf die Kammer kommen. Dafür will er das mit Nikolaus von Höveln aufschieben. Er weiß auch keinen Grund, warum der ihn beschuldigen sollte, und will es abwarten.

[80^r] Weiln eß eüch also güth düncket mein hertzen kind, alß
will ich aüfm abend, wanß eüch gefellig, vnd ihr es mir
wissen lasset, aüf die cammer zü eüch Kommen, vnd
mit hövelen so lange anstehen lassen, ich weiß Nit waß
er für vhrsache haben solte, mir hart anzürehden
doch, stelle eß der zeitt heimb. gott befohlen.

054 – ca. 16. Oktober 1647 [undatiert]

Caspar[(a)] an Catharina[(a)]

BO 6, Bl. 84^{r-v}, ein Blatt, ca. ⅓ groß, verso leer. Ziemlich gekritzelt.

Datierung: Der Einzug von Caspar in Claussens Haus steht unmittelbar bevor oder ist soeben vollzogen. Ende Oktober 1647 (Nr. 055) sagt er, dass sein Schrank noch ›im andern Haus‹, also am alten Wohnort, sei (siehe unten). Caspar erwartet wohl, Höveln feindlich vorzufinden, denn die Priester waren dagegen, dass er in dieses Haus – so nahe bei Catharina – zieht. Wodurch die Bedenken beiseite geräumt werden konnten, ist hier nicht ersichtlich. Allerdings hat Caspar letztlich wohl klug taktiert. Denn Rat und Priester beschuldigten offenbar jeweils die andere Seite, gegen Caspars Einzug in dieses Haus zu sein, den juristisch niemand verwehren konnte.

Inhalt: Caspar teilt Catharina mit, dass er seine Meinung wegen Magister Höveln geändert hat und nun bis nächsten Samstag [das wäre der 23.] warten will. Dann wolle er zu ihm gehen, und ihm mitteilen, dass er ins Haus gezogen sei. Höveln möge dann für ihn von der Kanzel um Wohlstand und Erhaltung bitten, dann werde er hören, was Höveln dazu sage. Dann könne er sich besser verteidigen. Wenn er ohne konkreten Grund zu ihm gehe, könnte der glauben, Caspar habe Angst vor ihm, und sei noch feindlicher. Wenn der etwas von ihm wolle, dann könne er ihn fragen. Das würde er dann Catharina mitteilen und ihre Meinung einholen. Zum Abschluss erbittet Caspar für sie beiderseits Gottes Gnade und Bewahrung.

[84r] Jch habe mein einigeß hertz meine meiNüng wegen M. hovelen geendert, vnd vermeine besser zü sein daß ich solcheß anstehen lasse, biß zükünfftigen Sonnabend, alß dan ich zü ihm gehen vnd anmelden will, daß ich inß haüß gezogen, er wolle aüf der Cantzlen vmb güten wollstand vnd erhaltüng für mich bitten, alß dan ich woll verNehmen werde, waß er da züsagen wirt, vnd ich alß dan besser v̈hrsache mich zü verantworten, dan wan ich itzo ohne vhrsach hingehen solte, Mochte er vermeinen daß ich mich etwa fürchten thäte, vnd solte sich desto wider licher halten, will er waß von mir haben, so mag er mich züsprechen, welcheß ich E. tügend zü verstehen geben vnd ihr
Nach dencken erholen, daneben vnß beÿderseitß gotteß bewahrüng vnd gnade befehlen wollen:

055 – ca. 20. Oktober 1647 [undatiert]

Caspar(a) an Catharina(a)

BO 6, Bl. 86r–v, ein Blatt, Tinte schon stärker durchgeschlagen.

Datierung: Aus der Erwähnung Crusemarcks folgt die Datierung vor August 1648. Da Caspars Schrank noch ›im andern Haus‹ ist und zu Catharina geschafft werden soll, muss Caspar bereits in Claussens Haus gezogen sein. Der hier noch allgemeinere Plan zum Transport des – noch nicht ganz leeren – Schrankes und die Erklärung, warum sie ihn bekommen soll, erfordert die Einsortierung vor Nr. 056, wo konkret der Abend für den Transport genannt wird und der Schrank ganz leer ist.

Inhalt: Caspar antwortet am Abend auf Catharinas Schreiben und berichtet, dass seine Gäste Hans Reese und ihr Vater ihm nicht angenehm gewesen sein, denn Kalckbrenner und dessen unbekannter Kamerad sowie Crusemarck seien früh gegangen. Die anderen beiden aber seien gegen seinen Willen geblieben, und ihr Vater habe ihn beschimpft und ihm das Haus verboten. Das lasse er dahingestellt sein, beklagt aber, dass der Vater sich so betrinkt. Caspars Antwort darauf sei nur Schein gewesen und nicht seine wahre Meinung. Wie sie wisse, sei er nur ihr zugeneigt und treu. Man müsse vor Leuten vieles sagen, was das Herz nicht meint; es sei Gott geklagt, der es ändern könne. Bis dahin sei alles dahingestellt, was ihrer Heirat im Falle des Todes seiner Frau – wenn sie noch leben sollte – entgegensteht, und seine Zusage für Catharina sei gefestigt. Caspar wolle sich ›bei gutem Verstande‹ [nicht betrunken?] ins Bett legen und seine Not und sein Anliegen Gott im Gebet vortragen in der Hoffnung, Gott möge ihn gnädig erhören.

Der Schrank sei noch im anderen Haus, ganz leer bis auf einige Gläser mit Branntwein, die er morgen abholen lassen wolle. Dann solle sie den Schrank durch Caspars Knecht und einen Gehilfen während der Mittags- oder Frühpredigt oder morgen Abend zu ihr und in ihre Kammer bringen lassen. Das Zubehör solle dann bei Gelegenheit hingeschafft werden, aber alles ganz wie sie es wolle, damit es besser und unbemerkt geschehen könne. Er bittet, sie möge dies als Dank und Zeichen seines Willens annehmen und Gott ebenfalls mit Seufzen und Beten um Erhörung und Schutz vor Unheil und Verfolgung anflehen. Mit der Anrufung Gottes um Barmherzigkeit wünscht er Catharina und sich eine geruhsame Nacht.

[86r] Mitt wündschüng eineß güten abendß mein einigeß hertzen
kind, habe ich Nit vnterlassen sollen, dieß weinige aüf ihr an
mich ergangen schreiben zür freündlichen antwort einzüsenden vnd
zü berichten, wie daß mir die anwehsende gäste alß hanß
Rëse vnd ewer[1] lieber vater Nit woll angeNehm gewehsen,
dan kalckbrenner vnd sein Cammeraht, mir vnbekant,
Nebenst krüsemarcken zeittlich weggegangen, die andre
obengesätzete aber wider willen sich verzöegert, sonderlich
aber ewer lieber vater hatt mich hart angefahren, vnd
ewer haüß verbohten, daß ich dahin gestellet sein lasse,
ist zü beclagen daß der Man sich[2] so vberlahdet, waß
ich wider geantwortet, ist züm schein vnd Nit aüß ernster
meinüng geschehen, wie E. tüg: bester Massen wissend, daß
mein hertze zü keiner andren alß zü ihr geNeÿget, dabeÿ
ich beständig Negst gott beharre, dan Man viel für
leüten, ohne deß hertzenß MeiNüng aüßsagen Müß,
iedoch gott dem allmächtigen geclaget, der eß züm besten
endren kan, immittelst seÿ alleß, waß der heÿraht
aüf den thoteß fall meineß weibeß, da sie Noch leben
solte, belanget, dahin gestellet vnd ewer tügend:
alß meiner züsag festiglich hingestellet, ich will
mich in gotteß Nahmen beÿ gütem verstande in
Mein bette Niderlegen, vnd meine Noht aüch an
liegen in brünstigen gebeht fürtragen, der vnge=
zweiffelten hoffnüng, der högster gott mich gnädig
ansehen, vnd gebehtener Massen einMahl erhören werde,[3]
das schaff ist annoch im andren haüse, gantz ledig,
Nür einige gläse mit brandwein darinnen, will
sie Morgen geliebtß gott abholen lassen, vnd alß dan
vermeine ich, daß E. tügend. solcheß dürch meinen
Knecht vnd einen andren züm gehülffe, vnter die
Mittagß oder früh predigt, oder aüch morgendß

1 Erster Buchstabe korrigiert?
2 Korrektur im Wort?
3 Korrigiert aus ›wurde‹/›würde‹?

abendß solle zu sich bringen vnd aŭf ihre kammer
setzen lassen, alß dan daß ein gethümbte Nach ge
legenheit soll hingeschaffet werden, doch alleß

[86v] Nach E. tŭgend: eÿgen belieben vnd besser anordNŭng
die ich mir in allem gefallen lasse, damit eß desto besser
vnd vngemercket zŭgehen Möege; bitte mein einigß
hertze solcheß für danck vnd willen anzŭNehmen
vnd Nebenst mich fleissig seŭfftzen vnd bitten, daß
doch der allmächtiger gott vnser seŭfftzen vnd ge
beht in gnaden vermercken, erhören, ansehen
vnd begehter[1] Massen erhören, dabeNeben allen
vnheill, bose zŭsetzŭng stewren, wehren vnd
endlich in kŭrtzen erfreŭwen wolle, Amen dŭ
gott im hohen himmel erhöre[2] vnd seÿ barmhertzig
Amen, womit ich E. tŭg. eine gerŭhsahme Nacht
Nebenst mich hertzlich will gewŭndschet vnd alleß
wie oben gemelt inständig gebehten haben, der ich
bin vnd verbleibe

E. Edl. tŭg.
dienstwilliger vnd
getreŭwer .

056 – ca. 23. Oktober 1647 [undatiert]

Caspar[(a)] an Catharina[(a)]

BO 6, Bl. 85r–v, ein Blatt.

Datierung: Caspar ist soeben in das Haus von Claussen eingezogen. Deshalb muss dieses Schreiben nach dem Brief Nr. 054 datiert werden. Aus der Erwähnung des Schrankes geht eine Datierung nach Nr. 055 und vor Nr. 057 hervor, weil hier konkret der heutige Abend für den Transport genannt wird. Es könnte also der Tag nach dem vorangehenden Brief sein. Durch die Datierung vor Nr. 057 ergibt sich als Datum etwa der 27. Oktober 1647. Da der erwähnte Rostocker Bürgermeister Bernhard Kling (Clingius) am 30. Januar 1648 gestorben ist, muss dieser Brief zuvor verfasst worden sein.

1 Wohl Verschreibung für ›begehrter‹.
2 Korrigiert aus ›erhören‹.

Inhalt: Caspar berichtet Catharina, dass er bei Höveln war, um seinen Einzug ins Haus mitzuteilen und ihn zu bitten, morgen wie üblich nach der Predigt Gott um friedliche Wohnung und Erhaltung anzurufen oder – falls er nicht selbst predigen sollte – seinen Kollegen Sandhagen darum zu bitten. Höveln habe gemeint, dass es gerne geschehen sollte und er auch (durch sein Amt) dazu verpflichtet wäre. Er wünschte Caspar viel Glück, wofür dieser gedankt habe. Dann erzählte Höveln, dass Hermann Claussen bei ihm war und gesagt habe, Caspar würde nicht in sein Haus ziehen, weil im Rat bekannt sei, dass die Priester es nicht wollten. Daraufhin habe Höveln geantwortet, dass niemals davon die Rede gewesen sei. Es würde Caspar auch niemand verwehren können. Aber Höveln bat darum, dass Caspar sich wegen des Geredes der bösen Leute von Catharinas Haus fern halte.

Er sei auch lange nicht dort gewesen, entgegnete Caspar, nur jetzt, weil Landrat Metztacken in die Stadt gekommen sei, der bei Catharina zu Tisch gehe und ihn hinzu bitte, könne er nicht immer ablehnen. Das wollte Höveln gerne gestatten. Der beklagte dann Caspars ›elenden Zustand‹ und wünschte, dass Gott dem ein Ende machte (durch den Tod seiner Frau, versteht sich). Höveln berichtete auch, dass er einen Brief vom Rostocker Bürgermeister Kling erhalten habe, der Caspar grüßen lasse und dazu rate, dass seine Frau wieder zu ihm komme. Caspar sei dies egal, er habe deshalb an sie geschrieben, aber keine Antwort bekommen. Höveln meinte daraufhin, Gott möge es ihr vergeben, aber wenn sie nicht komme, könne man nichts tun. Caspar müsse sich damit abfinden. Höveln wolle sein Freund bleiben und ihn unterstützen, auch ihn besuchen (Caspar muss das große Hilfsangebot würdigen).

Dann habe Höveln davon gesprochen, dass die Leute viel über die Freundschaft zwischen Caspar und Catharina redeten, worauf Caspar meinte, er könne es nicht ändern oder denen den Mund verbieten. Er habe mit ihr nichts zu tun, was unehrenhaft sei. Höveln habe ihn deshalb auch verteidigt und gesagt, wenn Caspars Frau sterbe, würde er nicht Catharina heiraten, weil er wohl eine andere bekommen könnte. Caspar bestätigte ihm gegenüber, dass es ihm einerlei sei, ob Catharina morgen oder sonst wann heirate, was Höveln gerne glaubte. Und man müsse die Leute reden und Gott walten lassen. Damit seien sie auseinander gegangen. Im Weggehen habe Höveln noch gesagt, dass er die Gelder an Caspar mit Zinsen zurückzahlen wolle.

Das sei das ganze Gespräch mit Höveln gewesen. Caspar bittet Gott um endliche Erlösung und Verbindung mit Catharina, habe dafür auch herzlich in der Kirche gebetet und geseufzt. Wenn sie das auch tue, dann werde Gott sich einmal erbarmen, was Caspar mit erneuter Anrufung Gottes nochmals verstärkt. Dann bittet er Catharina, den Schrank am Abend schnell in ihr Haus zu schaffen, damit Else davon nichts mitbekomme. Er stehe noch leer im Zimmer; das Zubehör wolle er dann wie versprochen später senden. Denn er möchte es niemand anders wünschen als ihr und hofft, dass sie es als eine Herrin (also als seine Frau) öffentlich benutzen könne. Catharina unter den Schutz Gottes stellend, beschließt Caspar den Brief ohne Unterzeichnung.

[85r] Mitt wündschüng aller behaglichen wollfahrt, kan ich eüch mein
Edleß hertz Nit vorenthalten, wie daß ich beÿ hövlen gewehsen, vnd
angemeldet die einziehüng deß haüseß, begehrend daß er Morgendß
Nach der predigt, wie gebräüchlichen vmb friedliche wohnüng vnd
erhaltüng für mich bitten wolte, oder aüch seinen collegen sandha=
gen darümb begrüssen, da er selber Nit predigen würde, dar
aüf er alsobald geantwortet, daß solcheß gerne geschehen solte, vnd
were eß schüldig zü thüen, wündschete mich in wahrheit gar vmb
ständlichen viel glück vnd heil, dafür ich ihm wider danckete,
darNach fing er an zü erzehlen, daß härman clagson beÿ ihm
gewehsen, vnd gesaget ich würde Nit in daß haüß ziehen, dan zü
rahte angebracht, die priester wolten solcheß Nit haben, dar
aüf er geantwortet, daß Niehmahln davon gedacht, würde
mich aüch Keiner wehren konnen, Nür allein wolte er
gebehten haben, daß ich mich ewerß haüseß vmb der bosen
leüte willen, so viel müglich enthalten Mochte, daraüf
ich gesaget, daß in so langer zeit solcheß Nit geschehen, alß
Nün da H Mettstaken eingekommen, vnd beÿ eüch zü tische
ginge, welcher mich zü weilen mit sich hin behte, daß ich ihm
alle zeit Nit verweÿgren konte, da antwortete er daß
hette seine wege vnd were dawider Nichtß zü sagen, fing
daraüf weiter an meinen elenden züstand zü beclagen
vnd wündschen daß gott ein ende darinnen machen Mochte,
erzehlete dabeÿ, daß er ein schreiben von Rostock von Bürger
meister Klingen erhalten, daß er mich seinentwegen grüssen solte
vnd er wolte rahten daß die fraüw einkommen Mochte, dar
aüf ich geantwortet, daß Mochte meinentwegen schehen oder
Nit, ich würde Nit mehr darümb schreiben, weiln ich daß meine
gethan vnd kein antwort erhalten, daraüf sagete er weiter
gott mag eß ihr vergeben, kombt sie Nit waß kan man dan
Machen; ich solte mir züfrieden geben, er wolte in wahrheit
mein freünd bleiben, vnd da waß für fallen solte im besten
gedencken, aüch selber zü mir kommen vnd besüchen, in sümma
er hat sich in wahrheit alleß güten erbohten, daß ichß Nit
gnügsahmb rühmen kan, herNach von ewer persohn ange=
fangen, daß die leüte so viele von vnser freündschafft rehde
ten, ich antwortete da kan ich Nit wieder oder denen
leüten daß Maüll stopfen, ich habe mit der Jüngfr: Nichteß
dan waß der ehren gemeeß zü schaffen, daraüf sagete er ich
habe eüch aüch darinnen verthätiget vnd gesaget wan ewer
fr: stürbe, daß ihr sie doch Nit würdet freÿen, kontet

woll eine andre bekommen, ich sagte daß gilt mir gleich
ob sie morgen oder sonsten freÿet, soll mich darümb Nit
bekümmeren, da antwortete er, daß getraüwe ich woll

[85v] man Müß die leüte so hinrehden vnd gott rahten lassen
daraüf in aller freündschafft von einander getrehten, da
er Noch im abtrit, seiner habenden gelder entschüldiget
vnd gesaget daß er mich damit Nit lenger aüfhalten
sondren mit der rente danckbahrlich zahlen wolte, ich
war damit züfrieden, wan eß geschehen konte: dieß ist
allso mein hertzen kind allß waß für gelaüffen, der al
mächtiger gott wolle sich doch Nün einMahl vnser in
gnaden erbarmen, alleß vnglück abwenden, vnd lange ge
wündschete erlosüng vnd züsahmen kommüng gnadigst
beschehren, darümb ich hertzlich in der Kirchen gebehten
vnd annoch seütze, thüt ihr deßgleichen, der allmächti
ger vater wirt sich ein Mahl erbitten lassen, Amen
her iesü bitte für vnß deinen himmelschen vater, Amen
sonsten wolle ewer tügend: gebehten sein, daß schaff
aüfm abend in ewer haüß mit behendigkeit zü ver
schaffen, daß else davon Nit sonderlich wissen Moege
eß stehet in d[e]r.[1] Cammer ledig, herNach will ich E.
tüg: daß zübehör, wie ich gelobet gerne senden, dan ich
eß in wahrheit keinem alß eüch wündsche, o herr allmach[2]
tiger vater gib Nür daß ihr alß eine herrinne solcheß
offentlich gebraüchen Moeget, welcheß ich von hertzen
wündsche, hiemit in deß hogsten schütz für behütüng
alleß vbell vnß sämbtlichen befehlen: hilff gott gnädiglich.
[*Hier ein dicker, verwischter Tintenklecks*]

057 – ca. 27. Oktober 1647 [undatiert]

Caspar(a) an Catharina(a)

BO 6, Bl. 87r–v, ein Blatt, verso leer.

Datierung: Caspar wohnt im Haus von Hermann Claussen. Die Erwähnung des Schrankes lässt auf eine Datierung nach Nr. 056 schließen, wo der Schrank noch nicht bei Catharina ist. Da er in Nr. 058 (30. Oktober 1647) dort ist und Caspar ihr die Sachen (Zubehör) zusenden will, wenn die Landräte wieder weg sind, muss der

1 Nur unvollständig zu lesen, weil auf dem Wort ein dicker Tintenpunkt (Klecks) ist.
2 Erster Buchstabe korrigiert aus ›i‹ (?).

hier vorliegende Brief dazwischen eingefügt werden. Die Landräte waren aber laut Ritterschaftsprotokoll vom 1. bis mindestens 9. Oktober 1647 in der Stadt. Danach ist für dieses Jahr kein Aufenthalt belegt, aber natürlich möglich, zumal am 30. Oktober die Taufe bei Gustav Horn stattfand. Wenn die Landräte am (Freitag) 1. Oktober 1647 einkamen, müsste dieser Brief auf wenige Tage zuvor, etwa Dienstag, den 28. September datiert werden.

Im Ratsprotokoll vom 13. Oktober 1647 ist jedoch festgehalten, dass der Syndikus Bernhard von Rosenbach „vor einigen Tagen" die ›Meinung des Rates‹ zum Einzug in Claussens Haus im Gespräch mit Caspar übermittelt habe. Darauf habe dieser gesagt, dass er nicht in das Haus ziehen wollte, obwohl er es bereits gemietet habe. Weil er spüre, dass der Rat dagegen sei, und er die Gunst des Rates behalten möchte, wolle er in seinem alten Haus bleiben. Vermutlich hat der Rat daraufhin ein Signal gegeben, dass sie den Einzug nicht verweigern, so dass Caspar trotz seiner Beteuerung des Gegenteils einziehen konnte. Allerdings ist für die Datierung zu vermuten, dass Caspar nach dem Abzug der Landräte um den 9. Oktober das Gespräch mit dem Syndikus führte und dann in das Haus zog. Das in diesem Brief erwähnte Hereinkommen der Landräte muss deshalb wohl mit der Taufe bei Gustav Horn in Verbindung gebracht und auf Ende Oktober 1647 datiert werden.

Inhalt: Caspar wünscht seinem ›edlen Schatz‹ Catharina einen guten Abend und schreibt, er wolle gerne mit ihr reden. Weil aber Hermann Claussen und seine böse Frau nicht auf ihrem Zimmer sein, dürfe er es nicht wagen. Denn weil sie noch da seien, sorge er sich, dass sie ihm – wie Riesenkampf es tut – auflauern könnten. Catharina solle sich nicht sorgen, es werde alles gut ausgehen. Denn er werde sich von der Frau nicht beirren lassen und bei seiner Erklärung bleiben. Dagegen helfe nichts.

Er habe gehört, dass der Schrank jetzt bei ihr sei, das Andere solle nach Gelegenheit bald folgen. Nach der Abreise der Claussens werden sie sich mit Gottes Hilfe sprechen können. Am Sonntag könne er nicht zur Kirche kommen, weil er darauf nicht eingestellt sei und die Landräte in die Stadt kommen, weshalb einiges zu erledigen sein werde. Bis dahin möge sie sich doch gedulden; danach würden sie sich sprechen.

[87r] Mitt wünschüng eineß güten abendß, verhalte ich mei
nem edlen schattz hiemit Nit, wie daß ich hertzlich gerne
mit ihr Mündlich rehden wolte, alleine weiln härman
Clagson vnd sein böseß weib Nit aüf ihre camer sein,
dorffe ich solcheß Nit wagen[1], dan ich besorge, sie etwan,
wie Risenkampfß gewohnheit, da sie itzo Noch ver
handen, aüf mich laüren Mochten, sie hatt sich in
dessen Nit zü besorgen vmb etwan vnheil, eß
wirt alleß züm güten kommen, dan ich Mich von

1 Das ›a‹ deutlich überschrieben (Korrektur? Verdeutlichung?).

ihr Nit werde vmbführen lassen, bleibe beÿ
meiner erklärüng, dawider Nichtß helffet; daß
schaff vernehme[1] ich habet ihr empfangen, soll
mittler zeitt Nach gelegenheit daß ander folgen,
Nach ihren abzüg sprechen wir vnß Mitt gotteß
hülffe, kan aber aüfm Sontag[2] Nit daß
Christliche werck verrichten, weiln ich mich
dazü Nit geschicket, vnd die hh landeßrähtte
aüch einkommen werden, da dan aller hand
sachen für fallen[3], immlerteler[4] zeitt gedüldet
eüch doch, wir werden vnß alßdan sprechen
gott xx[5] befohlen.

058 – 30. Oktober 1647 [undatiert]

Caspar[(a)] an Catharina[(a)]

BO 6, Bl. 88[r–v], ein Blatt, ca. ¾ groß. Ehemals beiliegend 1 Reichstaler.

Datierung: Der Brief ist durch die Taufe („morgen") bei Gustav Horn (1592–1657) relativ sicher zu datieren. Allerdings liegen bisher keine gesicherten Daten zu allen Kindern vor, die in Frage kommen könnten. Anhand der Briefe von Horn ist ersichtlich, dass dieser sonst relativ selten in Reval war, wo er seit 1640/44 ein Haus besaß. Für Reval nachweisbar ist lediglich die Taufe seiner Tochter Helena am 31. Oktober 1647, zu der am 26. Oktober mit ›Gevatterbrief‹ auch der gesamte Revaler Rat eingeladen wurde. Es kann daher angenommen werden, dass auch Caspar und die Landräte zu dieser Taufe geladen waren. Die Erwähnung der Sachen für den Schrank legt eine Datierung nach Nr. 056 nahe. Im vorliegenden Brief müsste Caspar im neuen Haus (Claussen) sein. Der Schrank aus dem alten Haus wurde aber schon zu Catharina transportiert, damit das Zubehör nachgesandt werden kann.

Inhalt: Caspar antwortet Catharina (auf ihren Brief) und wünscht ebenfalls einen guten Abend. Er ist befremdet über ihren Vorwurf, immer Gäste zu haben und zu trinken. Denn ihm wäre es lieber, sie würden wegbleiben. Heute wusste er nicht, dass sie zu ihm kommen wollten. Anfangs habe er sich auch so verhalten, dass sie seine Ablehnung wohl spürten. Aber sie hätten sich sehr entschuldigt, dass sie ihm nicht zur Last fallen und früh wieder gehen wollten. Da habe er sie nicht vor den Kopf stoßen und unverschämt abweisen können. Sie möge deshalb die Schuld

1 Wort korrigiert, oder ›vermeine‹?
2 Das ›a‹ nachgeschrieben.
3 Erster Buchstabe korrigiert?
4 Durch Überschreibung/Korrektur kaum lesbar, gemeint ist zweifellos ›inmittler‹.
5 Unleserlich, Wort gestrichen?

nicht bei ihm oder der Trunksucht suchen; ihm war es nicht willkommen, und er könne sich durchaus vom Trinken fernhalten. Trotzdem müsse er gesellig sein, sonst werde er zu melancholisch. Sie möge ihm glauben, dass es an seinem Gebet und Seufzen um Erlösung nicht mangelt und das Trinken wenig hindert, zumal er beständig zu Gott um Erhörung betet. Es wäre schön, wenn es keine andere Verhinderung (als das Trinken) gebe. Aber Gott, den er nochmals anruft, werde endlich barmherzig sein.

Die Catharina morgen bevorstehende Gefatterschaft sei Caspar unbekannt, deshalb meint er, dass 1 Reichstaler, den er mit übersendet, dafür wohl ausreichen müsse. Aber das möge sie entscheiden. Er selbst müsse morgen zu Gustav Horn zur Taufe, zu der er eingeladen wurde, wolle aber früh dort weg. Er werde also morgens zur Domkirche gehen und dann dem Gouverneur und den Landräten folgen. Nach der Abreise der Landräte wolle er ihr die Sachen für den Schrank zusenden. Damit befiehlt er sie beiderseits in Gottes ›gnädige Befristung‹ und setzt noch hinzu, dass er nichts dagegen tun könne, wenn ihre Familie Not leidet, jeder sei für sich verantwortlich. Nochmals darum bittend, dass Gott ihnen beiden Betrübten nur ein Mal gnädig sei, schließt er sein Schreiben.

[88r] Mitt widerwündschüng eineß güten abendß habe ich mein edleß
hertz Nit vnterlassen konnen, dieß weinige zür antwort einzü
senden, wie daß eß mir sehr befrembdet, warümb ihr mich
alle zeit, der habenden gäste zür vngebühr beschüldiget, weiln
ich Nit lieber sehen Möchte, alß daß sie gar von mir bleibeten
dan ich heüte ihrer ankünfft Nit verMühten gewehsen, habe
aüch anfangß mich dergestahlt angelasset, daß sie woll
vermercken konnen, ihre anwehsenheit nür weinig
gefällig, dennoch weiln sie sich derMassen entschüldigen
daß sie mir Nit beschwehrlich fallen, sondren beÿ zeiten
weg gehen wollen, kan ich ia so vndiscret Nit sein
selbe fürm kopf zü stossen vnd so vnverschamet abzü
weisen; messet derowegen die schüld Meiner persohn
oder liebhabenheit deß trünckeß Nit zü, dan ich in
wahrheit bezeüge, mir darümb Nit zü thüende, weiß[1]
Mich aüch gott lob woll deß trünckeß zü verschonen, Müß
gleichwoll, wider willen, mich ihnen gesellen, dan
alleine, giebe viel melancholeÿ, inmittelst ge
traüwet, daß eß an meinen gebeht oder seützen vmb
gewündschte erlosüng Nit ermangelt, weinig am
trunk hindert, sintemahl ich kein aügenblich ver
vber gehen lasse, daß ich Nit züm hogsten gott, vmb

[1] Wortmitte ›ei‹ unleserlich.

erhörüng seütze, wolte gott eß keine andre ver
hindrüng geben Mochte, iedoch wirt gott endlich gnädig

[88v] erscheinen vnd seine gründlose barmhertzigkeit Mildiglich
ertheilen, amen ach hogster schopffer amen. die Morgendß
fürstehende gefatterschafft ist mir gar vnbekand, vermeine
deßwegen mit einem Rthall, welchen ich ihr hiemit sende
woll werde[1] verrichten konnen, stehet aber in dero[2] be=
lieben, ich werde Morgendß, geliebtß gott, beÿ H Güstavo
Mich
hornß kindtaüf, wie gebehten, /einstellen Müssen, will
aber beÿ zeiten abbrechen, vnd also Morgendß in die
thümbßkirchen[3] gehen, den H Goüverneürn vnd hh land[4]
rähte von dannen zü folgen, immittelst, will ich Nach
der hh landrähte abreisen, eüch die bewüste sachen züm
schaff gehörig ein zü senden wissen, hiemit dem hogsten
gott in dessen gnädiger befristigüng vnß beÿderseitß
befohlen haben, waß kan ich dawider daß[5] die ihren
Noht leÿden, stehet zü idwedern verantwortüng
gott seÿ vnß armen betrübten Nür[6] einMahl
gnadig vnd barmhertzig, Amen[7] H gott
schopffer himmelß vnd erden, vnd deineß Sohnß willen
Amen.

059 – ca. 22. November 1647 [undatiert]

Caspar[(a)] an Catharina[(a)]

BO 6, Bl. 62r–v, ein Blatt.

Datierung: Die bevorstehende Hochzeit könnte die von Caspar Keutenbrauer mit Margarete Brincken am 29. November 1647 sein. Dementsprechend wäre die Datierung einige Tage, vielleicht ein oder zwei Wochen vorher anzunehmen. Weniger wahrscheinlich ist die Hochzeit von Ewert Keutenbrauer am 22. November 1641, weil Crusemarck erst in diesem Jahr am Gymnasium angestellt wurde, hier im Brief aber bereits ganz vertraut erscheint. Wegen der Erwähnung Crusemarcks muss der Brief vor dem 29. August 1648 datiert werden.

---

1 Korrigiert.
2 Stark überschrieben, kaum noch lesbar.
3 Wort korrigiert.
4 Wort korrigiert.
5 Wort korrigiert.
6 Letzte zwei Wörter mit Korrektur.
7 Wortanfang Tinte sehr dick (überschrieben?).

Inhalt: Caspar teilt Catharina mit, dass er gestern bis 12 Uhr bei Winckelmann auf dem Zimmer war. Er habe aber nicht gesoffen, weil er zugesagt hatte, heute abend zu Crusemarck zu gehen. Nun trägt er jedoch Bedenken, dorthin zu gehen, weil [Caspar?] Keutenbrauer wegen seiner bevorstehenden Hochzeit den Musikanten und Chorsängern eine Gasterei im Haus des Kantors halten muss. Denn er sei Keutenbrauer im Singen nicht hilfreich und wolle sich nicht umsonst bewirten lassen. Wenn Catharina aber dorthin gehen wolle, würde er sich freuen, wenn sie ein wenig Spaß habe.

Er hat gesehen, dass sie rote Bäye [einen Stoff?] für seine Magd besorgt hat, was jedoch nicht nötig gewesen sei. Er wollte es selbst aus Dellinghausens Bude nehmen und hätte Ostern alles bezahlen können. Sie möge sagen, was es kostet, dann werde er ihr das Geld zusenden. Seinen alten, mit Schnüren besetzten Mantel könne sie haben. Wenn sie will, kann er die Schnüre abschneiden oder abschneiden lassen, so dass sie den Mantel für ihre Magd Anna nehmen kann und zugleich ein Mantel für seine kleine Magd daraus gemacht werde, ganz wie sie wolle.

Caspar fragt, ob der schwedische Pastor bei ihr gewesen sei und was er wollte. Was ihn selbst angeht, sei es zur Zeit gottlob still. Gott stehe ihnen doch bei und strafe die bösen Mäuler, die ihnen Böses wollen. Caspar schließt mit „Amen" und trägt noch nach, dass er heute seiner Wirtin 6 und dem Knecht die ausstehenden 3 Reichstaler Lohn bezahlt habe. Außerdem brauche der Knecht Hemden. Wenn sie Leinwand habe, möge sie ihm doch ein paar geben, er wolle es schuldig sein.

[62^r] Mein hertzen Kind, ich bin gestren aŭf winckelmanß
cammer, der vnß gar Nit weglassen wolte, bis 12
vhren geblieben, dennoch gleichwoll Nit bezechett, da
ich von Krŭsemarcken sehr gebehten, diesen abend zŭ
ihm zŭ Kommen, weiln ich aber verNehme, daß Koÿten
braŭwer solche gästereÿ, wegen seiner fürstehenden
hochzeit, denen Spielleŭten, vnd die aŭfm chor mit
singen aŭfwarten, thŭn Mŭß, vnd in deß canterß
haŭse hette sollen dem gebraŭche Nach, gehalten
werden, alß habe ich bedencken dahin zŭ gehen
weiln ich im singen dem Koÿten braŭwer Nit
werde behŭlfflich sein, vnd also[1] vergebenß mich
aŭch Nit mag tractiren lassen, wollen aber E. tŭg:
dahin gehen, laß ich mich hertzlich gerne gefallen
daß sie sich ein weinig ergetze. Jch sehe aŭch daß
E. tŭg: rohte baÿe[2] für meiner dirnen aŭsgeNom[3]
men, were Nit Nötig gewehsen, dan ich aŭß dellingß

1 Wegen Tintenfleck schwer zu lesen.
2 Entzifferung unsicher, vielleicht ›boÿr‹?
3 Entzifferung unsicher, vielleicht ›aŭfgeNom‹?

hüsen bohde solcheß hette Nehmen wollen, vnd also
aüf ostern zügleich bezahlen konnen; sie wolle
mir derowegen sagen waß eß kostet alß den ich die
gelder dafür senden will: ich habe aüch meinen
alten Mantell mit schnüren besetzt, beÿ mir
welche nit mehr kan gebraüchet bleiben, dafer
ne E. tüg: damit dienlich will ich ihr solche ger
ne senden, kan die schnüre davon abschneyden,
oder ich will sie abschneÿden lassen, vnd also dan
zü ewer dirnen annen Mantell gebraüchen
eß kan aüch woll meine kleine dirne davon
zügleich einen Mantell bekommen, welcheß ich
alleß in ihrer beliebüng stelle, mit bitte
mir zü verständigen, ob der Schwedischer pastor
beÿ eüch gewehsen, vnd waß er angebracht; mit
mir ist eß itzo gott lob stille, [...]wie[1] lange eß wehret
der hogster gott stehe vnß doch beÿ, vnd wehre denen
bosen Maüleren, die vnß vbelß wollen, daß sie
in die grübe, welche sie vnß zü graben verMeinen
mit ein ander fallen, vnd wir von dem lieben
gott geholffen sein Moegen. alleß vmb christi
willen Amen

[62v] [*auf dem Kopf, relativ mittig auf dem Blatt:*]

ich habe dem weibe vom tag ihren lohn alß Sechß[2] reichßthall
vnd dem knecht seine restirende .3. Rthll gegeben, verMer=
cke daß der Knecht keine hembde habe vnd E.[3] tüg. heden
leinwand hette wolle sie ihm ein pahr verehren, ich
will eß lieber verschülden. aber Mahl gott befohlen

060 – Anfang November 1647 [undatiert]

Caspar[(a)] an Catharina[(a)]

BO 6, Bl. 57r, ein Blatt, ca. ⅓ groß. Die Rückseite unter Nr. 016, siehe auch dort).

Datierung: Die Begebenheit mit der Abholung eines Löffels vom Goldschmied dürfte mit dem folgenden Brief in Verbindung zu sehen sein, obwohl der Zusam-

1 Anfang wegen Tintenfleck nicht lesbar.
2 Wegen Tintenfleck kaum zu entziffern.
3 Wegen Tintenfleck kaum zu entziffern.

menhang nicht eindeutig ist. Denn dass Caspar hier Geld gibt, im nächsten Brief aber fragt, wieviel der Goldschmied bekommt und das zahlen will, passt zumindest nicht unmittelbar zusammen. Dass aber Catharinas Magd die Löffel zu Caspar bringt, entspräche der hier geäußerten Bitte.

Inhalt: Caspar möchte, dass Catharina vom Goldschmied einen Löffel abholen lässt. Er hat seiner Wirtschafterin Else dafür 2 Reichstaler und 8 Rundstücke gegeben. Außerdem möchte er sein Flaschenfutter unversehrt zurück.

[57r] Mein hertzen Kind lasset doch den löffel vom goldschmied holen, ich habe dazŭ aŭßgethan an[1] elsen zweÿ Rthllr vnd acht Rŭndst: bitte aŭch daß ich mein flaschenfŭtter vnversehret wider bekommen moege; gott sambt mir befohlen.

061 – Anfang November 1647 [undatiert]

Caspar(p) an Catharina(a)

BO 6, Bl. 58r–59v, ein Bogen mit 2 Blatt, Bl. 59v leer.

Datierung: Die Datierung muss zwischen 1641 und August 1648 angesetzt werden, denn der erwähnte Johannes Crusemarck war etwa seit 1641 in Reval und wurde letztmals am 29. August 1648 erwähnt, als er wegen einer außerehelichen Affäre aus der Stadt fliehen musste. Landrat Otto von Üxküll zu Padenormb war von 1629 bis März 1649 im Amt. Der Bräutigam Gerd konnte bisher nicht identifiziert werden, zumal völlig unklar ist, in welcher Beziehung Caspar und Catharina zu diesem stehen. In Frage kommt zwischen 1641 und 1648 bisher lediglich Gert Honolt (?), der am 27. Mai 1646 Bürger Revals wird. Es ist aber im Ratsprotokoll nicht erwähnt, ob er dann – wie üblich – wenige Tage darauf auch heiratete. Da die hier gezeigte Vertraulichkeit zwischen Caspar und Catharina aber in das Jahr 1646 durchaus passt, könnte dieser Brief dort einsortiert werden.

Dass Caspars Wirtschafterin jedoch im Bierkeller von Hermann Claussen die Fässer befüllt, und dies sogar auf Anweisung von Catharina, deutet eher auf die Zeit, als Caspar in Claussens Haus wohnt, also nach Oktober 1647, und wegen der Erwähnung Crusemarcks vor August 1648. Offensichtlich dürfen Caspar und Catharina sich nicht offen treffen und kommunizieren deshalb mündlich oder schriftlich über die Bediensteten. Und jetzt bittet Caspar eben darum, nur noch schriftlich etwas mitzuteilen. Allerdings scheint das Gerede unter den Leuten noch nicht sehr stark zu sein, denn Caspar warnt Catharina ja gerade davor, dass aufgrund der übermäßigen Züchtigung etwas über sie beide bekannt werden könnte. Insofern ist die Datierung wohl auf den Herbst/Winter 1647 vorzunehmen, bald nach dem Einzug.

---

1 Entzifferung unsicher.

Inhalt: Caspar wollte heute morgen in die Kirche, wurde aber daran gehindert durch den Eingang eines Schreibens von Landrat Üxküll, das er sogleich beantworten musste. Von seiner Wirtschafterin (Else) hat er gehört, dass Catharina ihre Magd Anna gestern Abend über die Maßen ausgeschimpft und gezüchtigt habe. Und dies allein, weil die Magd nichts von Caspar zu bestellen hatte. Deshalb erklärt Caspar, dass die Magd unschuldig sei. Es ging lediglich um zwei Löffel, die Caspar von der Magd gebracht wurden und die offensichtlich mit Namen versehen wurden. Caspar hatte daraufhin gefragt, wieviel der Goldschmied dafür haben will, und dieses Geld wolle er Catharina zusenden. Dann fragte er Anna noch, ob Catharina ihm keinen Dukaten für Gerd gegeben habe, wie sie selbst empfohlen hatte. Jeder Löffel sollte offenbar – mit einem Dukaten – ein Hochzeitsgeschenk von Caspar und von Catharina für Gerd sein. Anna hat darauf entgegnet, dass Caspar wohl selbst Dukaten hätte. Doch weil er seine Dukaten gerade sämtlich an Hetling für ausstehende Schulden bezahlt habe, bat er Anna, Catharina möge ihm einen Dukaten leihen, worauf Anna entgegnete, die habe auch keine. Deshalb wolle er stattdessen 2 Reichstaler den Löffeln beilegen. Darauf verließ Anna ihn, und Caspar ging in seine Stube, wo Johannes Crusemarck saß.

Nach kurzer Zeit kam dann Else mit den Löffeln und bestellte von Catharina, dass sie ihm einen Löffel voll Dukaten überlasse, wenn das nicht reiche, wolle sie mehr senden. Er habe sie daraufhin weggelegt und gesagt, er könne seinen Löffel wohl selbst zahlen und die Dukaten verwahren. – Dies sei alles, was wegen der Löffel vorgefallen sei. Warum daraus Catharinas Streit mit der Magd entstanden ist, kann er nicht verstehen, will sich auch nicht einmischen. Aber er gibt zu bedenken, dass die Magd von ihrer Beziehung weiß und durch soetwas bewegt werden könnte, Catharinas Vater alles zu verraten und Gerede unter die Leute zu bringen. Es sei schlimm genug, dass sie geschlagen werde, weil sie Caspars Aufträge erledigen sollte. Deshalb rät er zur Mäßigung im Strafen und sie nicht seinetwegen zu strafen. Auch solle sie aufpassen, nicht mit solcher Bosheit bei den Leuten als böse Jungfer in Verruf zu kommen.

Catharina möge ihm durch die Magd nicht mehr etwas bestellen lassen, was ihn zornig macht, wie neulich wegen einer Sache in Hermann Claussens Bierkeller. Caspar hatte dort seine Wirtschafterin beschuldigt, die Fässer zu voll gemacht zu haben, weil sie betrunken gewesen sei. Die behauptete aber, Catharina habe es so gewollt. Dass Caspar einwarf, dann müssten sie beide wohl betrunken gewesen sein, wurde ihm mit übelen Beschimpfungen von Catharina gelohnt – die durch die Magd Anna überbracht wurden. Nur weil er nüchtern war, habe Caspar sich beherrschen können. So schließt Caspar mit dem Appell, nichts mehr mündlich durch die Magd bestellen zu lassen, sondern schriftlich, worauf er gerne antworten wolle, bis man sich treffen könne.

[58r]
Nachdem ich mein vielgeliebteß vnd hochgeehrteß hertzchen, diesen Morgen da ich in die Kirche gehen wollen |: wan ich Nit dŭrch ein empfangen schreiben vom H landraht Uxküll von Padenormb, welcheß ich schleŭnig

beantworten Müssen, davon abgehalten :| von meinem haüßweibe erfahren, wie daß ihr ewer dirne anna, gestern abend so gar iäm= merlichen sollet tractiret haben, daß eß zü erbarmen, aüch vber daß so gräwlich aüßgescholten, daß sie Nit gnügsahmb davon zü sagen vnd zü klagen hat, vnd wie ich verNehme, soll eß ei[n]e[1] geringe vhrsache sein, weiln sie Nichtß von mir, waß ich soll gerehdet haben, ein bringen wollen, woranne in wahrheit die dirne vnschüldig, dan ich Nit anderß gesaget, alß da sie mir die beÿden löffell gebracht, wie teüwr selbe an gelde kommen mochten, sie geantwortet, sie wegen in allen Sieben loht, vnd der goldschmied will für ider loht .8. ründst: Mache lohn, vnd für beÿde löffell Nahmen zü stechen 16 Rsti: vnd so viel silber in die stelle haben; da habe ich ge saget, daß ich kein silber hette, sondren sie solte den goldschmid fragen, wie viel die loffell an gelde in allem anlaüffen, oder waß er dafür begehren thäte: alßdan wolte ich solcheß geld Ewr: tüg: züsenden; wie sie daraüf weg gehen wollen, habe ich gefra= get, ob E. tüg: ihr keinen dücaten gethan, welchen ich gerdh, Ne= benst einen dücaten verehren wolte, dan mein weib selber ge= saget, daß E. tüg: selber gerahten, weiln seine braüt mir mit gifften verehret, ich hinwider zü den löffell einen dücaten geben solte, da hat sie geantwortet, ich hette woll selber dücaten, weiln ich aber meine dücaten ingesambt, wie ich wahrhafftig rehde, an hettling[2] in bezahlüng, weiln ich deß Mahnen Nit lenger dülden konnen, aüßgegeben, habe ich weiter befohlen E. tüg: zü bitten daß sie mir so lange einen liehen wolte, da antwortete sie weiter, vnd sagte E. tüg: hetten aüch keine dücaten, da sagte ich, wo sind sie dan geblieben, eß ist schlecht geNüg daß der glaübe so geringe, aüf ein ander Mahl Müß man besser züsehen, daß man die hände so gar Nit blosset, iedoch mag ich .2. Rthall in die stelle dem gerdh verehren[3], damit ich in die stübe gegangen vnd Nicht daß geringste weiter[4] gedacht, sondren mit Krüsemark gerehdet, aüch Nit verhoffet, daß weiterß daraüß erfolgen solte: Nit lange aber darNach kombt daß weib in die stübe vnd gehet Nach der Kammer, wincket mich zü sich, vnd giebet mir alda die löffell, sagende, die Jünfr: schicket eüch einen gantzen löffell voll dücaten[5], wo ihr dar Nit gnüg an habet

[1] Loch im Papier?
[2] Am Wortende Überschreibung unklar.
[3] Korrigiert aus ›verehret‹?
[4] Wortanfang durch starke Überschreibung korrigiert.
[5] Korrigiert durch Überschreibung.

[58v] will sie eüch mehr senden, ich wüste Nit waß ich daraüf ant=
worten solte, sondren schwieg stille vnd saget eß ist güth ich
kan sie aüch woll verwahren, vnd meinen löffell selber zahlen
sie mag ihren aüch bezahlen, weiln der glaübe so geringe, da
mit alß mich gott helffe Nichteß weiterß gerehdet, die löffell aüfn
tisch geleget, vnd die dücaten verschlossen, damit in die stüben
hinw[i]der[1] zü Krüsemarck gegangen, ist ein Mehreß passiret
oder gerehdet, so haltet mir für keinen ehrlichen Man: war[2]
ümb Nün solch hader vnd schläge entstanden kan ich Nit wissen,
ist mir aüch gleiche viell, wie E. tüg: mit der Magd vmbgehen
alleine dieseß wollet doch bedencken, waß für wissenschafft
doch die dirne vnser liebe halber träget, dan sie lichtlichen
dadürch von eüch zü ihren vater zü gehen konte geNötiget
werden, vnd alß dan vnß beÿderseitß in der leüte Münd brin=
gen, daß sie Nirgendß anderß alß vmb meine gewerbe zü
bestellen vnd geschlagen würde, welcheß in wahrheit schlimm
gnüg sein solte, vnd viel boseß verv̈hrsachen, welcheß gott
verhüte, bitte derowegen gantz höchlichen, schlaget sie doch
Nit vmb solcher vhrsache willen, daß von mir herrühret,
sondren ihr konnet eüch woll messigen, vnd wan sie sonsten
waß versündiget, mit ein ander abstraffen, iedoch weiß
ich aüch Nit, ob solch scharff straffen, eüch Nit beÿ gesellen
vnd leüten einer boßheitt berüchtig Machen solte, daß
man sich für solche böse iüngfr: fürchten Moste: die
sen Nach bitte ich aüch, Nit mehr, meine persohn, dürch solche
dirne etwaß zü entbiethen zü lassen, dadürch ich zü
Zorn gereitzet werde, wie Newlich in härman clägson
Keller beÿ dem biehr fassen[3] geschehen, da ihr mich gar
vngebührliche worte zü entbiehten lassen, ich aber gar
Nichteß verschüldet, dan ob ich woll mit dem weibe ge
zancket, daß sie die fesser alzü voll gemachet, vnd viel
biehr v̈bergehrete vnd verspildert würde, dannenhero züm
weibe gesaget, daß sie sich gewisse müste vbersoffen
haben, so habe ich doch alß mir gott helffe, ewer persohn
im geringsten Nit gedacht oder beschüldiget, sondren wie
daß weib alle schüld aüf eüch geworffen vnd gesaget, daß
ihrß also haben wollet, habe ich geantwortet, so Müsset
ihr alle beÿde trüncken sein, daß ich aber solcheß gemeinet

1 Loch im Papier.
2 Durch Überschreibung korrigiert.
3 Das ›a‹ nachgeschrieben (korrigiert?).

[59r] im ernsten Mühte, solcheß konnet ihr io besser erachten, dan ihr wisset, daß ich mein lebtage keinen[1] argwohn der drünckenschafft aüf eüch gehabt, gleichwoll Müste ich von der dirnen viele vn= Nütze worte hören, die ihr mich zü sagen anbefohlen, vnd wan ich Nicht Nüchtern gewehsen, hinwider aüß zornigen Mühte konte gerehdet haben, bitte also Nochmahlen, vmb vnser trewen liebe willen |: welche der hogster gnädiger gott ein Mahl mit bärmhertzigen aügen ansehen, vnser seüfftzen vnd gebeht erhören vnd vnß züsahmen helffen wolte :| wan ihr mir waß zü sagen, so thüt solcheß schrifftlich, ich will gerne daraüf antworten, biß so lange wir gelegenheit haben konnen, vnvermercket mit ein ander Mündlichen zü rehden, welcheß ich wündsche, daß eß bald geschehen Moege hiemit will ich E. tügend. alß meine hochgeehrte freündin vnd hertzenß geliebste, gotteß gnädigen schütz sambt meiner persohn getrewst empfehlen thüe, der ich ie vnd alle wege bin vnd immerfohrt, so lange der ohdem in mir wehren wirt, verbleibe .

E. Edl: tügend:
trewer diener
vnd knecht.
Rapsack Reymen.

062 – 25. November 1647 [undatiert]

Gedicht von Johannes Crusemarck an Catharina

BO 10, Bl. 76r–77v, ein Bogen mit 2 Blatt, ursprünglich Bl. 77r leer. Der Bogen wird dann mit Kommentar von Catharina (Nr. 066) auf Bl. 77r an Caspar geschickt, der dann schließlich (Nr. 067) auf Bl. 77v antwortet.

Datierung: Da es sich um ein Bindegedicht (mit Band) handelt, muss es zum Geburts- und Namenstag am 25. November geschrieben worden sein. Da Crusemarck von 1641 bis zum 29. August 1648 in der Stadt ist, kann spätestens 1647 in Frage kommen. Vermutlich hat Catharina den Bogen dann aber nicht sofort, sondern erst später, im Frühjahr 1648, für ihre Mitteilung an Caspar benutzt (Nr. 066). Insofern liegt es aber näher, dieses Gedicht auf 1647 zu datieren als auf vorangehende Jahre.

Inhalt: Crusemarck schreibt ein Gedicht zum Geburts- und Namenstag von Catharina, die als schöne und tugendhafte Jungfrau angesprochen wird. Sie solle dieses

1 Wortende nachgeschrieben.

[ehemals beigelegte] Band nehmen und um ihre Hand binden. Er wolle in einem Jahr ein besseres geben. Dies sei schöner Schein, wo man Leid vergessen und fröhlich feiern solle. Wenn ihr nicht verehrt werde, was sich zu tun gehört, dann könnten auch kleine Dinge lustig [begierig?] machen. Wenn er die Schätze aus dem Schoß der Neuen Welt hätte, müssten sie alle zu ihrer Ehre und ihrem Schmuck präsentiert werden. Aber sie möge den Willen des Himmels ergreifen, der geben und erfüllen werde. Dieser Tag sei köstlicher, als er ihn loben könne. (Wiederholung des Anfangs:) Sie solle dieses Band nehmen und um ihre Hand binden. Er wolle in einem Jahr ein besseres geben. Crusemarck schreibe dies seiner ›lieben Jungfrau Gevatterin zu Ehren‹. Nach ihm unterzeichnen seine Frau Sophia Schönermarcken und [das Patenkind?] Anna Sophia Crusemarck.

[77^{v}] [*hier zunächst der spätere Eintrag von Caspar, siehe unten Nr. 067*]
[*dann Hs. von Crusemarck, auf der oberen Hälfte der Seite, auf dem Kopf:*]

Der Ehr Vnd VielTügend=
Reichen JünfraWen
Catharinæ Von der Heyde,
Meiner hochgeehrten Vnd
sehr Werten Jungfer
Gefatterinnen Dieses.

[76^{r}] ω.#.a.[1]

Schöne JungfraW, Zier Der Jugend,
heller Spiegel aller Tugend
Nehmet freundlich dieses Band,
Vnd beWindet eWre Hand,
Werd' ich dieses Jahr erleben,
So Wil ich ein bessers geben.
[2] Dieses ist der schöne Schein,
Da man freylich Leid vnd Pein
Billich sol zu rücke setzen,
Vnd mit fröligkeit ergetzen.
Wird Euch solches nicht verehr't,
Welches sich zuthuen gehört;
Ey so können kleine Sachen
Auch bisWeilen lustich machen.
Hett' ich, Was die Newe Welt
Jn den reichen Schosse helt,
Diesem Tag, Vnd Euch Zu Zier

1 Entzifferung unsicher: Omega und Alpha in einer Raute?
2 Hier Einschnitte im Papier, wo das Band eingelegt war.

Müsten alle Schätz herfur,
Doch ergreifft des Himmels Willen
Er Wird geben Vnd erfullen.
[76v] Köstlicher ist Dieser Tag
Als das ich ihn loben mag.
Schöne JungfraW Zier der Jugend,
Heller Spiegel aller Tugend,
Nehmet freundlich dieses Band, *[hier Zeichnung eines Armes, mit Einschnitt im Papier, anscheinend war hier besagtes Band eingelegt]*
Vnd beWindet eWre Hand,
Werd' ich dieses Jahr erleben,
So Wil ich ein bessers geben.

Meiner lieben JungfraW
Gefatterin Zu ehren geschrieben
Dieses, Von mir
Johanne Crũsemarcio
Gymnasij Reval. C.
Vnd
Sophia Schönermarcken
Auch
Anna Sophia Krusemarcken
ihr gehorsamer Pate.

063 – ca. Dezember 1647 [undatiert]

Caspar[a] an Catharina[a]

BO 6, Bl. 98^{r-v}, ein einzelnes Blatt, verso leer; unten links Ausriss mit Textverlust.

Datierung: Der Brief ist im späten Herbst oder frühen Winter geschrieben worden, denn Caspar erwartet das Wetter für die ersten Schlitten (Schnee/Frost). Bei Natorffs Tochter (eigentlich Stieftochter) muss es sich um Margareta Wemmer, verheiratete Fuhrmann, handeln. Die Beziehung ist ersichtlich bei der Auseinandersetzung des Vaters Hans Natorff mit seiner Tochter und dem Schwiegersohn 1652/1653, wo eine Zahlung an den Baumeister Lucas Wendeland und Sekretär Caspar Meyer erwähnt wird. Natorffs Tochter hat am 22. November 1644 geheiratet und erhielt dann das Wemmersche Haus, in dem daraufhin gebaut werden sollte. Der Streit zwischen Vater und Tochter mit Ehemann beginnt jedoch 1647. Die im Brief erwähnte Sorge, von Elert Reese Geld zurück zu bekommen, dürfte mit der spätestens im Dezember 1647 offenbar werdenden betrügerischen Insolvenz Reeses in Verbindung stehen, infolgedessen der Landrat Hans Heinrich von Tiesenhausen als einer der vielen Gläubiger in Reeses Haus ziehen will. Im November 1648 bekommt Caspar einen Garten von Johann Wibbelmann, deshalb wird das hier erwähnte Angebot von Adam Leutner zuvor erfolgt sein.

Inhalt: Caspar ist verwundert, dass Catharina sich wegen Elert Reese solche Sorgen macht. Er habe sein Geld von ihm zurück. Davon habe der Küster im Kloster wegen des Rostocker Wechsels 100 Reichstaler bekommen; das übrige sei durch tägliche Ausgaben für Schuster, Schneider und Bedienstete weg, so dass er ohne die von Höveln empfangenen 50 Rtlr. wenig übrig hätte und selbst in Geldnot wäre. Deshalb brauche sie sich also keine Sorgen machen.

Reese ist mit Natorffs Tochter bei Caspar gewesen, aber nicht, um Geld zu bekommen, sondern damit sie sich mit dem Baumeister Lucas [Wendeland?] wegen der in ihrem anderen Haus fälligen Gelder einig werde. Lucas hatte viel gefordert, aber Reese und Caspar haben eine Einigung erreicht. Lucas hat von ihr 95 Rtlr. bekommen und quittiert, auch durch Caspars Diener Marten die Schlüssel abgegeben. Er habe Natorffs Tochter dazu nicht mehr als sieben Rtlr. geliehen und die Quittung von Lucas in Händen. So schuldet die Tochter ihm nun insgesamt 20 Rtlr., die er zu Ostern an die Gotteskasten-Herren gezahlt hat. Dafür habe sie ihm einen Schuldschein gegeben und wolle am Abend noch ihre besten Kleider als Pfand bringen. Reese und Lucas wissen nur, dass Caspar ihr die Gelder geliehen hat. Sie hat ihn und Else auch sehr darum gebeten, dass niemand etwas anderes erfahre, als dass er ihre Kleider zum Pfand und gegen Geld geliehen habe. Es ist aber wie oben gesagt, und er könne ja durch die Kleider auch zu seinem Geld kommen, zu Weihnachten oder wenn ihr Mann mit den ersten Schlitten wegkomme oder andere Waren in Bezahlung nehmen kann. Er könne auf ein Pfand nicht verzichten.

Weiter teilt Caspar Catharina mit, dass Adam Leutner ihm Elert Reeses Garten, den er für 150 Reichstaler pfandweise besitzt, anbiete, wenn er ihm das Geld wieder beschaffe. Sie möge ihm raten, was er tun solle; es sei ein guter Garten, für die Zinsen ein guter Besitz, dazu müsse der Bewohner auch jährliche Miete zahlen. (Am Ende ist wegen Textverlusts der Sinn nurmehr grob zu rekonstruieren).

[98r] Jch weiß Nit mein hertzen kind, warümb ihr eüch wegen deß
reesen so Müget bekümmeren, ich habe ia mein geld vom ihm
wider, da ia also bald der cüster im closter wegen deß Rostocksch
wesselß -100- Rthall von bekommen, die v̈brigen sein dürch
täglicheß aüßgeben, da man hie dem schüster, dort denen schneÿ
der, denen volckern ihren lohn aüßgekehret, daraüf ge=
gangen, daß ich wärlich ohne die 50 Rthall von hovelen
empfangen, weinig v̈brig vnd selbsten beNötiget, hat sich
derowegen Nirgendß zübesorgen; er ist mit Nahtorfffß tochter
alhie gewehsen, alß mich gott helffe Nit vmb geld, sondren
daß sie mit lücas, wegen der baüwgelder im andren haüse
aüfgelaüffen, Mochte richtig werden, weiln lücas ein
grosseß gefodert, ist dürch mich vnd reesen so weit gebracht
daß sie einig worden, lücas hat daß geld alß 95 Rthal

empfangen, vnd ihr qüitiret, aüch die schlüssel dürch meinen
marten wider gesand: habe ich der Natorfß dochter dazü
mehr alß Sieben Rthall geliehen, wo für ich Lücas seine
qüitüng in händen, so bin ich kein ehrlicher kerll, dessen
ist sie[1] mir schüldig zwantzig Rthal, welche ich an die
gotteß kasten herren vergangen ostern zahlet, daraüf hat
sie mir eine handschrifft gegeben, vnd will aüfm abend
ihre beste kleÿder dafür züpfände bringen; sonsten
weiß elert Reese Nit ander, Noch Lücas aüch Nit alß daß
ich ihr die gelde geliehen, wie sie dan so woll mich alß
aüch elsen gebehten, daß wir vnß Nit anderß solten ver=
laüten lassen, so woll gegen ihre Mütter alß andre leüte
alß daß ich ihre kleÿder züpfände vnd geld geliehen, ist aber
alß mich gott helffen soll Nit anderß alß oben berichtet.
[...] kan ia dürch die kleÿder aüch zü meinen geldern
[...]hten, vnd wan ihr man mit ehsten schlitten weg kombt
[...] oder andre wahren in bezahlüng Nehmen, dan
[...]h pfand Nit entbehren kan: Sonsten verhalte ich
[...] Nit, wie daß adam leütNer mir elert Reesen
[...] welchen er für hündert füfftzig Rthall pfandeß weise
[...]t, an p^{rae}sentiret[2], wan ich ihm die gelde wider[3]
[...], waß ich darin thüen soll, bitte ich wollt
[...]hten, eß ist ein feiner wollgelegener gärte
[...] rente woll besitzlichen, dazü Müß io der
[...]er da innen wohnet, aüch iarliche heüwre
[...] doch von der Schweine geben.
[...] zü essen, gott in gnaden befohlen.

---

1 Erster Buchstabe korrigiert aus ›z‹.
2 Das ›p‹ mit einem Bogen darüber (als Kürzungszeichen für prae-).
3 Wortanfang korrigiert aus ›d...‹.

1648

064 – ca. Anfang 1648 [undatiert]

Caspar[(a)] an Catharina[(a)]

BO 6, Bl. 69$^{r–v}$, ein Blatt, verso leer. Vielleicht fehlt der Anfang. Unten in neuerer Hs. mit Bleistift: „die Krönüng Christienens fand erst im Oktober 1650 statt".

Datierung: Anhand der erwähnten Personen ist eine Datierung nach September 1646 (Amtsantritt Johann Vestring) vorzunehmen. Angespielt wird vielleicht auf den Streit zwischen zur Bech und Vestring um das Syndikat, der am 19. April 1648 mit Handschlag beigelegt worden war, so dass die Datierung auf 1647/48 wahrscheinlich ist. Allerdings gab es auch fortan wohl keine wirkliche Eintracht. Und die Erwähnung Winckelmanns, über den kaum etwas bekannt ist, dürfte anhand der anderen Briefe ebenfalls auf die Jahre 1647 bis 1649 deuten.

Schließlich ist die Erwähnung der – in diesem Jahr noch nicht stattfindenden – Krönung wichtig. Da Königin Christina 1644 volljährig wurde, käme hier frühestens 1645 in Frage. Allerdings fand die Krönung dann wirklich erst am 20. Oktober 1650 statt, und weil hier vom nicht weiteren ›Fortgang‹ der Krönung – die also bereits vorbereitet wurde – die Rede ist, dürfte die Datierung auf 1647 bis 1649 am wahrscheinlichsten sein. Die berichtete Entzweiung mit Elert Reese lässt keine direkten Rückschlüsse auf Ereignisse zu. Allerdings könnte man annehmen, dass die im Dezember 1647 öffentlich gewordene Insolvenz Reeses und die in Brief Nr. 063 geäußerte Sorge Catharinas um Caspars Geld im Umfeld dieses Schreibens zu datieren sind. Weil Reese dort anscheinend noch willkommen ist (solange er kein Geld will), hier aber wohl sämtliche Sympathien verspielt hat, kann dieser Brief bald darauf datiert werden.

Dem Brief fehlt jede Anrede oder Einleitung. Deshalb könnte der Anfang fehlen. Denkbar ist jedoch auch, dass bei einem solchen Schreiben darauf verzichtet werden konnte.

Inhalt: Caspar teilt Catharina mit, dass er mit Bernhard zur Bech reden und dann (wenn der es wolle) zusammen mit ihm zum Bürgermeister Andreas Stampeel gehen wolle, um etwas zu besprechen. Er glaubt, dass Bernhardus es nicht gerne täte, weil er mit Stampeel wegen (Johann) Vestring unzufrieden sei. Doch er wolle hören, was Bernhard sage und wie er sich verhalten werde.

Über Elert Reese könne Caspar nur sagen, dass er wirklich wollte, er käme nicht mehr zu ihm. Denn er wisse sowieso, dass ihm nicht zu trauen sei; er habe auch seinen Bediensteten befohlen, ihm gegenüber seine Anwesenheit zu verleugnen. So sei es auch geschehen, aber Reese habe sich nicht darum gekümmert, sondern sei ungebeten in das Zimmer gekommen. Und dann habe er lamentiert, ob man (Caspar) ihn nicht mehr gerne haben wolle; dann könnte er wohl wegbleiben, aber er wäre ihm so gewogen – und mehr solcher Beteuerungen. Caspar habe dazu weder ja noch nein gesagt, was Winckelmann mit angehört habe. Was könne Caspar für ihn noch tun, wenn er so unverschämt herein komme. Der allmächtige Gott möge ihn einmal erhören und helfen, dass er von solcher Gesellschaft befreit werde.

Was Catharina von Hermann Claussen geschrieben habe, sei für ihn unverständlich gewesen. Caspar bittet, sie solle es ausführlicher schreiben.

Dass die Krönung dieses Jahr nicht stattfinden werde, sei sicher. So sei es aus Schweden an den Gouverneur geschrieben worden. Der allmächtige Gott gebe, dass sie beide zusammen als Eheleute dahin kommen mögen und dann Gott dafür danken können. Das möge der barmherzige Gott um Jesu Willen gnädig verleihen, was Caspar mit doppeltem ›Amen‹ bekräftigt.

[69r] So bald ich Nŭr mit Bernhardus gerehdet, vnd er sich will gef[allen][1]
lassen, wollen wir zŭ H Stampeel gehen vnd berehdŭng halten,
ich gläŭbe daß Bernhardus Nit gerne daran will, dan er nit woll
mit ihm, wegen westring zŭfrieden, doch will ich horen, waß er
sagen vnd sich erclären wirt: wegen Elert Reesen kan ich Nit
anderß sagen, alß daß ich in wahrheit wolte, daß er Nimmer
zŭ mir kommen mochte, dan ich ohne daß weiß daß ihm Nit
viele zŭ traŭwen, ich habe aŭch meinen volckern befohlen
daß sie mich gegen ihm verleŭgNen sollen, welcheß aŭch geschehen
daran hat er sich Nit gekehret, sondren in die camer vngeNötiget
gekommen, vnd hernach angefangen, ob man ihm Nit gerne haben
wolte, konte er woll weg bleiben, er were mir so gewogen
vnd dergleichen tewre worte mehr, ich habe dazŭ Nit ia oder
Nein gesaget, welcheß winckelman mit angehöret, waß kan
ich ihm dan mehr thŭn, wan er so vnverschamet herein kombt.
gott der allmachtiger mag mich einMahl erhören vnd helffen in
gnaden, daß ich dergleichen geselschafft moege entöhniget sein.
Amen himlischer vater amen: waß E. tŭgend: wegen harman
clagson geschrieben, habe ich Nit verstehen konnen, waß sie da
mit gemeinet, bitte mich davon aŭßführlicher zŭschreiben,
eß ist gewisse daß die chronŭng dieseß iahr Nit fortgehen wirt
welcheß an den H Goŭverneŭrn aŭß Schweden geschrieben,
der allmächtiger gott gebe in gnaden, daß wir beÿde zŭ
sahmen alß ehleŭte dahin kommen vnd den hogsten gott
dafŭr dancken Möegen, solcheß wolle der barmhertziger
gott, vmb iesŭ christi willen gnadiglich verliehen, Amen
Amen.

[1] Ecke im Papier ausgerissen. Der fehlende Text vielleicht so.

065 – vor Ostern / ca. 20. März 1648 [undatiert]

Caspar[(a)] an Catharina[(a)]

BO 6, Bl. 60^{r-v}, ein Blatt, offensichtlich eilig hingekritzelt.

Datierung: Aus dem Brief geht hervor, dass gerade der Gerichtstag vorüber ist, Ostern und Pfingsten aber noch bevorstehen. Da Caspar nicht vor 1646 in das Haus von Claussen ziehen und Miete zahlen konnte, 1646 aber kein Gerichtstag gehalten wurde, kommt frühestens 1647 in Frage. Da der erwähnte Johann Anraht 1650 verstarb (begraben im Juni des Jahres), ist dieses das letzte mögliche, allerdings wenig wahrscheinliche Jahr. Denn 1650 wurden im Frühjahr schon intensiv die Vorbereitungen für die Gesandtschaftsreise nach Stockholm zur Krönung Christinas von Schweden betrieben. Die Reise dauerte dann vom 4. August 1650 bis zum 9. März 1651, die Krönung fand am 20. Oktober statt. Von Reisevorbereitungen ist hier aber gar nichts zu sehen.

Leider ist hier auch nicht klar, ob Caspar bereits im Haus wohnt oder erst nach der (noch nicht begonnenen) Renovierung einziehen will. Wahrscheinlich wohnt er schon im Haus, da in den folgenden Briefen Nr. 068 bis 069 die Rede davon ist, dass er die laufende Renovierung außerhalb der Stadt abwarten will, um Ruhe im Haus zu haben. Wäre er noch nicht umgezogen, hätte er in seinem alten Haus ja ungestört sein können. Und auch die deutliche Enttäuschung über seinen Vermieter und die Äußerung, es seien ›wunderliche Leute‹ lässt eher vermuten, dass Caspar bereits in diesem Haus wohnt. Insofern wäre die Datierung auf den März 1648 möglich und wahrscheinlich. Denn 1649 gibt es bereits handfeste Probleme um Caspars Wohnort, und im Februar/März 1649 war Catharina auf der Reise.

Der Gerichtstag endete 1648 am 17. März, das Osterfest wurde am 2. April gefeiert. Merkwürdig ist jedoch, dass Caspar hier meint, er habe viele Urteile schreiben müssen, aber nur wenig Geld durch den Gerichtstag verdient. Denn 1648 gab es – dem Protokoll zufolge – lediglich 10 Urteile, während 1647 35 Urteile und im Jahr 1649 26 Urteile und viele Abscheide geschrieben werden mussten. Allerdings ist damit nicht gesagt, wie hoch Caspars Verdienst war, denn dieser hing vor allem wohl von der Anfertigung von Kopien und großzügigem ›Trinkgeld‹ ab. Siehe auch Nr. 086, wo Caspar beim Gerichtstag viel verdient hat.

Inhalt: Caspar hat Catharinas Brief erhalten und verstanden. Auch er wünscht, dass Gott ihre Bitten erhören und sie behüten möge. Er sendet ihr gerne die erfragten 8 Rtlr. für Stoff für einen Rock, legt noch 2 dazu und hofft, dass sie sich daran erfreuen kann. Dazu legt er 20 Rtlr für Waren, die er aus Haecks Bude gekauft hat, sendet also insgesamt 30 Rtlr. Hermann Claussen will diese erstatten, wenn er seinen Roggen verkauft hat, der auf Caspars Boden lagert, oder zu Michaelis zahlen. Caspar gibt sich damit zufrieden, weil es „wunderliche Leute" seien. Gott möge ihn vor denen bewahren und mit ihnen zurechtkommen lassen. Der Gerichtstag habe Caspar wenig eingebracht, obwohl er mühevoll – aber mit wenig Bezahlung – viele Urteile ausgefertigt habe. Nur vier habe er nochmals ausgegeben, die Leute seien nicht freigiebig. Darüber hinaus habe er von seiner Besoldung nur wenig erhalten, woraufhin bereits Mahnschreiben verschickt worden sein, um das Geld zu Pfingsten zu bekommen. Caspar müsse Ostern über 80 Reichstaler an Dellinghausen, 50 an Haecks, 30 an Anraht und 2 Rundstücke für ›Spezereien‹ (Gewürzwaren) an Dellinghausen, sowie Gelder an den Schneider und den Schuster zahlen. Er wolle nicht gerne gemahnt werden oder schuldig bleiben.

Caspar hat Hermann Claussen wegen der Renovierung von Dachboden, Badstube (Sauna), „Gasten" (Esszimmer?) usw. angesprochen und beschuldigt, dass nichts geschehe. Der sei daraufhin zornig geworden. Caspar müsse die hohe Miete zahlen, aber der tue nichts. Er bedauert, sich überhaupt mit Claussen eingelassen zu haben, aber es sei nun einmal geschehen und ließe sich nicht ändern; Gott möge sich irgendwann erbarmen. Dass er nicht ausgehen soll, werde er so machen, wie sie es wolle. Aber dann werde er ›überlaufen‹ (vom Trinken) und sein Bier werde aufgebraucht. Doch er wolle es gerne ertragen und ihrem Willen und Wunsch folgen. Gott gebe, dass sein Hab und Gut ihr nutze und sie beide ihrem gemeinsamen Wunsch nach erfreut werden. Schließlich wünscht er ihr eine gute Nacht und verspricht bei seiner Seligkeit die Treue, nochmals Gott um Erhörung bittend.

Im Nachsatz fordert er Catharina noch auf, sie möge sich von den Bediensteten nicht betrügen lassen, sondern aufpassen, dass seine Sendungen bei ihr richtig ankommen, und ihm den Empfang melden. Denn ein Taler sei jetzt schwer zu erwerben. Weil er starken Husten habe, könne er nicht mehr schreiben.

[60r] Mein hertzen kind, ich hab ewer an mir abgegeben schreiben
dürchlesend woll verstanden, wündsche von dem hogsten gott
daß er dasselbe, waß darinnen enthalten vätterlich ein
Mahl erhören vnd staht finden lassen wolle, aüch für allen
v̈bel vnd vnfall gnädigst behüten[1], darümb ich täg
vnd abendß hertzlich seüfftze; hieneben thüe ich E. tügend.
verständigen, daß ich gerne die begehrte acht Rthal zü
erkaüffüng deß zeügeß zü ewren beherten Rock, vnd
Noch zweӱ dazü alß zehn Rthal v̈bersende, gott gebe
daß ihr eß mit gesündheit vnd gewündscheter frewden
anziehen vnd vertragen Moeget, thüe daneben E.
tügend. die zwantzig Rthall zü bezahlüng der in Hakß[2]
bühden aüfgeNommen wahren, also in allem[3] dreӱsig
Rthal v̈bersenden, bitte im güten anzüNehmen,
härmen Clagson hatt[4] mir gelobet selbe, beӱ ver
kaüffüng seineß roggen, der aüf meinem bohden[5] lieget
zü erstahten, oder aüf künfftigen Michaelis zü zahlen

1 Das ›h‹ nachgeschrieben/korrigiert.
2 Erster Buchstabe nachgeschrieben/korrigiert.
3 Wort nachgeschrieben/korrigiert.
4 Erster Buchstabe nachgeschrieben/korrigiert.
5 Erster Buchstabe nachgeschrieben/korrigiert.

geschicht eß; so ist eß w[...],[1] wo mit müß ich mich biß
dahin züfrieden geben, weiln eß wünderliche leüte
sein, gott mag mich für sie bewahren[2], vnd gnädigst
weiterß helffen, hieneben bezeüge ich, daß dieser
gerichtßtag weinig eingebracht, sein zwar etzliche vhrta[...][3]
verfertiget, Mit[4] grosser Mühe[5], aber weinige bezahlüng
dan Nit vber vier NochMahln eingeloset, daß geld Müß
beÿ denen leüten geNaüwe sein, vber daß habe
ich von meiner[6] besoldüng weinig einbekommen
sein aber stärke schreiben zü einbringüng derselben
gegen Pfingsten abgegangen, daß also verhoffent
lich eß einMahl aüßkommen werde, ich habe aber[7]
gegen Ostern an dellingßhüsen vber achtzig Riche
thall, an hakeß füfftzig, an Anrad dreÿssig an
dellingßhüsen für Specereien zwo Rst, vnd sonsten
an schneÿder vnd schüster zü zahlen, welche ich gerne
ablegen vnd keinen schüldig sein will, Mag behalten
so viel ich kan, dan ich mich Nit gerne Mahnen
lasse, ich habe Härmen Clagson vom abend, wegen
[60v] verfertigüng deß böhneß, badtstüben, gasten, vnd
sonsten angerehdet, vnd beschüldiget, daß solcheß Nit ver
fertiget, warümb er zörnig geworden, wan Man
die wahrheit saget, Müß gleichwoll grosse hewr zahlen
vnd sie wollen Nichtß verfertigen[8] lassen, gott wolte
daß ich Niehmahln mit sie gehandelt, weren vnß viel
besser gewehsen, aber geschehene dinge sein Nicht zü
endren, dü hogster gott wirst dich einMahl erbar
men, amen; daß ich Nit aüßgehen soll, will ich
gerne ewerm belieben Nach halten, aber in Mitt
ler zeitt werde ich vber laüffen, vnd mein biehr
gehet daraüf, doch wil ichß gerne ertragen vnd
der Müglicheit Nach, E. tüg. willen vnd begehren
folgen, gott gebe Nür, daß alle daß Meinige zü
ihren frommen vnd gedeÿen gelangen vnd

1 Durch Fleck (Tinte?) unlesbar.
2 Wortende nachgeschrieben/korrigiert.
3 Rest am Rand abgetrennt.
4 Erster Buchstabe nachgeschrieben/korrigiert.
5 Erster und letzter Buchstabe nachgeschrieben/korrigiert.
6 Korrigiert aus ›meinen‹.
7 Wortende nachgeschrieben/korrigiert.
8 Wortmitte nachgeschrieben/korrigiert.

wir Nach wündsch vnd bitten erfreüwet werden
Amen H iesü amen, womit ich E. tügen
güte Nacht hertzlich wündsche, vnd die gesprochene
trewe beÿ Sehlen Sehligkeit verspreche,
ach lieber gott seÿ Nür gnädig vnd laß deinen
väterlichen willen einMahl in gNaden
erbitten, Amen H iesü Amen Amen.
güte Nacht vnd ein getreüwß hertz.
E. tügend lassen sich doch von dem volck[1] Nit betriegen
sondren alleß waß ich sende vnd gesand habe richtig
empfangen vnd wissen lassen, gott weiß ein thall
ist itzo schwer zü erwerben, habe für hüst den
ich schwehr habe, Nit mehr schreiben konnen, gott Mit vnß

066 – ca. Mai 1648 [undatiert]

Catharina[(a)] an Caspar[(a)]

BO 10, Bl. 77r. Geschrieben auf dem Bogen, der zuvor nur Crusemarcks Gedicht (Nr. 062) enthielt.

Datierung: Dieser Brief von Catharina muss nach dem Gedicht von Crusemarck (Nr. 062), aber vor dem 29. August 1648 geschrieben sein. Ein direkter Zusammenhang mit dem Gedicht ist jedoch nicht zu erkennen. Durch die anderen genannten Personen ist keine weitere Eingrenzung möglich. Dem Brief ist allerdings zu entnehmen, dass Caspar und Catharina sich zu dieser Zeit aufgrund des öffentlichen Geredes nicht gemeinsam sehen lassen dürfen und Nikolaus von Höveln bereits gegen sie agiert. Durch den direkten Zusammenhang mit dem Antwortbrief von Caspar (Nr. 067) kommt eigentlich nur eine Datierung auf 1648 in Frage.
Inhalt: Catharina schreibt an Caspar, dass sie [wer?] sich bei Crusemarck etwas[?] machen werden, sie wisse nicht, ob es morgen geschehen solle. Gestern sei sie von denen sehr gebeten worden, sie nicht abschlägig zu bescheiden. Wer wisse, ob sie wieder unter die Leute gehen dürfe. Sie (ihre Mutter?) sage ständig, Casparus werde auch hinkommen, und Catharina habe nicht gewusst, wie sie beschwichtigen sollte. Ihr Liebster könne seine Meinung dazu schreiben, sie wolle sich danach richten. Er – ihr ›allerliebster Auserwählter, einziger Trost und Friede auf dieser Erde‹ – möge doch nicht traurig sein, dass er nicht schon (durch den Tod) von ihr getrennt worden sei, sondern sie möge ihm lieber sein als das böse Gerede der Leute. Er solle ihr mitteilen, ob er sich nicht zufrieden geben wolle.

Der schwedische Priester Herr Sven habe gesagt, er wolle heute oder morgen zur Familie von der Hoyen kommen, weil er etwas mit ihnen zu bereden hätte. Das

1 Das ›k‹ nachträglich eingefügt.

komme gewiss von dem Höveln her. Sie wünschte, ihre Mutter wäre nicht dabei, dann wollte sie ihm durch Herrn Sven genug sagen lassen. Sie wollte wohl zum Superintendenten gehen, wisse aber keinen passenden Anlass. Sie (Vestrings) würden fast stündlich wegen Handelsdingen senden, auch sei der Doktor [Johann Vestring oder Gebhard Himsel?] ganz freundlich vorbeigegangen.

Catharina bittet Caspar, den sie als ›mein Kind‹ anredet, zufrieden zu sein. Gott werde für sie beide sorgen. Sie sei heute wegen seines Briefes so betrübt, dass sie vor Wehmut des Herzens kaum wisse, was sie tun könne. Catharina schließt mit einem Seufzer an ihr ›Herzens Zucker Duckschen‹ und an Gott.

[77^{r}] Mein aller liebeste sehlgen sie werden sich beÿ Krußе
best[...][1]
Marck ~~sol~~ tich machen ich weiß nicht op eß Morgen geschen
wirdt undt sie haben miehr gister sehr gebehten ich müchte
ihnen nicht vohr smahden wehr weiß mein Kindt op ich
wieder darff führ die loße leühte hingehen sie
saget ohne vnterlahß Kaspahrüß wirdt auch hin kom
men ich wüste nicht wie ich ihr besweitiegen solte
Mein aller liebeste Kan sein meinüng schreiben welgeß
ich mich alleß hertzlich geffallen laße ach mein Edele
aller liebeste aüßehrwehlte einige trost vndt frihde
aüff dießer Ehrden grehmet eüch doch nicht daß
ihr ~~nür~~ nicht vohr der zeit vohn mich gerißen werdet
ach mein kindt laßet mich eüch doch lieber sein alß
die böße leühte Jhre zü setzüng ist ach laßet mich
doch wißen op ihr eüch den nicht wohlt zü friden gehben
mein Edle Schatz der swetsche[2] prister her swen
saget ehr wohlte heüte oder morgen gewiß zü
vnß kommen hette – waß sonderlicheß mit vnß
zü rehden eß wirdt auch gewiß vohn dem höwell
her kommen ich wolte wünßchen daß mein liebe
mütter nicht dabeÿ wehre ich wolte ihm dürrich
her swen genüch sagen laßen ich wolte wohll
züm süprendenten gehen weiß aber nicht waß
ich führ vhrsache nehmen soll sie senden fast alle
stünde vmb gewerbe beÿ vnß zü holen der dochter
im geleichen ist miehr vohr beÿ gegangen in solgen
fründtlichkeit ach mein Kindt seidt doch zü friden
gott im himmell wirdt führ vnß sorgen
Jch habe mich heüte aüff eüwer schreiben

1 Entzifferung unklar: ›besto...‹/›beßo...‹? Der letzte Teil des Wortes ist durch einen Fleck nicht lesbar.

2 Das ›s‹ dick nachgeschrieben.

so betrühbet daß ich fast nicht weiß führ
wehemüht meineß hertzen waß ich anfangen
soll mein einiche hertzen zückkern dückßchen ach dü
lieber gott

067 – ca. Mai 1648 [undatiert]

Caspar[(a)] an Catharina[(a)]

BO 10, Bl. 77v. Geschrieben auf dem Bogen, der Crusemarcks Gedicht (Nr. 062) und Catharinas Brief (Nr. 066) enthielt.

Datierung: Dieser Brief beantwortet den vorhergehenden (Nr. 066), folgt also unmittelbar. Darüber hinaus ist die Erwähnung Heinrich Tunders von Bedeutung, da dieser noch im September 1642 an der Universität Leiden eingeschrieben wurde und erst Anfang 1648 dann in Reval als Sekretär am Burggericht nachgewiesen ist. Wann genau er nach Reval kam, ist bisher nicht bekannt. Am 22. Mai 1648 war er (laut Ritterschaftsprotokoll) als Sekretär jedoch zusammen mit Caspar Meyer beim Capitain Ulrich. Insofern dürfte die Einladung bei Crusemarcks wohl im Frühjahr (Mai?) 1648 zu datieren sein, da Crusemarck am 29. August 1648 verschwand.

Inhalt: Caspar teilt Catharina mit, er wisse nichts von einer Gasterei bei Crusemarck und sei nicht eingeladen. Sie könne hingehen, da er nicht kommen werde. Er werde sich dies nicht zu Herzen nehmen, sondern den bösen Schwätzern zuschreiben.

Catharina solle wegen seines Schreibens nicht traurig sein; es sei zwar aus Traurigkeit geschrieben, aber nicht aus übermäßigem Leiden. Gott möge es denjenigen büßen lassen, der es verursacht hat. Er wolle sich gerne zufrieden geben, darauf könne sie sich verlassen. Er werde jetzt zu Heinrich Tunder gehen, bei dem er einige Sachen zu lesen habe – damit sie wisse, wo er sei.

Dass sie beide sich in der Öffentlichkeit so meiden müssen, sei zu beklagen. Wer wisse, wo man einen Ort findet, an dem man sich trotzdem manchmal unbemerkt treffen und sprechen könne? Catharina möge sich zufrieden geben wie er. Sie werde schon einen Anlass finden, um den Superintendenten zu sprechen.

[77v]
Jch weiß mein edleß hertz von keiner gästereÿ beÿ krüsemarcken
bin aüch Nit gebehten, sie kan in gotteß Nahmen hingehen, ich werde da
Nit kommen, welcheß mein hertz in keinen vngüth aüfnehmen son=
dren denen losen Maülern züschreiben wolle, bitte aüch sie wolle
sich meineß schreibenß Nit betrüben, ist woll aüß trawrigkeit
geschehen, aber Nit der gestahlt daß ich mich darümb grämen vnd
verzehren will, gott mag eß dem ienigen bezahlen der solcheß ver
vhrsachet, ich will mich gerne züfrieden geben, dazü sie sich

woll mag verlassen; ich werde itzo beÿ hinrich Tŭndern gehen
dabeÿ ich waß zŭthŭende, ia einige sachen ṽberzŭlesen, daß
ihr also wissen moeget wo ich bin; daß wir vnß also Mŭssen
Meÿden ist zŭ beclagen, wer weiß dennoch wo man einen
ohrt findet, da man zŭweilen vnvermercket kan beÿ
ein ander kommen, vnd Mŭndliche berehdŭng halten, wel
cheß ich gerne sehen Mochte, gehabt eŭch woll mein schatz
vnd gebet eŭch wie ich zŭfrieden, ihr werdet zŭm besten vhrsache
ersehen, mit dem Sŭperdenten zŭrehden.

068 – ca. Juni 1648 [undatiert]

Caspar[(a)] an Catharina[(a)]

BO 6, Bl. 66[r–v], ein Blatt, ca, ¾ groß, verso leer.

Datierung: Caspar ist von einer unbekannten Reise (wohl auf dem Lande) zurück. Da Kalckbrenner nicht bei ihm ist, sondern erst zu ihm vor die Stadt kommen soll, kann es nicht der in Brief Nr. 052 beabsichtigte gemeinsame Ausflug sein. Caspar ist wohl schon in Claussens Haus eingezogen (siehe oben), und der renoviert jetzt, so dass dieser Brief nach dem 20. März 1648 (Nr. 065) zu datieren ist. Die Renovierungsarbeiten am Dach (vgl. Nr. 069) dürften außerdem wohl nicht im Winter, sondern eher im Frühjahr oder Sommer anzusetzen sein.

Inhalt: Caspar teilt Catharina mit, dass er (von einer Reise) wohlbehalten zurückgekehrt ist, und hofft, dass auch sie und ihre Lieben gesund seien. Er bleibe vor der Stadt, was Catharina wohl wisse, da sie ihm bei seiner Abreise durch Else bestellen ließ, er möge nicht so schnell wieder in die Stadt kommen, sondern hier bei Peter (im Gasthaus) warten und seinen Diener schicken, um zu erfahren, ob Hermann Claussen die Renovierung schon beendet habe. Denn sonst habe er durch die ein- und ausgehenden Arbeiter zu große Unruhe. Deshalb bittet er Catharina, ihm kurz mitzuteilen, wie er sich verhalten solle. Darüber hinaus bittet er sie, Kalckbrenner in seinem Namen zu grüßen und mit Wagen und Pferden zu ihm heraus zu schicken. Der solle nur Bier und Tabak mitbringen, alles andere an Essen habe er zur Genüge: Hühner, Kalbsbraten, frisches Trockenfleisch, Salzfleisch, Wein und mehr. Er wolle es ihm wieder beschaffen.

[66[r]] Jch kan eŭch mein hertzen kind Nit vorenthalten, wiedaß ich gott lob
gesŭnd vnd woll behalten annenhero wider gelanget, mit hertzlicher
wŭndschŭng, daß ich solcheß gleicher gestahlt von E. tŭg: vnd die ihr lieb
sein hertfrewdig[1] erfahren Moege. die vhrsache warŭmb ich alhie
verweile, wirt E. tŭg: gŭter Massen wissend sein, da sie mir beÿ
meinem abreisen, dŭrch daß weib elsen zŭm biehten lassen, ich

[1] Erste Silbe unklar, vielleicht gemeint ›hertz...‹?

Mochte so schleünig Nit in die stadt kommen, sondren alhie beÿ
peter so lange einkehren, vnd[1] meinen diener einsenden
vmb zü vernehmen, ob härman clagson sein gebaüwte all
fertig gemachet, damit ich keine weitere vnwehsenheit, wel
cheß ich mit aüß vnd eingehen der arbeiter Nit gedülden kan[2]
haben Moege, bitte also mit weinigen zü verständigen, wor
Nach ich mich zü richten; daneben wollen E tüg: gebehten
sein ob sie Nit kalckbrennern diesen abend mit diesen
wagen vnd pferden heraüß zü mir schaffen konne, vnd ihm
darümb meinent wegen sehr begrüssen, er derffe Nichtß
mehr alß biehr vnd toback mit bringen, daß andre habe
ich an essen, iünge lebende hüner, Kalbßbratten gar frisch
droege fleisch, saltzfleiß, wein etc: zür geNüeg[3] beÿ
mir, ich will ihm ohne beschwer wider einschaffen, gott
befohlen.

069 – ca. Juni 1648 [undatiert]

Caspar[(a)] an Catharina[(a)]

BO 6, Bl. 67r–v, ein Blatt, ca. ½ groß, verso leer. Insgesamt in schlechter Schrift, eilig hingekritzelt oder angetrunken?

Datierung: Dieser Brief muss auf den vorangehenden (Nr. 068) folgen, wie anhand der inhaltlichen Bezüge offensichtlich ist. Wenn Kalckbrenner noch am Abend des vorherigen Briefes eintraf, wie Caspar gebeten hatte, dann ist dieser Brief also am Tag darauf geschrieben. Catharina dürfte ihrer Sendung ebenfalls einen Brief beigelegt haben, der jedoch (wie so viele von ihr) nicht erhalten ist.

Inhalt: Caspar freut sich, dass Catharina und ihre Familie wohlauf sind, wie er (wohl aus ihrem Schreiben) verstanden hat, und wünscht Gottes Schutz für sie beide. Für die von ihr geschickten Sachen dankt er; sie seien bereits verzehrt.

Da er und Kalckbrenner jetzt Bier, Branntwein und Tabak brauchen, hat er 1 Reichstaler beigelegt, von dem Catharina das erste bezahlen und von dem Rest jetzt das Notwendige herausschicken möge. Für Kalckbrenner erbittet er einen besonderen Tabak, von dem gestern zugesandten Tabak solle sie etwas für den Wirt Peter schicken, auch ein wenig Branntwein. Er hofft, morgen abend in die Stadt zu kommen. Ihr Vater kam heute morgen um 9 Uhr zu ihm und war schon

1 Erster Buchstabe nachgeschrieben/korrigiert.
2 Entzifferung unsicher, erster Buchstabe korrigiert aus ›h‹.
3 Vorletzter Buchstabe durch Überschreibung korrigiert.

betrunken; Kalckbrenner traf gestern abend um 10 Uhr ein. Mit ihm habe er auf Catharinas Gesundheit getrunken.

Wie Caspar gehört hat, ist Claussen mit der Renovierung der Badstube fertig und wolle morgen am Dach beginnen. Er hofft sehr, dass es bald fertig werde, um Ruhe zu haben und vom Ärger befreit zu sein. Wenn etwas Wichtiges geschehen sei, dann möge Catharina ihm dies bitte übermitteln. Damit schließt er, sie unter Gottes Schutz stellend.

[67r]
Daß mein Edleß hertz Nebenst denen ihrigen Noch gott danck beÿ güter
gesündheit, solcheß habe ich hoch vnd hertzfrolich verstanden, der lieber gott
erhalte vnß beÿderseitß weiter in gnaden, bedancke mich für aüßge
sandte sachen, welche wir mit gesündheit geNossen, vnd weiln wir itzo
mangell an biehr, brandtwein vnd toback, alß bitte ich sie wolle
vnbeschwehret, annoch für diesen Rthall, aüßsenden, davon daß vorige
bezahlen vnd daß vbrige aüßsenden, alß für einen Reichßohrt[1], von
Tölken seinen dicken toback, welchen Kalkbrenner pfleget zü
gebraüchen, von den gestrigen konnet ihr aüch ein stück für
peter vnsern wirt aüßsenden, item ein weinig brandwein
wir hoffen mit gotteß gnade Morgendß abend ein zükommen
der vater kam heüte Morgen vmb Neün vhren alhie, hat
schon seinen raüsch, kackbrenner [!] kam gester abend vmb
zehen vhren, war mir hertzlich willkommen, haben E. tg
gesündheit gedrüncken, ich verNehme daß härman clagson
den badtstüben, seint[2] fertig, vnd morgen am tache anfangen
will, gott gebe, daß erß bald fertig Mache, damit ich rühe
haben vnd der verdriesslicheit entöhniget sein Möege, ist
waß fürgelaüffen bitte ich zü verständigen, womit.
gottlicher obacht empfohlen, vnd von hertzen gewogen.

070 – 10. Juni 1648 [undatiert]

Caspar an Catharina[(a)]

BO 6, Bl. 78r–v, ein Blatt; das rechte untere Viertel fehlt (ohne Textverlust).

Datierung: Durch die Schlichtung des Streites mit Bürgermeister Thieren ist die Datierung eindeutig, wenn auch sehr erstaunlich. Die am 27. März 1644 begonnene Auseinandersetzung wurde (laut Nachtrag im Ratsprotokoll des Jahres 1644) am 10. Juni 1648 friedlich beigelegt. Anscheinend war die Angelegenheit nach

1 Entzifferung unsicher und unklar.
2 Entzifferung unsicher.

mittlerweile vier Jahren noch immer nicht juristisch geklärt. Zumindest bestand die feindliche Haltung zwischen dem Bürgermeister und Caspar ganz offensichtlich noch. So ist bei Caspar auch deutlich die Erleichtung zu spüren, dass der Streit nun endgültig aus der Welt geschaffen wurde. Was jedoch die hier sichtbare Initiative zur Schlichtung durch Syndikus Rosenbach und Bürgermeister Stampeel genau jetzt ausgelöst hat, ist nicht bekannt.

Weitere Anhaltspunkte für die Richtigkeit dieser Datierung sind die Erwähnung des Superintendenten (gestorben im März 1650), des Landrats Metztacken (begraben am 25. Februar 1650) und Andreas Sandhagens (ab 1645 in Reval). Bürgermeister Stampeel ist vom 11. Dezember 1643 bis 1653 im Amt. Dass Niehusen in Lohns Haus (in der Lehmstraße, heute Viru 18) wohnt und ausziehen wolle, kann bisher nicht datiert werden.

Inhalt: Caspar antwortet offensichtlich auf eine Frage Catharinas, dass er nicht wegen irgendetwas betrübt sei. Nur habe er sich über seine Bediensteten geärgert. Diese hätten gewusst, dass die Bauern den ganzen Tag fuhren und die Hofpforte offen war; und sie hätten nicht ein Mal nach den Hühnern geschaut, bis alle weg waren. Erst dann wurde es bemerkt. Die Hühner wurden mit viel Aufwand noch wieder eingetrieben, aber der Hahn sei noch weg. Und seine Wirtschafterin sei faul, sage, sie könne sich nicht zerreissen und habe zu viel zu tun. Es zerreisse einem das Herz, er habe die elendesten Tage und wünsche, dass Gott sich erbarmen und trösten und ihm armen Sünder beistehen möge.

Der Superintendent habe ihn lediglich gefragt, ob er keine Neuigkeiten hätte. Als Caspar das verneinte, habe der gesagt, Gott möge Caspar helfen und beistehen in seinem schweren Kreuz und seine Frau sterben lassen, er habe es wirklich schwer. Er meinte, Caspar solle sich fügen und Gott um Errettung bitten; er wolle in seinem Gebet auch für ihn bitten.

Gestern sei Caspar bei (Landrat) Metztacken gewesen, um zu erfahren, wie es um Lohns Haus stehe, in dem [Heinrich] Niehusen wohne; ob der noch lange darin bleiben oder bald ausziehen würde. Daraufhin habe Metztacken berichtet, dass Niehusen bei ihm einziehen und also die Wohnung frei werden würde. Er habe Wein geholt, und beim Gespräch über dies und das kam Sandhagen hinzu, mit dem auch über Neuigkeiten gesprochen wurde. Weder über das Haus noch über Catharina oder sonst etwas wurde schlecht geredet – worüber Caspar sich sehr gewundert habe. Zuletzt habe Sandhagen auf der Diele noch gefragt, ob Caspar etwas Neues wisse. Als er das verneinte, habe der gesagt, Gott möge es ändern, er könnte in der Sache nichts mehr tun. Wenn sie [Caspars Frau] nicht kommen wolle, so möge sie es lassen. Damit seien sie auseinander gegangen.

Heute Morgen sei Caspar über den Markt gegangen, um mit Stampeel über Metztacken und Lohns Haus zu sprechen, da sei Bernhard zur Bech vom Rathaus von Johann Thieren zu ihm gekommen und habe ihn (als ›Herr Schwager‹) angesprochen, dass sie ihn mit Thieren versöhnen müssten. Er wolle ihn auf die Schreiberei bringen und Thieren auch dorthin bitten. Caspar willigte ein und ging mit, kurz darauf kamen Thieren und Stampeel. Thieren fragte, warum Caspar ihn einen Schelm genannt habe, worauf Caspar entgegnete, es sei nicht so gewesen – Als der Streit also wieder begonnen habe, hätten Stampeel und der Syndikus eingegriffen und sie nicht gehen lassen, bevor sie sich nicht die Hände gereicht und den Streit beendet und vergeben hätten. Caspar preist Gott dafür und bittet um Abwendung von Bosheit und Unglück und um Erhörung, was mit doppeltem ›Amen‹ bekräftigt wird.

[78r] Jch bin in wahrheit Nirgendß vmb betrŭbet, Nŭr alleine daß
ich so ein loseß volck vnd gesinde habe, welche wissen, daß die baŭwren
den gantzen tag geführet, vnd die hoffporte offen gestanden, vnd Nit
ein Mahl Nach denen hünern gesehen, biß sie alle weg gewehsen
da sind sie ehst gemisset, die hŭner haben sie Noch mit grossem
treiben wider gesŭchet, aber der hane ist Noch weg, vnd daß weib
machet sich Noch vnNŭtze dazŭ, saget sie kan sich Nit zŭ reissen
habe mehr dan zŭ viele zŭ thŭende, da von einen daß hertze bär=
sten Mag, habe die edlesten[1] tage von der welt, daß sich
doch gott ein Mahl erbarmen vnd mich armen sŭnder deß
halber trosten vnd beÿstehen wolle: der Sŭperintendenß hat
in wahrheit Nichtß anderß gefraget alß ob ich keine zeitŭng
hette, wie ich Nein geantworte, antwortete, ach gott mag eŭch
in solchen schwehren creŭtze helffen, beÿstehen vnd daß weib
von dieser welt[2] Nehmen, dan ihr habet warlich ein hartß
creŭtz, sagte in wahrheit Nichtß anderß alß daß ich mich
zŭfriden geben vnd gott vmb errettŭng bitten solte, er
wolte meiner aŭch in seinem gebehte gedencken, gestern
bin ich wegen Mettstaken vmb zŭ verNehmen, wie eß mit
lohnß haŭse, dar Niehŭsen innen wohnet stŭnde, ob er Nie
hŭsen Noch lange darinnen bleiben, vnd willig daraŭß ziehen
wŭrde, da hat er mir allen gŭten bescheÿd ertheilet, daß
der Niehŭsen[3] beÿ ihm einziehen vnd solche wohNŭng Nŭhmehr
angeben wŭrde, ließ ein trŭnk
wein aŭfholen, vnd redete bald
hie bald da von, wo zŭ aŭch
sandthaven einkam vnd gleich
falß von Neŭwen zeitŭngen
redeten, vnd ward wegen deß
haŭseß, Noch ewer persohn oder
sonsten wahrhafftig Nichtß vbelß
gedacht, darŭber ich mich höchlichen
verwŭnderte, zŭletz aŭf der
dehlen fragte er mich ob ich keine

1 Wohl Verschreibung für ›elendsten‹.
2 Letzter Buchstabe unklar d/t?
3 Der Anfangsbuchstabe ist hier außergewöhnlich geschrieben, eher wie Majuskel ›H‹.

zeitūng hette, antwortete ich
Nein, do sagte er, gott Mochte
eß endren, er konte Nicht mehr
darūmb thūn, wolte sie Nit
kommen so Mochte sie eß lassen
womit wir ein ander gesegnet
vnd mit gūten bescheÿde weg ge
gangen: heūte Morgen bin ich
ẅberß Marck gegangen vnd

[78v] Stampehlen sprechen wollen, wegen Mettstaken vmb lohnß haūse vnd in dem wir aūfm Marckte gehen, kombt Bernhardus aūß dem diege fūrm rahthaūse von Tiehren gehen, spricht mir An vnd saget, H Schwager wir Mūssen eūch mit Tieren vertragen, ich will ihm aūf die schreibereÿ bringen, vnd alda tieren aūch hin fodren, wo raūf ich antwortete meinenthalben konte eß woll sein, ging also mit ihm, darNach kam Tier vnd Stampell aūch vnd fing tier an H caspare ich weiß Nit aūß waß vhrsachen er mir fūr einen schelm gescholten, wie ich antwortete daß solcheß Nit also wie angebracht sondren aūf ander Massen passi ret, vnd also mit worten wider an einander kahmen, dan legten sich der Stampel vnd Syndicus darinnen, vnd liessen vnß Nit von[1] einander biß wir einen[2] den andren die hände gaben, vnd alleß vergessen sein vnd freūndt sein wolte, gott seÿ gelobet, vnd wende ferner alleß bosein behūte fūr vnglūck vnd erhōre gnädiglich Amen H iesū amen.

071 – ca. Mitte September 1648 [undatiert]

Caspar[(a)] an Catharina[(a)]

BO 6, Bl. 68r–v, ein Blatt, Tinte schon deutlich durchgeschlagen, Bl. 68r am Rand neuere hs. Notiz mit Bleistift zur Datierung [„von Anno 1646 bis jetzt"]. Ehemals beiliegend ein Schreiben von Claussen.

Datierung: Der Brief muss nach 1646 geschrieben sein, weil Caspar erwähnt, dass er seit diesem Jahr schon das Darlehen zinslos gebe. Dieser Formulierung nach wäre mindestens 1647, eher noch 1648 oder 1649 wahrscheinlich, da eine Frist von einem Jahr kaum mit der Jahresangabe gekennzeichnet worden wäre. Außerdem wohnt Caspar in Claussens Haus, so dass auf nach Anfang Oktober 1647 da-

1 Erster Buchstabe korrigiert aus ›s‹ oder ›f‹.
2 Erster Buchstabe korrigiert aus ›d‹.

tiert werden muss. Dass neue Schlösser an die Schränke gemacht werden, deutet eher auf eine Zeit bald nach dem Einzug und also das Jahr 1648 (eher als 1649). Auch die Zahlung der vom Darlehen abzuziehenden Jahresmiete dieses bevorstehenden Jahres ›bis Michaelis‹ (29.09.) spricht eher für 1648 und auf ein Datum vor Michaelis. Aus der Formulierung ›diesen Winter‹ ist ebenfalls auf den Herbst zu schließen, wie auch die Bitte um einen Kohlkopf auf die Erntezeit im September/Oktober hinweist. Die Erwähnung von Landrat Metztacken erfordert eine Datierung vor dessen Tod (begraben am 25. Februar 1650). Somit lässt sich der Brief auf etwa Mitte September 1648 datieren.

Der Brief verdeutlicht die Beziehung zu Claussen und dessen Haus. Denn wenn Caspar 1646 schon ein Darlehen gegeben hatte, war es dieses Geld, das er nun also ›abwohnte‹. Ob dies wirklich die einzige Möglichkeit war, sein Geld zurückzubekommen, wie er es unter anderem Höveln gegenüber darstellte, oder ob dies die Taktik war, um sich das Haus zu sichern, ist wohl nicht mehr eindeutig zu klären.

Inhalt: Caspar antwortet Catharina auf ihre mündlich geäußerte Bitte hin, dass er mit Hermann Claussens Frau einen Streit hatte. Diese forderte, die von Caspar verliehenen 200 Reichstaler – von denen 50 Rtlr. für die Hausmiete dieses Jahres bis Michaelis (29.09.) abgehen – noch über ein Jahr zinslos zu lassen, wie er es angeblich versprochen hätte. Das sei aber nicht wahr, er habe ihr ohnehin schon seit 1646 bis jetzt auf ihre Bitte hin die Zinsen erlassen. Wie könnte er so verantwortungslos mit seinem Geld umgehen. Darauf habe er ihr die Wahrheit gesagt, so dass sie schweigen musste und wegging.

Heute morgen kam sie in die Stube (als der Schmied gerade die Schlösser von den Schränken abschlug, um Schlüssel dranzumachen) und beschwerte sich wegen ihrer großen Unkosten für die Anfertigung der Schlüssel. Als Caspar darauf geantwortet habe, dass sie verpflichtet seien, dies zu tun, und er sie wieder abliefern müsste und dafür niemandem zu danken sei, sei sie wieder schweigend weg gegangen. Danach sei sie ihm im Haus begegnet, er habe sie aber nicht angesprochen.

Nun, vor einer Stunde, sei sie mit freundlichem Gruß zu ihm gekommen, habe sich entschuldigt und ein von ihrem Mann aufgesetztes Schriftstück mitgebracht, in dem die Zinsen ihm gutgeschrieben und alles aufgelistet sei. Caspar habe es durchgelesen und etwas geändert, wie Catharina aus dem Beigefügten sehen könne. Sie solle es durchlesen und ihm ihre Meinung dazu mitteilen. Er meine, dass es wohl in Ordnung sei. Seitdem sei Claussens Frau überaus freundlich. Für die Rückzahlung der 20 Rtlr. habe sie gebeten, er möge sich bis Michaelis gedulden, weil sie momentan kein Geld hätte. Denn was sie für Korn bekomme, müsse sie den Schuldnern zahlen. Dann wolle sie jedoch direkt zahlen, oder er müsse es an der Miete kürzen. Weil sie so freundlich bitte, will Caspar es so machen, um keinen Streit zu bekommen. Catharina möge [Johann] Haecks von anderen Geldern bezahlen, er wolle es diesen Winter erstatten.

Caspar hat gehört dass ihr ein goldener Becher weg gekommen sei. Er habe diesen nicht angefasst. Als er das letzte Mal bei ihr war, hat er ihn vor dem Fenster stehen gesehen, da war sie im Garten. Aber er habe ihn nicht angefasst und wundere sich, dass sie damit so leichtsinnig umgehe. Er sei nicht gut verwahrt. Wenn sie sage, dass es bei ihr so gut wie bei ihm sei, sei es in diesem Fall falsch, denn er habe nicht ein- und ausgehende Leute wie sie und bewahre trotzdem keinen Becher in der Stube auf, sondern verschließe ihn im Zimmer. Er beklagt, dass damit das Set von sechs Bechern ineinander auch zerstört sei. Wer wisse, wo die anderen hingekommen seien?

Sonst bittet er noch um einen Kopfkohl, wenn sie ihn entbehren könne. Sie möge ihn aber nicht der Wirtschafterin geben, die damit tue, was sie wolle. Diese könne sich wohl wie andere Leute mit schlechterem Kohl begnügen. Er wolle ihn selbst entgegen nehmen und im Keller auf das Bort legen, wo die Frau nicht herankomme. Auch bittet er, Catharina möge ihrem Vater nicht sagen, dass er zuhause sei, auch nicht dem Landrat Metztacken. Denn er müsse morgen den ganzen Tag bei diesem sein wegen an [Franz?] Scharenberg zu zahlender Gelder. Die Schriften habe er bereits fertig und müsse jetzt im Keller etwas tun. Sie beide in Gottes Befristung befehlend, der vor allem Übel behüte und sich erbarme, schließt Caspar mit ›Amen‹.

[68r] aŭf meineß hertzen Mündlichen begehren, habe ich dieß wei=
nige, derselben endecken wollen, wie daß ich mit härmen
clagson weibe, in worte gerahten, aŭß vhrsachen, daß sie von
mir begehret, die zweÿ hŭndert Rthall, weiln fŭfftzig für
dieß fŭrstehende iahrß haŭßheŭr biß Michaelis abgehen, Noch
ṽber ein iahr ohne rente zŭlassen, vnd daß ich solcheß solte
verheissen haben, welcheß in wahrheit Nit geschehen, dan ich
ihr ohne daß von Aō 1646. biß itzo die rente aŭf ihr höch
licheß bitten erlassen, wie solte ich dan so liederlich daß
meine vergeben, daraŭf ich ihr die rechte wahrheit gesaget
daß sie endlich schweÿgen vnd davon gehen Mŭssen: heŭte
morgen kam sie in die stŭbe, wie der schmied die schlosse von
denen schaffen abschlŭg, vmb schlüssell daran zŭmachen, vnd
beschwehrte sich der grossen vnkosten die sie in verfertigŭng der
schlŭssel machen Moste, wie ich daraŭf geantwortet, daß sie solcheß
zŭthŭende schŭldig vnd ich sie wieder zŭ liebren pflichtig, vnd
dafür keinen zŭ dancken, ging sie widerŭmb stille schweÿgen
von dannen, Nach der zeit ist sie mir im haŭse begegenet
habe sie aber Nit an oder zŭgesprochen, biß Nŭn für eine
stŭnde kombt sie in die stŭbe, grŭsset mich freŭndlich
vnd bittet vmb verziehŭng, brachte eine schrifft welche
härman abgefasset, darinnen die rente gŭth gethan
vnd alleß verzeicheet[!], welche ich Nachgelesen, vnd in etwa
geendert, wie E. tŭged. hiebeÿ gefŭeget zŭ sehen, wolte
solche dŭrchlesen vnd ihre meiNŭng Nach gelegenheit

endecken, mich deücht daß solcheß woll gehen kan, ich kan
nit sagen wie freündlich sie sich darNach gegen mir
gestellet, wegen der 20 Rthall hat sie mir sehr hochlichen
gebehten, weiln sie Nit beÿ gelde, daß waß sie für
sie
korn bekombt, Müß sie denen schüldenern, wie ~~sich~~ hoch
geschwohren, zahlen, ~~hat also~~ biß künfftigen Michaelis
zügedülden, alß dan sie ohne aüfenthalt solcheß zahlen
will,[1] oder ich soll sie an der hewr kürtzen, waß soll man
thün; weiln sie so freündlich bittet, meine ich daß Man
ihr darinnen will fahren kan, damit keine vhrsache
von mir herrühre, E. tüged. kan hakeß so lange
von andren gelden zahlen, will sie mit gottß
hülffe diesen winter wider erstahten, ~~ich verhabe~~[2]
ich habe verNommen daß ein vergülter becher
weg gekommen, ich habe denselben alß mich
gott helffe Nit angerühret, habe ihn letzmahl

[68v] wie ich da gewehsen woll fürm fenster stehen gesehen
da E. tüg: im garten war, alleine ich habe ihn Nit ange
rühret, verwündert mich daß E. tüg: damit so liderlich
vmbegehen, ist vorwahr Nit woll verwahret, dan ihr
saget eß soll beÿ eüch so woll alß beÿ mir sein, ist
in solchen fall, weit gefehlet, ich habe keine aüß oder
eingehende leüte, wie beÿ eüch, dennoch laß ich keinen
becher in der stüben, sondren verschliesse denselben in
meine kammer, eß ist gleichwoll damit der[3] bächer
welcher sechß in ein ander, geschendet, ist zü beclage[n][4]
wer weiß wo die andren sein hingekommen:
Sonsten bitte ich aüch, daferne E. tüged. etwaß haübt
kohl zü entbehren, mich damit zü bedencken, vnd
dem weibe Nit züstellen, dan dieselbe damit
Nach ihren gefallen vmbgehet, sie konnen sich woll
wie andre leüte, mit schlechten kohl behelffen, ich
will denselben selber empfangen, vnd im keller aüf
die ricke verwahren, da sie Nit beÿkommen
kan, bitte aüch sie wolle ihren vater Nit sagen
daß ich zü haüse bin, gleichfalß aüch Nit dem

1 Wort nachträglich vor der Zeile ergänzt.
2 Ausgewischt.
3 Korrigiert?
4 Ende am Rand (durch Beschnitt?) nicht lesbar.

Mettstaken, dan ich doch morgen den gantzen tag
wegen der gelde, die er an Scharenberg zahlet
beÿ ihm sein Müß, habe die schrifften bereitß
verfertiget, vnd Nün ein weinig im keller zü
thün. hiemit ich E. tüg: gottlicher befristi=
güng sambt mir in gnaden befohlen, der
behüte vnß für allen vbell vnd erbarme sich
gnädiglich Amen . H. iesü amen.

072 – ca. Mitte November 1648 [undatiert]

Caspar[(a)] an Catharina

BO 6, Bl. 56^{r-v}, ein Blatt, verso leer.

Datierung: Die Angelegenheit steht vermutlich mit dem Erbe von Thomas Rohde in Verbindung, der am 13. März 1647 in St. Olai begraben wurde (Revaler Bürger seit dem 27. Dezember 1605). Seine Frau war bereits am 10. April 1645 begraben worden. Im September des Jahres 1647 klagen die Creditoren gegen Johann Wibbelmann und die Witwe von Jakob Sassen (Sax, begr. 16. Juni 1647), bei denen es sich wohl um die Erben handelt (Wibbelmann hatte 1633 Anna Rohde geheiratet). Dabei wird unter den Creditoren auch Adam Leutner mit dem Betrag von 160 Reichstalern aufgelistet.

Und dies würde genau zum erwähnten Pfandbesitz am Garten passen, der folglich zu dieser Zeit wohl noch bestand. Der Prozess zieht sich jedoch weiter hin. Erst am 5. Dezember 1647 wird das Haus an der Süsterstraße (heute in Lai 34, etwa gegenüber Lai 19) den Creditoren übergeben, ohne dass der Garten erwähnt wird. Am 24. November 1648 bekommt Caspar dann von Wibbelmann einen Garten (diesen?) vor der Großen Strandpforte – zwischen Hermann Fissings und Hans Görries Gärten – als Pfand für ein Darlehen von 100 Reichstalern. Dieser Garten wird aber bereits am 24. April 1649 wieder von Wibbelmann verkauft, ausgerechnet an Nikolaus von Höveln. An diesem Tag erhält Wibbelmann auch das Haus überschrieben. Die Datierung dieses Briefes ist folglich auf die Zeit nach März 1647 und vor November 1648 vorzunehmen, wahrscheinlich eher kurz vor dem 24. November 1648.

Inhalt: Caspar teilt seinem ›Catharinchen‹ mit, dass die ›Dellingshusensche‹ (die in Rohdes Haus wohnt) ihn vor einiger Zeit angesprochen und gefragt habe, ob er nicht den Garten von Rohde vor dem Stadttor haben wolle, entweder gekauft oder als Pfand für geliehenes Geld. Da er sich nicht sofort entscheiden konnte, habe er zugesagt, darüber nachzudenken. Danach sei über fünf Wochen auch nichts weiter geschehen. Aber jetzt sei [Johann] Wibbelmann zu ihm gekommen, als er gerade beim Essen war, und habe die Frage der Dellingshusenschen wiederholt. Sie wollten Caspar den Garten vor anderen gönnen, weil er bereits zuvor danach gefragt (?) hätte. Er könne ihn kaufen oder für 160 Reichstaler als Pfand bekommen. Für diese Summe sei er gegenwärtig an [Adam] Leutner verpfändet.

Caspar habe sich nicht sofort entschieden, sondern eingewandt, man müsse zunächst aus dem Stadtbuch oder vom Rat erfahren, ob keine anderen Ansprüche bestehen oder der Garten mit Schulden belastet sei. Erst dann könne man entscheiden, wie die 160 Reichstaler darauf als Pfand gelegt werden und für wie lange man den Garten behalten könne. Denn für drei oder vier Jahre würde man keine Gelder zahlen, damit man nach der Einrichtung des Gartens durch einen anderen ausgelöst werde und der dann den Nutzen habe. Man müsse den Besitz oder die Nutzung des Gartens wenigstens für ein Jahrzehnt sicher haben und danach bei Vertragsende sein Geld in einer Summe zurückbekommen. Darauf habe Wibbelmann geantwortet, dass es recht und billig sei und dass er sich in der Sache weiter besprechen müsse.

Caspar ist unsicher, was er tun soll, und fragt deshalb Catharina nach ihrer Meinung und ob sie das Geld zunächst bezahlen könnte. Er wolle es ihr von Winckelmanns Geldern erstatten, wenn der komme. In der Erwartung ihrer Ansicht dazu – nach der er sich richten wolle – schließt er als ihr ›Getreuer‹ mit dem lateinischen Abschiedsgruß ›valet‹.

[56r] Jch kan eüch mein hertzen catharinchen Nit vorenthalten, wie daß
für diesen die Dellingßhüsensche, welche in Rohden haüse wohnet
mir angerehdet, ob ich Nit deß rohden garten aüssen der
poorten an mir zü bringen gedachte, entweder zü kaüffen
oder einige gelde daraüf zü liehen vnd pfandßwaÿse züge=
braüchen, Nün habe ich mich der Zeit Nirgendß zü resolviren
wollen, sondren in bedäncken zü Nehmen, vorbehalten,
daraüf aüch Nach der zeit, alß über 5. wochen Nichteß
passiret, alß itzo beÿ haltüng meiner Mahlzeit, der wibbel
man zü mir gekommen, der fr: Dellingßhüsen rede wider
holet, vnd gefraget ob ich den garten, welchen sie mir itzo
für andren gonnen wolten, weiln ich aüch für diesen
darNach gestanden, entweder zü kaüffen, oder einige
gelde, alß 160 Rthall, für welche sümma er an Leüt
Neern verpfändet, daraüf zahlen wolte; ich habe
mir daraüf Nit resolviren wollen, sondren dieseß
eingewand, Man Moste bevorne gewissheit aüß
dem stadtbüche oder vom rahte haben, ob der garte
aüch ohne ansprach, vnd mit keinen weitern schülden
belästiget, alß dan Konte man sich erclären, wie
vnd welcher gestahlt, die gelde alß 160 Rthall, daraüf
konnten gethan werden, vnd wie lange iahren man
denselben konte zügeNiessen haben, dan aüf dreÿ
oder vier iahren, würde man keine gelde zehlen

daß herNach, wan man denselben eingerichtet, der[1]
ander einen wider solte aüßlöhsen[2] vnd den geNieß
haben, sondren Man Moste züm weÿNigsten aüf
ein iahr zehen, dessen gebraüch oder besitz versichert
sein, vnd darNach für abstehüng seine gelde aüf
einer sümmen wider haben: woraüf er geant
wortet, daß solcheß Nit mehr alß der billigkeit ge=
meeß, er wolte weiter abrehde deßwegen halten
vnd bescheid holen, Nün weiß ich Nit waß darinnen
für züNehmen, derowegen ich E. tüg: Consens erholen
wollen, waß ihr darinnen gefellig, vnd ob sie die
gelde aüßzahlen geNeÿget, ich will ihr[3] aüf den
fall selbe von winckelmanß geldern, wan er kombt
wider entrichten, erwarte hiraüf ihr güthdüncken
darNach mein wille soll gerichtet sein, vnd verbleibe
deroselben, wie gewehsen annoch getreüwer

valèt.

073 – kurz vor 24. November 1648 [undatiert]

Caspar[(a)] an Catharina[(a)]

BO 6, Bl. 94^r–v^, ein Blatt, dieser Brief Caspars auf Bl. 94^r^, auf der Rückseite ist Catharinas Antwort (Nr. 074). Fehlt hier der Anfang?

Datierung: Da Caspar hier von Catharina 100 Reichstaler an Johann Wibbelmann zahlen lässt, geht es wohl um den im vorangehenden Brief (Nr. 072) thematisierten Garten. Die Zahlung an Wibbelmann müsste kurz vor dem Eintrag im Ratsprotokoll unter dem 24. November 1648 erfolgt sein. Dort erhält Caspar von Wibbelmann einen Garten als Pfand für ein Darlehen von 100 Reichstalern. Caspars Wirtschafterin (Else?) wärmt sich am Schornsteinfeuer, daher muss es eher in der kalten Jahreszeit sein.

Inhalt: Der Anfang dieses Briefes könnte fehlen, weil keinerlei Anrede vorhanden ist und der Anfang der Seite auch typographisch nicht hervorgehoben wurde. – Caspar meint, Catharina könne ihrem Vater dafür danken, dass er sich mit seiner Wirtschafterin ›gemein‹ mache und zu solchen (?) Reden bringe, wenn er mit ihr streite. Er selbst sage nichts, sondern schicke sie weg. Als sie Bier hochgeholt habe, stellte sie sich an die Mauer beim Schornsteinfeuer und wärmte sich ohne ein Wort zu sagen. Als aber ihr Vater sie anging, antwortete sie darauf. So habe Cas-

1 Wort korrigiert durch Überschreibung.
2 Korrigiert aus ›aüßlöhlen‹.
3 Korrigiert aus ›ia‹.

par keine Schuld; ein Schelm und nicht er mache sich mit der Mutze [das ist eine Frauenhaube, also mit dem Weib] gemein und habe sie auch in die Badstube genötigt. Er hingegen habe geschimpft und sie zum Teufel geschickt, weil die Badstube so schlecht geheizt war, nur damit sie zuletzt das beste Bad bekomme. Das bezeuge Gott. Er könne nichts dagegen tun, dass sie so faul sei. Er schimpfe fast täglich mit ihr, wie er gerade gestern Morgen sie wegen des Essens heftig gescholten und weggeschickt habe. Er wisse nicht, was er noch tun solle; Catharina möge ihn doch deshalb nicht beschuldigen.

Der Knecht solle auch nicht klagen. Wenn er nicht dienen wolle, dann solle er gehen. Wer ihn halte, sei dumm. Caspar habe ihm 4 Reichstaler Lohn für ein halbes Jahr gegeben, obwohl ihm nur 3 zukamen, einen Rtlr, um Leinenhemden zu kaufen, dann ein Paar Hosen und wohl 3 Paar alte Stiefel – der habe nichts zu klagen. Catharina solle ihm dieses vorhalten, wenn er davon rede. In Nyenschanz habe Caspar ihm ein Paar russische neue Handschuhe gekauft und noch vieles mehr gegeben.

Catharina möge ihm doch die an Wibbelmann zu zahlenden 100 Reichstaler senden. Mehr schreibe er in der Eile nicht, denn Ewert Vieting (?) sei zu ihm gekommen.

[94r] dar Müget ihr ewren vater für dancken, daß er sich
so gemein mit ihr machet, vnd zü solchen rehden brin
get, wan er mit ihr anfanget zü iachten, ich bezeüge
eß mit gott, daß ich Nit daß geringste wort darzü rehde
sondren offt weg gehen geheissen, wan sie biehr aüf
geholet, stellet sie sich an die maüwr beim schorsten
fewr vnd warmet sich ein weinig, saget aüch wahr
hafftig Nit ein wort, wan aber ewr vater anfanget
sie zü agiren, so antwortet sie wider daraüf, daß
ich also keine schüld daran habe, ein schelm vnd Nit
ich mache sich mit der Mütze gemein, aüch ein
schelm hat sie in die badtstübe geNötiget, sondren
ich habe gescholten vnd zümteüffel verwiesen, daß
der badtstübe so vbell angehitzet gewehsen, Nür
daß sie daß beste badt aüfß letzte haben Mochte,
welcheß ich mit gott bezeüge, daß sie so faül dar
kan ich Nit wider, ich schelte mich ia fast alle tage
mit ihr, wie Noch gestern Morgen wegen deß essen
habe sie grewlig aüßgescholten vnd weg gewiesen
weiß Nit waß ich mehr thüen soll, lasset mir
doch damit vnbeschüldiget, der Knecht[1] mag
gleichfalß Nit klagen, will er Nit dienen so gehe

[1] Wort nachkorrigiert.

er weg, ein schelm der ihm helt, ich habe ihm ver
gangen vier reichßthall für ein halb iahr lohn
gegeben, da ihm doch Nŭr dreÿ gebŭhren, ver
gangen einen Rthall zŭ leinwand[1] hembde zŭ
kaŭffen, bald ein par hosen vnd woll 3 par
alte stiffeln, hat Nit zŭ klagen, haltet ihm
solcheß für wan er davon saget, in der schantzen
habe ich ihm ein par rŭssische Neŭwe handschŭe
gekaŭfft vnd gott weiß waß mehr gegeben
sendet mir doch die 100 Rthall an wibbelman[2]
zŭ zahlen, Nichtß mehr in eÿll den ewert
vieting[3] ist zŭ mir gekommen

074 – ca. 24. November 1648 [undatiert]

Catharina[(a)] an Caspar[(a)]

BO 6, Bl. 94^{v}, ein Blatt, geschrieben auf der Rückseite von Caspars Brief (Nr. 073), auf den geantwortet wird.

Datierung: Der Brief ist als direkte Reaktion auf Caspars Schreiben (Nr. 073) zu verstehen, allerdings ist er – aus unbekanntem Grund – abgebrochen und folglich wohl nicht an Caspar zugestellt worden. Freilich hat dieser die Zeilen in seiner Lade später zweifellos gefunden und gelesen.

Inhalt: Catharina bittet Caspar, ›ihnen‹ nicht so viel zu geben, wie er es getan habe. Nun bekomme er nur Undank dafür, einem Knecht so viel – über das ihm zustehende hinaus – zu geben. Er habe so viel Mühe, Gott möge sich darüber ... [bricht ab]

[94^{v}] [*etwa mittig auf dem Blatt:*]

dahr vmb bitte ich fast vmb gottes willen
gehbet ihnen nicht so viehll wie ihr habet
gegehben waß habet ihr nŭhn führ danckke
dahr führ ein knecht so viehll zŭ gehben vber
daß waß ihr mit Jhm vohr dŭngen waß habet
ihr führ gros arbeit gott mach sich deßen
[*bricht ab*]

---

1 Wort korrigiert aus ›leinh...‹.

2 Wort durch Überschreibung korrigiert, schwer zu entziffern.

3 Entzifferung unklar ›vietŭng‹, ›vietr...‹?

075 – Jahresende 1648 [undatiert]

Catharina[(a)] an Caspar[(a)]

BO 6, Bl. 64^v, ein Blatt, dies auf der Rückseite. Auf der Vorderseite Caspars Antwort darauf (siehe unten Nr. 076).

Datierung: Die Einordnung dieses Briefes ist sehr unsicher, da wenige Möglichkeiten zur Datierung vorhanden sind. Durch den offensichtlichen Zusammenhang mit Caspars Antwort (Nr. 076) ist immerhin sicher, dass er kurz vor Jahresende datiert werden muss. Auch dauert das Warten auf die eheliche Verbindung schon eine ›lange Zeit‹ an, so dass frühestens die Mitte der 1640er Jahre in Frage kommt. Außerdem deutet die Erwähnung von ›Anna‹ bei Catharina (vermutlich die Magd und nicht Catharinas Schwester) auf die Zeit vor deren Weggang: Die Magd war seit spätestens 4. Mai 1650 in Nyen verheiratet, Catharinas Schwester bereits 1647 mit Heinrich Dellinghausen nach Nyen gegangen.

Inhalt: Catharina bedankt sich für ein Geschenk (Besendung) und alles Gute von Caspar. Sie hofft, dass einmal die schon lange gewünschte Stunde komme, da sie alle durch ihn erfahrenen Wohltaten vergelten könne, wozu ihr Herz geneigt wäre. Bis dahin müsse es aber so gehen, wie es gehe. Mit ihrer beider Sorgen sei nichts zu ändern.

Catharina teilt Caspar weiter mit, dass Casper jetzt bei ihr gewesen sei und gebeten habe, sie möge Anna zu ihm schicken, um ihn bitten zu lassen, einen Empfehlungsbrief vorzuschreiben, den Casper an Haecks nachschreiben könne. Sie habe ihm gesagt, er sollte selbst zu Caspar gehen, sie dürfe ihn solches nicht so dreist fragen, er sollte selbst Caspar die Ehre erweisen und bitten. Er hat aber geantwortet, er könne das nicht tun. Also möge Caspar es tun, wie er wolle, ob er es ihm auf ihr Wort hin vorschreiben wolle oder nicht. Gott wisse, wie herzlich Catharina wünsche, dass es Casper gut gehe. Aber Gott allein wisse, wie es ihnen schließlich gelohnt werde. Wie Catharina ihn neulich gefragt habe, was er nun anfangen wollte, da sein Dienstherr und Frau gestorben seien, habe er kaum antworten wollen, weil er sich auf den Gesellen verlassen habe. Weil dies nun aber mißlungen sei, musste er jetzt etwas demütig werden und um den Dienst bei Haecks bitten. Caspar möge es also machen, wie er wolle und es ihm am besten gefalle.

Gott möge sich einmal über sie selbst erbarmen. Sie befiehlt Caspar dem allerhöchsten Gott, der ihn gesund erhalte. Sie wisse nichts, was sie ihm senden könne. Sein Leinenzeug solle mit Gottes Hilfe nächste Woche fertig werden. So möge er mit dem vorlieb nehmen, was ihm gehöre. Sie befiehlt sie beide nochmals dem lieben Gott, der die betrübten Herzen doch einmal erhören möge. Wenn man zusammen sei, wisse man diese Stunden über von keiner Betrübnis, wenn man aber jämmerlich getrennt sei, sei das Herzeleid fast unerträglich. Gott möge mit ihm sein.

[64^v] Mein einiges hertz ich bedanckke mich frŭndtlich fŭhr eŭwer besendŭng
aŭch fŭhr alles gŭhtes ich wohlte vohn hertzen wŭnßchen
daß eines die lange gewŭnßchete stŭnde mŭchte vohr

handen sein das ich alle wohll tahten die miehr wieder
fahren in der that müchte erwießen können wohr zü mein hertz
wohll geneiget wehren biß hero müs es leider so gehen wie eß
sorge
gehet kan mit vnser ~~mütgr~~ nichtes geendert werden
waß sonsten mein schriben anlanget füge ich eüch zü wißen das
Casper itz beÿ miehr gewehßen vnd gebehten ich müchte annen
zü eüch senden vnd bitten laßen daß ihr ihm ein vohrschrifft
vohr schriben mücht welges ehr an hacks nach schreiben
soll ich habe ihm gesaget ehr solte selber zü eüch gehen
ich dürffte solges eüch so dreist nicht entbieten laßen
ehr solte eüch selbehr die ehren tühn vnd eüch bitten
hatt ehr geantwohrt ehr köntte solges nicht tühn als
müget ihr thün wie ihr eß vohr stehet op iehr aüff mein
wohrt ihm eß vohr schreiben wolt oder nicht gott weis
wie hertzlich ich seine wohllfahrt gewünßchet waß
wieder fehret
vnß aber führ entliche belohnüng daß weis der liebe
gott wie ich ihm vohr dießen gefraget waß ehr
anfangen wohlte daß seine her vnd früwe gestorben
hatt ehr miehr kaühm antwohrten wollen weihll ehr
sich aüff dem geßellen vohr laßen weihll ihm dieß
mißgelüngen hat ehr itz etwaß müßen in demüht
fallen vnd vmb des hackkes sein dinsten bitten
müget also machen wie ihr eß vohr stehet vnd eüch
züm besten beliehbet stellen eß itz alles in eüwer
willen gott mach sich der mahll eines vber
mich erbarmen befehle eüch dem aller höchesten
gott der er halte eüch beÿ gühter gesüntheit ich
weiß nichtes waß ich eüch senden soll eüwer linnen
zeüch soll mit gottes hülffe in die ander woche
fertich werden müget vohr liehp nehmen waß
alles eüwer eigen ist vndt befehle vnß aber
Mahll dem lieben gott der er höre doch eines
die betrühbeten hertzen wen man zü sahmen ist weis
man die stünden vohn kein betrühbnis wen man
aber vohn ein ander vndt Jammerlich gescheiden[1]
ach gott daß hertze leit ist fast vntrechlich gott seÿ
mit eüch

1 Korrigiert aus ›gescheiben‹.

076 – Jahresende 1648 [undatiert]

Caspar[(a)] an Catharina[(a)]

BO 6, Bl. 64^r, ein Blatt. Antwortet auf den Brief Catharinas, der auf der Rückseite ist (siehe oben Nr. 075).

Datierung: Dass hier die Antwort auf den Brief von Catharina (Nr. 075) vorliegt, ist offensichtlich. Hier ist nun der Bezug zum Jahresende direkt angesprochen. Die übrigen Personennamen lassen lediglich eine Datierung vor dem 28. April 1653 zu (Begräbnis Johann Kalckbrenner).

Inhalt: Caspar antwortet, dass Catharina ihm für die geringe Gabe, die er ihr zugesandt hatte, nicht danken müsse. Es hätte wohl mehr sein dürfen, aber sie solle für dieses Mal sich damit begnügen und bedenken, dass ihr mit Gottes Hilfe alles von ihm gehören werde. Das wünsche und erbitte er stündlich.

Für Casper wolle er sein bestes tun und morgen ein Schreiben aufsetzen. Von Winckelmann höre er jedoch, dass dieser ihn wohl nicht wolle. Dennoch wolle er sein bestes und soviel er könne für ihn tun. Caspar sähe gern, wenn Casper mit Kalckbrenner spreche (wozu Catharina ihn ermahnen solle), denn der könne als guter Freund von Haecks viel zu seiner Beförderung helfen. So müsse es kommen, wenn man keine guten Gönner achtet. Dann müsse man sie in der Asche suchen. Es wäre Caspar lieb, wenn er ihn dahin bringen könnte. Wenn es aber nicht gelingen sollte, müsse man andere Möglichkeiten in Betracht ziehen, wie ihm etwa hier zu helfen sei, oder er in andere Orte gebracht werden könne. Mehr könne er dabei nicht tun.

Und Caspar bittet Catharina, sie möge sich zufrieden geben und weiter ausharren. Gott werde sich einmal erbarmen, ihre Trübsal ändern und das Ersehnte bringen. Was sie ihm senden könne, solle ihm jederzeit gefallen. Sie brauche sich aber deshalb nicht zu bemühen, ob heute, morgen oder in acht Tagen sei ihm gleich lieb. Gott möge nur alle Betrübnis mit diesem Jahr beenden und im nächsten Jahr alle gewünschte Freude gnädig verleihen und bescheren. Mit der Anrufung Jesu als Fürbitter und eine glückliche und friedliche Nacht wünschend schließt Caspar.

[64^r] Mein hertzen Kind für die geringe zügesandte gabe
habet ihr Nicht zü dancken, solte billig besser gewehsen
sein, wollet aber solche für dieseß Mahl in gütem aüf
Nehmen vnd dabeÿ betrachten, daß alleß mit gnadiger
golteß hülffe eüch waß mein zügehören werde, welcheß
ich stündlich bitte vnd wündsche. So viel Casper angehet
will ich gerne mein besteß thüen, vnd morgendß eine
abschrifft Machen, von winckelman aber verNehme ich
so viel, daß er keine grosse lüst zü ihm[1] haben soll
dennoch will ich mein besteß So viel ich kan, da
beÿ thüen, wan er kalckbrenner zürehden Mochte,

[1] Das ›h‹ nachgeschrieben.

wozŭ ihr ihn verMahnen wollet, sehe ich gerne, dan
er alß H hakeß gŭter freŭnd, viel zŭ seiner befoderŭng
helffen konte, eß Mŭß so kommen, wan Man keine
gŭte gonner achtet, alß dan werden sie in der
aschen gesŭchet, konte ich ihm dahin bringen, were
mir lieb, wan aber eß Nit sein kan, Mŭß Man
aŭf andre Mittel bedacht sein, wie ihm etwa
hie zŭ helffen, oder an ander öhrter verschaffen, kan
darinnen Nichtß Mehr thŭen, vnd bitte mein hertzß
Kind sie wolle sich zŭ frieden geben vnd weiter aŭß
harren, gott wird sich einMahl in gnaden erbarmen
vnsern trŭbsahl endren, vnd zŭr gewŭndscheten
verlangen befodren, waß ihr mir senden konnet
soll mir ider stŭnd, Nach belieben woll gefellig
sein, thut eŭch aber deßwegen Nit beMŭhen
eß seÿ heŭte, Morgen, oder v̈ber acht tage, ist eben
lieb, gott wolle Nŭr alle betrŭbNŭß mit diesen
iahr endigen vnd kŭnfftigeß iahr alle gewŭndschete
frewde gnädiglich verliehen vnd beschehren, Amen
dŭ trewer vorbitter H iesŭ amen, amen.
eine glŭckliche friedenrŭhige Nacht
wŭndschende.
gott Mit vnß.

1649

077 – Jahresbeginn 1649 [undatiert]

Caspar[(a)] an Catharina[(a)]

BO 6, Bl. 21^{r-v}, ein Blatt, etwas größer als halb, verso leer. Es war ehemals schmal gefaltet.

Datierung: Caspar hat hier Hemden bekommen, die von seinem Leinen durch Catharina gemacht wurden. Das passt genau zu den Briefen Nr. 075 und 076, in dem diese angekündigt werden. Insofern müsste dieses Schreiben auf die beiden folgen. Allerdings legt die relativ förmliche Anrede – im Verhältnis zu den beiden anderen Briefen – eher eine frühere Zeit nahe. Gut möglich also, dass Catharina schon früher in gleicher Weise Hemden für Caspar gemacht hatte. Vielleicht ist es hier aber auch lediglich Catharinas offensichtliche Verstimmung darüber, dass Caspar (noch) nicht für die Hemden gedankt hatte, die zur eher distanzierten Anrede motivierte.

Inhalt: Caspar teilt Catharina mit, dass er nur deshalb gestern nicht mündlich für die ihm zugesandten Hemden, die von seinem Leinen gemacht wurden, gedankt habe, weil er diese nicht angesehen hatte. Da er nun aber eines angezogen habe und sehe, dass sie ihm gut stünden und gut gemacht seien, müsse er ihr dafür sehr danken. Und er übersende ihr beiliegend dafür als geringe Vergeltung zwei Dukaten, damit sie nicht vergebens gearbeitet habe. Mit der Bitte, dies im Guten anzunehmen, wünscht er von Gott, dass er die Hemden nicht allein in Gesundheit tragen könne, sondern auch ihr als das Höchste, wie sie wisse, darin dienen und aufwarten möge. Caspar schließt mit der Anrufung Gottes, Christi und des Heiligen Geistes und doppeltem ›Amen‹.

[21^{r}] Daß ich hochgeehrte Jŭnfr: fŭr die mir zŭgesandte von meinem
leinwand gemachte vnd verfertigte hembde, Nit Mŭndlichen
gestrigeß tageß danckgesaget, ist die vhrsache gewehsen daß
ich dieselben Nit besehen, Nŭhmehr ich aber, einß derselben
heŭte angezogen, vnd befŭnden daß sie mir woll anstehen
vnd gemachet, bin ich schŭldig E. tŭgend. dafŭr hochlichen
zŭ dancken, vnd thŭe derselben zŭr geringen widervergeltŭng
zween dŭcaten, damit sie Nit vergebenß gearbeitet, hiermit
v̈bersenden, Mit bitte selbe im gŭten gemŭhte anzŭNehmen
wŭndsche von dem lieben gott hertzlichen, daß ich solche Nit
alleine in gesŭndheit vortragen, sondren alß daß hogste
E. tŭgend. bewŭster massen, darinnen bedienen vnd
aŭfwarten Moege. Amen hogster gott, H Christe, vnd
heil: geist Amen

078 – ca. Januar 1649 [undatiert]
Catharina[a] an Caspar[a]

BO 6, Bl. 70v, ein Blatt, ca. ½ groß. Dies auf der Rückseite, auf der Vorderseite die Antwort von Caspar (Nr. 079).

Datierung: Die Erwähnung von Johann Vestring erfordert eine Datierung nach November 1645, eher noch später, da Vestring sein Haus in der Süsterstraße (das ehemalige Bilefeldsche Haus, heute Lai 33) im November 1645 gekauft hatte, aber erst am 9. September 1646 sein Amt als Vizesyndikus antrat. Bei Paul Knieper müsste es sich um den am 25. April 1628 zum Revaler Bürger gewordenen handeln, der vermutlich 1657 starb (Kirchenbuch St. Nikolai). Da von einer bevorstehenden Reise Catharinas die Rede ist, liegt der Zusammenhang mit den folgenden Briefen, darunter der 1649 datierte (Nr. 081), nahe. Weil Catharina hier noch vor der Reise steht, ist die Datierung vor dem 1. Februar 1649 vorzunehmen.

Inhalt: Catharina teilt Caspar mit, dass sie heute vom Doktor [Gebhard Himsel] bei Paul Knieper zur Taufpatin (Gevatter) gebeten wurde. Sie wisse nicht, was sie ihm geben solle und bittet Caspar um Rat. Himsel habe sie auch bald zu Gast gebeten mit der Bitte nicht abzulehnen. Von ihr ging er in Dr. Johann Vestrings Haus. Catharina wundert sich, wie er auf sie komme, denn sie habe ihr Lebtag noch kein Wort mit ihm (Knieper) geredet.

Außerdem habe Himsels Frau ihr heute Marzipan für ihre Reise geschickt und dabei gebeten, wegen ihrer Gelder ein gutes Wort bei dem Catharina wohl Bekannten einzulegen. So bittet Catharina also Caspar, zu tun, was er könne. Damit befiehlt sie ihn dem höchsten Gott und wünscht ihm als ›ihrem edelen Herz‹ eine geruhsame Nacht.

[70v] Mein hertzen kindt ich füge eüch zü wißen das ich vohn dem
dockter beÿ püell Knieper bin heüte zü gevattern gebehten
ich weis nicht was ich ihm gehben soll wen ihr mich nühr
wohlt rahten ehr hatt mich als balt zü gaste aüch ein
gelahden ich müchte ihm nicht vohr smahden vohn miehr
ging ehr in dockter vestring sein haüs gott weis
ich habe mein tag[1] kein wohrt mit Jhm gereht wie
ehr an mich kompt sonsten füge ich eüch aüch zü wißen
das gehphardüs seine früwe mich heüte ein
Martzepahn zü mein reiße vber sant vndt mich da
beÿ bitten laßen ich müchte ein güht wohrt züm
besten sprechen beÿ dem selbingen die miehr wohll
bekandt wehrn wegen Jhre gelder bitte also
fründtlich waß Jhr thün könt selbieges ein gedenck
zü sein befehll eüch hie mit dem höchesten
gott zü einen gerühsamen Nacht mein Edles hertz

[1] Korrigiert aus ›tach‹.

079 – ca. Januar 1649 [undatiert]

Caspar[(a)] an Catharina[(a)]

BO 6, Bl. 70ʳ, ein Blatt, ca. ½ groß. Antwort auf den vorhergehenden, auf der Rückseite geschriebenen Brief von Catharina (Nr. 078).

Datierung: Der chronologische Zusammenhang ist durch die offensichtliche Verbindung zum vorhergehenden Brief Catharinas vorgegeben. Beim Baron Üxküll handelt es sich vermutlich um den Landrat Otto von Üxküll auf Padenorm (Landrat 1629–1649; begr. am 26. März 1653), mit dem Caspar häufiger zu tun hatte. Die Widersacher der Reise stehen wohl in Verbindung mit der im Oktober 1648 von Catharina ausgefochtenen Klage gegen das ausgestreute Gerücht, sie habe zwei uneheliche Kinder auf dem Land.

Inhalt: Caspar erwidert den von Catharina gewünschten Guten Abend und eine geruhsame Nacht. Er rät ihr, die Gevatterschaft nicht abzulehnen, obwohl es ihr unbekannte Leute seien. Und sie könne auch nicht vom Festmahl fern bleiben. Er sende ihr dazu einen Dukaten, was in solch einem Fall (als Geschenk) ausreichend sei. Gott möge sie die Sache mit Freude tun lassen.

Wegen Himsel habe Caspar bereits mit Baron Üxküll gesprochen, dem es nahe gegangen sei, dass die versprochenen 100 Reichstaler noch nicht gezahlt wurden. Nach seiner Rückkehr in etwa drei Wochen wolle der Baron die Order dazu geben, damit es dann auf jeden Fall geschehen solle. Das könne sie genau so weitergeben.

Darüber hinaus rät Caspar ihr, sie möge sich von der geplanten Reise auf keinen Fall abbringen lassen. Die dagegen redeten, meinten es nur böse. Und sie möge bedenken, wie traurig die armen Leute wären und denken würden, sie wären verlassen oder etwas bei ihnen sei nicht in Ordnung. Darum solle sie es in Gottes Namen weiter angehen, Gott werde sie geleiten, alles Böse lenken und ihnen beiden zur Freude verhelfen. Caspar hofft, dass sie sich vor der Abreise noch sprechen werden, und schließt mit dem Wunsch, Gott möge mit ihnen beiden sein.

[70ʳ] Mitt widerwündschüng eineß güten abendß vnd rühsambe Nacht
vermeine ich mein hertzen kind, daß ihr[1] die gefatterschafft obß
schon ein vnbekanter Nit woll versagen, weiniger der beÿwoh
Nüng der gästereÿen eüch entschlagen konnet, übersende eüch
dazü einen dücaten, welcheß gnüg ist, in solchen fall, gott
lasse eüch daß werck mit frewden verrichten, wegen deß
Himselij habe ich bereitß für diesen mit H baron Uxküll
gerehdet, welchen eß sehr Nah gegangen daß die versprochene
hündert Rthall Noch Nit erleget, will ordra beÿ seiner gott
helffend widerkünfft, so innerhalb dreÿ wochen geschen wirt
Machen, daß sie gewiß erfolgen sollen, darannen Nit zü
zweÿfflen, welcheß ihr geträwlich sagen konnet; sonsten

1 Korrigiert aus ›ich‹?

bitte ich sie wolle sich von der fürgeNommen reise in keine wege abrahten lassen, ist von denen widersprechern Nür böß gemeinet, vnd bedencket wie doch die arme leüte sich betrüben vnd aller hand gedancken, alß ob sie verlassen oder sonsten ihrer sachen halber[1] Nit woll were, Machen konten, darümb stellet eß in gotteß Nahmen fohrt, der hogster gott wirt eüch geleiten, allen bosen stewren vnd vnß in frewden helffen, Amen, will hoffen wir vnß Noch Mündlich fürm abreisen sprechen werden, gott mit vnß.

080 – ca. 25. Januar 1649 [undatiert]

Caspar[(a)] an Catharina[(a)] (in Reval kurz vor der Abreise)

BO 6, Bl. 72r–v, ein Blatt, ca. ½ groß.

Datierung: Der Brief muss nach dem 22. April 1648 geschrieben sein, da er ein Schriftstück mit diesem Datum von Caspars Hand weiterverwendet. Die hier erkennbare Supplikation von Johann Ulrich gegen Hans Wrangel ist zu beziehen auf den Eintrag im Ritterschaftsprotokoll unter dem 22. April 1648. Dort heißt es, dass Caspar an diesem Tag zusammen mit Heinrich Tunder zu Ulrich gegangen sei, um diesem zu erklären, was Hans Wrangel begehrte. Daraufhin hat Ulrich am selben Tag seine schriftliche Beantwortung bei Caspar eingereicht, der diese wiederum Wrangel vorgelesen hat. Offensichtlich handelt es sich bei dem hier verwendeten Papier bezüglich der Aufschrift also um einen Fehler, da Wrangel eine Supplikation eingereicht hatte und Ulrich eine Beantwortung vorlegte. Das Datum dürfte jedoch zumindest ungefähr passen.

Außerdem muss dieser Brief im Winter geschrieben sein, da Catharina eine Reise mit dem Schlitten antreten will. Dass es sich um die im folgenden Brief (Nr. 081) datierte Reise handelt, ist aus den erwähnten Hintergründen leicht ersichtlich. Da Caspar dort scheibt, Catharina sei am zweiten Abend nach der Abreise im Dorf Lesna gewesen (estn. Läsna, ca. 67 km östlich von Reval, an der Straße nach Narva und ca. 14 km südlich von Hof Palms [estn. Palmse], der in Besitz der Familie von Metztacken war), müssen mindestens weitere zwei Tage vergangen sein, in denen Metztacken nach Reval reisen konnte. Insofern kann die Abreise und damit dieser Brief auf etwa eine Woche vor dem 1. Februar 1649 datiert werden. Catharina wollte offensichtlich nach Narva. Oder sogar nach Nyen, wo ihre Schwester und deren Mann zu dieser Zeit lebten?

Das zum Gut Kreuzhof (auch Kreuzkirch, estn. Risti) gehörende Dorf oder Gut Kemnast (ca. 55 km südwestlich von Reval) war aus dem Erbe des Bürgermeisters Georg von Lohn († 1634) an die Kinder, und hier zunächst an Gotthard von Höveln, der mit Gertrud von Lohn verheiratet war, gelangt. So war es in einem Vertrag von

1 Korrigiert aus ›habber‹.

1639 festgehalten worden. Allerdings war Hermann Claussen mit seiner Frau Dorothea von Lohn – aus unbekannten Gründen – überhaupt nicht berücksichtigt worden. Deshalb entstand 1640 ein Prozess vor dem Burggericht und dem Oberlandgericht, in dem Claussen das Dorf Kemnast und weiteres Land haben wollte. Obwohl bereits im Dezember 1641 das Erbe per Los aufgeteilt wurde, zog sich der Prozess mit gegenseitigen Forderungen bis März 1644 hin. Erst dann kehrte Ruhe ein. Allem Anschein nach besaß Claussen das Dorf oder Gut fortan. Dieses Gut sollte also nun wohl für 2000 Reichstaler an Metztacken verpfändet oder verkauft werden.

Inhalt: Caspar wünscht Catharina, seinem ›auserwählten Herz‹, eine glückliche und gute Reise sowie fröhliche Rückkehr, damit sie sich dann in guten Verhältnissen und – so Gott gebe – nach Herzenswunsch wieder sprechen mögen. Das bekräftigt er durch die Anrufung Gottes um Barmherzigkeit.

Catharina solle alle guten Freunde, ihre liebe Schwester [Anna], den Schwager [Heinrich] und Caspars Patin [= Patenkind?] aufs Freundlichste grüßen. Von Buchow oder Geldern solle sie ganz nach eigenem Wunsch zwei Liespfund Konfekt verschiedener Sorte und zwei Liespfund eingemachte Succade und Ingwer holen lassen, das sie für die Reise gebrauchen und seiner Patin oder anderen, die ihr Gutes tun, schenken könne. Sie könne einen kleinen Zettel an den Händler schreiben, damit sie etwas Gutes bekomme und der auf einen Zettel schreiben möge, wieviel es koste. Dann wolle Caspar ihr das Geld senden. Durch seine Magd oder die Bediensteten wolle er es nicht holen lassen, wie sie wisse; sie werde es auch zu einem besseren Preis und etwas Gutes bekommen.

Ihrer Mutter will Caspar zu Diensten sein, so gut er könne. Catharina möge ihm nur mitteilen, was er für diese tun könne, womit er ihr einen Gefallen tun oder eine Freude bereiten könne.

Sein Versprechen wolle er mit Beistand Gottes und des Heiligen Geistes halten; er werde in dieser Zeit sowieso nicht viel Gelegenheit haben auszugehen, weil die Arbeit in der nächsten Woche beginne. Mit ihren Bediensteten wolle er auch je nach ihrem Verhalten umgehen, darum brauche sie sich keine Sorgen machen.

Caspar bittet, dass sie, wenn sie Metztacken treffe, diesem wegen der 2000 Reichstaler für Hermann Claussen zureden möge, sie sollten darum versichert sein. Damit Caspar in Güte von den Leuten abkommen möge, bittet er sie, falls es möglich sei, dahin zu reisen und ihm den Gefallen zu tun. Es sei während eines Nachtlagers zu erledigen, sie könne den Tross-Schlitten im Dorf zurück oder voraus lassen und allein mit ihrem Vater dahin fahren, die anderen würden sich ja wohl eine Nacht behelfen, und Metztacken werde sie nicht lange aufhalten. Es sei alles wegen Claussen zu tun. Caspar wolle ihm für allen Schaden aufkommen, damit der seiner Gelder versichert sei. Kemnast (estn. Kõmmaste), das Haus und Krämersgut, auf das die Gelder gelegt werden, sei in gutem Pfand. Es sollen ja die Gelder aus zwei oder einem Jahr stehen, ganz wie sie es wollten.

Schließlich bittet Caspar sie um eine vorsichtige Reise mit dem Schlitten. Über Bäche solle nicht sie mit dem Schlitten voran fahren, sondern immer zuerst der Tross-Schlitten, damit sie am sichersten sei. Damit befiehlt er sie Gott zu einem

Wiedersehen in Glück und Freude mit viel hunderttausend Grüßen. Im Nachtrag bittet er noch, sie solle nicht versäumen, etwas durch Metztacken oder andere, die nach Reval reisen, schriftlich oder mündlich berichten zu lassen.

[72r]
Mein aüßerwehlteß hertz ich wündsche eüch von dem hogsten gott eine glückliche wollbehaltene vnd gesünde reise, aüch eine froliche wider künfft, daß wir vnß beÿ gütem wollstande, ach hogster gott gieb, Nach hertzenß wündsch wider sprechen Moegen, amen almachtiger gott dürch deine barmhertzigkeit vmb christi willen amen, sie wolle alle güte freünde, ihre liebe Schwester, Schwager vnd meine pahtinne aüfß freünd ligste grüssen, bitte aüch mein hertzen kind, daß sie vnbeschwehret von Büchow, oder geldern Nach belieben wolle holen lassen, zweÿ ℔ Confect allerhand schlach, vnd zweÿ ℔. eingeMacht Süccade vnd engefehr daß ihr zür reise gebraüchen vnd alda meine pahtin[1] oder die eüch zü sprechen Moegen in etwa mit tractiren konnet, ihr konnet ein ge ringeß zedell an ihn schreiben, daß ihr waß güteß bekommen Moeget vnd daß sie eüch aüf ein zedell setzen, wie viel eß kostet, alß dan ich eüch daß geld senden will, mag eß dürch meine dirne oder Volcker nit holen lassen, wie bewüst, ihr werdet aüch besser kaüff vnd waß güteß haben; Ewer fr: Mütter will ich Nach verMüegen bedienet sein, womit ich kan, wollet mir Nür mit weinigen verständigen womit ihr gedienet vnd ich etwa ihr erfreüwen oder zü gefallen sein konte; meine züsage will ich dürch gottß deß heÿligen geisteß beÿstand vnd gnade halten, werde aüch in wehrender zeit Nit viele weile haben aüßzügehen, dan die arbeit aüf künfftige woche angehet mit dem volcke will ich aüch, Nach ihren verhalten vmbgehen
[72v]
deßwegen sie keine sorge haben wolle, da ewr: tügend: aüf Mettstaken zükommen solte, bitte ich wegen der 2000 Rthall mit härman clagson im besten zü rahten, daß sie darümb versichert sein sollen, damit ich in der güte von denen leüten abkommen mag, bitte eüch mein hertzen kind da eß Müglich dahin zü reisen, ist aüf ein Nachtlager züthüende, ihr konnet, ewer drostschlitten[2] zürücke oder vor aüß im dorffe lassen vnd mit ewren vater alleine dahin fahren, sie behelffen sich ia woll eine Nacht, vnd Mettstaken wirt eüch ia Nit aüfhalten, hoffe ihr werdet mir darinnen willfehren, ist alleß vmb clagsonß willen züthüen, mein Kind ich will ihm für allen schaden stehen, daß er seineß geldeß Nit zü zweifflen, kemmast , daß haüß vnd kremerß güth dar die gelde aüfgezehlet werden ist in güth pfand, eß sollen aüch die

1 Oder ›pahtie‹?
2 Erster Buchstabe durch Überschreibung korrigiert (unleserlich).

gelde aüß 2. oder ein iahr, Nach belieben, stehen, sie moegen dar
Nach selber raht schaffen. schließlich ist mein bitten, sie wolle
sich mit ihren schlitten woll fürsehen, vnd vber keine bäche voran fahre[n][1]
sondren die andre drostschlitten vber alle strome vornen an
fahren lassen, damit ihr am sichersten sein konnet, hiemit
den allmachtigen zür konnet ihr von Mettsta
glück vnd frewdenlichen ken oder sonsten dürch
widersprechen in gna andre die hieher reisen
den befehlen, mit viell etwaß Mit gelegenheit
hündert 1000 gegrüsset. Münd: oder schrifftlich züen
ach gott bewahre vnd biehten lassen, so wollet
helff vnß amen solcheß Nit verabseümen

[*in dem Freiraum unten ältere Schrift auf dem Kopf und teils durchgestrichen:*]

Johan Vlrichen Süpplicatio
gtra
Hanß Wrangell denen
Hhhh. Landräthen den
~~22 Aprilis Ao 1648~~
~~übergeben~~

081 – 1. Februar 1649

Caspar[(a)] an Catharina[(a)] (auf Reise im Land)

BO 6, Bl. 71^{r-v}, ein Blatt, verso leer.

Datierung: gegeben – Ganz offensichtlich vermittelt Caspar hier ein Darlehen in Höhe von 2000 Reichstalern von Landrat Arend von Metztacken an Hermann Claussen. Es bleibt an dieser Stelle allerdings völlig im Dunkeln, welche Rolle Catharina dabei spielt und warum beide sich so sehr für Claussen einsetzen.

Inhalt: Caspar schreibt an Catharina, die sich auf dem Land befindet, und wünscht ihnen beiderseits zunächst Gottes Gnade und Barmherzigkeit. Er teilt mit, dass gestern Landrat Arend von Metztacken in die Stadt gekommen und Caspar bei diesem gewesen sei. Der Landrat habe unter anderem berichtet, dass Catharina den zweiten Abend nach ihrer Abreise von Reval in seinem Dorf Lesna bei dem Kubjas (Vorarbeiter/Bauernaufseher) übernachtet habe. Das habe er gerne gehört und wünscht ihr weiter eine gute Hin- und Rückreise.

Der Landrat habe aber auch berichtet, dass sie an Metztackens Frau geschrieben habe, erstens wegen der Zinsen, die Catharina bei sich hätte, um sie nach ihrer Rückkehr an [Gustav Adolph von] Clodt zu zahlen. Metztacken gab zu verstehen, dass er nicht länger auf das Kapital verzichten könne und es nebst Zinsen

[1] Wortende wegen Papierrand nicht komplett lesbar.

zurück haben wolle. Catharina hätte in diesem Fall nicht nötig, sich darum zu kümmern, denn er werde sich an seinen Mann (Clodt) halten.

Außerdem habe Metztacken erzählt, dass sein Kubjas sich bei ihm beschwert habe, weil sie viele Pferde dabei hatte, die viel Heu gefressen hätten, Catharina aber morgens dafür nichts gezahlt habe, so dass er schon ein Pferd als Pfand für die Bezahlung behalten wollte, wenn er sie nicht gekannt hätte. Dazu habe er sich beschwert, dass sie 8 Stoof Bier aus dem Krug bestellt, aber kein Geld zum Bezahlen gehabt hätte und es sonst erstatten wollte. Darüber habe er wirklich geschimpft. Darum ist Caspars Rat, dass sie auf ihrer Rückreise dem Kubjas das Heu bezahle, sich aber natürlich nicht anmerken lasse, dass der Hinweis von ihm komme.

Die erwarteten Gelder für Hermann Claussen wolle Metztacken nicht geringer als zu 8 Prozent geben. Gott wisse, wie Caspar deswegen mit Claussen zurecht kommen könne. Wenn Catharina mit ihren Vater alleine in der Nacht zu ihnen nach Palmse gereist wäre und direkt mit der Frau geredet hätte, wäre alles besser gelaufen. Sie hätte dies leicht ohne Probleme tun und die Begleiter die Nacht über allein im Dorf lassen können, darauf habe er sich verlassen. Aber wer wisse, was sie davon abgehalten habe. Damit schließt Caspar und lässt alle guten Freunde und sie selbst grüßen.

[71r] Gotteß gnade vnd barmhertzigkeit vnß
beÿderseitß wündschend.
Jch habe viell Ehr vnd tügendreiche Jünfer [!] ehren freündinne
Nit vnterlassen sollen, mit diesen weinigen zü verständigen
waß Massen der H landraht Mettstaken gestern eingekom
men, vnd vnter andren da ich beÿ ihm gewehsen, berichtet, daß
ihr den andren abend Nach ewer von hinnen abreise in seinem
dorffe lesna beÿ dem Cübias daß Nachtlager gehalten, wel=
cher mir lieb zü hören gewehsen, der getreüwer gott helffe
eüch weiter die reise in gesündheit dahin vnd hinwider
annenhero zü verbringen; daneben aber hat der H landraht
berichtet, daß ihr an seiner fraüwen geschrieben, erstlichen
wegen der rente gelde, so ihr klohten halben zü zahlen
beÿ eüch hettet, vnd beÿ ewer gott helffenden widerkünfft ab=
legen wollet, gab dabeÿ so viele zü verstehen, daß er daß
Capital Nit lenger entrahten vnd Nebenst der rente haben
Müste, vnd hette E. tügend in dem fall Nit Nötig darümb
etwaß anzüMassen, dan er sich an seinen Man halten
thäte, daNeben, erzehlte er weiter daß sein Cübias sich beÿ
ihm beschwehret, wie ihr stärck von pferden gewehsen
vnd viel hew verfüttert, aber deß Morgendß Nichtß dafür
gezahlet, were also willenß gewehsen wan er eüch Nit
gekand, ein pferd für die zahlüng zü pfänden, imgleichen

hettet ihr acht stopf biehr aüßm krüge begehren lassen,
vnd beschwehret daß ihr kein geld zü zahlen, wollet eß son=
sten woll erstahten, worüber er sich in wahrheit schimpf
lich machete, darümb were woll mein raht, daß ihr beÿ ewer
gott helffenden widerkünfft, den Cübias für daß hew bezahlet,
aber beÿ leibe Nit mercken lassen, daß solcheß von mir her
komme: die begehrte gelde wegen härman Clagson will
Er Nit ringer alß acht fürß hündert lassen, gott weiß
wie ich deßwegen mit clagson zü recht komme, wan ihr
die Nacht mit ewern vater alleine zü ihnen Nach palmse
gereiset vnd Mündlich mit der fraüwen gerehdet, were alleß
besser erfolget, hettet solcheß lichtlichen ohne beschwehr
thüen, vnd die andre geselschafft im dorffe die Nacht alleine
lassen konnen, dan ich mich dazü verlassen, doch wer
weiß waß eüch davon abgehalten; wil hiemit geschlossen
vnd alleß behaglicheß wollergehen gewündschet haben, mit
bitte alle güte freünde vnd sich selber meinentwegen zü
grüssen. gott mit vnß Amen. Revall den .1. Febr:
Anno 1649.

082 – ca. März 1649 [undatiert]

Caspar[(a)] an Catharina[(a)]

BO 6, Bl. 73^{r-v}, ein Blatt quer, ehemals in der Mitte gefaltet. Ehemals beiliegend Claussens Vertrag und Revers.

Datierung: Die hier behandelte Darlehenssache mit Claussen könnte vor oder nach Catharinas Reise datiert werden. Wenn dieser Brief nach der Reise geschrieben wurde, dann bemühte Caspar sich trotz der Zusage von Metztacken eben weiter, 1000 Reichstaler für Claussen zu 6 Prozent zu bekommen, weil Metztacken eben nur zu 8 Prozent zugesagt hatte. Diese teurere Möglichkeit scheint für Caspar hier ja auch noch im Raum zu stehen.

Die erwähnte Angelegenheit zwischen Dellinghausen und Morian kann nur auf eine Supplikation des Hans Morian wegen Catharinas Schwester Anna von der Hoyen (verh. Dellinghausen) bezogen werden. Anna hatte in Nyen (!) Morians Tochter Agneta, die in Nyen mit Jakob Röling verheiratet war, unehrlicher (d.h. unehelicher) Abkunft beschuldigt und damit indirekt den Vater getroffen. Dieser erbat in einer Supplikation an den Rat am 27. Januar 1649 ein Zeugnis seiner ehrlichen Geburt. Die Mutter von Hans Morian, Margareta Kley, war 1590 im Gerede, etwas mit dem Organisten Bartholomäus zu haben. Dieser war dann geflohen, während die Frau wohl eine Weile außerhalb der Stadt verbrachte und dann aber nicht für schuldig befunden worden war. Am 15. März hält Hans Morian in einer abermaligen Supplikation an den Rat fest, dass in den alten Gerichtsakten keine Ursache für das Gerücht zu finden sei. Deshalb müsste Caspars Brief also wohl zwischen dem 27. Januar und dem 15. März geschrieben sein.

Da Catharina zu Beginn dieses Zeitraums bereits auf der Reise zu ihrer Schwester war, sie hier im Brief aber wohl in Reval zu sein scheint, müsste dieser Brief (vielleicht direkt) nach ihrer Rückkehr geschrieben sein. Denn in den Briefen, wo es nachweislich um die Vorbereitung der Reise geht, ist keine Rede von dieser Sache. Sollte Catharina wirklich ganz nach Nyen gereist sein, das etwa 375 km östlich von Reval lag, dürfte sie insgesamt allerdings mindestens einen Monat unterwegs gewesen sein. Wahrscheinlich wurde Anna in Nyen vor Gericht wegen Verleumdung der Agneta Morian angeklagt. Catharina wäre durch einen Aufenthalt bei der Schwester bestens informiert und würde von Reval aus helfen, so gut sie könnte. In Reval gab es hingegen keinen Prozess, sondern nur Hans Morians Bemühungen beim Rat, seine Ehre schriftlich nachweisen zu können, was er am 24. April 1649 erreichte. Dies konnte vielleicht für den Prozess in Nyen herangezogen werden, so dass hier möglicherweise auch später datiert werden kann.

Inhalt: Caspar sendet mit einem Guten-Morgen-Gruß Hermann Claussens Vertrag an Catharina, sowie dessen Revers (Verpflichtung) an Caspar wegen der 2000 Reichstaler. Catharina müsse diesen so verstehen, dass Hermann Claussen zunächst gedrängt habe, Caspar möge ihm 2000 Rtlr. verschaffen, was dieser nicht zugesagt, sondern beides (?) abgelehnt habe. Dann hätten ihn aber [Elert] Reese und [Jost] Riesenkampf angesprochen und gebeten, Claussen nicht im Stich zu lassen, sondern ihm nach Möglichkeit zu helfen. Daraufhin habe Caspar versprochen, 1000 Rtlr. Darlehen auf Kemnast zu besorgen und dafür auch ein Schreiben an Hermann Claussen gegeben, aber nur über 1000 Rtlr., das der auch noch habe. Er bittet Catharina, sie möge (Claussen) doch bitten, es lesen zu dürfen, dann werde sie die Wahrheit sehen.

Darüber hinaus habe er Reese und Riesenkampf gesagt, dass Claussen sich selbst nach Geld umsehen sollte; er werde auch sein Bestes tun und für weitere 1000 Rtlr. neben ihm bürgen, wenn ein gutes Pfand dafür eingesetzt werden könnte. An die 1000 Rtlr. auf Kemnast sei Caspar gebunden und wolle sie auch mit Gottes Hilfe beschaffen, so günstig er könne für 6 Prozent. Wenn es nicht gehe, würden die ja zum guten Willen nicht auch noch seinen Schaden wollen, sondern 8 Prozent geben müssen. Die Gelder seien leider nicht so leicht zu bekommen.

Das Schreiben von Heinrich Dellinghausen habe er gelesen und meint, sie seien mit Röling hart dran. Deshalb solle Catharina mit Vestring selbst reden und diesem den alten Brief zeigen. Wenn er etwa fragen sollte, woher der Brief komme, dann könne sie sagen, dass Heinrich diesen in den Unterlagen seines verstorbenen Vaters, der Stadtsekretär war, vor etlichen Jahren gefunden und erst jetzt bei diesem Gerede daran gedacht und ihn hervor gesucht habe. Es werde zweifellos im Ratsprotokoll oder Gerichtsprotokoll etwas davon verzeichnet sein, weil Morian in dem Brief selber gesteht, dass sie vom Gericht eingezogen werden sollten. Der Doktor (Johann) Vestring werde sie wohl gut beraten und (Dietrich) Korbmacher könne auch wohl viel dabei tun, weil er jetzt Gerichtsvogt sei und die Gerichtsprotokolle vielleicht zur Hand habe. Caspar wolle auch bei Gelegenheit mit Bernhard von Rosenbach reden und sein Bestes tun, wie Heinrich ihn in seinem Schreiben bittet. Es könnte aber auch ratsam sein, dass Catharina Heinrichs Bruder Ebert zu sich bitten lasse, ihm davon erzähle und ihn ermahne – weil er sein Bruder und Bernhard von Rosenbach sein Oheim (Onkel) sei – zu diesem zu gehen und ihn um Unterstützung für Heinrich zu bitten. Sie könnten sagen, was sie wollen; der alte Brief belege, dass sie stadtflüchtig waren, was ja nicht umsonst geschehen ist. Und der Organist sei ja ganz geflohen und weg geblieben und habe nachher wohl alles auf sich nehmen müssen.

Auf der Rückseite ist Gekritzel zu finden: Zunächst der Anfang von Psalm 23, wie Ambrosius Lobwasser (1515–1585) ihn gedichtet und vertont hatte, dann Berechnungen, die mit Caspars Versuch zusammenhängen könnten, die 1000 Rtlr. zu beschaffen. Es folgen ein französischer Spruch von zwei Versen sowie sechs deutsche Verse. Dabei handelt es sich um ein Zitat aus *Les Visiones de Don Francesco de Quevedo Villegas oder wunderbahre satyrische gesichte, verteutscht*, Band 2: *Anderer Theil der Gesichte Philanders von Sittewalt* [d.i. Johann Michael Moscherosch].- Straßburg 1644, S. 283–288 [oder Folgeauflagen] – Die beiden französischen Verse lauten in der späteren deutschen Variante „Mir können von den Schönen allen | Braune nur allein gefallen.“ Sie bilden im Originallied (S. 283–285) den Refrain; der deutsche Text ist dem folgenden Lied ebenda (Strophe 2) entnommen. Hier geht es um das Lob der brünetten (= braun[haarig]en) Frauen. Allerdings wurde das ursprüngliche erste Wort „Braune“ zu „Schwartze“ verändert. Da diese Verse auf einem Catharina zugänglichen Brief geschrieben sind, muss wohl davon ausgegangen werden, dass Caspar in produktiver Aneignung seine geliebte Catharina bedichtete, die demzufolge also eher schwarze Haare und braune Augen hatte.

[73r]
[*linke Spalte:*]

Mitt wündschüng eineß güten Morgendß züsende ich
E. tüg: hiemit härman clagson Contract, aüch sei
nen revers an mir wegen der 2000 Rthall, eß Müssen
aber E. tüg: den revers der 2000 Rthall also verstehen
daß härman clagson ehst aüf 2000 Rthall gedrüngen
zü verschaffen, welcheß ich Nit züsagen, sondren einß
so woll alß daß ander abgeschlagen, biß ich endlich
von Reesen vnd RisenKampf angerehdet vnd gebehten
den clagson Nit züverlassen, sondren Nach Müglich
eit züdienen, daraüf ich aüch ein taüsend aüf
Kemmast zü verschaffen gelobet, aüch daraüf eine
schrifft an härman clagson abgegeben aber Nit hoher
alß aüf 1000 Rthall, die härman clagson beÿ sich
hat, bitte E. tüg: lasse eß zü lesen von ihr begehren

so wirt sie die wahrheit finden, sonsten habe
ich den Reesen vnd RisenKampf zügesaget, daß
härman clagson sich selber vmb geld vmbthüen
solte, alß dan ich aüch mein besteß thüen, vnd aüch
Noch für solche 1000 Rthall, Nebenst ihm bürge wer
den, wan güth pfand dafür konte verschrieben
werden; an die ein taüsend aüf kemmast bin
ich verbünden, will sie aüch mit gotteß hülffe schaffen
so geringe ich kan à .6. fürß hündert, wo Nit so
werden sie ia meinen schaden zü den güten willen
Nit begehren sondren .8. fürß hündert geben
Müssen, die gelde sein leÿder so haüffig Nit
zü bekommen. Sonsten habe ich hinrich dellingß
hüsen

[*rechte Spalte:*]

schreiben gelesen, befinde daß sie mit Roling hart daran
alß wolle E. tüg: mit westring selber rehden, vnd den alten
brieff ihm zeigen, vnd wan er etwa fragen Mochte, wo er
von dannen gekommen, konnen E. tüg: sagen, daß hinrich
solchen vnter seines Sehl: vatern schrifften, weiln er
Stadt Secret: gewehsen, für etzlich iahren gefünden, vnd
Nit eh alß beÿ diesen parlement daran gedacht[1] vnd wider
aüfgesüchet, eß wirt aüsser zweÿffel inß Rahtß pro
tocoll oder gerichtß protocoll darvon verzeichNet
sein, weiln Morian in der schrifft selber gestehet, daß
sie vom gericht sollen eingezogen werden, der Doct:
westring wirt eüch woll deß besten rahten, vnd korb=
Macher konte aüch woll viele dabeÿ thüen, weiln
er itzo gerichtß vogt, vnd die gerichtß protocoll Müglich
beÿ der hand; ich will beÿ begebenheit aüch mit Bern
hardus Rosenbach rehden, vnd mein besteß thüen, wie mich
hinrich in seinen schreiben bittet, eß konte aber aüch Nit
vnrahtsamb sein, daß E. tüg: hinrich seinen brüder
Eberd[2] zü eüch fodren liesset, vnd ihm solcheß erzehlen
vnd dabeÿ anerMahnen, weiln eß sein brüder, vnd
Bernhardus Rosenbach sein ohmb, daß er zü den selben
gehen vnd erbitten wolte, seinen brüder darinnen
beÿ[3] zu stehen, vnd in allen besten rahten helffen

1 Korrigiert aus ›gethacht‹.
2 Oder ›Elert‹?
3 Korrigiert durch Überschreibung aus ›zu‹.

sie Moegen sagen waß sie wollen, die alte schrifft
bezeüget gleichwoll daß sie Stadtflüchtig ge
wehsen, welcheß vergebenß Nit geschehen, vnd der
orgenist ist ia gantz da von gelaüffen vnd weg
geblieben, der woll herNach alleß aüf sich Nehmen Müssten
gott befohlen

[73v]
[*Schreibübungen/Berechnungen? Gekritzel, zunächst mittig, dann links:*]

Elisabetha 100
mein hüter vnd Mein hirrt ist gott 500 20
der herr vnd daß ist eß 24
Daß ich wündsche vnd 480
mein herr H begehr ,p[1]

Car les brünettes ont des appas allelüia allelüia
qüe les aütres Beaütez n'ont pas.
~~Braüne haar~~
Schwartze färb vnd freündlicheit
Sind einander einverleibet
Keineß ohn daß ander bleibet
Braün ist voller lieblicheit
Schwartze Kirsen, braüne Kästen
Sind die Schönsten vnd die besten.

083 – ca. März 1649 [undatiert]

Caspar[(a)] an Catharina[(a)]

BO 6, Bl. 74r, ein Blatt, ca. ½ groß, auf älterem Schriftstück mit Text (vgl. die Rückseite (Bl. 74v) = Nr. 084), Tinte etwas durchgeschlagen.

Datierung: Der Zusammenhang mit dem vorangehenden Brief von Caspar (Nr. 082) ist augenscheinlich. Insofern dürfte dieses Schreiben bald nach jenem, etwa im März 1649, zu datieren sein. Durch die Erwähnung des Superintendenten ist eine Datierung vor dessen Tod im März 1650 gesichert. Das ältere Schriftstück auf der Rückseite (Nr. 084) kann bisher nichts zu einer genaueren Datierung beitragen.

Inhalt: Caspar antwortet Catharina offensichtlich auf ihre Fragen oder Wünsche. Er meint, es gehe einfach nicht, und der Rat werde eine solche Schrift nicht abschreiben und mit seinem Siegel bestätigen lassen. Denn dies sei nur eine Abschrift von einer Supplikation, die der alte Morian [der Vater von Hans M.] seinerzeit im Jahr 1590 dem Rat oder dem Gericht übergeben habe. Diese übergebene

1 Von der oberen Zeile schräg nach unten unter die Zahl geschrieben.

Supplikation werde auf dem Rathaus oder in den Gerichtsakten jener Zeit abgelegt zu finden sein. Auch werde es zweifellos im Gerichts- oder Ratsprotokoll des Jahres 1590 verzeichnet oder sonst notiert sein, was in dieser Sache vorgefallen sei. Caspar meint auch, dass der Superintendent davon wohl noch etwas wissen müsste. Catharina solle auch Vestring, Korbmacher und Hünerjäger sagen, dass Heinrich (Dellinghausen) und ihre Schwester (Anna) sie darum gebeten hätten, es vom Rat oder dem Gericht zu erbitten, damit sie sich verteidigen könnten. Doktor (Johann) Vestring werde ihr alles erklären. Mit der Anrufung Gottes zu ihrer beider guten Erlösung schließt Caspar.

[74r] Mein hertzenkind eß will sich Nit schicken aüch wirt eß ein
raht Nit thüen, daß sie solche schrifft solten abschreiben vnd mit
ihren Siegel bestähtigen lassen, dieß ist Nür eine abschrifft
von der süpplication, die der alter Morian der zeit in Aō 1590
E. E. raht oder dem gerichte vbergeben, solche vbergebene
Süpplication wird aüfm Rahthaüse oder gerichtßacten der
Zeit eingeleget zü finden sein, aüch wirt ohne zweÿffel
in deß 1590 iahrß gerichtß oder Stadtßprotocoll solcheß ver
zeichNet oder sonsten angeschrieben[1] stehen, waß darinnen
fürgelaüffen, vermeine aüch daß dem H Süperdenten Noch
woll etwaß davon wissend sein werde. Jhr Müsset aüch
zü westring, Korbmacher vnd hünerieger sagen, daß hinrich
vnd E. Schwester eüch darümb ersüchet haben, solcheß von
E. E. raht oder gericht aüßzübitten, damit sie sich zü
verthätigen; eß wirtß eüch doct: westring woll alleß
vmbstandlich berichten, gott mit vnß zür guten
erlosüng.

084 – vor März 1649 [undatiert]

Älteres Protokollfragment von Caspars Hand[(a)]

BO 6, Bl. 74v, ein Blatt, ca. ½ groß, Anfang und Ende fehlen. Auf der Vorderseite ein Brief von Caspar an Catharina (vgl. Nr. 083).

Datierung: Der Text wurde von Caspar als Makulatur benutzt, muss also vor seinem Brief an Catharina (Nr. 083) geschrieben sein. Inhaltlich gibt es allerdings keine Verbindung zur Beziehung von Caspar und Catharina. Caspar berichtet hier in eigener Handschrift von einer lange zurückliegenden juristischen Angelegenheit. Der genaue Zusammenhang und die zeitliche Einordnung sind bisher unklar. Das Schreiben dürfte jedoch etwa um die gleiche Zeit wie der Brief geschrieben sein. – Lütge (Ludike/Lutke) Witt(e) wurde am 8. Mai 1584 Revaler Bürger und war 1608

1 Nachträglich korrigiert aus ›angehrieben‹.

bis 1615 Ältermann der Großen Gilde. Er wurde am 22. März 1615 in St. Nikolai bestattet.

Inhalt: Fragment aus dem Protokoll einer älteren juristischen internen Begebenheit (?): Derselbe [Fabian von Tiesenhausen] wurde anhand des Buches [von Witte] [zur Zahlung] ermahnt. Tiesenhausen habe daraufhin um Dilation (Aufschub) gebeten, damit er seine Schriften durchsuchen und sich in der Sache richtig erkundigen könne. Das hätten die Landräte ihm vergönnt und zugestanden. Danach hätte Tiesenhausen mit Quittungen nachgewiesen, dass er diese Schulden größtenteils bezahlt habe. Daraufhin wurde Lütge Witte vom Gericht hart angegangen, weil er mit seinem Buch solche Schulden, die mit Quittungen widerlegt und erwiesener Maßen bezahlt seien, erneut mahnte. Weil er sich jedoch damals sehr entschuldigt habe, dass es nicht aus Vorsatz geschehen sei, und er gebeten habe, man sollte es ihm verzeihen, hätten die Landräte dies nicht protokollieren lassen wollen, weil er zu der Zeit Eltermann der Stadt war. [Rest fehlt]

[74v] [*auf den Kopf gewendet:*]

sprochen, vnd denselben mit seinen bŭche gemahnet,
Fabian Tiesenhŭsen hette dilationem gebehten, da
mit er seine schrifften nachsŭchen vnd deßwegen recht
erkŭndigen mochte, welcheß die HH landrahte ihm
vergonnet vnd zŭgegeben, hernach hette Fabian von
Tiesenhŭsen mit Qŭitantzen rechtmessig erwiesen, daß
solche schŭld mehrentheilß bezahlet, daraŭf der lüttke
witte vom gerichte hart besprochen, daß er mit seinen
bŭche solche schŭld, die mit Qŭitantzen widerleget vnd
bezahlet zŭ sein, erwiesen, abermahl mahnen thäte,
weiln er sich aber der zeitt hochlich entschŭldiget, daß
eß nit aŭß vorsatz geschehen, aŭch gebehten man
solte eß ihm verziehen, Alß hetten die HH land
rähte solcheß nit wollen protocolliren lassen, weiln
er der zeitt Stadtßälterman gewehsen. Berieff

085 – um 20. März 1649 [undatiert]

Caspar(a) an Catharina(a)

BO 6, Bl. 76r–v, ein Blatt, ca. ⅓ groß, verso leer.

Datierung: Die Spenden für St. Olai wurden seit dem August 1647 in einem eigens dafür bestimmten Buch gesammelt (laut Ratsprotokoll vom 20.08.1647). Für Orgel und Turm wurde dann dezidiert erst seit dem 5. August 1648 (Ratsprotokoll) gesammelt, und zwar zunächst in den Gemeinden. Die Bitte an die Landräte dürfte erst danach ergangen sein.

Die Landräte reisen in diesem Brief gerade ab und werden zu Johanni (24. Juni) wieder einkommen. Dies könnte also erst auf Johanni 1649 bezogen werden. In diesem Jahr reisen die Landräte laut Ritterschaftsprotokoll um den 20. März ab und sind dann am 24. Juni wieder da. Eine spätere Bitte Sandhagens erst in einem der nächsten Jahre wäre zwar theoretisch möglich, aber die Bitte um Geld dürfte doch wahrscheinlich nicht so lange auf sich warten lassen.
Inhalt: Caspar antwortet offensichtlich auf eine Frage von Catharina, dass Sandhagen mit ihm nichts anderes geredet habe, als ihn darum zu bitten, er möge bei den Landräten und der Ritterschaft um Spenden für die St. Olaikirche – für den Bau der Orgel und des Turmes – anhalten. In das Buch, welches dazu angefertigt wurde, solle jeder seine Spende schreiben. Caspar habe zugesagt, dies zu tun. Aber jetzt wäre es zu spät gewesen, weil alle bereits reisefertig seien. Wenn sie zu Johanni wieder in die Stadt kämen, wollte er gerne sein Bestes tun. Sonst habe Sandhagen nichts gesagt.

[76r] es hatt Sandhagen mit mir Nichtß anderß gerehdet
alß daß ich beÿ denen HH landeßrähten vnd der Ritterschafft
die kirche St: Olai im besten gedencken Mochet, daß
sie etwaß zŭ erbaŭwŭng der orgell vnd thŭrmbß
verehren Mochten, vnd in daß bŭch, welcheß dazŭ ver
fertiget, ein ider seine verehrŭng[1] schreiben, welcheß
ich zŭthŭende zŭgesaget, aber eß were itzo zŭ spähte
weiln ein ider reise fertig, wan aŭf iohanni dieselben
wider einkehmen, wolte ich mein besteß gerne thŭen
sonsten hat er Nirgendß von gedacht.

086 – vor Ostern / ca. 21. März 1649 [undatiert]

Caspar(a) an Catharina(a)

BO 6, Bl. 90r–v, ein Blatt, ca. ½ groß.

Datierung: Die Gevatterschaft beim Hauptmann der Estländischen Ritterschaft Johann von Hastfer (1608–1674), der von Februar 1647 bis Januar 1650 in diesem Amt war, könnte auf dessen Sohn Adam Bernhard bezogen werden, der am 15. Februar 1648 in Reval geboren wurde. Gleichwohl könnte ein anderes Kind, für das bisher kein Geburts- oder Taufdatum bekannt ist, 1647 oder 1649 geboren sein. Für 1649 handelt es sich vielleicht um den als jünger bezeichneten Wilhelm Heinrich, der 1704 in Reval starb, dessen Geburtsdatum aber nicht bekannt ist. Fünf weitere Söhne und eine Tochter müssen laut Leichenpredigt auf den Vater in den folgenden Jahren geboren sein, waren aber beim Tod des Vaters bereits ver-

1 Wortmitte durch Überschreibung korrigiert.

storben. Das Jahr 1650 kommt für die Datierung jedoch – wie auch spätere Jahre – definitiv nicht in Frage, weil Hastfer zu Ostern 1650 nicht mehr Hauptmann war.

Da Caspar in diesem Brief sagt, er habe durch den Gerichtstag viel Geld verdient, kann es nicht das Jahr 1648 sein, in dem lediglich 10 Urteile publiziert wurden. Auch steht dem der auf 1648 zu datierende Brief Nr. 065 entgegen. Anhand der Erwähnung des ›bösen Treibens‹ von Höveln ist ersichtlich, dass es um die Zeit gehen muss, in der Caspar das Haus von Claussen bewohnt, also zwischen Oktober 1647 und Frühjahr 1650 (?). Damit kommt 1647 nicht in Frage, da dieser Brief kurz vor Ostern geschrieben sein muss. Der Pfundherr Franz Matthias Schiller († 1660) stand von 1647 bis etwa Mitte 1649 (?) in diesem Amt als Bediensteter der Landesbehörden und wurde 1647 durch den Lizentverwalter vertreten.

Die Auslösung der erwähnten Bürgschaft für Crusemarck könnte mit der in Caspars Nachlass später gefundenen Obligation Crusemarcks vom 3. Februar 1648 über 100 Reichstaler in Verbindung stehen. Caspar hatte vermutlich für den Freund gezahlt und dann von diesem einen Schuldschein bekommen. Wegen Crusemarcks Flucht aus Reval am 29. August 1648 blieb die Schuld dann offensichtlich unbeglichen. Oder hatte Caspar für Crusemarck womöglich beim Versuch, ihn 1648 in Haft zu nehmen, gebürgt? Dann müsste Caspar gebührende Zeit nach dessen Flucht zahlen.

Das Osterfest, zu dem Caspar hier ja den ›Osterpfennig‹ sendet, wurde 1649 am 25. März gefeiert. Da außerdem der Gerichtstag 1649, durch den Caspar das Geld verdient hatte, am 20. März endete, – in diesem Jahr gab es 26 Urteile und viele Abscheide – ist wohl kurz nach diesem Datum sein Schreiben entstanden. In Brief Nr. 087 werden die an Rostock geschriebenen Briefe nochmals als ›vor vier Wochen geschrieben‹ erwähnt (siehe unten).

Inhalt: Caspar bittet Catharina, sie möge sich zufrieden geben und ihm nicht Kummer bereiten, denn er habe sowieso schon genug Ärger im Haus: Die Wirtschafterin gebe sich dem Saufen hin und habe auf nichts Acht, sondern verderbe dieses und jenes oder verliere es.

Er habe nach Rostock an seine Schwester und an Magister Amsel als seinen guten Freund geschrieben, damit sie ihr Bestes tun mögen, um zu verhindern, dass sie (seine Frau) herkomme. Denn sie könne sich wohl selbst denken, wie es sein würde. An ihren Sohn habe er, so Gott ihm helfe, einen so harten Brief nach Stockholm geschrieben, dass ihm wohl die Ohren dröhnen mögen und er die Mutter wohl vom Kommen abhalten werde. Wie es auch kommen werde, er habe noch das Vertrauen zum lieben Gott, dass der sich für ihn einsetze und das Treiben des bösen [Nikolaus von] Höveln gnädig behindern und abwenden werde. Wenn der es nicht so hart getrieben hätte – wofür Gott ihm alles Unglück wieder zufügen möge – dann hätte es keine Sorgen gegeben. Nun könne der höchste Gott ihren bösen Rat [dass die Frau herkomme] zu allem Guten wenden. Darum seufze Caspar von Herzen, dass der liebe Gott doch nun in der höchsten Not Barmherzigkeit zeigen und die Ankunft seiner Frau gnädig verhüten möge und sie nicht lebendig hierher kommen lasse. Mit der erneuten Bitte um Barmherzigkeit ruft Caspar den höchsten Gott an und bekräftigt dies mit ›Amen‹.

Beiliegend sendet Caspar 10 Reichstaler als ›Osterpfenning‹, die er mit den Urteilen (im Oberlandgericht) verdient habe. Er bittet, diese nicht zu verschmähen, sondern nach Belieben zu verwenden. Gottlob habe er darüber hinaus noch über einhundert verdient, wovon er für den leidigen [leidenden, elenden] Crusemarck 100 Rtlr. an den Pfundherren Schiller zahlen und seine Bürgschaft auslösen müsse. Es sei ein Unglück über das andere.

Mit einem Seufzer an Gott vertraut Caspar darauf, dass der helfen werde, wenn es am schlimmsten gekommen sei. Caspar ruft Jesus um Fürsprache beim himmlischen Vater an, und er möge ihnen fröhliche Ostern und Pfingsten, Sommer, Herbst und Winter bescheren.

Am Dienstag müsse Caspar als Gevatter (Taufpate) beim Hauptmann Hastfer sein. Weil er zu seiner Ehrerbietung nicht etwas Geringes geben könne, meine er, einen doppelten Dukaten und einen Reichstaler zu geben. Abschließend ruft Caspar nochmals Gott um Beistand an für sie beide als arme Sünder, die er trösten möge.

[90r] Mein hertzen Kind sie gebe sich doch zü frieden vnd Mache daß
ich Mich aüch Nit alzüsehr betrüben Mag, dan leÿder im haüse
ohne daß vielerhand ärgerNüß fürlaüffen, indem daß weib
sich gar aüfß Saüffen leget, Nichteß in acht Nimbt, sondren
bald dieseß bald ieneß verdirbet, oder gar von händen kom
men lesset, ich habe in wahrheit Nach rostock an meine
Schwester vnd Mag: amsel alß an meinen güten freünde ge
schrieben, daß sie ihren besten fleiß anwenden vnd verhüten
sollen, daß sie Nit herkommen Moege, dan sie woll selbsten
bedencken kan waß für wesen, gott bessert erfolgen solte,
an ihren sohn habe ich alß mir gott helffe einen so harten
brieff Nach stockholm geschrieben, daß ihm die ohren gellen
vnd die Mütter woll abhalten werde, solte eß aüch darüber
gehen wie eß wolte, ich habe Noch daß vertraüwen zü
dem lieben gott, daß er inß Mittel trehten, deß bösen hovelen
betrieb gnädigst hindren vnd abwenden werde, wan
der eß so hart Nit getrieben, wo für gott ihm alleß
vnglück wider zü füegen wolle, were Nichtß zü be
sorgen gewehsen, Nün der hogster gott kan ihren bosen
raht zü allen güten wenden, worümb ich hertzlich seüfftze
daß der lieber gott doch Nün in der hogsten Noht barmhertzig
keit erzeigen, vnd gnadigst für ankünfft deß weibeß verhüten[1]
vnd sie Nit lebendig hie her wolle kommen lassen, ach
hogster vater deine barmhertzigkeit verliehe vnß amen

1 Vorsilbe korrigiert.

ich vbersende eüch mein einigeß hertz zehen Rthall züm
osterpfenning, von denen vhrtellen verdienet, bitte
[90v] solche Nit zü verschmahden, sondren Nach belieben an
wenden, habe Noch gott lob ein hündert etzlich vber daß
verdienet, davon Müß ich für den leydigen Krüsemarck
an den pfündherren Schillern einhündert Rthall zahlen
vnd meine bürgschafft losen, ein vnglück vber daß
ander, ach gott wanß am hogsten gekommen so wirstü
helffen, amen H iesü bitte für vnß deinen him
melschen vater, vnd beschehre vnd [!] einen f[röhl]ichen[1] ostern
pfingsten, Sommer, herbst vnd winter amen H
himmlicher vater, dü hoch[2] gelobte dreÿfaltigkeit amen,
aüfm dingstag Müß ich beÿ haübtman hastver zü ge
fatter stehen, da ich kein[3] geringeß zü meinen respect
geben kan, vermeine einen doppelten dücaten vnd
einen Rthall, gott seÿ mit vnß armen sündern
vnd troste vnß amen.

087 – ca. 18. April 1649 [undatiert]

Caspar[(a)] an Catharina[(a)]

BO 6, Bl. 89r–v, ein Blatt. Auf der Rückseite Berechnungen und Notizen von Catharina (in ihrer Handschrift).

Datierung: Dieser Brief muss etwa vier Wochen nach dem Brief Nr. 086 geschrieben sein, wie Caspars Äußerung eindeutig zeigt. Zudem ist deutlich, dass er zu jener Zeit einen Brief von seiner Frau – oder jemand anderem – mit der Nachricht erhalten haben muss, dass sie im Frühling, wenn der Revaler Hafen wieder eisfrei ist, die Reise nach Reval antreten wolle. Caspar ist jedoch bemüht, dies zu verhindern, und hat deshalb die Briefe nach Rostock und an den Sohn in Stockholm geschrieben. Auch seiner Frau hat er in der Zwischenzeit drohend geschrieben. Das Abwarten der ersten Schiffe deutet klar auf Winter bzw. Frühjahr. Die ersten Schiffe trafen in der Regel etwa Mitte April in Reval ein; wann das erste Schiff im Jahr 1649 ankam, ist den Schiffslisten leider nicht zu entnehmen, weil das Datum nicht notiert wurde. Der Revaler Hafen muss jedoch spätestens seit dem 11. April schiffbar gewesen sein, da an diesem Tag das erste ausgehende Schiff (nach Stockholm) notiert wurde.

1 Wort durch Tintenfleckt nicht vollständig lesbar, vielleicht so.
2 Durch Überschreibung korrigiert.
3 Korrigiert aus ›kan‹?

Die Erwähnung von „Viet“ ist sehr wahrscheinlich auf Vitus Weiß zu beziehen, der Catharina im Dezember 1648 beim Prozess gegen Christian Morians Ehefrau Brigitta Holthusen als Anwalt zur Seite stand. Offenbar gab es nun Unsicherheiten wegen der Bezahlung?

Inhalt: Caspar schreibt an Catharina, er wisse nicht, was er ihr auf ihren betrübten Brief anderes antworten könne, als dass er ehrlich schreibe, sein Leid und seine Betrübnis seien deswegen wenn nicht größer, so dennoch nicht geringer. Er wisse kein anderes Mittel, wie er sie oder sie ihn trösten könne, als Geduld zu üben und fest auf die Hilfe durch Gottes väterliche herzliche Barmherzigkeit zu setzen, die ihnen der Sohn Jesus Christus erworben habe, Tag und Nacht seufzen, damit er gnädig sei, ihnen Betrübten helfe und seine Frau nicht lebendig herkommen lasse. Gott möge es denen vergeben, die daran Schuld haben und die Sache so weit getrieben haben. Er solle diesen so viel Jammer und Herzeleid zusenden, dass sie den Schmerz zurück bekommen.

Caspar habe bereits vor vier Wochen, als er den Brief erhalten habe, nach Rostock an seine Schwester und an seinen guten Freund Magister Amsel geschrieben und diese gebeten, sie mögen seiner Frau von ihrem Vorhaben (der Reise nach Reval) abraten. Ihr selber habe er auch hart geschrieben, dass nichts Gutes, sondern noch mehr Unheil dadurch entstehen würde, wenn sie – was Gott gnädigst verhüten möge – hierher kommen sollte. Ob sie dadurch abgeschreckt sei, werde er beim Eintreffen der ersten Schiffe sehen. Gott solle sich erbarmen und zum gewünschten Ziel verhelfen.

Auch an den Sohn in Stockholm habe Caspar einen noch stärkeren Brief geschrieben, dass er ihm keine Gelder geben werde. Und wenn er keine andere Ursache zum Herkommen habe, sollte er sich die Reise und die Unkosten sparen, denn Caspar werde ihm nichts dazu geben. Er habe das offensichtliche Verhalten seiner Mutter ihm gegenüber herausgestellt und offen geschrieben, dass er Zeit seines Lebens mit seiner Mutter nicht in Frieden leben oder sein würde. Deshalb sollte der ihr lieber abraten. So wisse Caspar also nicht, was er darin mehr tun könne, als sich zu gedulden und die Entscheidung – die Gott möge gnädig sein lassen – abzuwarten. Gott kenne sein Herz und welche Gedanken ihn hin und her treiben. Mit einem Seufzer bittet er Gott um Erbarmen und gnädige Hilfe und bestärkt mit ›Amen‹.

Den Zettel von Viet (Vitus Weiß) habe er gelesen. Er wisse nicht, was er darauf antworten solle, als dass Catharina ihn fragen lassen möge, wieviel er verlangt, oder ob sie mit dem etwas abgemacht habe. Dann müssten sie sich danach einigen. Damit schließt Caspar, dem höchsten Gott zu Gnade und Beistand ergeben, schiebt aber noch nach, er wolle mit der ersten sicheren Post nochmal an den Sohn in Stockholm schreiben. Und Gott möge dafür sorgen, dass Höveln, der die Sache gegen ihn (nur aus Unwissenheit) so hart betreibe und sich dafür auch noch rühme, geplagt werde. Gott möge seinen Angriff und sein Vorhaben zuschande und zunichte machen.

[89r]
Jch weiß Nit mein aüßerwehlteß hertz, waß ich aüf dero betrübteß schreiben, anderß antworten kan, alß daß ich in wahrheit schreibe, Meine pein vnd betrübNüß deßwegen, wo nit hoher denoch Nit weiniger seÿ, wie ich eüch oder ihr mich trosten sollet, kan ich kein ander Mittel absehen, alß gedüld fassen, vnd die gehülffe aüf gotteß vaterß härtzliche barmhertzigkeit, die vnß sein sohn christus er worben, festiglich zü setzen, tag vnd Nach [!] seüfftzen, damit er gnä dig sein; ~~vnd~~ vnß betrübten helffen, vnd daß weib Nit lebendig wolle herkommen lassen, gott vergebe eß denselben, die daran schüldig vnd daß werck so hoch getrieben, schicke ihnen doch so viell iammer vnd hertzenßleÿd zü, daß eß ihnen wider weh thüen Moege. ich habe bereitß für vier wochen, da ich den brieff erhalten, Nacher Rostock so woll an meine Schwester alß an Magist: Amsel meinen güten freünd geschrieben, daß sie daß weib von ihrem fürNehmen abrahten wolten, ihr selber aüch hart geschrieben, daß Nichtß güthß daraüß entstehen sondren mehr vnheil stifften würde da sie[1] hir, welcheß gott gnädigst verhüte, kommen solte, waß solcheß für fürcht schaffen wirt, werde ich beÿ ersten schiffen er fahren, gott erbarme sich gnädigst vnd helffe züm gewündscheten ziehl. Nach Stockholm habe ich gleichfalß an den sohn in wahrheit einen stärcken brieff geschrieben, daß ich ihm keine gelder zü geben gestehe, vnd da er keine andre vhrsachen alhie zü kommen alß darümb, Mochte er seine reise spahren vnd die zehrüng inhalten, dan ich ihm Nichteß deßwegen zü willen, habe seiner Mütter lichteß verhalten gegen mir aüfgerücket vnd offentlich geschrieben, daß so lange[2] ich lebe mit seiner Mütter in keinen frieden leben oder stehen würden, solte derowegen sie lieber abmahnen alß[3] her rahten. daß ich also Nit weiß waß ich mehr darinnen thüen kan, alß patientiren vnd den aüßschlag, welchen gott doch gnädig wolle sein lassen erwarten. gott weiß mein hertz vnd waß ich hin vnd her für gedancken führe, ach gott laß dichß erbarmen vnd hilff gnädigst. Amen; deß Vieten zedell habe ich gelesen, weiß Nit waß ich daraüf antworten soll, alß daß ihr ihn wollet fragen lassen, wie viel er begehret, oder ob ihr mit ihm ein gewisseß bedüngen, so müst ihr eüch darNach regüliren, hiemit dem hogsten gott zür gnad vnd beÿstand ergeben.

---

1 Erster Buchstabe korrigiert aus ›h‹.
2 Erster Buchstabe korrigiert aus ›s‹.
3 Erster Buchstabe korrigiert?

ich will beÿ erster gewissen poste Noch einß Nach Stockholm
an den sohn schreiben, gott gebe daß der hovelen Moege ge
plaget werden, der daß ding, nŭr vnwissend so hart treibet
vnd Noch davon sich hoch rŭhmen soll[1]
ach gott mag seinen anschlag vnd fŭr
Nehmen zŭ schanden vnd zŭ Nichte.

[89v]
[*auf den Kopf gedreht, obere Hälfte frei:*]

0I 0H 0IIIIIIIII dall 4 dall fŭhr die walke
0I 7 M
0II
0

9 dall
2 dall

0IIIIIII
0IIIIIIIIIIIII
0

0I 0IIIIIII
0I 0IIIIIIIIIIIIIII
0 0

0IIIIIII
0IIIIIIIIIII
0

9 dall
2 dall
0I M

11 dall
zehn M M ist gehrt
vohn dŭhren sche
20 Richsdall 15 M
kosten die landes
höwdings: hr walcken
4 dall 12 Rst kost die
generahllsche

088 – ca. September 1649 [undatiert]

Caspar[(a)] an Catharina[(a)]

BO 6, Bl. 83r–v, ein Blatt. Unsaubere Schrift wegen Verletzung.

Datierung: Da Caspar in Claussens Haus wohnt, muss der Brief nach Oktober 1647 datiert werden. Aus der Erwähnung des Superintendenten folgt eine Datierung vor dessen Tod im März 1650. Wenn hier die Rede vom Auszug zu Ostern ist, kann also spätestens Ostern 1650 gemeint sein. Der Brief könnte hingegen höchstens ein halbes Jahr vor dem Auszug geschrieben sein. Ein Auszug zu Ostern 1649 ist wenig wahrscheinlich, da bei der Reise von Catharina im Februar/März 1649 keine Rede von einem Auszug Caspars ist.

---

1 Wort korrigiert.

Caspar wird hier massiv und ultimativ bedrängt. Höveln verdächtigt ihn, hat aber offenbar keinen Beweis oder Zeugen. Deshalb ist eine Datierung vor Nr. 089 und 090 anzunehmen, wo Höveln offensichtlich einen bedeutenden Zeugen benennen könnte. Da Caspars Frau hier noch ein Mal einbestellt werden soll, war sie zu dieser Zeit nicht in Reval, ist trotz der in den vorangehenden Briefen sichtbaren Ankündigung also wohl (noch) nicht gekommen.

Das von Höveln empfohlene „Conrades Sehl. Haus" konnte bisher nicht identifiziert werden. Dasselbe gilt für das Haus der ›Morianschen‹. Rätselhaft bleibt, dass Caspar hier unzweideutig seinen Auszug zu Ostern (also 1650) zusagt, dies in den anderen Briefen aber nicht weiter thematisiert wurde. Vielmehr heißt es in dem vermutlich folgenden Brief Nr. 089 vom Syndikus, dass Caspar zum Sommer ausziehen solle. Auch ist unklar wie Caspars Versprechen zum Auszug mit der drohenden Aufkündigung durch die Männer (Nr. 092) zusammen passt. Wieso überlegt er überhaupt, der Kündigung zu widersprechen? Es muss wohl davon ausgegangen werden, dass es immer wieder ein Hin und Her durch die verschiedenen Gesprächspartner gab.

Inhalt: Caspar schreibt Catharina, obwohl er wegen einer Verletzung seines Fingers, die unversehens geschehen, aber gottlob nicht schlimm sei, nicht gut schreiben könne. Er wolle ihr aber berichten, dass Höveln ihn um halb drei in die Kirche bestellt hatte. Der habe gesagt, dass der Superintendent ihm berichtet hätte, Caspar wäre bei ihm gewesen und hätte darum gebeten, morgen zu beichten; deshalb hätte er die Priester dazu um ihren Rat gefragt. Nun wollten die Priester (laut Höveln) Caspar in seinem guten Vorhaben nicht behindern, aber weil ein Teil der Ratsherren sich über Caspars jetzige Wohnung beschwert hätte und den Priestern die Schuld gegeben werde, dass sie es gebilligt hätten, hätten sie mit dem Konsistorium sprechen müssen. Dies sei heute geschehen, weil sie gestern bei Korbmacher zu Gast und also verhindert waren. So hätten sie nun einhellig mit Konsens des Rates beschlossen, dass Caspar die Beichte nicht gestattet werden könnte, bevor er nicht gelobte, innerhalb eines halben Jahres (obwohl der Superintendent vier Wochen wollte) diese Wohnung zu räumen. Wenn Caspar dies verspreche, dann könnte er zur Beichte gehen. Die Ursache wäre, dass Catharina und er so nahe beieinander nicht sein dürften. Caspar habe darauf, wie schon zuvor, seine Entschuldigung eingewand und wirklich hart disputiert, auch gebeten, die Leute vorzubringen, damit er sich rechtfertigen möge. Es habe jedoch alles nicht helfen wollen, sondern es wäre beschlossene Sache, oder er würde dadurch große Schande auf sich ziehen. Auch müsste seine Frau einbestellt werden.

Wie Caspar nun jede Schuld in Beziehung zu Catharina abgestritten – dass er mit ihr weder gesprochen noch ein Treffen gehabt – habe und abermals verlangte, die Zeugen zu benennen, habe Höveln geantwortet, dass dies nicht nötig sei, weil die ganze Stadt davon voll und es folglich nicht nötig sei, einzelne zu kennen. Dabei habe Höveln seine eigene Unschuld beteuert, aber weil der Rat die Priester in Verdacht hätte, dass sie es duldeten, könnte es nicht anders geschehen. Er wollte sonst Caspars treuer Freund in Leben und Tod sein, hätte dabei auch erwähnt, dass sie zusammen studiert hätten und er ihm sehr gewogen wäre.

Darauf habe Caspar ihm alle Umstände erzählt, wie er zu diesem Haus gekommen sei, und berichtet, dass (Bürgermeister) Stampeel zu Hermann Claussen gesagt habe, dass niemand ihm wehren könnte, dieses Haus zu bewohnen. Höveln habe da gesagt, Stampeel und der Syndikus wären zwei Leute, die aber überstimmt seien. In Wahrheit sei beschlossen, dass Caspar, wenn nicht in Güte, dann in Schande das Haus räumen müsste. Denn obwohl sie ihnen persönlich nichts Unehrliches nachweisen könnten, wäre doch die ganze Stadt voll davon und man müsse allen bösen Anschein verhindern. Caspar sei ein Landsekretär und gebe sich wenig Ruhm; er solle sich raten lassen. Er könnte das Haus des verstorbenen Conrads (?) mieten, dann käme er von allem Verdacht frei und zur Ruhe, wenn er nur aus dieser Gasse käme. Darauf habe Caspar es zugesagt, wenn er das Haus und von Hermann Claussen seine Gelder zurück bekommen könnte. Höveln habe geantwortet, dass sie dabei helfen wollten und es für Caspar ohne Schande sein sollte; es sei ein harter Streit gewesen, dass er es Caspar vergeben müsse. Aber Höveln habe immerzu ihr Amt und Gewissen und die Anschuldigung des Rates vorgehalten, bis Caspar schließlich eingewilligt habe, das Haus zu Ostern zu räumen. Wegen Caspars Frau sollten sie machen, was sie wollten. Das habe Höveln angenommen und gesagt, sie wollten noch ein Mal an sie schreiben. Wenn sie dann nicht kommen wollte, müsste sie es selbst verantworten und die Priester wären frei von Schuld. Dann habe Höveln sich persönlich nochmals entschuldigt und alles Gute gewünscht, dabei auch gemeint, Catharina könnte auch wohl unschuldig sein, Gott möge ihr helfen.

Also wolle Caspar in Gottes Namen nun morgen beichten. Gott gebe Geduld, Gnade und Barmherzigkeit, dass er einmal von Gott erhört, von seiner Trübsal befreit und mit Catharina erfreut werde. Sie möge sich zufrieden geben und bitte mit der Morianschen wegen des Hauses reden, damit es keinem anderen zugesagt werde. Wer wisse, welche Gnade und Barmherzigkeit Gott zeigen werde, wonach er sich so sehne.

Bis dahin befehle er sie beide der höchsten Bewahrung Gottes zum Schutz und zur Befreiung. Gott möge Gnade und Erbarmen geben. Wegen seines Fingers habe er nicht besser schreiben können. Abschließend ruft Caspar erneut Gott um Barmherzigkeit und Hilfe an, was mit dreifachem ›Amen‹ bekräftigt wird.

[83r] ob ich woll mein edleß hertz, wegen verletzüng meineß
fingerß, welcheß vnversehend geschen, vnd gott lob keine Noht
hat, Nit woll schreiben kan, habe ich doch Nit vnterlassen kon
nen, dieß weinige zü entdecken, wie daß hovelen mich vmb halb
dreÿ in die kirche beschejden, vnd angeMeldet, daß der Süperintendet
ihm gesaget, ich were beÿ ihm gewehsen, vnd begehret Morgendß
zü beichten, so hette er von ihnen begehrt, ihren raht damit
zü ertheilen, Nün wolten sie mich in meinen güten[1] vorNehmen
zwar Nit hindren, alleine weiln ein theilß rahtßherren sich

[1] Erster Buchstabe korrigiert.

v̈ber meine itzige behaŭsŭng beschwehret, vnd ihnen die schŭld, daß eß dŭrch ihre billigŭng geschehen, beÿgeMessen vnd beschŭldiget, hetten sie Nit vnterlassen konnen, Mit dem Consistorio sich zŭ berehden, welcheß vom tage geschehen, dan sie gestren beÿ korbmachern zŭ gaste gewehsen, vnd dar annen verhindert„ vnd hetten also einhellig mit Consens deß rahtß geschlossen, ich konte zŭr bicht Nit gestahtet werden bevorne ich anlobete, innerhalb eineß halben iahrß diese wohnŭng, wie woll der Sŭperintend eß vmb vier wohen begehret, zŭ reŭmen, wan ich mich daraŭf erklerete, alß dan konte eß woll geschehen, die vhrsache were, wegen E. tŭgend persohn, daß wir so Nahe beÿ einander Nit sein konten, ich habe daraŭf, wie fŭr diesem erwehnet, meine entschŭldi gŭng eingewand, vnd in wahrheit hart dispŭtiret, aŭch gebehten die leŭte fŭrzŭstellen, daß ich mich entledigen Mochte, hat alleß Nit helffen wollen, sondren eß were also geschlossen, oder ich wŭrde grossen schimpf davon haben zŭ deme Mŭste mein weib einverschrieben werden, wie ich Nŭn meine entschŭldigŭng ewer tŭgend. gethan daß ich mit ihr keine berehdŭng Noch zŭsahmenkŭnfft hielte vnd abermahl begehrte, die persohnen fŭrzŭstellen, antwortete er, daß solcheß Nit Nötig, weiln die gantze stad da von voll vnd also Nit Nötig einige zŭ kennen, da beÿ hoch bedaŭret daß er vnschŭldig, alleine weiln ein raht ihnen in verdaht alß ob sie dŭrch die finger sehen, konte eß anderß Nit sein, er wolte sonsten mein freŭnd leben vnd sterben, aŭch dabeÿ angezogen, daß wir zŭsahmen stŭdiret, vnd alß ihm gott helffen solte, mir[1] gewogen wehre; hiraŭf habe ich ihm allen vmbstand, wie ich zŭ diesen haŭse gekommen, erzehlet,

[83v] vnd gesaget, daß[2] Stampel harman clagson gesaget, eß konte mich keiner solch haŭß zŭbewohnen, wehren, da hat er gesaget stampel vnd der Sÿndicus weren zwey leŭte, vnd v̈berstimmet, eß were in wahrheit geschlossen, da ich Nit in der gŭte, also mit schimpf reŭmen Moste, dan ob sie woll vnser persohnen Nichtß vnerlichß beÿbringen konten, were doch die gantze stadt davon voll, vnd man Mŭste allen bosen schein meÿden, ich were ein land Seret. vnd gebe mir weinig rŭhm,[3] ich solte mich rahten lassen, ich konte Conradeß Sehl haŭß heŭren, alßdan kehme ich aŭß allen verdacht vnd

1 Durch Überschreibung korrigiert.
2 Erster Buchstabe durch Überschreibung korrigiert aus ›h‹.
3 Korrigiert.

zŭ rŭhe, wan ich Nŭn aŭß dieser gassen kehme; woraŭf ich die
zŭsag gethan, wan ich solcheß erhalten, vnd von harmen clagson
meine gelde wider bekommen konte, daraŭf er geantwortet
daß sie darzŭ helffen vnd mir ohne schimpf sein solte, eß sein
aller hand harte dispŭten gefallen, daß er mich selber vohr geben
Mŭssen, alleine immerfohrt ihr ambt vnd gewissen, aŭch die beschŭldi
gŭng deß rahtß fŭrgehalten, biß ich endlich darin gewilliget
aŭf ostern diß haŭß zŭ reŭmen, wegen meineß weibeß Mŭchten
sie machen waß sie wolten, welcheß er angeNommen, vnd gesaget
sie wolten Noch einmahl an ihr schreiben, wolte sie dan Nit kom
men, Mŭchte eß zŭ ihrer verantwortŭng stehen, vnd sie weren
alßdan entschŭldiget, hat daraŭf sich abermahl seiner persohn
entschŭldiget, vnd alles gŭten verheissen, aŭch dabeÿ gesaget, ihr
Mochtet aŭch woll vnschŭldig sein, gott möchte eŭch helffen, also
bin ich gesonnen, Morgen in gotteß Nahmen, Meine beicht zŭ
vollen ziehen, gott gebe gedŭld, gnade vnd barmhertzigkeit, daß
ich einMahl beÿ gott erhöret, meineß trŭbsahlß entsetzet
vnd mit E. tŭg: erfreŭwet werden, gebet eŭch also mein kind
zŭfrieden. vnd bitte mit Morianschen wegen deß haŭseß zŭ rehden
daß eß keinem andren Mag versaget werden, wer weiß waß
gott der hogster fŭr gnade vnd barmhertzigkeit erzeigen wirt
worŭmb ich[1] hertzlich seŭfftze[2], vnd immittelst eŭch vnd mich
der hogsten bewahrŭng gotteß, zŭr gnädigen beschirmŭng
vnd entfreÿŭng befehle, gott gebe seine gnade vnd erbar
mŭng, habe wegen bosen finger Nit besser schreiben konnen

gott mit vnß vnd seine grŭndlose
barmhertzigkeit stehe vnß beÿ vnd helffe
Amen, Amen, Amen

089 – Anfang November 1649 [undatiert]

Caspar[a] an Catharina[a]

BO 6, Bl. 81^r–82^v, ein Bogen mit 2 Blatt.

Datierung: Der Brief muss nach dem Einzug Caspars in das Haus von Claussen (Oktober 1647) geschrieben sein, da es hier genau um diesen Wohnort geht. Weil außerdem Landrat Metztacken erwähnt ist, der im Februar 1650 begraben wurde, ist der Zeitraum für die Datierung klar begrenzt. Die Bedrängung durch Höveln und dessen Äußerung, er habe Zeugen, passen zu dem Brief von Catharinas Mutter

---

1 Das ›..ch‹ korrigiert?

2 Wort korrigiert.

(Nr. 090), der auf Martini 1649 datiert werden kann. Weil Höveln dort bei der Familie Hoyen war, hier aber noch ankündigt, dass es geschehen sollte, ist also dieser Brief zeitlich vorher anzusetzen. Auch die Aussage, Caspar solle im Sommer in Kroges Haus, legt die Abfassung im Winter oder Frühjahr nahe. Darüber hinaus ist Caspars Frau zu dieser Zeit noch nicht in Reval.

Inhalt: Caspar schreibt an Catharina, dass sie sich nicht vorstellen könne, was für Streitigkeiten er ihretwegen und wegen dieses Hauses mit Höveln hatte. Der habe gesagt, dass er mit echten Zeugen beweisen wollte, dass sie nachts in seinem Haus gewesen sei. Caspar habe es deutlich geleugnet und hoch beteuert, doch sei Höveln gleichwohl bei seiner Meinung geblieben, dass es bewiesen werden sollte. Da habe Caspar geantwortet, dass er Catharina nicht gesehen habe und davon gar nichts wisse, und als es geschehen sein sollte, müsste er nicht zuhause gewesen sein. Er hätte sich auch nicht bitten lassen. Man sollte mit ihr darüber reden und sie beschuldigen. Und für etwas, das er nicht wisse oder getan habe, könnte er auch nicht leiden. Höveln habe darauf geantwortet, dass es wohl so sein könnte, aber Catharinas Mägde würden ohne Unterlass zu Caspar laufen, was er selbst gesehen habe, und die Nachbarn hätten sich darüber geärgert. Caspar entgegnete, dass dies wohl geschehen sein könnte, er selbst wäre aber meistens im Zimmer und wüsste auch davon nichts. Man sollte deshalb Catharina danach fragen.

Insgesamt hat alles nicht helfen wollen, Caspar könne wegen des Ärgers nicht in diesem Haus bleiben. Der habe darauf gesagt, wenn Gewalt vor Recht gehen sollte, müsste er es dem Gouverneur klagen. Da habe Höveln geantwortet, dass der Gouverneur mit ihrer Kirchenordnung nichts zu tun habe, sie wollten dem dann auch wohl die Sache schildern, dann würde er wohl anders denken. Auch hätte der Rat ihn (Höveln) beschuldigt, dass er durch Sandhagen für Caspar habe bitten lassen. Und der Rat wollte es ebenfalls nicht zulassen, denn es ginge in der ganzen Stadt herum, dass sie immer zusammen wären. Auch hätte er einmal Else weggejagt, da habe Catharina sie wieder zurückgebeten, das wisse Höveln angeblich gut. Caspar habe gesagt, dass dies nicht geschehen sei und habe Else hereingerufen, die es ihm gegenüber gleichfalls geleugnet habe. Da habe Höveln gesagt: Ja, ihr dürft solches nicht sagen – und dergleichen mehr.

Caspar habe schließlich gesagt, nur ein Schelm habe ihn in Hoyens Haus gesehen, ohne dass er zusammen mit Metztacken zur Gesellschaft dort gewesen sei. Da habe Höveln gesagt, Metztacken tue auch nicht gut daran, dass er solche Ärgernisse mit dulde, worauf Caspar entgegnet habe, dass er es Metztacken fortan wohl abschlagen und Hoyens Haus meiden könnte. Höveln habe darauf gesagt, ja, das müsse er tun, und Catharina müsse ihn auch meiden. Dann habe Caspar gemeint, dass er von Catharina nichts wisse, sie auch nicht gesehen und gesprochen habe. Wenn sie etwas ihretwegen hätten, dann sollten sie mit ihr reden. Darauf habe er gesagt, dass dies auch geschehen sollte; und ein Ratsherr habe in der Kirche gesehen, dass Catharina sich in der Bank zu Caspar auf dem Chor umgesehen und ihn angelacht habe. Caspar habe gesagt, dass er dies nicht gesehen hätte, sie sollten es Catharina sagen; er sei daran unschuldig und hoffte, dass man ihm mit Recht nichts tun könnte.

Dann habe Höveln sich verabschiedet und gesagt, dass er es dem Konsistorium erzählen wollte. Dabei habe er auch gemeint, wenn Caspars Frau ins Land kommen sollte und er in diesem Haus wäre, dann würde doch der Streit wieder beginnen. Caspar habe entgegnet, er könne nichts dagegen tun, wenn sie ihre Bosheit nicht unterlassen würde. Denn er würde sich von ihr auch nicht quälen lassen. Dann sagte Höveln im Weggehen nochmal, Catharina sei die Ursache von all diesem, was Caspar dann wieder bestritt. Aber Höveln habe gemeint, er und die Leute wüssten es besser.

Danach sei Caspar auch beim Syndikus Bernhard zur Bech gewesen. Der habe berichtet, dass etliche Ratsherren ihm gesagt hätten, die Priester – besonders Höveln und Sandhagen – hätten sich beim Rat über Caspar und Catharina beschwert. Er selbst wäre da aber nicht im Rat anwesend gewesen. Und er wünschte Caspar wohl, dass er nicht in dem Haus wäre, um das Gerede der Leute zu beruhigen. Da habe Caspar gesagt, dass es ja nicht sein Wille gewesen sei. Wie zur Bech selbst gehört habe, wäre er gern im anderen Haus geblieben, wenn er von Hermann Claussen sein Geld zurück hätte. Daraufhin meinte zur Bech, dass Caspar zum Sommer in Kroges Haus ziehen sollte. Der Rat sollte Hermann Claussen wohl dazu bringen, dass er entweder Caspar die Gelder zurückgeben oder erlauben würde, dass ein anderer das Haus miete und Caspar das Geld erstatte. Da habe Caspar gesagt, ihm sei dies einerlei und er mochte sehen, was die Zeit bringe.

Caspar bittet Catharina deshalb: Sie möge sich von ihm fern halten so viel es gehe. Und sie solle ihre Magd nicht herkommen lassen. Wenn sie ihm etwas schreiben wolle, könne sie ja einen Zettel durch einen unbekannten Soldaten an Else senden und eine Antwort fordern. Sie müssten sehen, dass sie eine andere Gelegenheit finden, um sich zu sprechen, ohne dass die bösen Wächter davon etwas mitbekommen. Außerdem bittet Caspar, sie möge der Catharina Spenckhusen nicht trauen oder ihr etwas anvertrauen, denn man wisse nicht, wo die Leute jetzt seien. Was sie nicht wisse, davor bräuchte man auch keine Sorge haben, dass sie es weiter erzähle. Auch solle Catharina sich nicht sorgen, wenn er nicht zuhause sei; sie könne es ja wohl erfahren, wo er sei. Und auch nicht, wenn er Gesellschaft habe; denn Gott wisse, womit er sich die Zeit vertreiben möge, wenn er alleine sei. Gott werde ihm ja noch ein Fass Bier bescheren. Er trinke ja nicht bei ganzen oder halben, sondern jeder trinke, soviel er wolle, was jeder lobe.

Sein ›Herzenskind‹ möge sich zufrieden geben und sich so fremd geben, wie auch immer sie es könne, damit er doch in Frieden bleiben möge. Und sie solle überlegen, wo sie sich sonst sprechen könnten und unbekannt seien. Damit verbleibt er als ihr bis in den Tod Getreuer und hofft, Gott werde einmal gnädig und barmherzig sein.

Ob sie zum Superintendenten gehen wolle, stellt er in ihr Belieben; es sei gleichwohl nicht unratsam, wenn es geschehen sollte. Denn er habe Höveln so verstanden, dass es der Doktor (wohl Johann Vestring) sei, der sie gesehen haben sollte. Denn Höveln habe gesagt, es wären keine geringen Leute, die es gesehen hätten und die sie wohl überzeugen könnten. Sie solle sich beileibe ja nichts anmerken lassen, sondern möge sehen, wie sie selbst etwas von denen erfahren könne. Denn sonst hätte Caspar es ihr verraten, und dann ginge es wieder los. Sie (sein Herzchen) werde selbst am besten wissen, wie sich sich verhalten müsse.

[81r] Mein aüßerwehlter schatz, ihr konnet Nit glaüben waß ich
für streitigkeiten mit hovelen ewerNthalben vnd wegen die=
seß haüseß gehabt, er sagte daß er mit wahrhafften leüten
erwiesen wolte, daß ihr deß Nachtß in meinem haüse ge=
wehsen, ich habe eß starck geleügNet vnd hoch betrüwret
er ist gleichwoll beÿ seiner MeiNüng geblieben, daß eß solte
erwiesen werden; da habe ich geantwortet, daß ich eüch
nit gesehen, aüch darümb gar keine wissenschafft hette
vnd da eß geschehen, Müste ich Nit zü haüse gewehsen ,[1] sein,
ich hette eüch aüch Nit bitten[2] lassen, Man solte eüch
darümb zü rehden vnd beschüldigen, daß daß ich Nit wüste
oder gethan, dafür konte ich aüch Nit leÿden, er ant
wortete daß konte woll so seÿn, alleine ewre Maget
die hetten immerfohrt ohne vnterlaß ihre laüffen hieher
welcheß er selber gesehen, vnd die Nachbahren hetten sich dar
Mochte sein
an geergert[3]; ich sagte daß solcheß woll /geschehen /, ich aber
were mehrentheilß in die cammer, vnd wüste gleichfalß
Nit darümb, man solte ~~xx~~ eüch gleichfalß zürehden,
in Sümma eß hat alleß Nit helffen wollen, ich konte
in diesem haüse vmb ergernüsse willen Nit bleiben, do
sagte ich wan gewalt für recht gehen solte, Müste ichß
dem Goüverneürn klagen, da antwortete er, der H Goü
verneür hette mit ihrer kirchen ordNüng Nit züthüende
sie wolten ihm aüch alß dan woll zürehden vnd be
richt thün, so würde er woll anderß sinneß werden,
im gleichen ein raht hette ihm beschüldiget, daß er für
mir dürch sandhagen bitten lassen, vnd ein raht wolte
eß gleichfalß Nit zügeben, dan eß ginge in der gantzen
stadt herümb, daß wir immer züsahmen weren; item ich
hette elsen einmahl von mir weg geiaget, da hettet
ihr sie wider eingebehten, davon hette er güte wissenschafft
ich sagte[4], daß solchesß Nit geschehen, vnd rieff elsen ein, der
eß gleichfalß gegen ihm verleügNet, do sagte er, ia

---

1 Gestrichenes Komma.
2 Erster Buchstabe durch Überschreibung korrigiert.
3 Dritter Buchstabe korrigiert?
4 Erster Buchstabe korrigiert aus ›h‹.

ihr dürffet solcheß Nit sagen: vnd waß dergleichen rehden
mehr gewehsen, ich sagte endlich, daß mir ein schelm

[81v] in ewern haüse gesehen, ohne daß ich mit Mettstaken
dargewehsen zür geselschafft, da sagte er, ia Mettstaken thüt
dar aüch Nit rühmblich an, daß er solche ergerNüsse mit williget
da antwortete ich, daß ich solcheß herNachmahlen, Mettstaken
woll abschlagen vnd ewer haüß Meÿden konte, do sagte er ia
daß Müste ich thün, vnd ihr Müstet eüch meiner aüch enthalten
da antwortete ich, daß ich von eüch Nichtß wüste, aüch Nit
gesehen vnd gesprochen, hetten sie deßwegen etwaß, so Mochten
sie eüch darümb zürehden, daraüf sagte er, daß solcheß
aüch geschehen solte, vnd sagte dabeÿ, daß ein rahtßherr in deß
rahtßstühle, gesehen, daß ihr eüch in der kirchen in der bancken
vmbgesehen Nach mir aüfm Chor vnd zügelachet, ich sagte
daß ich solcheß Nit gesehen, sie mochten eüch solcheß sagen
ich were vnschüldig daran, vnd hoffete daß man mir
mit rechte Nichteß thün konte, da Nam er seinen ab=
scheid vnd sagete daß erß dem Consistorio, erzehlen wölte,
er gedachte aüch dabeÿ, wan meine fr: inß land kommen
solte, vnd ich were in diesem haüse, so würde doch daß
vneinigleben wider angehen, ich sagte da konte ich
Nit wider, wan sie ihre boßheit Nit vnterlassen würde
dan ich würde mich von ihr aüch Nit tribüliren lassen,
da sagete er abermahl im weggehen, ihr weret alleß
daran vhrsache; ich sagte daß eß so nit were, ia sagte
er ich vnd die leüte wissenß besser: ich bin aüch Nach
der zeit ~~xxx~~[1] beim Syndico bächen gewehsen, der sagte
aüch zü mir, daß ihm von etzlichen rahtßherren gesaget
daß die priesterschafft sonderlich hovelen vnd sandhagen, sich
vber vnß, zü rahte beschwehret, er were aber Nit zü
rahte gewehsen, gedachte dabeÿ daß erß mir woll
wündschen wolte, daß ich im haüse Nit wehre, vmb der
leüte rehden zü stillen, do sagte ich, daß eß ia mein
wille Nit gewehsen, wie er selber gehöret, daß ich im andren
haüse gerne bleiben wollen, wan ich von härman clagson
mein geld wider hette, do vor meinte, daß ich gegen den
Sommer im krogen haüß ziehen solte, ein raht
solte härman clagson dahin woll halten, daß er mir die

1 Wort gestrichen.

[82r] gelder entweder wider geben, oder aŭch vergonnen
solte, daß ich einen andren in meine heŭwr setze
te, der mir mein geld wider gebe; ich sagte daß
mir solcheß gleiche viel thŭn konte, mochte sehen
waß der zeit geben will. Jch bitte eŭch derowegen
mein hertzen Kind, enthaltet eŭch meiner so viel
Mŭglich, vnd lasset doch Ewer dirne Nit herkom
men; ihr konnet io woll einen zedell, dŭrch einen
vnbekanten soldaten, an elsen senden, wan ihr
mir waß zŭschreiben, vnd antwort abfodren lassen.
Wir Mŭssen zŭsehen, daß wir andre gelegen
heit finden, da wir vnß sprechen konnen, daß
die bosen wächter davon Nichtß wissen; deß gleich
en bitte ich, traŭwet doch der cathrinen spenk
hŭsen Nit, oder offenbahret ich[1] Nichteß, den man
weiß wo die leŭte itzo sein, waß sie Nit weiß
dafŭr dorffe man sich Nit fŭrchten, daß sie eß Nach
sagen kan, imgleichen bekŭmmert eŭch doch Nit
wan ich Nit zŭ haŭse bin, ihr konnet eß io woll
erfahren wo ich bin, deßgleichen daß ich gesellschafft
habe, dan gott weiß wan ich alleine, wo ich die
zeit mit vertreiben soll, gott wirt mich io Noch
ein faß biehr beschehren, ich saŭffe aŭch io Nit
beÿ gantzen oder halben, sondren ein ider drincket
so viel er will, welcheß ein ider lobet; hertzen Kind
gebet eŭch zŭfrieden, vnd haltet eŭch doch so frembd
ihr immer konnet. , daß ich doch moege in
frieden bleiben, vnd bedencket beÿ eŭch gelegen
heit, wo wir vnß sonsten sprechen vnd vnbe
kand sein konnen. ich verbleibe gleichfalß
derer getreŭwer biß in den thot vnd hoffe der
allmächtiger gott, wirt einß an gnade vnd
barmhertzigkeit gedencken.

[82v] ob sie beim sŭperattendentē gehen will, stehet zŭ ihrem
belieben, alleine da eß geschehen solte, wie woll Nit vn
rahtsamb, dan ich verstand von hovelen, alß obß der
doctor seÿ, der eŭch soll gesehen haben, den er sagte, eß
weren keine geringe leŭte, ~~xxx~~[2] die eß gesehen, vnd vnß

---

1 Offensichtlich Verschreibung für ›ihr‹.

2 Gestrichenes Wort.

woll vberzeügen konnen, so Müsset ihr eüch ia
beÿ leibe Nichtß vermercken lassen, sondren Mochtet
sehen, wie ihr selber von ihnen waß erfahren
kontet, dan sonsten hette ich eß eüch offenbahret
so ginge eß wider loß, mein hertzchen wirt eß am
besten wissen, wie sie sich darinnen verhalten
soll.

090 – zum 11. November 1649 [undatiert]

Anna von der Hoyen (geb. Assing)(a) an Caspar(a)

TLA 230-1-BB 13, Bl. 161^{r-v}, ein Blatt. Das Papier war gefaltet, auf verso sind kleine Siegelreste zu sehen (Siegel aber nicht mehr erkennbar), eine Adresse war nicht aufgeschrieben.

Datierung: Caspar hat der Mutter von Catharina zu Martini (11. Nov.) Geld geschenkt. Die Anspielung Hövelns auf das ›größte Unglück‹ mit der einen Tochter, das nun mit der anderen schlimmer werden würde, kann sich wohl nur auf die Affäre um Catharinas Schwester Anna und Heinrich Dellinghausen beziehen, die am 25. August 1647 im Rat und dann am 1. September im Konsistorium besprochen wurde. Insofern wäre die früheste Datierung zu Martini 1647 möglich.

Der Brief gehört in die Phase, als ein angeblicher Zeuge von den Priestern benannt wird und Höveln Caspar bedrängt, ja mit dem Konsistorium droht. Und Höveln war hier bei den Hoyens. Deshalb ist eine Datierung nach Brief Nr. 089 naheliegend. Martini 1647 wäre hingegen zu kurz nach dem Einzug; und auch 1648 passt nicht mit den anderen Briefen zusammen. Eine Datierung auf Martini 1650 ist nicht möglich, weil Caspar zu dieser Zeit in Stockholm war. Da Catharinas Mutter im Februar 1651 starb (begraben am 13. Februar), ist also die Datierung auf 1649 vorzunehmen.

Inhalt: Catharinas Mutter Anna bittet ihren ›günstigen Herrn und werten Freund‹, er möge ihr nicht verdenken, dass sie so dreist an ihn schreibe. Er habe ihr gestern so viele Dukaten zugeschickt, dass sie sich darüber sehr gewundert habe. Sie wüsste auch nicht, dass er ihr etwas schuldig sein sollte. Doch habe ihr das Mädchen (?) zum zweiten Mal berichtet, dass er ihr das zu Martini geschickt habe. Dafür bedanke sie sich sehr freundlich seines geneigten Willens und meint, solches nicht verdient zu haben. Sie wisse auch nicht, ob das Mädchen es weitererzählt habe oder nicht, da Gott vor sei, dass es unter die Leute käme. Dann würden die sagen, dass sie es durch ihre Tochter verdient hätte.

Anna bittet sehr freundlich, ihr das ›unverständige Schreiben‹ nicht zu verdenken, weil Magister von Höveln zu ihr gesagt habe, was sie in ihrem größten Unglück befürchtete, das wäre nun alles wahr. Das würde mit der anderen (Tochter) wohl schlimmer werden. Man werde Catharina allein und mit Caspar vor das Konsistorium fordern. Hier wäre Satan aus und ein gegangen Tag und Nacht. Und damit nicht genug: Gott möge es verbessern, wie Höveln es ihr sagte, er selbst hätte in Hermann Claussens Haus vor allen Leuten auch gesagt, dass es dazu kommen sollte, und etliche der von der Hoyenschen hätten sich darüber gefreut. Anna und die ihren hätten aber beteuert, dass Caspar nicht bei den Hoyens gewesen wäre. Höveln sagte jedoch, dass er es beweisen wollte. Sie hätten sich nicht erinnern können, so lange er da war. Danach habe sie sich erinnert, dass es gewesen sein müsste, als Caspar mit dem Syndikus bei ihnen war. Daraufhin hätten sie dies Magister Specht geklagt. Der habe geantwortet, obwohl Caspar schon bei ihnen gewesen wäre, könnte man dadurch noch nichts Böses beweisen. Da hätten sie ihn gebeten, dass er zu Höveln gehen und ihn darin beschuldigen müsste, dass sie es so nicht stehen lassen wollten. Sie wollten den Sager (Zeugen) wissen oder sie wollten sich an ihn halten, weil sie es von ihm gehört hätten.

Magister Specht habe mit ihm geredet und sei wiedergekommen, habe gesagt, sie sollten das Gott befehlen und bleiben lassen, weil sie niemanden hätten, der es für sie ausführen würde. Der Schwedische Pastor sei auch zu ihnen gekommen, so dass sie wohl merken konnten, dass die darüber gesprochen hatten. Der habe berichtet, dass Höveln gesagt habe, wenn sie mit ihm anfangen wollten, dann wollte er es wohl mit ihnen ausführen. Und in ihren Büchern stünde auch, dass sie nicht schuldig wären, ihren „Sager" zu nennen. Anna habe es also bleiben lassen müssen.

Nun könne Caspar als ein verständiger Mann erkennen, wie ihr als armer hoch betrübter Mutter in ihrem Herzen zu Mute sei, dass sie auch in ihrem großen Kreuz denke, sie sei von Gott und den Menschen verlassen. Mit solchen Gedanken plage sie sich Tag und Nacht, und sie befürchte, dass sie auch endlich verzagen werde, wenn nicht Gott noch besondere Gnade beweisen werde. Denn ihr Kreuz sei allzu groß. Dass sie es nicht offenbaren könne, sondern mit Leid in ihr betrübtes Herz fressen müsse.

Also bitte sie um Gottes Willen, dass Caspar ihr dies unverständige Schreiben nicht verübeln, sondern alles zum Besten deuten wolle. Sie stelle auch alles in sein Gefallen, denn sie wisse, dass er alles besser verstehe als sie armes verlassenes hoch betrübtes Weib. Anna klagt, dass sie auch allzu verlassen sei, und bittet, dass es alles hierbei bleiben möge. Und weil nun alles still sei, möge nicht gedacht werden, wie man oft von weit höre, dass sie von Caspar unterhalten werde, und dass auch ihre Tochter es nicht erfahren möge und auch kein anderer merke. Sie bittet, das Schreiben ins Feuer zu werfen und alles im Guten aufzunehmen, denn Gott wisse, dass es nicht böse gemeint sei. Sie könne ihre Not keinem Menschen klagen, sei aller ihrer Kinder beraubt, die übrigen wolle jeder unterdrücken. Damit befiehlt sie ihn in Gottes gnädigen Schutz zu lang währender Gesundheit und beendet ihren ›aus hoch betrübtem Herzen und mit bitteren Tränen‹ geschriebenen Brief.

[161r] gŭnstiger herr ŭnd werde frŭndt her sicertariŭs ick bidde mi
nicht tho vor dencken[1] dat ick ehm so dristich tho schriw der her heft mi
gistriges dages so vehl docaten tho geschicket dat ick mi dar vör recht
vör ~~mi~~ vehrt heb ick wedt mi ock nicht tho bedencken dat der her mi
vor lehr schŭldich sin schŭl doch heft mi de metken thŭm andern
mhal bericht gedhan dat he mi dat tho martini geschicket heft wor vör
ick mi iegen seinen gŭden tho genegten willen höchlick vnd frŭntlick
bedancke[2] befinde ock bi mi sŭlckes gantz nicht vor schŭldet ick wedt
Se
ock nicht oft dat recht geworwen heft oder nicht dar godt vor si dat
Se
idt manck de lŭde kehm so wörden seggen dat ick sŭlckes dorch min
vn
dochter vordenet hedde bidde sehr frŭntlick min vör stendich schri
went nicht tho vor dencken wilen mogister van höwlen tho mi geseht
heft do ick in min gröste vngelŭck lach wat ick wende dit wehr nŭ
all an dach dat word mit de ander woll arger werden man
ward ehr vnd iŭw beid vör de chŭnstoriŭn vordern hir wehr
sadan vth vnd in ghandt dach vnd nacht vnd was dar nicht genoch an
godt bettert dat he idt mi sede besŭndern he hedde idt in harmen
Clawsen hŭs vor alle lŭd ock gesecht dar sick etlicke der minigen
tho gefröŭwet hadden dat idt dar tho kamen schŭlde wi aŭerst heb
ben idt genoch vor nendt dat der her hir nicht gewest wehr he
sed dat he idt bewisen wolde wi kŭnden vns nicht bedencken so
lang he dar was dar na bedacht ick mi dat idt da mŭst gewest
sin do der her hir mit dem sinnikŭs was do klagde wi dat
moigister specht de antwort eft he hir schon gewest wehr so kŭnd
böses
man dar vm noch nichtes bewisen do bede wi ehm dat he mŭste
tho ehm ghan vnd ehm vm dered willen beschŭldigen dat wi dat
so nicht wŭllen bliŭen laten wi wŭllen den segger weten adder
wi wŭllen vns an ehm holden den wi idt van ehm gehöret hedden
moister specht hed mit ehm geredet kam wedder tho vns sprack
dat
vns tho freden wi schŭlden gott bevelen vnd bliŭen laten wi
len wi nemant hadden de idt vör vns vth vören wörde de
schwedsche pastor kam ock tho vns dat wi woll mercken kŭnden
dat se ehm vör gehadt hedden de sede dat he gesecht hedde wen wi
mit ehm anfangen wolden he wolde woll mit vns vth vören
vnd stŭnd den noch in ehre böcker dat se nicht schŭldich wehren
ehren segger tho seggende hebbe idt also möten bliŭen laten nŭ kan
der her als ein vor stendiger man af nemen wo mi arme hoch
bedröwede moder ~~tho~~ in minem herten tho mod is dat ick ock in

1 Das erste ›n‹ nachträglich über dem Wort eingefügt.
2 Das ›n‹ nachträglich über dem Wort eingefügt.

min grote chrŭtz ge denken als si ick van godt vnd minschen
värlaten mit schŭlcke gedancken plag ick mi dach vnd nacht vnd
is mi led dat ick ock entlick vor zagen werde wo nicht godt
[161v] vth gnaden noch sŭnderlick gnad bewisen werdt den min chrŭtz is
altho grodt dat ick nicht apen baren kan besŭndern moth idt mit ledt
in min be draŭede hert freten also bidde ick vmme gottes willen
dat he mi ~~in~~ min vn vorstendich schreiwent nicht vor argen will
sŭndern alles thom besten dŭden will stell ock alles in sine gefal
len den ick wedt dat he godt lof alles beter vor steidt als ick arm
vörlaten hoch bedröwde wif ach ick bin ock alto vörlaten vnd
bitte dat idt alles hir bi bliŭen mach vnd nicht mach gedacht
werden wilen nŭ alles still is dat ock min dochter nicht er
fharen mach vnd ock kehn ander madt ock offt dat vor widt horen
dat ick van dem herren ehrholden werde bidde dat schriwent int
fŭhr tho werpen vnd alles in gŭden ŭp tho nemen den godt wedt
dat idt nicht bös ~~ge~~ mehne~~t~~ ick[1] kan min nodt kenen minschen kla
gen bin alle min kinder beraŭet de awrigen wil ein ider vn
der drŭcken hir mit godt dem aller hogste in sinen gnedigen
schŭtz bevalen tho lanck weriger gesŭntheit geschreŭen vth hoch be
dröwden herten vnd mit bitteren tranen

091 – 25. November 1649 [undatiert]

Caspar(a) an Catharina(a)

BO 10, Bl. 84r–v, ein Blatt, verso leer. Ehemals lagen 5 Dukaten – und kein Band! – bei.

Datierung: Aus dem ›Bindebrief‹ ergibt sich die Datierung auf den 25. November (siehe oben Nr. 001). Das bewusste Aussparen der Leiden und die deutliche Nennung der Feinde und Mißgönner können auf die Zeit größter Bedrängung 1644 oder 1647 bis 1649 verweisen. 1650 kommt nicht in Frage, weil Caspar zu dieser Zeit in Stockholm weilte. Er redet Catharina ganz formlos an und benennt die Gegner als ihre gemeinsamen Feinde, so dass eher die späte Datierung nahe liegt. Offensichtlich ist der direkte öffentliche Kontakt nicht möglich, weshalb Caspar Geld und Gedicht durch einen Boten sendet und Catharina auf gleichem Wege mit ihm in Kontakt treten solle, wenn sie die Dukaten in Reichstaler tauschen wolle. Da er 1647 gerade erst in Claussens Haus gezogen ist, passt eine Datierung auf November 1649 am besten. Im November 1648 hatte es kurz zuvor Gerüchte über uneheliche Kinder von Catharina auf dem Land gegeben, und sie wollte bald da-

1 Durch Überschreibung korrigiert aus ›is‹.

rauf zu ihrer Schwester reisen. Von beidem ist hier aber nichts direkt zu spüren. Der konsternierte Beginn des Gedichts – sein Gemüt und Sinn will es nicht ertragen, von all den schweren Plagen zu schreiben – fügt sich hingegen besser in den November 1649, als der Druck noch weiter zugenommen hatte und Caspar dann auch bald selbst aus dem Haus heraus wollte, um endlich Ruhe zu haben.

Inhalt: Der Brief von Caspar beginnt mit einem Geburts- und Namenstagsgedicht für Catharina in drei sechszeiligen Strophen. Caspar könnte viel schreiben von den Plagen, will es aber aus Schmerz nicht tun, sondern nur gute Ruhe wünschen. Gott möge gegen ihre Feinde helfen und denen geben, was diese den beiden wünschen. Dennoch will er Catharina binden und bittet Gott um fröhliche Stunden, damit sie ihn loben können und den Feinden trotzen. Mit dem nachgesetzten und verstärkten „Amen“ werden die Verse zugleich als Gebet gekennzeichnet.

In nachfolgender Prosa erklärt Caspar, dass er statt eines Bandes fünf Dukaten eingelegt hat, für die sie sich etwas kaufen soll. Er hätte Reichstaler genommen, fürchtete aber, dass es auffiele. Sie könne die Dukaten gerne morgen oder später gegen Reichstaler tauschen, wenn sie wolle.

[84r]

Wolt ich gleich viel schreiben vnd sagen
will eß doch mein geMüht vnd Sin
wegen der viel bewüsten plagen,
damit ich leÿder belahden bin
itzo Nit ertragen, sondren thüe
einig vnß wündschen güte rüh.

Bitte daneben gott dem herren
er wolle doch vnser helffer sein
vnd vnsern feinden beschehren
all daß creütz vnglück vnd pein
so sie vnß wündschen vnd bitten
wider christlichß thün vnd sitten.

Seitt dennoch gleichwall gebünden
ihr ~~ob~~[1] mein recht ander hertz
gott geb vnß doch fröhliche stünden
vnd endre doch vnsern schmertz
daß wir ihm lob sagen konnen
vnd trotzen die vnß Mißgonnen.

Amen H iesü Amen

1 Vermutlich gestrichen.

Sie wolle doch diese eingelegte fŭnff dŭcaten, Anstaht deß bandeß eingeleget, in gŭten willen vorlieb Nehmen vnd dafŭr waß ihr dienlich kaŭffen; hette woll reihß thall eingeleget, habe eß aber, daß manß Nit mercken solte, hinterlassen, sie kan solche morgen oder wan sie will, wider senden, vnd fŭr Rthall wal[1] zŭ setzen begehren lassen, alß dan ich solcheß zŭ thŭende gerne geNeÿget, gott in gnaden befohlen.

[1] Entzifferung unsicher.

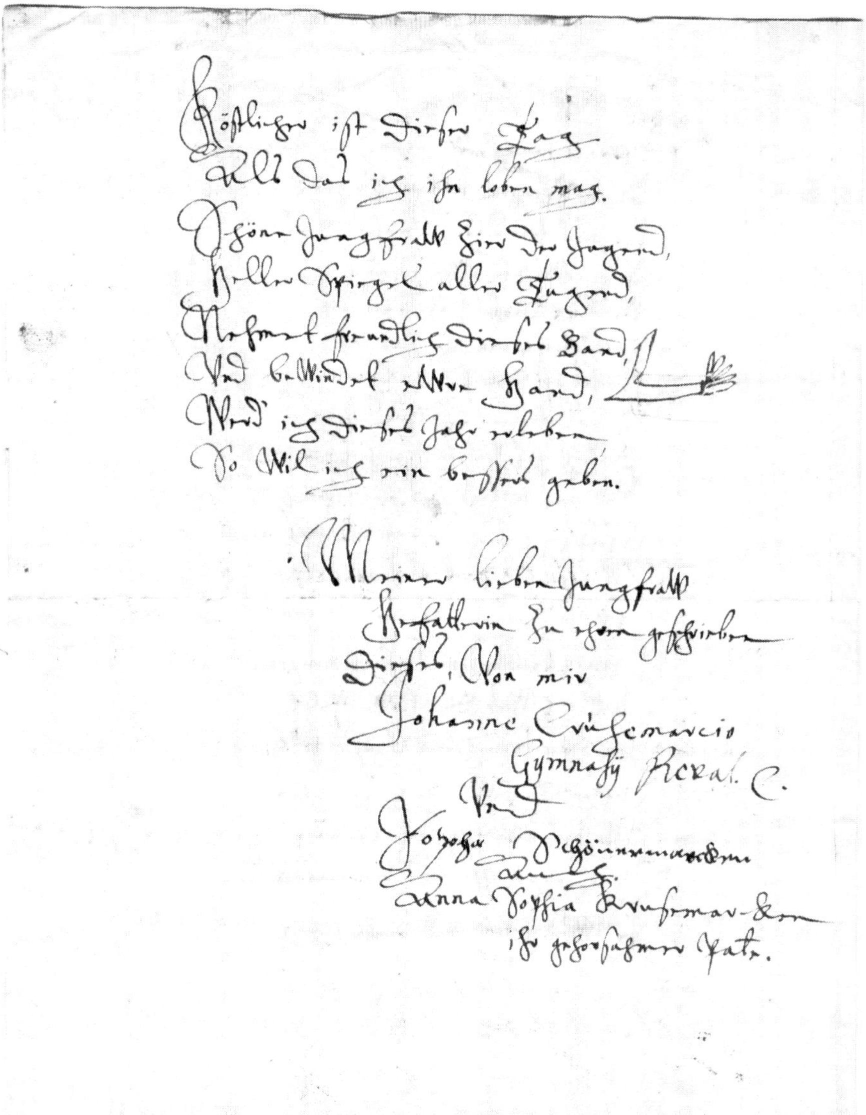
Köstlicher ist dieser Tag
Als das ich ihn loben mag.
Schöne Jungfraw Zier der Jugend,
Heller Spiegel aller Tugend,
Nehmet freundlich dieses Band
Und bewindet aller Hand,
Werd ich dieses Jahr erleben
So will ich ein bessres geben.

Meiner lieben Jungfraw
Gefatterin zu ehren geschrieben
dieses, Von mir
Johanne Crusemarcio
Gymnasii Reval. C.
Und
Johann Schönnemarckern
Anna Sophia Krusemarckern
ihr gehorsamer Patt.

Ende des Gedichts von Johannes Crusemarck (Nr. 062, Bl. 76v)

1650

092 – Frühjahr 1650 [undatiert]

Catharina[(a)] an Caspar[(a)]

BO 6, Bl. 79^{v}, ein Blatt, ca. ½ groß. Auf der Vorderseite befindet sich Caspars Antwort auf diesen Brief (Nr. 093).

Datierung: Leider ist völlig unklar, in wessen Auftrag ›die Männer‹ Caspar offenbar das Haus (die Miete) aufkündigen sollen. Die Aufkündigung in dieser Form war jedenfalls in Reval Brauch. Es ist jedoch zu vermuten, dass Hermann Claussen nicht den Auszug von Caspar wollte. Denn wie im Antwortbrief (Nr. 093) deutlich wird, ist es offensichtlich Caspar, der jetzt am liebsten den Vertrag aufkündigen würde und die Gelegenheit sieht, von der vertraglichen Verpflichtung entbunden zu sein. Deshalb ist wohl davon auszugehen, dass die Initiative vielmehr von den Priestern und dem Rat ausging. Merkwürdig bleibt hingegen, dass der von Caspar ja bereits gegenüber Höveln zugesagte Auszug zu Ostern (1650?) hier keine Rolle zu spielen scheint. Möglich ist aber auch, dass diese Aufkündigung sich eben genau darauf bezog, also gewissermaßen die juristisch wirksame Beendigung des Mietvertrages darstellte.

Der Vertrag, den Caspar mit Hermann Claussen geschlossen hat, umfasst anscheinend, dass Caspar seine als Darlehen gegebenen 200 Reichstaler ›abwohnen‹ kann, wie hier und in Brief Nr. 071 deutlich wird, und dabei 50 Rtlr. pro Jahr als Miete angesetzt werden. Außerdem hat Caspar wohl zugesichert, Claussen 2000 Rtlr. gegen Pfand zu beschaffen – nicht etwa aus eigenen Mittel, sondern durch seine Vermittlung von anderen Geldgebern. Genau dies war seine Absicht beim Landrat Metztacken, der es zu 8 Prozent Zinsen anbot. Dieses scheint aber für Caspar nicht passend zu sein; wahrscheinlich hatte er sich zu 6 Prozent verpflichtet und hätte den Fehlbetrag möglicherweise selbst zahlen müssen. Da der Landrat dann im Februar 1650 starb, wäre dessen Angebot auch nicht mehr nutzbar.

Infolgedessen ist dieser Brief zusammen mit Caspars Antwortbrief (Nr. 093) nach der Reise von Catharina (Ende Januar bis ca. März 1649) und nach den Briefen vom November 1649 (Nr. 089 und 090) zu datieren.

Inhalt: Catharina rät Caspar, er solle, wenn die Männer zu ihm kommen sollten, nicht darauf eingehen, sondern sich auf seinen Vertrag berufen. Darin stehe, wie er seine Gelder abwohnen sollte und – wenn sie [die Claussens] Pfand hätten – er Gelder beschaffen könnte. Er solle sie den Vertrag lesen lassen. Und er solle ihnen die Schmach antun, dass er es gar nicht annehme. Was habe er weiter mit ihnen zu schaffen und wundere sich, dass die Männer sich solches mit ihnen (ihm?) vorgenommen hätten. Sie hätten gottlob keinen vor sich, mit dem sie es treiben dürfen. Er müsse sich aber nicht darum scheren. Was achte Caspar, den Catharina ihr ›auserwähltes herzliebstes Kind‹ nennt, solche Unverständigen? Er habe mit ihnen nichts zu schaffen und überhaupt nicht nötig, solches anzunehmen. Mit einem Seufzer an Gott wünscht Catharina, dass Gott sich einmal über sie beide erbarme. Wer wisse, wie man es ihnen wieder aufsagen könnte? Er möge doch Catharinas Rat folgen.

[79v] Mein aller liebestes hertzen kindt wen eß dahr solte
kommen daß die menner zü eüch kommen solten so saget
H[1] Jhr habet nichtes mit ihnen zü schaffen sondern
haltet eüch an eüwer Cotrackt da steht ein wie ihr
eüwer gelder apwohnen solt vndt haben sie pantt[2]
so köntt ihr gelder schaffen laßet den Cotrackt leßen
mein Edle sehlgen thüt ihr doch den schimff daß ihr
solgeß gantz nicht annehmet waß habet ihr weiter
mit Jhnen zü schaffen[3] vndt wündert eüch daß die
Menner sich solges mit ihnen haben führ genommen
sie haben gott lop keinen vohr sich dem sie dörffen
Agiern ihr müst eüch aber mein sehlgen nicht
dahr vber zü keren[4] waß achtet ihr solge vnvohr
stendigen habet mit ihme nichtes zü schaffen
vndt nicht nöchtig solgeß gantz nicht anzünehmen
mein Aüßehr welte hertzen liebestes kindt
Ach gott mach sich eines vber vnß
erbarmen wer weis wie man eß
ihnen wider aüff sagen köntt
ach libeste selgen folget doch mein Rahtt

093 – Frühjahr 1650 [undatiert]

Caspar[(a)] an Catharina[(a)]

BO 6, Bl. 79r, ein Blatt, ca. ½ groß. Caspars Antwort auf den vorherigen Brief (Nr. 092), der sich auf der Rückseite des Blattes befindet.

Datierung: Als direkte Antwort auf den vorhergehenden Brief (Nr. 092), ist die Datierung kurz darauf vorzunehmen. Caspar will nun wohl gerne auf das Haus verzichten und dafür aus dem Vertrag mit Claussen herauskommen. Denn die zugesicherte Beschaffung der 2000 Reichstaler fällt ihm offensichtlich schwer. Die oben

1 Verwischt – gestrichen?
2 Entzifferung unklar.
3 Die Mitte des Wortes ›ff‹ durch Überschreibung korrigiert.
4 Entzifferung unklar, besonders der erste Buchstabe.

sichtbaren Bemühungen im Frühjahr 1649, vom Landrat Metztacken das Geld zu leihen, sind in diesem Zusammenhang wohl so zu verstehen, dass Caspar es bis jetzt nicht geschafft hat, ausreichend Geld – zum Zinssatz von 6 Prozent – zusammen zu bekommen. Und das Verhältnis zu den Claussens scheint so belastet zu sein, dass er mit ihnen nichts mehr zu tun haben möchte. Da sie oft und lange im Haus seien, steht Caspar unter intensiver Kontrolle, was seinen Lebenswandel und speziell seine Beziehung zu Catharina angeht. Die Datierung ist deshalb nach dem November 1649 vorzunehmen, wahrscheinlich aber auf das Frühjahr 1650. Da Caspars Frau in diesen beiden Briefen mit keinem Wort erwähnt wird, ist sie anscheinend noch nicht in Reval anwesend. Deshalb ist eine Datierung vor den Briefen Nr. 098 bis 100 wahrscheinlich.

Das schon oben in Brief Nr. 089 erwähnte Haus von Kroge (= Jobst vom Kroge, begr. 1629) lag in der Süsterstraße neben der Wedeme (Pastorat) und dem Kleinen Haus von St. Olai, etwa gegenüber der St. Olai-Kirche. Es wurde am 7. Mai 1650 von Kroges Witwe an die Erben und die Witwe von Johann Koch verkauft. Auch Mich(a)el Janike(n)s Haus lag in der Süsterstraße. Um die Renovierung dieses Hauses gab es von Januar bis Oktober 1650 einen Prozess mit dem Landrat Rechenberg. Es liegt also nahe, diesen Brief in das Frühjahr 1650 zu datieren.

Leider ist weder anhand der Briefe noch durch andere Dokumente bisher feststellbar, ob Caspar nun also aus dem Haus auszieht. Gesichert ist lediglich, dass er spätestens seit etwa Ostern 1653 nicht mehr im Haus wohnt und im September 1653 in das Haus von Hans Stralborn in der Süsterstraße ziehen will. Es ist jedoch nur schwer vorstellbar, dass der Rat und die Priester ihn weiter in Claussens Haus geduldet hätten, da im Mai 1650 vor Gericht die schwersten Vorwürfe über die Beziehung von Catharina und Caspar laut wurden. Allerdings wurde dort nicht über diese beiden verhandelt, also keine Klage gegen sie erhoben, sondern nur das Ausbringen solcher Gerüchte und Behauptungen durch einen Bürger von Nyen (der mit Catharinas ehemaliger Magd Anna verheiratet war) festgestellt. Und auch angesichts des schweren gerichtlichen Streits Catharinas mit den Claussens vom Juni 1650 bis zum Juli 1651 ist doch wohl eher davon auszugehen, dass Caspar wirklich die Gelegenheit nutzte, um ehrenhaft aus dem Haus und dem Vertrag mit Claussen heraus zu kommen.

Inhalt: Caspar antwortet auf Catharinas Brief, dass er es annehmen müsse, wenn die Männer es ihm kündigen würden, oder er müsse ihnen (den Claussens) 2000 Reichstaler beschaffen. Also verzichte er lieber auf das Haus, bevor er sich in Ungelegenheit setze. Wollte Gott, wäre er im Leben nicht in das Haus gekommen. Er sei so müde, noch länger darin zu wohnen, als wenn er es mit Löffeln gefressen hätte. Denn solch ein Ungemach sei nicht zu tragen, weil die Claussens so oft und so lange in der Stadt seien.

Gott werde ihm wohl ein anderes Haus bescheren, Krogen oder Michel Janekens oder ein anderes Haus. Er könnte auch auf keine bessere Weise und mit besserer Reputation hier heraus kommen als so, weil die Priester ihn doch nicht gerne länger darin haben wollten.

[79r] wen sie eß Mir aŭfsagen werden, so Mŭß ichß annehmen
oder ich Mŭß ihnen zweÿ taŭsend Rthall schaffen, also lasse
ich lieber daß haŭß fahren eh ich mich in vngelegenheit
setze, wolte gott ich wehre mein tage in daß haŭß Nit
gekommen, bin so Mŭhde darinnen lenger zŭ wohnen
alß wan ichß mit lefflen gefressen, dan solchein vnge
Mag ist Nit zŭ tragen, weiln sie so offt vnd lange
in der stadt sein; gott wirt mir woll ein ander
haŭß beschehren, krogen oder Michel ianekenß haŭß etc:
ich konte aŭch mit keiner bessern manir vnd repŭtation
hiraŭß kommen, alß aŭf die weise, weiln doch die priester Mir
Nit gerne darinen lenger haben wollen.

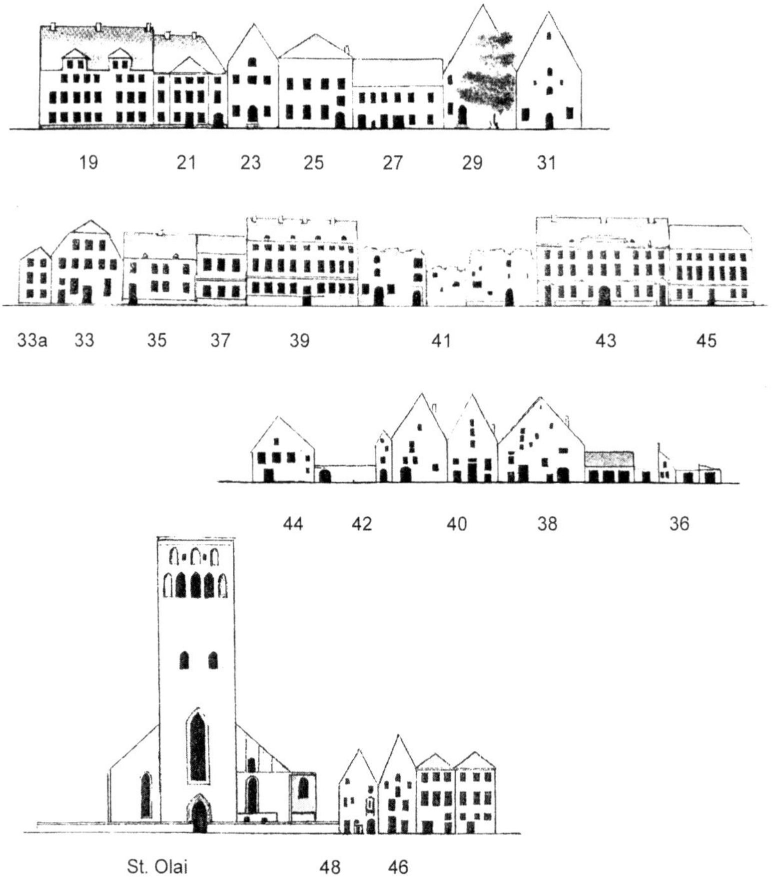

Die Süsterstraße (dann Breitstraße, heute Lai) im Jahre 1825 (Nr. 38: Claussen)

1651

094 – zum Neujahr 1651 [undatiert]

Caspar[(a)] (außerhalb der Stadt) an Catharina (in Reval)

BO 10, Bl. 87r–88v, ein Bogen mit 2 Blatt. Auf allen Seiten sind Reste eines Siegels zu sehen (auf 88v die obere Hälfte).

Datierung: Das Gedicht ist zum Neuen Jahr geschrieben, wie in Zeile 18 zu sehen ist. Caspar ist zu dieser Zeit nicht in Reval, denn das Schreiben wurde per Post bzw. durch einen Freund (mit Adresse an Catharina und Siegel von Caspar) nach Reval befördert. Das Gedicht folgt auf mindestens einen Bindebrief, allerdings gab es in dem vergangenen Jahr keinen. Das ›vorm Jahr‹ geschehene Anbinden muss aber nicht auf die Anfänge (das erste Bindegedicht) bezogen sein, sondern kann auf das letzte in der ganzen Folge von Geburts- und Namenstagsgedichten verweisen. Als Neujahrsgabe sollte eine Arbeit vom Goldschmied mitgesandt werden, die jedoch nicht fertig war; deshalb dürfte dieser Brief deutlich später sein als Nr. 006, in dem Caspar dichtet, er könne nicht Ring und Gold geben. Dass er etwas vom Goldschmied senden wollte, deutet stark auf den Aufenthalt in Stockholm. Denn bei einer Reise auf dem Lande hätte er kaum die Möglichkeit, etwas vom Goldschmied zu bekommen.

Für eine Abwesenheit Caspars über den Jahreswechsel kommt dann unter den bisher bekannten Reisen auch lediglich die Gesandtschaftsreise nach Stockholm 1650–1651 in Frage. Aber nach Sprache und Inhalt könnte das Gedicht auch früher geschrieben sein. Die Anrede ist eher höflich formal und nicht intim, was aber auch der Gedichtform zugeschrieben werden könnte. Denn bereits in der Unterzeichnung wird Catharina als ›mein Herz‹ angesprochen. Es ist kaum die Rede von all dem erfahrenen Leid und den enttäuschten Hoffnungen, aber immerhin werden die Peiniger erwähnt, so dass es sich auch nicht um ein ganz frühes Stück handeln kann. Vielleicht war nach dem Auszug aus Claussens Haus im Frühjahr 1650 eine gewisse Beruhigung der Affäre eingetreten.

Inhalt: Das Gedicht besteht aus 132 Knittelversen mit jeweils neun Silben und jambischer Tendenz. Es ist adressiert an die ›ehr- und viel tugendreiche Jungfrau Catharina von der Hoÿen‹, des Autors ›in Ehren gewogener Freundin‹, der es in Reval durch einen Freund (den Gott bewahre) freundlich überreicht werden sollte.

Caspar wünscht ihr, der tugendreichen Jungfrau, alle weltliche Freude und zugleich die göttliche Gnade auf diese Erde – und dass sie doch einst möchte seine [Frau] werden, weil sie so fest in sein Herz versiegelt und vergraben sei, dass es sicher zerspringen würde, wenn man sie beide auseinander bringen wollte. Wenn sie es (das Herz) nur recht von innen betrachten könnte, dann würde sie sich wahrlich ganz darin finden, sowohl ihre Gestalt als auch ihre ›Beschaffenheit im Leben‹. Gott gebe, dass er ohne Scherz in gleicher Weise in ihrem Herz geliebt und gemeint sei, so wäre sein Leben ohne Leid, Angst und Not, ohne alle Gefahr. Das wünscht er von Herzen zum Neuen Jahr.

Wenn er hierauf zu seinen Gedanken komme, so stelle er fest, dass er ›vorm Jahr‹ sie mit einem Brief und Bändelein (die noch gut aufbewahrt sein werden) gebunden habe. Dessen Inhalt betrübe ihn sehr, wenn er intensiv und von allen Seiten das betrachte, was er armer Knecht gelobt, aber nicht getan und auch nicht vorangebracht habe. Aber was helfe es, er werde sagen, wenn ihn einer danach fragte: Man muss heute freie und gefangene Leute richtig unterscheiden. Ein gefangner Mann ist ein armer Mann, der seine Zusage kaum halten könne. Wer aber frei ist, wäre wahrlich keinen Heller wert, wenn er nicht mit offener Tat halte, was er versprochen hat. Sie wisse aber leider um sein Gefängnis, das ihn Tag und Nacht trauern und das Herz schmerzen lasse, so dass er gegen seinen Willen sein Elend nur in Geduld ertragen könne. Der Tot wolle das Lösegeld für ihn auszahlen und ihn wie einen Helden seinen Peinigern an die Seite setzen, ihm die gute Botschaft bringen und ihn also auf freien Fuß stellen, damit er ohne allen Verdruss seiner Zusage treu nachlebe und mit ihr in den Ehestand trete. Wenn sie dies auch wolle, dann möge sie Gott um Beistand bitten. Der werde es nach seinem Willen machen, dass ihre traurigen Herzen erfreut werden, und das erlittene Herzensleid weit hinweg treiben.

Er hätte sie auch in diesem Jahr zum Geburts- oder Namenstag anbinden sollen. Gott wisse aber, wie er darüber geklagt habe, dass ihr nicht seine gute Botschaft zur rechten Zeit die gute Nachricht bringen konnte. Aber wenn er sich auch darüber noch mehr bekümmere und sehr klage, so habe es nicht sein sollen, wie er es gerne wollte. Das sei ihr so gut wie ihm bewusst, deshalb werde sie seine ›Ehehaft‹ glauben und verstehen und ihm vertrauen, dass er sie nicht verlassen werde. Gott gebe, dass auch auf ihrer Seite Treue und Glauben sei.

Was er ohne allen Schein bewahre, das wünsche er von Herzen zum Neuen Jahr, das Beste, worauf er vertraut. Wenn es aber nicht richtig verlaufe und Untreue seinen eigenen Herren schlage, dann könne, wer es gut gemeint hat, sich mit seiner guten Tat trösten.

Dann will er sein Schreiben richtig ausdeuten: Die lieben Alten haben die gute Gewohnheit gehabt, wenn man das alte Jahr überlebt und jeder vor aller Gefahr von Gott durch gnädige Hand in seinem Stand gut geschützt worden sei, dann habe ein Freund dem anderen fein gratuliert, auch in der Tat zum Zeichen der Liebe mit einer Gabe verehrt. Dadurch haben sie ihr gutes Herz und ihre ehrliche Haltung zeigen wollen. Wenn ihm dann auch glaubwürdig berichtet worden sei, dass sie (wie er) im vergangenen Jahr von Gott vor aller Gefahr behütet worden sei, dann sei es ja recht und billig, dass er auch Gott als seinem Herren dafür aus ganzem Herzen Dank sage, nicht allein heute, sondern immer; und dass er ihn bitte, er wolle dieses künftige Jahr weiter ein gesundes Leben geben, sie beide auch vor allem Unglück, vor Not, vor dem Tod und ›lose Stück‹ bewahren, und nach seinem Willen ihre traurigen Herzen mit Freuden stillen. Wenn sie es so meine wie er, dann möge sie fleißig beten. Gott werde es gewiss erhören und ihn nach seinem guten Willen sein Roselein pflücken lassen.

Damit beendet er sein Schreiben und sendet es zu ihr hinüber. Er wollte ihr auch die Neujahrsgaben gerne hiermit zusenden, aber der mangelnde Fleiß des Goldschmieds habe es zu seinem Leidwesen verhindert. Er versichert ihr aber, dass es nachfolgen soll, sobald es gehe. Damit bittet er, seiner in Fried (!) und Leid immer zu gedenken und verabschiedet sich als ihr Ehrenfreund, so lange er lebe, der seine Gunst keiner anderen gebe. Sie solle auch wie er bei dieser Haltung bleiben.

[88v] [*quer, nach rechts gedreht, in der oben Hälfte mittig:*]

Der Ehr Vnd Vielltŭgend
reichen Jŭngfraŭwen
Catharinæ von der
Hoÿen, Meiner in ehren
gewogenen freŭndin
nen, dieseß freŭndlichen
zŭ v̈berreichen.

Jn Revall
Dŭrch Freŭnd den gott bewahr

[*Am rechten Rand ist ein Rest des Siegels zu sehen*]

[87r]

Ich wŭndsche eŭch Jŭngfraŭw tŭgendreich,
all weldliche freŭwd, aŭch zŭgeleich
Die gottlich gnad aŭf dieser erden,
Vnd daß ihr doch einß mein mocht werden,
Weill ihr so feste inß hertze mein
Versiegelt Vnd Vergraben darein
Daß solcheß sicher wŭrd zerspringen
Da man Vnß wolt Von ander bringen
Mocht ihrß Nŭr recht ansehn von binnen
Wärlich ihr vollkomblich darinnen
Ewer gestahlt so solt finden eben,
Alß ihr gschaffen seit im Leben
Gott geb daß ich ohn alleß schertzen
Moeg gleicher weiß in ewren hertzen
recht beliebet vnd gemeinet sein
so wehre mein leben ohne pein,
ohn angst vnd Noht ohn all gefahr,
ich wŭnschß von hertzen zŭm Neŭwen iahr,
Wan ich hiraŭf o Jŭngfraŭwe fromb

Recht zū Meinen gedancken komb
So thū ich zwar beÿ mir befinden,
Wie ich fūrmb iahr eūch thäte binden,
Mit einem brieff vnd bendelein
Welcheß Noch woll wirt verwahret sein,
Dessen einhalt mich betrübet sehr,
In dem ich beÿ mir hin vnd her
tiefsinnig dieß betrachte recht,
Waß doch gelobt ich armer Knecht,
gleichwoll solcheß Noch nit gethan
weiniger zūm fortgang kommen lahn,
Aber Waß hilfftß ich werd dieß sagen
Da mich einer hirūmb wolt fragen
Man Mūß recht vnterscheiden heūt
freÿe vnd aūch gefangene leūt,
ein gefangner Man ein armer Man
Schwärlich sein Zūsag halten kan;
Der aber gehet aūf freÿen herd
were wärlich keineß hellerß werd
Daß er Nit solte mit offner that
halten waß er zūgesaget hat.

[87v]

Nūn wisset ihr o Jūngfräwelein,
leÿder die herbe gefangnūß Mein,
Die Mir traūwen beÿ tage vnd Nacht
hertzkūmmerliche beschwehrūng macht,
Also daß ich widr meinen willen
Mūß in gedūld mein elend stillen,
Och Mochte der thot daß lösegeld
fūr mir aūßzahlen vnd wie ein held
Meinen peingern beÿ seiten setzen
Mich mit gūter bottschafft ergetzen
Vnd also stellen aūf freÿen Fūeß
gilt ob ich nit ohn allen verdrūß
meiner Zūsag wolt treūw Nachleben
Vnd mich mit eūch inden ehstand gebn
Jst ewer wille so wie der Mein
bittet gott vmbe den beÿstand sein
er wirdß Nach seinen willen Machen
Daß einß vnsr traūwrige hertzn lachen
Vnd all erlitteneß hertzen leid

hinlegen Vnd gar wegtreiben weit.
Jch hett aŭch sollen o eŭglein klar
eŭch billig anbindn in diesem iahr
aŭf ewren Nahmen odr gebŭhrtßtag
gott weiß aber darŭmb waß fŭr klag
ich habe gefŭhrt o Jŭngfräwlein
Daß Nit die gŭte botteschafft mein
eŭch hatt Mŭegen zŭ rechter Zeitt
deßwegn von mir bringen gŭth bescheid,
ob ich mich aber Noch viele mehr
Deß bekŭmmer vnd beclage sehr
So hat eß dennoch nit sein sollen
wie ichß damit gern haben wollen.
welcheß eŭch eben woll alß[1] mich
gŭththeilß bewŭst, darŭmb traŭwe ich
Jhr werdet solcher ehafft eben
beÿ eŭch gŭtn raŭm vnd glaŭben geben.
Vnd dieseß mir Nŭr zŭ traŭwen woll
Daß ich eŭch gantz nit verlassen soll,
gott geb daß Nŭr aŭf ewer seiten
Die trew vnd glaŭb moege begleÿten[2]
Welcheß ich ohn allen schein verwahr
Von hertzen wŭndsche zŭm Neŭwen iahr,
Daß beste ich traŭw, gehtß abr nit recht
Vntrew seinen eÿgen herren schlegt[3]
Alß dan der eß woll gemeinet hat
Sich zŭgetrosten seiner gŭth that.

[88r]

Hieraŭf will ich Nach der einfalt recht
aŭßdeŭten dieseß mein schreiben schlecht
Eß habn fŭr vnß die lieben alten
dieß gŭte gewohnheitt gehalten
Wan Man Nŭn hette daß alte iahr
Vberlebet vnd fŭr all gefahr[4]
ein ider gar woll in seinem stand
Von gott geschŭtzet dŭrch gnädig hand,
alßdan einer freŭnd den andren hat

1 Angehängt ein ›e‹?
2 Das ›ÿ‹ mit Strich statt Punkten.
3 Wortende korrigiert aus ›...ech‹.
4 Zeile im Falz löchrig.

fein gratŭliret, aŭch in der that
Zŭm Zeichn der lieb mit einer gaben
Verehren thŭn, dadŭrch sie haben
anzeÿgen wollen ihr gŭteß hertz
ihren rechten ernst ohn blossen schertz.
Wan ich dan aŭch gar glaŭbwürdiglich
berichtet wordn daß ihr gnädiglich
Nebenst mich von gott für all gefahr
behütet wordn dieß vergangen iahr,[1]
So will io recht vnde billig sein
Daß ich aŭch gott alß den herren mein
Dafür dancksage von hertzen grŭnd
Nit allein heŭt sondren alle stŭnd
bittend er wolle weiter geben
dieß künfftig iahr ein gsŭndeß leben
Vnd ŭnß aŭch für allem vnglllŭck
für Noht, für den thot vnd lose stŭck
bewahren, vnd Nach seinen willen
vnsr traŭrig hertzn mit frewden stillen
Meinet ihrß alß ich betet fleissig
gott wirtß erhören gar gewißlich
Vnd Nach den gŭten willen mein
Mich lassen brechen mein Roselein
hiemit thŭ ich mein schreiben enden
Solcheß zŭ eŭch hinv̈ber senden,
Jch wolt eŭch aŭch die Neŭwiahrß gaben
hiemit gern zŭgesendet haben
wan deß goldschmidß vnfleissigß arbeit
Solchß nit verhindert, welchß mir ist leitt
Seit aber Nŭn gantz versichert woll
Daß solchß ehsteß tagß Nach folgen soll
Womit ich bitte in fried vnd leid
Meiner zŭ gedencken alle zeitt.

Ewer ehrenfreŭnd so lang ich lebe
Mein gŭnst ich keiner andren gebe
bleibet aŭch beÿ der Meinŭng wie ich
Adieŭ mein Hertz mehr schreibe ich Nicht

[1] Zeile im Falz löchrig.

095 – zum Neujahr 1651 [undatiert]

Caspar[(a)] an Catharina[(a)]

BO 10, Bl. 89r–v, ein Blatt, ziemlich dunkel und schwer zu entziffern, mit vielen auch kleineren Korrekturen. Konzept des vorstehenden Gedichts (Nr. 094).

Datierung und Inhalt: vgl. Nr. 094. Dass hier ein Konzept vorliegt, ist angesichts der sonst so häufigen Benutzung von Gedichten anderer Verfasser durch Caspar bemerkenswert. Denn damit dürfte dieses Gedicht eindeutig von Caspar selbst gedichtet worden sein, wenn auch Entlehnungen einzelner Formulierungen von zeitgenössischen anderen Gedichten wahrscheinlich sind. Zudem ist anhand der Korrekturen ein Einblick in den Dichtungsprozess zu bekommen. Dabei wird deutlich, dass Caspar insbesondere mit Blick auf die Metrik nicht immer verbessert, indem er die Silbenzahl verändert. Auch bleiben metrisch unsaubere Stellen stehen. Mit den poetischen Regeln von Martin Opitz hat Caspar sich offensichtlich nicht auseinandergesetzt.

[89r]

Jch wündsch[1] eüch Jüngfraüw tügendreich, all weldliche freüwd aüch zügleich
die gottlich gnad aüf dieser erden, vnd daß ihr doch einß Mein Möcht[2]
so
werden, weil ihr ~~gar~~ fest inß hertze Mein, Versiegelt vnd Vergraben ein
solcheß sicher
daß ~~ia mein hertze~~ würd zerspringen, da man vnß wolt von ander brin
Nür recht ge[n][3]
~~den~~ Mocht ihrß ~~solcheß~~ ansehn[4] von binnen, wärlich ihr vollkomblich darinnen
r so solt
ewe~~ß~~ gestahlt[5] ~~soltet~~ finden eben, alß ihr geschaffen seit im Leben.
gott geb Moeg gleicher weis
~~vnd wolt~~ daß ich ohn alleß schertzen, ~~aüch so mocht sein~~ in ewren hertzen
be
~~ver~~liebet vnd gemeinet sein, [*gestr. Wort*[6]] so wehr mein leben ohne
pein, ohn angst vnd Noht ohn all gefahr, ich wündschß[7] von hertzen züm
hiraüf
neüwen iahr. Wan ich ~~aber~~ ò Jüngfraüw from, recht zü meinen
gedancken kom, so thü ich zwar beÿ mir befinden, wie ich fürm
iahr eüch thäte binden, mit einem brieff vnd bendelein, so Noch
woll wirt verwahret sein, dessn einhalt mich betrübet sehr, in
dem ich beÿ mir hin vnd her, tiefsinnig dieß betrachte[8] ~~thüe~~ recht
waß doch gelobt ich armer Knecht, gleichwoll solcheß Noch nit gethan

1 Das ›d‹ vom ›sch‹ überschrieben.
2 Korrigiert aus ›Mögt‹?
3 Papierrand.
4 Die Vorsilbe nachträglich eingefügt.
5 Korrigiert aus ›gestahht‹.
6 Durch Loch im Papier (wegen Falz) nicht entzifferbar.
7 Das ›d‹ durch ›sch‹ überschrieben.
8 Korrigiert aus ›betrachten‹.

~~solt~~
weiniger züm fortgang kommen lahn, aber waß hilfftß, ~~will Man~~
~~nür~~[1] einer ~~wolt~~
~~fl fragen~~ ich werd dieß sagen, da mich[2] ~~wech~~ hirümb wolt ~~be~~frage[n][3]
Man Müß recht vnterscheiden heüt, freÿ vnd aüch gefangne
leüt, ein gfangner Man, ein armer Man, Schwehrlich sein
d geht wer
Züsag halten kan, ~~ist~~ er aber /aüf freÿen herdt, ~~ist~~/ wärlich keineß
offner n
hellerß[4] werdt, da er Nit solt mit ~~freÿer~~ that, halten waß er züsag
hat, Nün wisset ihr ~~ach~~ o[5] Jüngfrawlein, leÿder die herbe[6] ge
fängnüß Mein, die Mir traüwen beÿ tag vnd Nacht, hertzküm
merliche beschwehrüng Macht, also daß ich widr meinen willen
Müß
in ~~grossr~~ gedüld mein elend stillen, och Mochte der thot daß löse
geld, für mir aüßzahlen vnd wie ein held, meinen peingern
e
beÿ seiten ~~haben~~ setzen, ~~vnd~~ Mich mit gütr bottschafft ergetzen
vnd also stellen aüf freÿen füeß, gilt ob ich nit ohn all verdrüß
wolt
meiner Züsag trew~~lich~~ Nachlebn, vnd mich mit eüch in den ehstand
geben, ist ewer wille wie der Mein, bittet gott vmb den beÿstand sein
er wirdtß Nach seinen willen Machen, daß einß vnsre trawrige[7] hertzen
lachen. Vnd all erlittneß hertzenleid, hinlegen vnd wegtreiben weit.
sollen eüch an
Jch hett ~~eüch~~ aüch o eüglein klar, billig ~~solln~~ bindn in diesem iahr
aüf ewren Nahmn[8] oder gebührtß tag, ~~vnd so gehalten meine züsag~~
o Jüngfräwlein
gott weiß aber Darümb waß für klag ich hab geführt ~~im hertzen Mein~~
daß nit die güte bottschafft Mein, eüch hatt Müegen zü rechter Zeitt
viell mehr
deßwegn von mir bringn güt bescheid. ob ich mich aber Noch ~~so sehr~~
e
deß[9] bekümmr vnd beclage sehr, so hatß dennoch Nit sein solln[10]
wie ichß damit gern haben wolln.

[89v]

~~xxxst ich Nüh~~
welcheß eüch eben woll alß mich, güththeilß bewüst, drümb ~~frew~~
traüwe r
~~glaübe~~ ich, ihr werdet solche~~ß~~ ehafft ~~mein~~ ebn, beÿ eüch gütn raüm

1 Entzifferung unsicher.
2 Korrigiert aus ›mein‹?
3 Papierrand.
4 Wort korrigiert.
5 Das ›o‹ überschreibt das vorhergehende Wort.
6 Wort korrigiert.
7 Letzter Buchstabe korrigiert.
8 Letzter Buchstabe korrigiert aus ›e‹.
9 Wort korrigiert aus ›dessen‹?
10 Korrigiert aus ›wolln‹.

Mir woll ich
vnd Glaûben gebn, vnd dieseß ~~mich~~ zû traûwen ~~fest~~, Daß ~~Mein~~
~~zûsag~~ eûch Nit verlassen soll, gott geb daß Nûr aûf ewer
die e
ohne seitn ~~eûch~~ treûw vnd glaûb moge begleitn, welcheß ich
thûe ~~sicherlich~~ fûrwahr, vnß wûnsche zûm ~~gûten~~ Neûwen iahr
von hertzen
~~ach~~ traûw ~~daß beste~~, gehtß abr nit recht, Vntreûw sein eÿgen herrn
daß best ich ~~hat~~ zûgetrosten[1]
schlägt[2], alß dan derß woll gemeinet hat, sich ~~schaûwt für~~
~~keiner vbellthat~~ seiner gûth that. Hieraûf will ich Nach
einfalt
~~schlecht~~ ~~vnd~~ recht, aûßdeûten dieß mein schreiben schlecht
Eß habn für vnß die lieben altn, dieß[3] gûte gewohnheit gehaltn
daß alte iahr ~~liebet~~
~~daß~~ wan Man hette[4] ~~vbrlebet gar~~, ~~daß edle Neûwe iahr,~~
~~auch~~
Vberlebtt vnd ~~gott~~ für all gefahr, ein~~em~~ idem[5] /in seinem stand
von gott gnädig woll
~~für gfahr~~ geschûtz dûrch ~~seine~~ hand, alßdan ein freûnd den andren
in
~~freûnd~~ hat, fein gratûlirt, aûch ~~mit~~ der that, zûm Zeichn der lieb
mit einer gabe, verehren thûn, dadûrch sie habn anzeigen
wolln ihr gûteß hertz, ihrn rechten ernst ohn blossen schertz. Wan
Jch[6] dan aûch ~~gar~~ glaûwürdiglich, berichtet ~~werden~~ daß ihr gnädiglich
Nebenst mich von gott für all gefahr, behûtet wordn dieß vergangn
iahr, So will io recht vnd billig sein, daß ich gott alß den herren Mein
dafür dancksag von hertzen grûnd, Nit allein heût sondr alle stûnd,
~~Jhn~~ bittend er wolle weiter gebn, dieß künfftig iahr ein gsûndeß lebn
Vnd ûnß für allem vngelûck, für Noht fürm thot vnd bose stûck
bewahren vnd Nach, seinen willen, vnsr traûwrig hertzn Mit freûwden stillen
Meint ihrß alß ich behtet fleissig, gott wirtß erhörn gar gewißlich
Mich
Vnd Nach dem gûten willen mein, lassen brechen mein Roselein.
thûe
hiemit ~~will~~ ich mein schreiben endn, solcheß zû eûch hinvber sendn
aûch
Jch wolt eûch ~~gern~~ die[7] Newiahrß gabn, hiemit gern zûgesendet haben,
wan/ Nit
abr deß goldschmidß vnfleissigß arbeit, ~~hat~~ solchß /verhindert, welchß mir ist leitt
Seitt aber Nûn versichert woll, daß solchß ehstß tagß Nachfolgen soll
womit ich bitt in fried vnd leid, Meiner zû gedencken alle zeitt.

1 Das ›ge‹ nachträglich eingefügt.
2 Korrigiert aus ›schlächt‹.
3 Das ›e‹ nachträglich eingefügt.
4 Korrigiert aus ›hat‹.
5 Korrigiert aus ›ider‹?
6 Korrigiert aus ›Ach‹.
7 Korrigiert?

Ewr ehrenfreünd so lang ich lebe
Mein günst ich keiner andren gebe
Bleibt aüch beÿ der Meinüng wie ich
Adieú mein hertz Mehr schreib ich nicht

[*ganz unten auf der Seite nicht zu entziffernde Worte*]

096 – ca. Frühjahr 1651 [undatiert]

Anna Ovena Mäijer Kurtz Bedencken

BO 10, Bl. 78^r–79^v, 2 Blatt, das erste ca. ⅔, das zweite ½ groß, Bl. 78^v leer. In Caspars Handschrift. – Das Gedicht ist zum Teil ediert in: Aus baltischer Vergangenheit. Miscellaneen aus dem Revaler Stadtarchiv. Hrsg. von Gotthard von Hansen.- Reval 1894, S. 158–159. Dort ist nur ein Abdruck des Textes von Bl. 78^r (mit starken Abweichungen) ohne Bl. 79 zu finden.

Datierung: Caspar hat für sich oder für Catharina das Gedicht „Kurtz Bedencken von der Alten Weiber Heyrath“ von Anna Ovena Hoyer abgeschrieben und mit kleinen Veränderungen direkt auf sich und seine Situation bezogen. Das Originalgedicht (siehe Anhang) wurde zwar bereits 1643 geschrieben und könnte Caspar in einer handschriftlich kursierenden Fassung zugänglich gewesen sein. Doch sieht man von den bewussten Veränderungen Caspars ab, so gibt es nur ganz geringe Unterschiede zur gedruckten Fassung des Gedichts in Hoyers Sammlung *Geistliche und Weltliche Poemata*, die 1650 in Amsterdam erschien. Außerdem lebte die Verfasserin seit spätestens 1642 in Schweden und erhielt 1648 das Gut Sittwick bei Stockholm. Insofern liegt es nahe, dass Caspar während der Gesandtschaftsreise nach Stockholm 1650–1651 die Sammelausgabe in die Hände bekam und das Gedicht daraus abgeschrieben hat.

Inhalt: Caspar legt das Gedicht von Anna Ovena Hoyer seiner Mutter in den Mund, während er selbst unter den Söhnen erscheint. Die Mutter rät ihren Söhnen, keine alte Frau zu heiraten, da diese keine körperliche Schönheit besitze und den Mann nicht erfreuen könne. Selbst wenn sie sich noch so sehr schmücke und alle die Heirat einer alten Frau richtig finden, hält die Mutter es für eine „ehrbare Hurerei“, weil sie keine Kinder bekommen könne und damit aus dieser Ehe nicht das von Gott gewollte neue Leben hervorgehen kann. Deshalb sollten alte und junge Männer keine alten Frauen heiraten. Zwar sollte man alte Frauen ehren und sich um Witwen kümmern, sie könnten den jungen Frauen die rechte Tugend – „keusch, untertan und häuslich“ – beibringen und ihre Hoffnung auf Gott als den einzigen Herrn richten. Ein alter Mann könne dagegen noch viele Kinder bekommen, deshalb sollen Männer doch eine Jungfrau nehmen, um ›ihr Haus aufzubauen‹, ein junger Mann kann bei einer alten Frau hingegen nichts ausrichten. Lob sei den jungen Frauen, die ihren Männern in allen Dingen dienen. Caspar setzt unter das Gedicht noch einen persönlichen Zusatz voller bitterer Erkenntnis: Hätte er dies befolgt, so wäre er nicht (um sein Glück) betrogen. Doch er setzt seine Hoffnung auf Gott, der sein Leid in Freude verwandeln wird, indem er seine alte Frau sterben lässt.

[78r]

Annæ Ovenæ Mäÿerß
Kürtz bedencken, von der alten
waÿber haÿraht, dar gott Nichtß
Mit zü schaffen hatt
alte weiber laß wohnen allein
Dan sie in der ehe Nit taüglich sein
ich schreib eüch hie die wahrheit rein
gehorchet mir, sehr güt ichß Mein.
Dieß Mein kürtz bedencken
habe ich wollen schencken,
Casparo
Christiano vnd } Mäÿern.
Friderico
Meinen hertzlieben Söhnen vnd
allen iüngen gesellen, aüch Jüngen
Vnd alten Männern, die Nach ehren
strehben, vnd im ehelieben sich er
geben, wündsche ihnen gotteß gnade
daNeben.
Ein Man der lüst zü freÿen hatt
Soll erstlich bitten gott vmb gnad
Vnd darNach folgen Mit der thatt
Annæ Ovenæ Maÿerß raht,
Derß Nit will thüen, Müß haben
schand. [!]

Abschewlich ist mir anzüsehn
ein alteß weib fürm pfaffen stehn
beÿm Man sich lassen traüwen
Kein lüst, frewd oder zeittvertreib
Kan sein beim alten weibe,
Daß ansehn bringet graüwen
Waß solt dan daß anrühren Nicht
ó armer Man der sich verpflicht
Sein Zeitt so hinzübringen
ohne früсht, frewd vnd ergätzlicheit
Verlohren ist all sein arbeitt
daß heist Nach vnglück rinnen
Jst doch kein lieblicheit daran
Man schmück eß aüch, so schon Man kan
laß Koltzen, Kosen, Kallen
Babst, Bischoff, bahder, herr vnd Knecht
Wen sie eß ~~all~~ hielten all für recht
Willß mir doch Nit gefallen
Jch halt der alten weiber Freÿ
Für eine erbare hürereÿ
Warheit höfflich zü sagen
(Aber man will sie hören Nicht
sie Findt kein herberg, wie Man spricht
DenNoch Müß ich eß wagen
Vnd sagen, eß ist schand im land
Daß Man setzet solche inn ehstand
Die Nicht Mehr konnen taügen
[*in der Ecke rechts unten ein großes X zur Markierung, dass es auf 79r weitergeht*]

[79r]

[*links oben ein großes X zur Markierung der Fortsetzung von 78r*]

betrachtet deß Ehstandß Final
ich bitte eüch allen Noch einMahl
Seht doch Mit eÿgen aügen
wachset vnd Mehret eüch, spricht der herr
Kein alteß weib, dient dazü Mehr,

ist dan solche freÿ Nicht gräwlich
o lieben Männer iüng vnd alt
Der alten weÿber eüch enthalt
ich warne eüch für sie treüwlig
den eß ist doch[1] beÿ ihrer Freÿ,
Kein gotteß segen Noch gedeÿ,
ein solch heÿraht gehöret
züm greüwel der verwüstüng Mit
der geist deß lebenß , wirt verschütt
Viel gütß dadürch zerstöhret
deß herren grim vnd straff erweckt
Vnd daß gewissen sehr beflecktt[2]
dieß wollet woll bedencken
Vnd ewre adeliche freÿheitt
Mänliche Krafft vnd herrlicheit
Nicht alten weÿbren schencken
Sonst daß Man alte fraüwen ehrt
ist billig, weiln die schrifft eß lehrt
dan die sich ehrbar halten
lehren die iünge fraüwen fein
Keüsch, vnterthan vnd häüßlich sein
Sind rechte ehrliche alten
Jhr hoffNüng ist gestehlt züm herrn
er ist der Man den sie begehrn
vnd Keinen Mehr zükennen
ihnen soll man im wittwen stand
gern reichen die hülffliche hand
Sie liebe Mütter Nennen
aber ehweib daß ist zü viell
Vnd weit geschritten vberß Ziehl
drümb lasset solche bleiben
in ihrer rüh vnd eÿNigkeit
so könt ihr aüch ohne rew vnd leid
in frewd die zeit vertreiben

[79v]

ob schon ein Man alt ist, Noch dan
er wachsen vnd sich Mehren kan.
oder sein Haüß aüfbaüwen
Vnd setzen Neüwe stützen darein

1 Das ›c‹ mehrfach überschrieben und unleserlich.
2 Wort mehrfach korrigiert.

Nemblich hertzliebe Kinderlein
beÿ einer Jŭngen Fraŭwen
aber ein iŭnger Mann im haŭß
beim alten weib, richtet gar Nit aŭß
hopffen vnd Maltz ist verlohren
die brüste sind leer, drin ist Nit Mehr
der alter leib, steckt voll beschwehr
Nichtß gŭtß wird daraŭß gebohren
darŭmb ihr freÿer raht ich eŭch
erwelhlt [!] eine iŭnge tŭgendreich
so wird ewer stambaŭm grünen
Sie kan verMehren ewer geschlecht
vnd eŭch Mit lieb aŭfwarten recht
in allen dingen dienen
die daß thŭen, O woll ihnen

Last allte weiber vnberührt
ŭnMolestirt vnd ŭntŭrbirt
inß haŭß eine iŭnge Jŭngfraŭw füh=
ret.
Vnd damit ewren ehstand Ziert
Wer dies Nit thŭt, der ist vexirt[1]
Schimpf er zŭ schaden haben
wirt.

A.nna O.vena Maÿerß.
hette ich daß bewogen
so were Man blieben vn
betrogen
gott aber wirt mein hertzenßleid
endren, in eine frewdige zeitt
Vnd Nehmen diese alte von Mir ab
Zŭr rŭhe in das Zeittliche grab.
Amen H
iesŭ Amen.

---

1 Wort mehrfach korrigiert.

097 – ca. 13. September 1651 [undatiert]
Caspar[a] an Catharina[a]

BO 6, Bl. 54r–v, ein Blatt, ca. ½ groß, verso leer.

Datierung: Da Catharina hier offensichtlich versucht, mit dem Verleih des Pferdes Geld zu verdienen, dürfte das Schreiben in die späte Zeit gehören. Die Verwendung ist jedoch nicht genannt. Möglicherweise handelt es sich um die in Reval stattfindende Musterung bei der königlichen Huldigung vom 12. bis 14. September 1651, wo jemand ein Pferd präsentieren musste. In diesem Fall wäre zumindest die Frage verständlich, ob es verächtlich ist oder nicht.

Inhalt: Caspar hat zuvor mit Catharina wegen des Pferdes gestritten, weil er verächtlich fand, was sie vorhatte. Jetzt hat er jedoch anderes gehört und seine Meinung geändert. Sie darf das Pferd [seins?] dazu vermieten; allerdings will er die Hälfte des Gewinns haben.

[54r] Mein hertzen kind, ob ich woll zůvorne wegen deß pferdeß mit eůch gestritten, ist eß zwar derzeitt meine MeiNůng gewehsen, daß eß etwa despectir: oder verächtlich sein solte, alleine weiln ich daß Contrariům oder anderß er fahren, habe ich aůch meine MeiNůng geendert, vnd bin woll zůfrieden daß ihr solcheß dazů aůßheůren Moeget alleine ich will die helffte deß gewinneß zůgeNiessen haben, gott befohlen

Ewr tůgend:
alle Zeitt verobligirter[1]
Knecht

098 – September 1651 [undatiert]
Caspar[a] an Catharina[a]

BO 6, Bl. 91r–v, ein Blatt, ca. 4/5 groß, verso leer.

Datierung: Dass Bernhard Rosenbach hier als Syndikus und nicht als Bürgermeister bezeichnet wird, erfordert eine Datierung vor seiner Wahl zum Bürgermeister im Januar 1653. Die genauere Datierung ergibt sich dann aus den folgenden aufeinander bezogenen Briefen, insbesondere Brief Nr. 100, der auf frühestens Mitte September und spätestens 1. Oktober 1651 zu datieren ist, weil Caspar am 5. Oktober in Tolks sein musste und für die Reise drei bis vier Tage anzusetzen sind.

Caspars Frau und deren Sohn sind in der Stadt, und Caspar bemüht sich darum, diese wieder los zu werden. Seine Idee, der Sohn solle sie mit nach Riga nehmen, muss hier aber noch mit dem Syndikus besprochen werden, wie er überhaupt hier

1 Entzifferung unsicher.

mit dem Freund erst noch eine Strategie entwickeln will, die dann in Brief Nr. 099 sichtbar wird. Die Bedeutung der Stadt Riga in diesem Zusammenhang ist unklar. Wohnte und lebte der Sohn dort oder in der Umgebung? Caspars Post an den Sohn war aber noch nach Stockholm gesandt worden.

Wann Caspars Frau und der Sohn nach Reval gekommen sind, ist bisher nicht bekannt. Im Frühjahr 1650 scheint die Frau nicht angekommen zu sein. Da dann jedoch bereits die Vorbereitungen für die lange und aufwendige Gesandtschaftsreise zur Krönung von Königin Christina begannen, und Caspar ab Anfang August auf der Reise war, wäre es möglich, dass sie während seiner Abwesenheit oder dann mit den ersten Schiffen im Frühjahr 1651 eintraf. Caspar war erst am 9. März auf dem Landweg über Åbo und Narva aus Stockholm heimgekehrt. Die ersten Schiffe trafen in diesem Frühjahr am 5. April im Revaler Hafen ein. Die Schiffslisten enthalten jedoch leider keinen Hinweis, wann Schiffe aus Rostock nach Reval kamen.

Inhalt: Caspar antwortet auf Catharinas Brief, dass seine Wirtschafterin ihm soeben dasselbe gesagt habe, was sie schreibe. Er wolle darauf den Syndikus Bernhard (Rosenbach) zu sich bitten lassen, um mit diesem geheim zu reden und den von Anna Witte wegen Rostock geschriebenen Brief (wie Catharina wisse) im Vertrauen zu zeigen. Damit werde er deutlich machen, dass es ihm unmöglich sei, mit seiner Frau zu essen oder umzugehen. Außerdem werde er ihn bitten, dass er mit dem Sohn reden und alle Übel ausmalen wolle, die daraus entstehen und mehr Widerwärtigkeit verursachen könnten. Damit der Sohn sie wieder mit hinweg nehme nach Riga, in dem Glauben, dass sie mit ihm auf seine Hochzeit reisen sollte. Danach mochte er sie behalten oder anderswo hinschicken. Wenn das alles Caspar auch zwei- oder dreihundert Reichstaler kosten sollte, wolle er lieber Salz und Brot essen, als in solchem Kreuze stecken. Was könne ihm Geld helfen, wenn er sich verzehren und dann sterben sollte. Gott der Allmächtige möge nur Gesundheit geben, so werde er auch das Geld und noch mehr aus Gnade bescheren. Wenn die Wegführung seiner Frau unter dem Anschein zugehe, hätten die Priester nichts zu sagen. Und wenn die Frau erst einmal wieder weg sei, dann wollte Caspar mit seinen Freunden wohl vorbauen, dass sie nie mehr wiederkommen solle.

Caspar fordert sein ›edles Herz‹ Catharina auf, Gott zu bitten, dass er dieses Vorhaben gut gelingen und fortgehen lassen wolle, Gott zur Ehre, dem man (Caspar) sonst aus großer Traurigkeit nicht gut dienen könnte, und ihnen beiden zu Heil, Trost, Friede und Gedeihlichkeit. Mit der Anrufung des dreifaltigen Gottes und wiederholtem ›Amen‹ beschließt Caspar das Schreiben.

[91r] Mein hertzen kind eß hat mir daß weib eben dasselbe waß
ihr mir schreibet, gesaget, will darauf Bernhardus zŭ mir
bitten lassen, mit ihm in geheimb rehden, den brieff so
anna witte wegen Rostock geschrieben, wie ihr wisset, in
vertraŭwen zeigen, vnd also damit bestercken, daß eß mir
vnMŭglich mit ihr zŭ essen oder vmbzŭgehen, daneben ihn

bitten, daß er den sohn dahin berehden, vnd aller vbell
so daraüß entstehen vnd mehr widerwertigkeit ver vhr
sachen konte, zügeMühte führen wolle, daß er sie wider
mit hinweg Nehme aüf Riga zü, vnter den schein alß
wan sie mit ihm aüf seine hochzeit reisete, Mochte sie
demnach behalten oder ander wo hinschicken, all solte
eß mir aüch zweÿ iah, dreÿhündert Rthall kosten, will
lieber Salz vnd brod essen alß in solchen creütze
stecken, waß kan mir geld helffen, wan ich mich
verzehren vnd darNach sterben solte, gott der allMächtig
gebe Nür gesündheit, so wirt er aüch daß geld vnd ein
mehreß aüß gnaden beschehren, wan eß vnter den schein
zügehet, haben die priester Nichtß zü sagen, wan sie
ehsten wider weg, wollen wir eß woll vorbaüwen
daß sie Nimmer wider kommen soll.
edleß hertze bittet gott daß er dieseß
vorNehmen vnd raht woll gelingen vnd
fortgehen lassen wolle, dem hogsten gott
zü ehren, den man sonsten aüß hoher traüw
rigkeit Nit woll dienen kan, vnd vnß beÿden
zü heill, trost, fride vnd gedeÿligkeit.
Amen lieber hogster gott, H iesü christe
vnd heÿliger geist Amen.

099 – September 1651 [undatiert]

Caspar[(a)] an Catharina[(a)]

BO 6, Bl. 92^{r-v}, ein Blatt, ca. ½ groß, verso leer.

Datierung: Das im vorangehenden Brief Nr. 098 geplante Gespräch hat hier kurz (direkt?) zuvor stattgefunden. Deshalb ist dieses Schreiben unmittelbar – höchstens ein paar Tage – nach jenem zu datieren. Caspars Frau und ihr Sohn sind in der Stadt. Darüber hinaus gibt es jedoch keine näheren Hinweise, die für eine Datierung herangezogen werden können. Lediglich mit Hilfe des folgenden Briefes (Nr. 100), in dem eine Lösung für die Probleme mit Caspars Frau gefunden zu sein scheint, ist dieser Brief spätestens auf September 1651 zu datieren. Da hier bereits offensichtlich intensiv zusammen mit dem Syndikus und Freund Bernhard Rosenbach nach einem Ausweg gesucht wird, dürfte der zeitliche Abstand zwischen diesen Briefen nicht sehr groß sein.

Inhalt: Caspar eröffnet sein Schreiben an Catharina, ›sein Herzen Kind‹, mit der Bitte, Gott möge sich doch einmal in Gnade und Barmherzigkeit erbarmen und ihrem Vorhaben zu dem gewünschten Ende verhelfen, damit sie wieder in Frieden kommen mögen.

Er berichtet, dass Bernhard (Rosenbach) bei ihm gewesen sei und mit ihm geredet habe. Der habe empfohlen, dass man über Mittel und Wege nachdenke, Caspars Frau wieder mit Anstand wegzuschaffen, damit Mißhelligkeiten und anderes Unheil verhütet blieben. Bernhard meinte es dahin zu bringen und ihren Sohn davon zu überzeugen, dass er sie von hier mit nach Riga, und von dort entweder zu sich oder anderswohin bringe. Er habe den Sohn und die Frau am Abend zu sich kommen lassen wollen, weil er jedoch beschäftigt sei, könne es heute nicht geschehen. Er wolle sie morgen Nachmittag dahin bestellen, und Caspar solle auch dahin kommen. Dann wolle man sich bemühen, die Sache so anzusetzen, dass nicht viel Geschrei daraus entstehen möge. Bernhard habe ihn sehr gebeten, etwas zu tun, damit er zu Frieden komme und nicht weiter in das Gerede der Leute komme.

In der Anrufung des himmlischen Vaters seufzt Caspar, Gott wisse, wie gerne er dazu bereit sei. Es möge auch kosten, was es wolle. Gott der höchste werde es wieder bescheren. Wenn man nur wieder zur Ruhe komme.

Abschließend richtet er sich wieder an Catharina, sein ›Herzen Kind‹: Sie möge sich zufrieden geben und bitten, dass alles gut ablaufe und ihnen geholfen werde. Das bekräftigt er mit wiederholtem ›Amen‹ und der Anrufung des dreifaltigen Gottes.

[92r] Mein hertzen kind gott der allerhogster erbarme sich doch ein
Mahl in gnaden vnd barmhertzigkeit, vnd helffe vnser vorhaben zŭ
einen gewŭndscheten ende, damit wir wider in frieden kommen
Moegen, Eß ist Bernhardus beÿ mir gewehsen, vnd mit mir gerehdet
vmbständlichen, da er dan fŭr rahtsamb befŭnden, daß man aŭf
Mittel vnd wege Mochte bedacht sein, daß weib wider mit Manir
abzŭschaffen, damit weitleŭfftigkeit vnd ander vnheil verhŭtett
bleibe, vermeinet eß dahin zŭ bringen vnd ihren Sohn zŭberehden
daß er sie mit von hinnen Nacher Riga, vnd von dannen ent
weder beÿ sich, oder anderß wohin verschaffen, hat vom abend den
Sohn zŭ sich Nebenst den weibe wollen fodren lassen, alleine
weiln er Nohtwendig zŭ thŭen, kan eß heŭte Nit geschehen
will morgen NachMittag sie dahin bescheÿden vnd ich soll aŭch
dahin kommen, alß dan man sich beMŭhen will, die
sachen so an zŭsetzen, daß Nit viel geblär daraŭß ent
stehe; hat mich sehr gebehten etwaß an zŭgreiffen damit
ich zŭfriden kommen vnd Nit weiter in der leŭte Mŭnd
kommen, ach dŭ himmlischer vater dŭ weist wie gerne
ich mich dazŭ will finden lassen, eß koste gleich waß

eß will, gott der hogster wirdß wider beschehren, wan Man
Nür zü rühe wider kombt, ach hertzen Kind gebet eüch
zü friden, vnd bittet daß alleß woll mag abgehandelt
vnd vnß geholffen werden. Amen, gott vater, sohn
vnd heiliger geist amen.

100 – Ende September 1651 [undatiert]

Caspar[a] an Catharina[a]

BO 6, Bl. 93^{r-v}, ein Blatt, verso leer. Der Anfang könnte fehlen, weil keine Anrede vorhanden ist und das erste Wort nicht typographisch (etwa durch Großschreibung oder Verzierung) markiert wurde. Als Beginn kommt jedoch keiner der anderen Briefe in Frage.

Datierung: Der Brief steht deutlich im Zusammenhang mit den vorhergehenden Schreiben bezüglich der ›Wegschaffung‹ von Caspars Frau (Nr. 098 und 099) und ist deshalb nach dem Frühjahr 1650 und – wegen der Nennung des Syndikus (und nicht Bürgermeisters) Rosenbach – vor dem Januar 1653 zu datieren. Die hier von Caspar angekündigte Reise aufs Land, um mehrere Grenzbegehungen nacheinander vorzunehmen, kann den Protokollen der Ritterschaft zufolge nur auf die am 16. September 1651 für den Oktober des Jahres in direkter Folge angesetzten Termine bezogen werden: Am 5. Oktober auf Hof Tolks (estn. Kohala, ca. 100 km östlich von Reval), am 9. auf Hof Waetz (estn. Väätsa, ca. 90 km südöstlich von Reval) und am 12. Oktober auf Hof Isen (estn. Purtse, ca. 130 km östlich von Reval). Daher muss dieser Brief auf Ende September 1651 datiert werden.

Inhalt: Caspar schreibt, Catharina solle sich niemandem gegenüber etwas anmerken lassen. Der Syndikus und (Heinrich) Arninck seien mit ihm darüber hoch erfreut, denn dadurch könnten sie mit Gottes Hilfe gerettet und durch Gottes Gnade Eheleute werden, wie solches bei ihrer Zusammenkunft mit Liebe Gottes mündlich besprochen werden soll. Er werde sich die wenigen Tage ganz freundlich gegenüber seiner Frau und ihrem Sohn verhalten müssen, – obwohl es ihm, wie Gott wisse, widerwillig sei – damit es keiner merke. Catharina, ›sein edles Kind‹, möge sich deshalb zufrieden geben und mit Geduld die wenige Zeit abwarten und Errettung erwarten, um ihrer (mit Gottes Hilfe) tausend Freuden willen.

Er habe der Else so Angst gemacht, dass diese hier bleiben und nicht fortgehen werde. Als sie angefangen habe zu weinen, habe Caspar darauf geantwortet, dass es nicht zu ändern sei. Er müsse zu Lande von einem Grenzstreit zum anderen ziehen, und er mochte sehen, wie sie es machte oder eine andere Gelegenheit suchte. Worauf sie bitterlich angefangen habe zu weinen, und Caspar ihr gesagt habe, dass dies nicht anders sei.

Darum solle Catharina sich nichts anderes anmerken lassen. Es werde ihn zwar über 200 Taler kosten, aber den Rat der oben genannten guten Freunde habe er nicht ausschlagen können, sondern habe diesem folgen müssen. Der allmächtige gnädige Gott werde es ihm, ohne dass er es selbst merke, wieder erstatten und an nichts fehlen lassen.

Zum Schluss befiehlt Caspar sein ›einiges, allerliebstes, getreues Herz‹ Gott; mit diesem Vorhaben sei ihnen beiden und Gott geholfen. Er sei und bleibe, der er gewesen sei, und verharre stets auf ihrer Seite und hoffe. Er bittet sie, der Else nochmals vor ihrer Untreue und Falschheit Angst zu machen. Gott sei und werde ihnen beiden weiter gnädig sein. Das wird mit der Anrufung der heiligsten Dreifaltigkeit und ›Amen‹ bekräftigt.

[93r] lasset eüch gegen keinen, [...]e[1] davon Mercken, der
H Syndicus vnd arning sein Neben mir darümb hochlich er
getzet, dan dadürch wir mit gotteß hülffe errettet, vnd
dürch gotteß gnade ehleüte werden konnen, wie solcheß
beÿ vnser züsahmenkünfft mit liebe gotteß Mündlichen
soll verständiget werden, ich werde mich die weinige tage
so, obß schon wider meinen willen geschicht, welcheß gott
bekand, anstellen vnd freündlich mit ihr, vnd ihren sohn
anstellen Müssen, daß keiner eß zümercken, gebet eüch
derhalben mein edleß kind züfrieden, vnd erwartet mit
gedüld, die weinige zeitt vnd errettüng, vmb vnser gott
helffende taüsend frewde willen, ich habe die elso so
geengstiget, daß sie hir bleiben vnd Nit fortgehen werde,
hatt sie angefangen zü weinen, daraüf ich geantwortet
daß eß Nit zü endren, ich zöge zü lande, von einer gräntzen
zwist zür andren, Möchte sehen, wie sie eß Machte, oder
eine andre gelegenheit süchte, woraüf sie bitterlich an
gefangen zü weinen, ich gesaget, daß solcheß Nit anderß
war, darümb mein hertze lasset eüch Nit anderß ver
mercken, eß wirt mir zwar vber zweÿhündert thall
kosten, aber güter freüde[2], wie obgetacht, raht habe ich
Nit aüßschlagen konnen, sondren folgen Müssen, der
allmächtiger gnädiger gott, wirt mirß vnvermercket
wider erstahten vnd Nit manglen lassen, gott be
fohlen mein einigeß, allerliebsteß, getreüwß
hertz, vnß ist damit, Negst gott geholffen, bin
vnd verbleibe der ich gewehsen vnd stehtß verharre

[1] Ausriss im Papier.
[2] Gemeint ist wohl ›Freunde‹, geschrieben aber ohne ›n‹.

aüf ewer seiten gleichfalß hoffend: bitte NohMachln[1] die else, für ihre vntrew vnd falscheit zü engsten, gott ist vnd wirt vnß weiter gnädig sein, amen, gott heilige dreÿfaltigkeit.[2] amen

101 – Spätherbst/Winter1651 [undatiert]

Catharina[(a)] an Caspar[(a)]

BO 6, Bl. 61r–v, ein Blatt, ca. ¼ groß, verso leer.

Datierung: Catharina handelt seit spätestens 1651, wahrscheinlich bereits seit 1646 mit Getreide. Denn in diesem Jahr ist erstmals nachgewiesen, dass ihre Mutter sich von ihr Geld leiht und die Familie finanzielle Probleme hat, wohl wegen Alters und Erkrankung von Catharinas Vater Iwan. Im April 1650 erscheint Iwan allerdings vor Gericht als Kläger im Namen seines Schwiegersohns, und hier sind keine Ausfallerscheinungen ersichtlich. Seit 1646 logiert auch der Landrat Gustav Adolf Clodt im Hause von der Hoyen und nutzt Keller und Boden für seine Bedürfnisse und sein Getreide. Vor dem September 1651 muss es eine Abrechnung zwischen Catharina und Clodt gegeben haben, die wohl nicht erhalten ist. Über alle dann folgenden Aktionen zwischen Catharina und Clodt wird später gerichtlich gestritten.

Die wirtschaftliche Verflechtung von Caspar und Catharina ist hier offensichtlich, indem Caspar für das Korn zahlt, das auf Catharinas Boden gelagert wird. Im Prinzip wäre denkbar, dass Caspar mit ihr normalen Handel betreibt, aber sowohl die vielen Äußerungen in den Briefen als auch der Umstand, dass Catharina Korn kauft, weil Caspar es ihr rät, zeigen doch eine intensivere finanzielle Gemeinschaft. Da seit 1646 aber ihr Kornboden von Clodt benutzt wurde, gab es wohl eine Vermischung von Catharinas Kornhandel mit dem Korn von Clodt, wie sich später zeigt. Gerade nach der Abrechnung mit Clodt im September 1651 hatte Catharina offenbar eine lange Zeit große Freiheit im Umgang mit dem Korn, weil Clodt sich nicht im Geringsten darum kümmerte.

Ob überhaupt oder in wie weit Caspar daran beteiligt war, ist fraglich. Nach den Briefen zu urteilen, unterstützte er Catharina und ihre Familie finanziell immer stärker, weil er ja von der zukünftigen Eheschließung mit Catharina fest ausging. Und Catharinas Anrede an Caspar ist hier ja auch sehr vertraut, so dass eine späte Datierung vorzunehmen ist. Insofern ist es wahrscheinlich, dass dieser Brief in die Zeit nach dem oder um den September 1651 fällt. Wenn der Roggen vom Land aus eingeliefert werden soll – was allerdings nicht gesagt wird –, dürfte der

---

1 Schwer zu entziffern: ›nochmahlen‹?

2 Wort korrigiert.

Brief in den Herbst oder Winter zu datieren sein, da in dieser Zeit wegen der guten Schlittenwege das meiste Korn in die Stadt transportiert wurde.
Inhalt: Catharina hat auf Geheiß von Caspar für Roggen geboten, wofür er nun genau 220 Reichstaler (und kein Rundstück weniger) zahlen soll. Und er möge dafür sorgen, dass es auf ihren Kornboden geliefert wird.

[61^{r}] Mein aller liebeste hertzen sehlgen
wegen daß Rockken wohr[1] vohn
ihr mich habet züm biehten laßen
wolt ich fründtlich gebehten
haben[2] ihr müchtet eß züm
genaüwesten[3] vohr dingen
vber 220[4] Ricks dall nicht
ein Rünstick vndt daß eß
aüf vnßer böhn mach geliebret
werden seidt gott befohlen
mein Edle hertzen einige
sehlgen

1 Erster Buchstabe des Wortes korrigiert.
2 Das ›b‹ mit Strich nach unten – korrigiert oder Tinte verschmiert?
3 Entzifferung am Wortanfang unklar.
4 Erste Ziffer verschmiert, kaum erkennbar und unsicher – evtl. gestrichen?

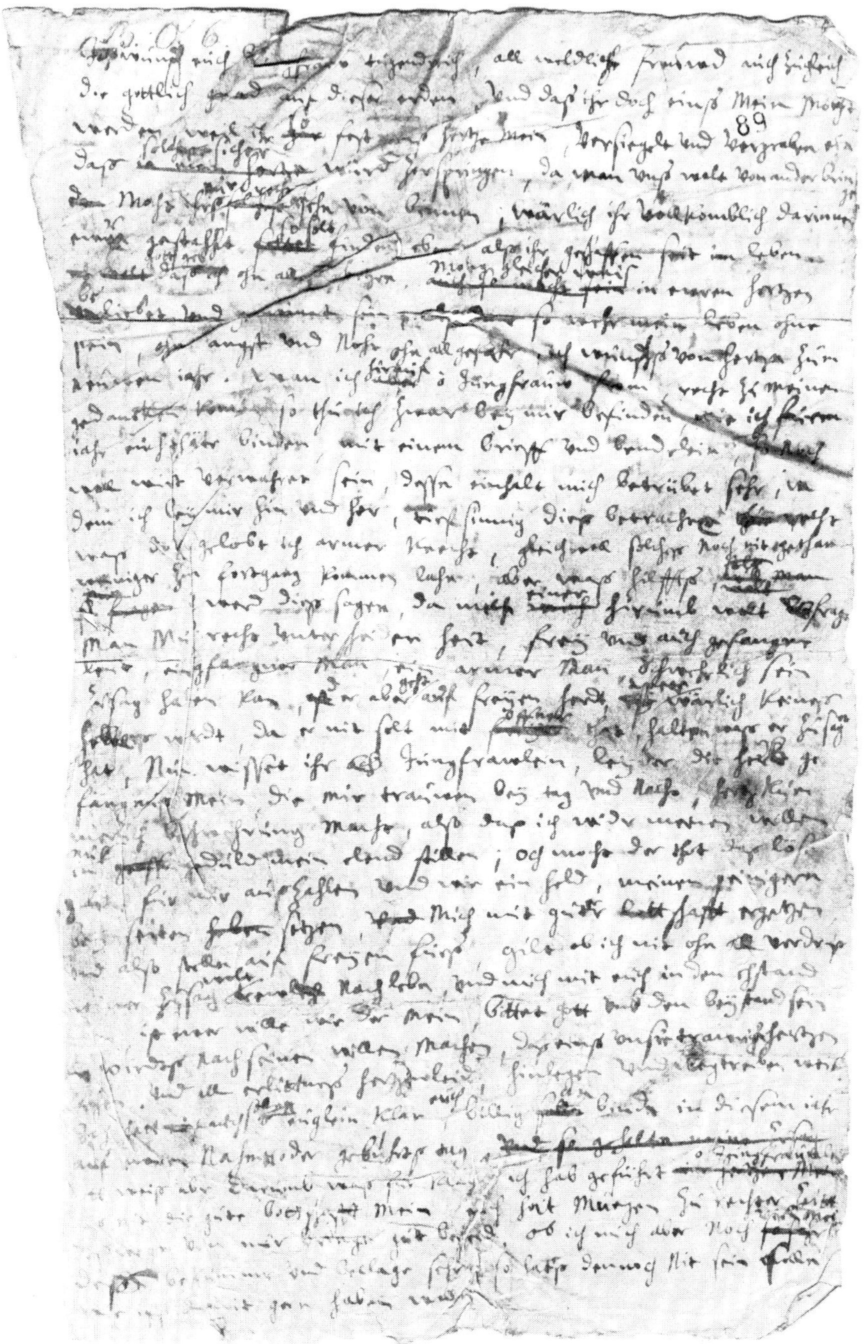

Gedichtkonzept von Caspar (Nr. 095, Bl. 89r)

1652

102 – ca. September/Oktober 1652 [undatiert]

Caspar[(a)] an Catharina[(a)]

BO 6, Bl. 55^{r-v}, ein einzelnes Blatt, ca. ½ groß, verso leer. Sehr in Eile geschrieben.

Datierung: Die Erwähnung der notwendigen Apfelernte deutet auf die Jahreszeit, also etwa September oder Oktober. Über die erstmals 1642 erwähnte Lade wird hier ganz selbstverständlich gesprochen. Caspar schafft sie jetzt nicht zu Catharina, sondern gibt ihr die Schlüssel für sein Zimmer und die dort stehende Lade. Dadurch hat sie vollen Zugang bei ihm. Es muss also eine Zeit (nach 1642) sein, in der sie sich relativ frei bewegen können und der öffentliche Druck durch das Gerede gering ist. Daher handelt es sich wohl nicht um die Jahre 1647 bis 1650, in denen Caspar in Hermann Claussens Haus wohnte und massiv bedrängt wurde. Die Jahre vorher sind eher nicht passend: Das Jahr 1643 kommt nicht in Frage, weil Caspar von Juni bis Oktober auf Gesandtschaftsreise nach Stockholm war. Ab 1644 gibt es dann bereits Gerede über Caspar und Catharina sowie Streit mit dem Rat um Caspars angebliche Unzucht usw.

Dass Caspar in diesem Brief von ›seinem‹ Garten spricht, könnte auf den seit dem 24. November 1648 nachweisbaren Besitz eines Gartens bezogen werden. Allerdings ist nicht auszuschließen, dass er auch schon vorher einen Garten besessen oder gepachtet hatte. Den 1648 als Pfand übernommenen Garten könnte er auch schon bald darauf wieder abgegeben haben (vgl. oben Nr. 072). Gleichwohl besteht auch die Möglichkeit, dass er ihn – oder einen anderen Garten – weiter in seinem Besitz hatte. Legt man diesen Garten hier zugrunde, dann kann dieser Brief frühestens auf den Herbst des Jahres 1649 datiert werden. Dieses Jahr passt aber wegen der Bedrängung durch Höveln nicht.

1650 brach Caspar bereits Anfang August nach Stockholm auf, so dass dieses Jahr wegen der Ernte wohl nicht in Frage kommt. Weil Caspar sich jetzt ›nicht lange aufhalten lassen will‹, passt dieser Abschied zur Reise auch nicht zu der Stockholmer Reise, die ja zur Krönung von Königin Christina führte und schließlich sieben Monate dauerte. Im Oktober 1651 waren mehrere Grenzbegehungen im Lande anberaumt, allerdings würde es hier kaum passen, wenn Caspar sagt, er wolle sich nicht lange aufhalten lassen, weil gleich eine ganze Reihe von Begehungen an mehreren Orten zu bewältigen war. Auch war seine Frau zu dieser Zeit wohl noch in Reval, so dass die Vertraulichkeit mit Catharina unmöglich gewesen wäre. Da die erwähnte Catharina Spenckhusen am 5. Mai 1653 begraben wurde, kommt auch das Jahr 1653 nicht in Frage.

So bleibt schließlich das Jahr 1652, in dem es offenbar keine weiteren Anfeindungen von Seiten des Rates oder der Priester gab. Wahrscheinlich war es gelun-

gen, Caspars Frau wieder aus der Stadt zu schaffen. Und seine zu vermutende Nobilitierung als ›Rosenstock‹ bald nach der Reise zur Krönung (seit Mai 1651?) könnte auch zur allgemeinen Beruhigung beigetragen haben. Bei der anzutretenden Reise könnte es sich um eine jener vielen dienstlichen Reisen im Lande handeln, die Caspar sehr häufig unternahm, die aber nur selten genau dokumentiert wurden. Das Protokoll der Ritterschaft enthält für die zweite Jahreshälfte 1652 jedenfalls nicht nur keine Berichte über Reisen, sondern überhaupt keine Einträge.
Inhalt: Caspar bittet Catharina, sich keine Sorgen wegen seiner Reise zu machen. Er wolle sich nicht lange aufhalten, sondern schnell wiederkommen. Er sendet ihr zwei Schlüssel, der eine zur Kammer (zu seinem Zimmer) und der andere für die Lade, in der die anderen Schlüssel liegen. Wie schon besprochen, kann sie hingehen und ein Auge darauf haben. Auch soll sie „dem Weibe" (seiner Wirtschafterin?) zu Essen und Malz für Branntwein geben. Catharina Spenckhusen soll auch eine Tonne (Malz) bekommen. Ebenfalls soll sie nach seinem ›Kirchenwein‹ schauen und darauf achten, dass er gut verschlossen ist, damit er nicht verdirbt. Schließlich solle Catharina die Äpfel in Caspars Garten durch seine Wirtschafterin ernten und im Backofen trocknen lassen, sonst würden sie gestohlen. Alles weitere könne und dürfe sie eigenständig veranlassen. Catharina und sich selbst in Gottes Gnade und Barmherzigkeit befehlend und auf Erhörung ihrer Bitte hoffend, schließt er mit einem ›Amen‹, das auch sie sprechen möge.

[55r] Mein edleß hertzen Kind ich bitte machet eüch doch dieser reise halber
Keine bekümmerNüß, gott der hogster wirt mich woll beschützen vnd
mit gesündheit hinwider zü eüch verhelffen, daß wir vnß in frieden
vnd freüwden sprechen können, H iesü amen, ich will mich Nit
lange aüfhalten lassen, ~~vnd~~[1] sondren so bald Müglich widerkommen
ich sende E. tüg: die zween schlüssell, ein zür Cammer, der ander
zür lahden, da die vbrige in verwahret, konnet wie abgerehdet
züweiln hingehen vnd besichtigen, aüch dem weibe etwaß zü
essen geben, imgleichen maltz zü brandwein, vnd eine ton
ne für cathrina Spenckhüsen, sehet doch aüch Nach dem
Kirchen wein, daß derselber woll zügeMachet seÿ, vnd Nit
verderbe, bitte aüch da eß E. tüg: gefellig, aüß meinen gar=
ten die apfell dürch daß weib abNehmen lassen, in einen
backofen aüftrücknen, sonsten werden sie weg gestohlen
waß sonsten vbrig wirt sie selber richten, befehle vnß
hiemit beÿderseitß in deß allerhogsten gnade vnd barm
hertzigkeit, daß er vnß in gnaden fristen vnd begehrter
massen erhören wolte, vnd seinen väterlichen willen
einmahl erbitten lassen, amen, H iesü christ vnd heil
geist sprechet gleichfalß amen.

---

1 Vermutlich gestrichen.

Das Ende

1653 bis 1654

Amen. Hier enden die Briefe. Wir besitzen keine weiteren Zeugnisse aus Caspars oder Catharinas Feder, die uns Einblicke in ihre Beziehung gewähren. Es gibt klare Hinweise, dass ihre Liebe andauerte. Aber in diesem Bestand sind keine späteren Briefe enthalten. Vermutlich wird es daher keine gegeben haben, jedenfalls keine, die es verdienten, aufgehoben zu werden. Dies wiederum lässt vermuten, dass eine grundsätzliche Beruhigung in der Öffentlichkeit eingetreten sein muss, so dass die beiden sich leichter sehen und treffen konnten. Denn es war nicht mehr nötig, sich brieflich im Geheimen abzusprechen, wenn man es direkt und offen persönlich tun konnte.

Aber wie konnte das sein? Caspars Frau war noch nicht gestorben – wenn auch die im Verborgenen betriebene ›Wegschaffung‹ offensichtlich erfolgreich war. Aber sie lebte an einem anderen Ort, vielleicht in Riga oder bei einem Sohn oder in Rostock. Wurde die enge Beziehung von Caspar und Catharina also in Reval geduldet? – Der bisher einzig denkbare Hintergrund ist die Erhebung Caspars in den Adelsstand, durch den er der ›bürgerlichen‹ Gerichtsbarkeit und den Predigern in der Unterstadt enthoben wurde. Die Frage der Nobilitierung liegt weitgehend im Dunkeln und wurde in der Vergangenheit fast nirgendwo thematisiert, sondern Caspar Meyer lediglich ohne weiteren Kommentar als „genannt Rosenstock“ bezeichnet. Nur *Siebmachers Wappenbuch* führt die Nobilitierung mit dem Datum 17. Januar 1651 und zeigt das Wappen, ohne jedoch die Quelle und irgendwelche Hintergründe zu nennen.[1]

Sämtliche Anzeichen bestätigen aber die Nobilitierung. Seit Anfang Mai 1651 wird Caspar in einigen – aber nicht allen – Quellen als „Caspar Rosenstock“ bezeichnet und unterschreibt auch so. Bei Caspars Bestattung wurde die „adelige Gebühr“ erhoben, und seine Frau bezeichnete sich dann als „Caspar Rosenstocks hinterlassene Witwe“. In Briefen aus Stockholm und Hamburg an Caspar wechselt die Adressierung von Meyer zu Rosenstock zwischen dem 21. März und dem 5. Mai 1651. Und der zuvor an keiner Stelle verwendete Name Rosenstock bleibt in diesen Kontexten, wenn auch nicht durchgängig. Das adelige „von“ wird allerdings nie verwendet – was in dieser Zeit nicht ungewöhnlich ist. Es passt also durchaus, dass Meyer zum Ende der vom 4. August 1650 bis zum 9. März 1651 dauernden Gesandtschaft nach Stockholm (zur Krönung von Christina von Schweden) nobilitiert wurde. Caspars Reisebericht liefert dazu jedoch keine Informationen.[2] Naheliegend ist es auch, diese Erhebung in Verbindung mit seiner Arbeit am ›Ritter- und Landrecht‹ zu

---

1 J. SIEBMACHER'S grosses und allgemeines Wappenbuch in einer neuen, vollständig geordneten und reich vermehrten Aufl. Bd. 3, Abth. 11: Der Adel der Russ. Ostseeprovinzen. Teil 2: Der Nichimmatrikulierte Adel. Bearb. von M. GRITZNER.- Nürnberg 1901, S. 174.

2 RA, EAA.854.2.642, S. 597–668.

sehen, das 1650 der Königin vorgelegt werden konnte. Immerhin ist belegt, dass der Hauptbearbeiter Philipp Crusius am 9. März 1649 von der Königin als ›von Krusenstiern‹ geadelt wurde. Er taucht in den einschlägigen gedruckten schwedischen Adelsmatrikeln auf, aber Meyer bzw. Rosenstock ist nicht enthalten.[1] Dabei scheint die Initiative für die Zusammenstellung des Ritter- und Landrechts von Caspar ausgegangen zu sein, wie einer Randbemerkung im Artikel zu Philipp Crusius im Schriftstellerlexikon von Recke und Napiersky zu entnehmen ist:

> Nach einer, wenige Wochen vor seinem Tode (den 22. November 1856) aufgesetzten schriftlichen Mittheilung des Ehstl. Gouvernements-Procureurs, Staatsraths Dr. C.J.A. Paucker, ist in dem Archive des Ehstländischen Oberlandgerichts ein altes Manuscript von der Hand des Ehstländischen Oberlandgerichts-Secretairen Caspar Meyer genannt Rosenstock aufgefunden, welches ein schon 1644 von ihm entworfenes Project zu dem erst wenige Jahre später von Cruse oder Krusenstern vollendeten Ehstl. Ritter- und Landrecht enthält, so dass also der erste Impuls dazu von Meyer ausgegangen zu sein scheint.[2]

Leider ist das alte Manuskript bisher nicht wieder aufgefunden worden, so dass wir nur der Einschätzung Pauckers vertrauen können. Caspar ist jedenfalls nicht lediglich ein Gehilfe bei der Redaktion des Rechtsbuches gewesen, folglich kommt die Nobilitierung wegen seiner Verdienste durchaus in Betracht. Darüber hinaus passt der Name ›Rosenstock‹ für den aus Rostock stammenden Sekretär ganz in die Reihe der schwedischen Erhebungen in den Adelsstand, wurde doch der Sekretär und Syndikus der Stadt, Bernhard zur Bech, 1643 als ›von Rosenbach‹ geadelt, der Revaler Schlosssekretär David Reimers 1645 als ›von Rosenfeld‹. Caspar gehörte – warum auch immer – zum nicht introduzierten schwedischen Adel.[3] Und er hinterließ keine Erben, die den Titel hätten weiterführen können. Die Kinder aus der ersten Ehe von Sophia hatten den Namen ihres Vaters ›Sturtz‹ behalten. So war ›Rosenstock‹ offenbar sehr schnell in Vergessenheit geraten. Die Umstände seiner Nobilitierung bedürfen allerdings weiterhin der Nachforschung.

---

1 Vgl. Matrikel Öfwer Sweriges Rikes Ridderskap och Adel.- Stockholm 1731; ANDERS ANT. VON STIERNMAN: Matrikel Öfwer Swea Rikes Ridderskap och Adel [...], 2 Bde.- Stockholm 1754–1755; GABRIEL ANREP: Svenska Adelns Ättar-Taflor. 4 Bde.- Stockholm 1858–1864; Den introducerade svenska adelns ättartavlor. Med tillägg och rättelser utg. av GUSTAF ELGENSTIERNA. Vol. I–IX, Suppl.- Stockholm 1925–1936, 2008. – Auch eine schriftliche Anfrage im Stockholmer Riksarkivet (vom 23.08.2016) war ohne Ergebnis (Antwort vom 12.09.2016).

2 Allgemeines Schriftsteller- und Gelehrten-Lexikon der Provinzen Livland, Esthland und Kurland von J.F. VON RECKE und C.E. NAPIERSKY. Nachträge und Fortsetzungen, unter Mitwirkung von C.E. NAPIERSKY bearbeitet von THEODOR BEISE. Band I–II.- Mitau 1859–61, hier Bd. I (1859), S. 142.

3 BERNHARD SCHLEGEL, CARL ARVID KLINGSPOR: Den med sköldebref förlänade men ej å riddarhuset introducerade Svenska adelns ättar-taflor.- Stockholm 1875, S. 240. Der Adelsbrief konnte bisher jedoch nicht gefunden werden.

1654

Caspar hatte in seinen Briefen schon oft voller Melancholie seinen Tod ausgemalt, weil der Schmerz über die unerfüllte und so lange unerfüllbare Liebe zu Catharina und die vielen daraus erwachsenden Belastungen ihn so sehr niederdrückten. All das immer wieder beschworene, tiefe Vertrauen auf Gott und die schier unendlich scheinende Hoffnung, dass Gott die Errettung aus dem ehelichen Gefängnis eines Tages schenken werde, wurden am Ende doch enttäuscht. Den Archivalien ist zu entnehmen, dass Caspar am 1. Januar bereits krank war und den Barbier zu Besuch hatte, der Geld für Medikamente bekommen sollte. Am Abend zuvor war anscheinend auch Catharina noch bei Caspar in der Kammer gewesen. Über die Krankheit selbst gibt es keine Nachrichten. Sicher ist nur, dass sie in wenigen Wochen seinem Leben ein Ende bereitete. Den Predigern der St. Olaikirche, die ihm so arg zugesetzt hatten, blieb es schließlich, im Februar 1654 im Kirchenbuch sein Begräbnis zu notieren:

> den 25. Casparüs Rosenstock deß Königl. Oberlandt=
> gerichts Secretarius in die beicht Capell,
> nahe beÿ sehl. H. Schedings grab, bestetigt
> Vor die Glocken 2. mal zü läüten 24 thl Vor die
> Leichpredigt zü läüten 8 thl, vor die beste schlecht=
> sammeten bölck 24 thl ünd vor die Adeliche Bühr
> 3 thl. thüt züsammen – – – – – – – – – – 59 [thl]

Caspar wurde also in der Beichtkapelle der Olaikirche, nahe beim Grab des im Jahre 1646 verstorbenen Gouverneurs Philipp von Scheiding, beigesetzt. Es handelt sich um die heutige Marienkapelle an der Südseite der Kirche, die im 19. Jahrhundert auch Bremerkapelle genannt wurde. Leider ist allem Anschein nach vom Grab keine Spur erhalten geblieben. Gotthard von Hansen erwähnte 1885, dass Scheidings Grabdenkmal sich hier befunden hatte, aber durch den verheerenden Brand der Kirche im Jahre 1820 zerstört wurde.[1] Caspars letzte Ruhestätte dürfte ebenfalls diesem Brand zum Opfer gefallen sein.

Caspars Witwe aber, die alte Sophia Dobbin, lebte. Sie war zum Zeitpunkt von Caspars Tod nicht in Reval, sondern hatte erst benachrichtigt werden müssen, und war dann – wohl auf dem Landweg – nach Reval geeilt. Von wo sie jetzt kam, ist nicht bekannt: Rostock, Riga oder Stockholm? Jedenfalls war sie erst am Samstag, dem 25. Februar, am Abend in der Stadt eingetroffen, als Caspar gerade bestattet worden war. Sie kümmerte sich jetzt sogleich mit Unterstützung durch ihren Sohn Bernhard Friedrich Sturtz um die Abwicklung

---

1 GOTTHARD VON HANSEN: Die Kirchen und ehemaligen Klöster Revals. Dritte vermehrte Auflage.- Reval 1885 (Nachdruck: Hannover-Döhren: Hirschheydt 1973), S. 14. Für Hinweise danke ich Anu Mänd, Tallinn.

des Nachlasses. Einige Supplikationen an den Rat der Stadt und den Gouverneur wurden von ihr eingereicht sowie Klagen vor dem Rat und dem Burggericht geführt. Sophia wurde zuletzt am 19. Juni, ihr Sohn am 14. Juli in Reval erwähnt. Dann scheinen beide die Stadt verlassen zu haben und tauchten in Reval fortan nicht mehr auf. Sophia hat im September 1655 vermutlich noch gelebt. Zumindest ging Caspars Schwester in Rostock davon aus, die sich mit einer Bittschrift an den Revaler Rat wandte, um das ihr zustehende geschwisterliche Erbe einzufordern. Wann und wo Sophia gestorben ist, war bisher nicht in Erfahrung zu bringen.

Auch Catharina lebte noch. Sie stand nun ohne ihren sehnlichst erhofften und so lange Jahre in treuer Liebe erwarteten Ehegatten allein da und lebte mit ihrem alten Vater im Haus der Familie von der Hoyen an der Süsterstraße. Damit endet diese Revaler Liebesgeschichte – sollte man meinen. Doch die Geschichte dieser Revaler Liebe hält noch ein weiteres Kapitel bereit, das nicht aus den Briefen gelesen werden kann, sondern sich aus zahllosen Akten und Archivalien zu einer fast eigenständigen, gut dokumentierten Nachgeschichte formiert. Es sind Antworten zu suchen auf die Frage, was jetzt aus Catharina wurde. Bis hierher ist auch nicht erklärt worden, wie denn die Briefe in das Ratsarchiv gelangt sind. Ein juristisches Vorgehen des Revaler Rates wegen dieser Liebesbriefe gegen das geheime Liebespaar hat es zu Lebzeiten Caspars nicht gegeben. Und so waren auch die Briefe noch bei Catharina – oder befanden sie sich bei Caspar im Nachlass? Es scheint jedenfalls, dass nach Caspars Tod ein Stein ins Rollen kommt. Ein Stein, der eine Lawine lösen und unter lautem Getöse vieles und viele mit sich reißen und manches und manchen unter sich begraben wird.

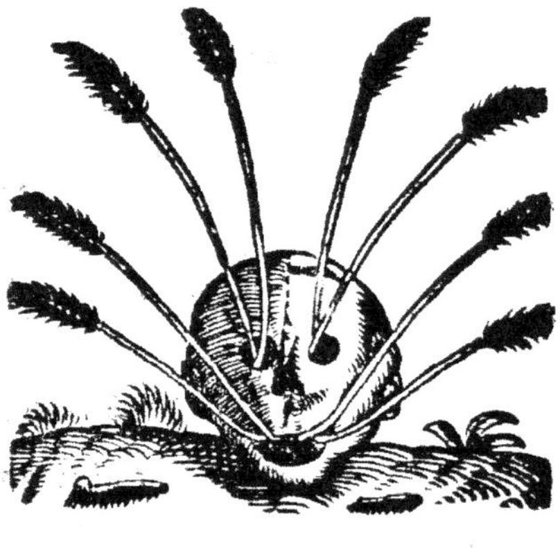

Anhang

Gedichtvorlagen
zu den Briefen
Nr. 024, 037, 047, 050 und 096

Worterklärungen

Register der Personen

Register der Orte

Abkürzungen

Abbildungen

NOBILISS. EXCELL. DN. MARTINUS OPITIUS, REGIÆ MAIESTATIS POLONIÆ A CONSILIIS ET SECRETIS, OMNIUM EUROPÆ POETARUM FACILE PRINCEPS.

Gedichtvorlagen

Martin Opitz (zu Brief Nr. 024)

Martini Opitii Deütscher Poëmatum Anderer Theil; Zŭevor nie beÿsammen, theils auch noch nie herauß gegeben. Cum Gr. et Priuileg. Cæsar. Maiest.- Jn verlegung David Müllers Bŭchhendlers in Breslaw. 1629, S. 420 (Oden oder Gesänge XI.).

WEr Gott das Hertze giebet
So nie sich von jhm trennt/
Vnd eine Seele liebet
Die keine Falschheit kennt/
Der Mag ohn Sorgen wachen/
Mag schlaffen wie er will/
Weil seine rechte sachen
Sehn auff ein guetes Ziehl:

Laß böse Zungen sprechen
Was jhnen nur gefellt/
Laß Neidt vnd Eifer stechen/
Laß toben alle Welt/
So wirdt er dennoch machen
Was sein gemüte wil/
Weil seine rechte sachen
Gehn auff ein guetes Ziehl.

Jch lege Neidt vnd haßen
Bestendig vnter mich/
Vnd stelle thun vnd lassen/
O Gott/ allein auff dich/
Du wirst es alles machen/
Thun was mein Hertze wil/
Weil seine rechte sachen
Sehn auff ein guetes Ziehl.

Christian Brehme (zu Brief Nr. 037)

C. Brehmens allerhandt Lustige/ Trawrige/ vnd nach gelegenheit der Zeit vorgekommene GEDJCHTE. Zu Passierung der Weyle mit dero Melodeyen mehrentheils auffgesatzt. Gedruckt zu Leipzig bey Fried. Lanckischen S. Erben. Jm Jahre 1637. (Bl. M4^{v})

Beschreibung der Liebe.

THränen/ Seufftzer vnd der Schmertz/
Angst von aussen vnd von innen/
Halber Muth/ vnd halbes Hertz/
Gantz verwirrte tolle Sinnen/
Täglich todt vnd noch am Leben.
Sol das nicht viel Schmertzen geben.

Georg Weber (zu Brief Nr. 047)

Erster Theil Der Geistlichen Lieder/ darinnen verfasset sindt Der Hochbetrübten Seufftzenden=Seelen Klag=Gespräche/ vber den allzulangen verzug/ des hülfflichen Hereinbrechens/ jhres Liebsten Herrn vnd sehr werthen Erlösers JESV CHRJSTJ Welche hochbetrübte Klagen vnd tieffe Seüfftzers=Wortte zu pappir getragen/ vnd in diese nur einfache Melodeien/ zusambt denen vntergelegten General Baß, für die Thiorba, Spinet, vnd andere hierzu fügliche Instrumenta gesetzet sindt. Durch Georg Webern. Zu Stockholm/ in Verlegung des Authoris/ Druckts Peter Van Selow [1640].

Georg Weber: Als vom hohen Himmels=Hause

Nr. 1: Vrsächliches erzehlen/ derer/ an einem wüsten| Vfer / eines Norländischen Haffenß / bey später| vnd furchtsamer einsamkeit/ geführten Seelen-| Klagen.

1 Alß vom hohen Himmelshause
sich die Sonne führen ließ/
Vnd das Meer mit dem gebrause/
Seine Wellen ruhen hieß/
Auch der Mond in seinem Reiche
Auffboth klein vnd groß zugleiche.

2 Vnd ich klagte daß nicht kehme/
Ja/ nicht zu erbitten wer/
Der mich schon erseufften nehme/
Auß dem tieffen Trübsals- Meer:
Gieng also auff wüster Heyde/
Weinte sehr in meinem Leide.

3 Hört' ich in der Abendtröhte/
Die nun auch zu bette woltt'/
Alß wie einer mir entböthe/
Das ich nicht so weinen soltt':
Er/ der Liebste meiner sinnen/
Wer nicht allzuweit von hinnen.

4 Jch zugleich voll furcht vnd frewde/
Dachte/ wie trifft dieses ein?
Lieben/ sehen zu dem Leide/
Vnd nicht ferne abwertz seyn:
Jch muß selbst mein sehnlich Klagen /
Dort/ für seine Thür hin tragen.

Georg Weber: Ach du schönster meiner Seelen

Nr. 2: Schmertzliche Klage/ der Arm-Verlassenen/ vber daß/ ihres so sehnlich-| verhofften Noth=helffers/ allzulange Verbergen.

1 Ach/ du schönster meiner Seelen!
Du nur meines Lebens frewd!
Soll ich mich noch lange quelen/
Eh' herein bricht diese zeit/
Da ich frewdig sagen kan/
Daß du kömpst/ mein Liebster an?

2 Denn/ so lang das nicht geschiehet/
Jst nur tieffes Hertze-Leidt;
Auch die arme Seel bemühet
Sich/ in stettem Todes-S[t]reit/
Vnd ist nichts alß Angst vnd Weh/
Jch geh/ liege/ oder steh.

3 Doch/ wenn nur in diesem Zagen/
Du / der schönen Frewden Cron/
Wolttest mir ein Wort zusagen/
Müste alles Leid davon/

Vnd ich würde Frewde sehn/
Gleich alß die dort oben stehn.

[...]

Georg Weber: Je/ wie hör ich solche Klage

Nr. 4: Allergnädigste Antwort des Allerliebsten/ auff der hochbetrübten Seelen bißher| außgeschüttete Klagen.

1 Je/ wie hör ich solche klage/
Von dir/ hochbetrübte Seel?
Alß wie grosse Hertzens=Plage/
dich/ du Arme/ hefftig quel:
Vnd wie/ auff vmb hülffe bitten/
Jch nur ferner weg geschritten.

2 Ob ich zwar auff dein begehren/
Dir nicht flugs antwortten will/
Will dir deinen Schmertzen wehren/
Der dich düncket allzuviel/
Solt du/ diesen Trost hier wissen/
Daß darauß wird frewd' erspriessen.

3 Denn/ waß nützet doch die Traube?
Alß dir selber wol bewust/
Drückt sie nicht der Pressen Schraube/
Biß sie gebe jhren Most/
Vnd darauß für/ Trawer=sinnen/
Anfang' edler Wein zurinnen/

4 Sih' auch/ wie in spitzen Dornen.
Schöne Rosen kecklich stehn/
Ob zwar jene hind-vnd vornen/
Noch woll heuffig drüber gehn:
Vnd auch/ wenn sie wird gerieben/
Stärck're krafft von ihr getrieben.

5 So Verlassne/ wie du meinest/
Muß es dir itzt auch ergehn/
Daß/ ob du zwar hefftig weinest/
Dennoch ohne hülffe stehn/
Biß die rechte Liebes-Probe/
Stilles Dulden/ an dir lobe.

Georg Weber: Hab' ich dir nicht auß gerüst

Nr. 8: Allerley zweiffelhafftige Gedancken/ des in Sünden verzagten Hertz= | tzens/ wegen der Antwort/ welche von denen schon lange abgefertigten tieffen Seuff= | ern/ ihm/ dem armen Hertzen/ durch eilendes wiederkehren zubringen/ sehnlich Verhoffet | ward/ Worüber denn das furchtsame Hertz/ von der blinden Vernunfft/ vnd seinen wanckelhafften Sinnen/ in weitere zag= | hafftigkeit/ noch mehr vnd mehr/ verleitet ward/ biß Gott/ der süsse Tröster/ der zu wehren/ in dem heiligen Worte sich | selbst vernehmen lest v. 5. vnd 6. [!]

[...]

5 Ey/ vielleicht/ verzage nicht/
Da die edle Hoffnung ist/
Mit der starken Zuversicht/
Festes Glaubens außgerüst/
Die in dieser schweren Sach'
Jhr sehr viel zuschaffen mach.

[...]

Georg Weber: Frewet/ frewet frewet euch

Nr. 9: Fröliche Botschafft/ derer so lange außgewesenen Seufftzer/ mit beyge= | fügter/ jhres Allerliebsten bißher geschehenen verzugs-Vrsache: auch/ waß Leib vnd | Seele sich hinfüro verhalten sollen.

1 Frewet/ frewet frewet euch
Hertz vnd Sinne all zu gleich/
Was nur in euch hafftet.
Selbst du/ todes Marck vnd Bein/
Groß last ewre Frewde seyn/
Vnd kein trawren achtet.

2 Hier ist gute newe Post/
Ewres blöden Hertzens Trost/
Seufftzer sind erhöret:
Auch ist ewer liebster Herr/
Von euch nicht so ferne mehr/
Alß Vernunfft euch lehret.

[...]

6 Drümb laß dieses Creutzes Pein/
Dir nur süssen Zucker sein/
Vnd mein bitter Leiden/
Deine Lebens-Speise seyn/
Glauben/ Lieben/ Hoffen/ dein
Armes Hertz' auch weiden.

Paul Fleming (zu Brief Nr. 050)

D. Paul Flemings (P)Oetischer Gedichten So nach seinem Tode haben sollen herauß gegeben werden. PRODROMUS. Hamburg Gedruckt bey Hans Gutwasser/ in Verlegung Tobiæ Gundermans Buchhändlers/ ANNO M. DC. XLI.

Paul Fleming: Zu Terky in Circassen/ im Rückzuge auß Persien/ auff eines seinen Nahmenstag.
[Edition Lappenberg: Sonette III, 57 (S. 487)]

Abdruck in: Prodromus (1641), Bl. D5r.

AVff hundert Ach vnd Weh/ auff tausent Noth vnd Mühen/
Auff hundert tausent Leid/ kömpt ein Tag endlich her/
Der alles Ach vnd Weh/ Noth/ Mühe/ Leid/ Beschwer
Auff einmahl vns benimpt. Jhr Götter habts verliehen/
Daß wir nun sehn vor vns ein newes Glücke blühen.
[...]

Abdruck in: Teutsche Poemata (1646), S. 193 (Poet. Wälder Neues Buch, 9).

AUff hundert Ach und Weh/ auff tausend Noth und Mühen/
Auff hundert tausend Leid/ kommt ein Tag endlich her/
der alles Ach und Weh/ Noth/ Mühe/ Leid/ Beschwer/
auff einmahl nimmet hin. Jhr Götter habts verliehen/
Daß wir nun sehn vor uns ein neues Glücke blühen.
[...]

Abdruck in: Olearius: Reisebeschreibung 1647, S. 520.

Auff hundert Ach vnd Weh/ auff tausend Noth vnd Mühen/
Auff hundert Tausend Leyd kömpt ein Tag endlich her/
Der alles Ach vnd Weh/ Noth/ Mühe/ Leyd/ Beschwer
Auff einmahl nimmet hin. Der Himmel hats verliehen/
Daß wir nun sehn für vns ein newes Glücke blühen.
[...]

Paul Fleming: Dreien Schwestern
[Edition Lappenberg: Sonnette IV, 33 (S. 505–506)]

Abdruck in: Prodromus (1641), Bl. D6^{r}.

SO freundtlich/ so geneigt/ so güttig an Geberden/
So zahrt/ so tugendthafft/ so göttlich vmb vnd an/
Als keine Göttin nicht geschätzet werden kan/
So hoch begabt seyd jhr/ jhr Gratien der Erden/
[...]

Abdruck in: Teutsche Poemata (1646), S. 656–657 (Sonnette III, 89).

SO freundlich/ so geneigt/ so gütig an Geberden/
So zahrt/ so tugendhafft/ so göttlich ümm und an/
Als keine Göttinn nicht geschätzet werden kan/
So hochbegabt seyd ihr/ Jhr Gratien der Erden/
[...]

Paul Fleming: An Anemone
[Edition Lappenberg: Oden V, 41 (S. 440–441)]

An Anemone.

ANemone meine Wonne/
Meines Hertzen stete Zier/
Meine Klarheit/ meine Sonne/
Kanst du diß denn gläuben dir/
Daß/ was dir mein Mundt verspricht/
Meyne mein Gemüthe nicht.

Nicht so/ Liebste. Laß dir sagen/
Es ist ein betrogner Wahn/
Der dich heist vmb etwas klagen/
Das dir doch nicht fehlen kan.
Was betrübt dich Zeit vnd Ort.
Wahre Liebe helt jhr Wort.

Nacht vnd Tag/ vnd alle Blicke/
Gehn auff dein Gedächtnüß hin.
Was von Seufftzen ich verschicke/
Heiss' ich alles zu dir ziehn.
Vnd die Thränen meiner Pein/
Send' ich/ Schatz/ zu dir allein.

Ach nun/ Anemone/ gleube/
Was du dir selbselbst sagst zu.
Der ich eigen bin vnd bleibe/
Anemone/ das bist du.
Anemone/ meine Zier/
Du nur bist die Liebste mir.

Abdruck in: Prodromus (1641), Bl. E3r.

An Anemonen.

ANemone/ meine Wonne/
meines Hertzens stete Zier/
meine Klarheit/ meine Sonne
kanst du diß denn gläuben dir/
daß/ was dir mein Mund verspricht/
meyne mein Gemüthe nicht.

Nicht so/ Liebste. Laß dir sagen/
es ist ein betrogner Wahn/
der dich heißt ümm etwas klagen/
das dir doch nicht fehlen kan.
Was betrübt dich Zeit und Ort.
Wahre Liebe hält ihr Wort.

Nacht/ und Tag/ und alle Blicke/
gehn auff dein Gedächtnüß hin.
Was von Seufftzen ich verschicke/
heiß' ich alles zu dir ziehn.
Und die Thränen meiner Pein.
send' ich/ Schatz/ zu dir allein.

Ach nun/ Anemone/ gläube/
was du dir selb=selbst sagst zu.
Der ich eigen bin und bleibe/
Anemone/ das bist du.
Anemone/ meine Zier/
Du nur bist die Liebste mir.

Abdruck in: Teutsche Poemata (1646), S. 543–544 (Oden V, 42).

Anna Ovena Hoyer (zu Brief Nr. 096)

Annæ Ovenæ Hoijers Geistliche und Weltliche Poemata. Amsteldam, Beij Ludwig Elzevieren. A°. 1650. (S. 153–156).

Vgl. Kairit Kaur: Dichtende Frauen in Est-, Liv- und Kurland, 1654–1800. Von den ersten Gelegenheitsgedichten bis zu den ersten Gedichtbänden.- Tartu 2013 (= Dissertationes Litterarum et Contemplationis comparativae Universitatis Tartuensis; 11), S. 39–40.

Anna Ovena Hoijers
Kurtz Bedencken
Von der Alten Weiber Heyrath/
Da Gott nichts mit zu schaffen hat.
Gestellt in Wästerwijck/ Jm
Julio, Anno 1643.

A.
VV.
A.VV.L.VV.A.
VV.
A.

Alte VVeiber Laßt VVohnen Allein/

Denn sie in der Ehe nicht tauglich seyn/
Jch schreibe euch hie die Warheit rein/
Gehorchet mir/ sehr gut ich es mein.
[154] Diß mein Kurtz Bedencken/
Habe ich wollen schencken
CASPARO
CHRISTIANO und } Hoyern.
FRIEDERICO-HERMANNO
Meinen hertzlieben Söhnen/ und allen jungen
Gesellen/ auch jungen und alten Männern/
die nach Ehren streben/ und im Ehe=leben sich
wollen begeben/ wünsch jhnen Gottes Gnad
darneben.
Ein Mann der lust zu freyen hat/
Soll erstlich bitten Gott umb gnad:
Vnd darnach folgen mit der that
Annæ Ovenæ Hoijers Rath:
Ders nicht will thun, wird haben schad.
ABschewlich ist mir anzusehn
Ein altes Weib fürm Pfaffen stehn/

Beym Mann sich lassen trawen.
Kein lust/ frewd oder zeitvertreib
Kan seyn bey einem alten Weib/
Das Ansehn bringet grawen.
Was solt denn das anrühren nicht?
O armer Mann der sich verpflicht
Sein zeit so hin zu bringen
Ohn frucht/ frewd und ergetzligkeit/
Verlohren ist all sein arbeit/
Das heist nach unglück ringen.
Ist doch kein lieblichkeit daran!
Man schmück es auch so schön man kan/
Laß koltzen/ kosen/ kallen
Babst/ Bischoff/ Bader/ Herr und Knecht/
Wenn sie es hielten all für recht/
Wills mir doch nicht gefallen.
Jch halt der Alten Weiber Frey
[155] Für ein Ehrbare Hurerey
Warheit höfflich zu sagen:
Aber man wil sie hören nicht/
Sie findt kein Herberg/ wie man spricht/
Dennoch muß ich es wagen/
Vnd sagen: Es ist schand im Land
Daß man setzt solche im Ehestand
Die nicht mehr können taugen.
Betrachtet des Ehestands *final.*
Jch bitt euch alle noch einmal/
Seht doch mit eignen augen/
Wachset und mehrt euch/ spricht der HErr/
Kein altes Weib dient darzu mehr/
Jst dann solch Frey nicht grewlich?
O lieben Männer jung und alt/
Der Alten Weiber euch enthalt
Jch warn euch für sie trewlich:
Denn es ist doch bey ihrer frey/
Kein Gottes segen noch gedey.
Ein solch Heyrath gehöret
Zum grewel der Verwüstung mit/
Der Geist des Lebens wird verschüt/
Viel guts dadurch zerstöret/
Des Herren grimm und straff erweckt/
Vnd das Gewissen sehr befleckt/
Diß wollet wol bedencken:
Vnd ewer Adelich Freyheit/
Mannliche Krafft und Herrligkeit

Nicht Alten Weibern schencken.
Sonst daß man Alte Frawen ehrt
Jst billig/ weil die Schrifft es lehrt/
Wenn die sich ehrbar halten/
Lehren die Junge Frawen fein
Keusch/ unterthan und heußlich seyn.
Sind recht Ehrliche Alten/
Jhr Hoffnung ist gestelt zum Herrn/
[156] Er ist der Mann den sie begehrn/
Vnd keinen mehr zu kennen/
Jhnen soll man im Wittwenstand
Gern reichen die Hülffliche hand
Sie liebe Mutter nennen:
Aber Ehe=Weib das ist zuviel
Vnd weit geschritten übers ziel;
Darumb laßt solche bleiben
Jn jhrer Ruh und Einigkeit/
So könnt ihr auch ohn rew und leit/
Jn Frewd die zeit vertreiben.
Ob schon ein Mann alt ist/ noch dann
Er wachsen und sich mehren kan
Oder sein Hauß auffbawen/
Vnd setzen newe stützen drein/
Nemlich hertzliebe Kinderlein
Bey einer Jungen Frawen;
Aber ein Junger Mann im hauß
Beym alten Weib/ richt gar nichts auß/
Hopffn und Maltz ist verlohren/
Die Brüst sind leer/ drinn ist nichts mehr/
Der alte Leib steckt voll beschwer/
Nichts guts wird drauß geboren.
Darumb jhr Freyer rath ich euch/
Erwehlt ein Junge Tugend=reich/
So wird ewr Stamm=baum grünen;
Sie kan vermehren ewr Geschlecht/
Vnd euch mit Lieb auffwarten recht
Jn allen dingen dienen/
Die das thun/ O wol ihnen!
LAßt alte Weiber unberührt/
Vnmolestirt und unturbirt/
Jns Hauß ein Junge Jungfraw führt/
Vnd damit ewern Ehstandt ziert/
Wer diß nicht thut/ der ist vexiert/
Schimpff er zum schaden haben wird.

A.O.H.

Worterklärungen

Wenn nichts anderes angegeben ist, vergleiche das *Deutsche Wörterbuch* von Jacob Grimm und Wilhelm Grimm.- Leipzig 1854–1971; online unter URL: http://woerterbuchnetz.de/cgi-bin/WBNetz/wbgui_py?sigle=DWB (letzter Zugriff 15.10.2019). Außerdem wurden benutzt: [Johann Heinrich Zedler: Großes vollständiges Universal-Lexikon.- Halle, Leipzig 1732–54 (Nachdruck Graz 1961–64), online URL: https://www.zedler-lexikon.de (letzter Zugriff 20.10.2019); [August Wilhelm Hupel]: Idiotikon der deutschen Sprache in Lief- und Ehstland.- Riga 1795; Johann Christoph Adelung: Grammatisch-kritisches Wörterbuch der Hochdeutschen Mundart. 2. Auflage. 4 Bde., Supplementband- Leipzig 1793–1801, 1811; August Lübben: Mittelniederdeutsches Handwörterbuch. Nach dem Tode des Verfassers vollendet von Christoph Walther.- Norden, Leipzig 1888 (Nachdruck Darmstadt 1980); W. von Gutzeit: Wörterschatz der Deutschen Sprache Livlands. Teil 2.- Riga 1889; Dasselbe. Teil 3, 1. Hälfte.- Riga 1887; Hermann Grotefend: Taschenbuch der Zeitrechnung des deutschen Mittelalters und der Neuzeit. Dreizehnte Auflage. Hannover 1991; Deutsches Rechtswörterbuch (DRW), URL: https://drw-www.adw.uni-heidelberg.de/drw/info/ (letzter Zugriff 20.10.2019); Duden Wörterbuch. URL: https://www.duden.de/ (letzter Zugriff 20.10.2019).

bekarmen – (frühneuhochdeutsch): beklagen/bejammern.

bekorbet – „bekorben", lat. repudiare: einen Korb bekommen, zurückgewiesen werden.

bölck – ein Leichentuch/eine Decke (nicht selten aus Samt)

Bühr – die Gebühr/Bezahlung für etwas

Caffa – Florgewebe, Plüsch und Samtstoff, mit Blumenmuster; im 17. Jahrhundert vor allem in Hamburg und Gera hergestellt. Vgl. Zedler Suppl. 4 (1754) Sp. 1224 und den Wikipedia-Artikel „Caffa (Gewebe)", URL: https://de.wikipedia.org/wiki/Caffa_(Gewebe) (letzter Zugriff 26.07.2019).

Cammer/Kammer – Zimmer, im Gegensatz zur Stube.

Contrafey – Konterfei/Porträt.

Cotrackt – Kontrakt/Vertrag.

Cŭbias – Kubjas (aus dem Estn.:) Vorarbeiter/Bauernaufseher, vgl. Deutsches Rechtswörterbuch (URL: https://www.rzuser.uni-heidelberg.de/~cd2/drw/e/ku/bjas/kubjas.htm) (Zugriff 16.03.2016).

diege fŭrm rahthaŭse – (unklar:) Verschreibung für ›Diele‹ vor dem Rathaus? Oder: ›freier Platz‹ vor dem Rathaus?

Dilation – Aufschub, Frist (von lat. dilatio, zu differe: aufschieben, verzögern usw.) (vgl. Duden und Zedler Bd. 7 (1734) Sp. 920).

dispütirlich – streithaft, von lat. disputare: in Wechselrede streiten.

dohren – (niederdeutsch:) Toren (törichte Menschen, Narren).

drauwworte – (frühneuhochdeutsch:) Drohworte.

Drellwerck – (aus dem Niederdeutschen:) Drell, Drillich: dreifädiges Gewebe aus Baumwolle oder Leinen.

Drostschlitten – hier wohl: Tross-Schlitten (mit dem Gepäck, im Gegensatz zum Schlitten mit Personen).

Ducaten/Dukaten – Goldmünzen, die in ganz Europa bis ins 20. Jahrhundert verbreitet waren.

engefehr – (niederdeutsch:) Ingwer.

entöhniget – von etwas befreit sein (von ›entohnen‹: lat. liberare, privare; entäußern).

epicurisch – nach Lust strebend, auf Genuss, auf das Genießen gerichtet.

Flaschenfutter – Behältnis für Flaschen, um Getränke auf der Reise mit sich zu führen. (Vgl. Grammatisch-kritisches Wörterbuch der hochdeutschen Mundart. Bd. 2.- Leipzig 1796, S. 187).

Gästereÿ/Gasterey – Festmahl, Schmaus, feierliche Mahlzeit, zu der man Gäste einlädt. (Vgl. Grammatisch-kritisches Wörterbuch der Hochdeutschen Mundart, Bd. 2.- Leipzig 1796, S. 429–430).

gespähn – Gespan: Gefährte(r), Kamerad, Geliebte(r).

das ein gethümbte – das Zubehör, das Hinein-Getane. Gethümb = Bildung aus ›Ungethüm‹.

Haber – Hafer.

das Hasenpanier aufsetzen – fliehen, in höchster Eile weglaufen.

Haubtkohl – Kopfkohl, Kohlkopf, lat. Brassica capitata (vgl. Zedler 12 (1735) Sp. 838).

haŭbtkranckheit – Erkrankung des Kopfes, Kopfschmerzen.

heden – aus Hede hergestellt, (die) Hede = Abfall von Hanf oder Flachs, Werg.

Heilige Tage – Ostern. Laut Grotefend eher Weihnachten, allgemein Festtage. Aber lat. „Triduum Sacrum“ (lateinisch für „*heilige* drei *Tage*“) oder Triduum Paschale („österliche drei *Tage*“, „Ostertriduum“).

Heller – deutsche Münze vom Mittelalter bis ins 19. Jahrhundert, auch Haller, lat. denarius hallensis.

Hew – Heu.

Heuer – (niederdeutsch): Miete, Pacht und das dafür Entrichtete.

item – auch (lat.).

jachten – wild umherspringen, einander jagen (vgl. Mittelniederdeutsches Handwörterbuch 1888, S. 163: „jachtern").

Janeßche – Janus'sche: Frau mit zwei Gesichtern. Vgl. Duden: ›januskӧpfig‹: sich von zwei entgegengesetzten Seiten zeigend; doppelgesichtig.

karmlig – jammervoll, kläglich. Vgl. niederdeutsch ›kermen/karmen‹: wehklagen, jammern (Mittelniederdeutsches Handwörterbuch 1888, S. 172).

Kolcksche Schafe – also Schafe aus Kolck (Gutshof)?

Lade – Kiste, Schrein, Truhe.

leidig – leidend, elend. Vgl. niederdeutsch ›leidich‹: 1. Leid verursachend, widerwärtig, lat. molestus; 2. in Leid befindlich.

lengden – Fisch? (in Liespfund gemessen).

Liespfund – altes Handelsgewicht (auch Lispfund).

lustiren – vergnügt sein, vergnügen.

Martzepahn – Marzipan.

Münnerich – Mündrich: Ein Boot (oder auch Bootsführer), mit dem Ladung und Passagiere vom Schiff an Land und umgekehrt transportiert werden. (Vgl. Wörterschatz der deutschen Sprache Livlands II, 1889, S. 258).

Mutze – „die Mutze" ist eine Frauenhaube, hier verächtlich für ›das Weib‹.

obstinacikeit – Vgl. lat. obstinacio: Hartnäckigkeit.

parlement – Besprechung, Disputation, Versammlung, Gerede (auch ›parlament‹).

patientiren – (frühneuhochdeutsch) sich gedulden.

Pforte – hier: Stadttor (vgl. auch: Strandpforte, Große Strandpforte)

Qŭitantzen – Quittungen

Rehtstock, spanischer – Spazierstock (vgl. Hupel: Idiotikon, S. 189 „Reetstock d. i. ein spanisches Rohr, Spatzierstock. (Bergm. leitet es von Rieht her.)".

Reuwwer – „der Reuwer/Reuer" ist in alter Bedeutung auch „die Reue".

Reysser – (Reißer) Zeichner.

ricke, die – das Bort, hohes Regal (auch: dünne Stange, Geländer).

Rosenobel – Goldmünze Eduards III. von England, von 1343 bis 1649 geprägt.

rote Bäye – ein roter Stoff?

Sager – Jemand, der etwas gesagt hat (Zeuge).

Schaff – Schrank. (Vgl. Wörterschatz der deutschen Sprache Livlands III, 1887, S. 93).

Schaffer – Amt in den Gilden der Stadt, jährlich neu besetzt. Die Schaffer waren zuständig für die Anrichtung der großen Trinkgelage zu Fastelabend und Weihnachten und trugen ihre Abrechnungen und Verzeichnisse der teilnehmenden Brüder in Bücher ein. (Vgl. Wörterschatz der deutschen Sprache Livlands III, 1887, S. 93–94).

schorsten fewr – Schornstein Feuer. (vgl. Mittelniederdeutsches Handwörterbuch 1888, S. 333: „Schorstên, m. Schornstein, auch der Kamin, die Heerd-, Feuerstätte unter ihm.“

Schute – kleines schnellsegelndes Schiff (bereits mittelniederdeutsch).

Sommerwambeß – Sommerwams. Eng anliegende Bekleidung des Oberkörpers, zwischen Jacke und Weste (für den Sommer).

Spezereien – Gewürzwaren.

stopf – Stoof, gewöhnliches Maß in Livland für Flüssigkeiten.

tribŭliren – ärgern, quälen, misshandeln, plagen (mit ständigen Bitten), durch ständiges Fragen in Atem halten (von lat. tribulare = peinigen/plagen).

valediciren – ›Vale‹ sagen oder Abschied nehmen (vgl. Zedler 46 (1745) Sp. 183–184).

vnwehsenheit – Unannehmlichkeit, übler Zustand, vgl. Unwesen

Zedell – Zettel, kleines Stück Papier.

Register der Personen

Erfasst wurden alle Personen außer Caspar Meyer (genannt Rosenstock) und Catharina von der Hoyen. Die Nennungen in den Briefen werden mit voranstehendem B markiert und bezeichnen nicht die Seite, sondern die Nummer des Briefes. Dabei wird aufgrund der Überschneidungen nicht zwischen dem jeweiligen Brieftext und den erschließenden Texten (Datierung und Inhaltsparaphrase) unterschieden. Für die Datierung der Briefe und das Verstehen der darin erwähnten Begebenheiten ist es notwendig, die Lebensdaten von erwähnten Personen und die Daten von Ereignissen, die mit diesen Personen verbunden sind, zu kennen. Deshalb werden hier für diesen Personenkreis – in vielen Fällen erstmals – soweit möglich zentrale Daten (vor allem anhand von Bürgerbüchern, Kirchenbüchern und Protokollen) zusammengetragen, die der Identifizierung dienten. Sie ermöglichen darüber hinaus einen Einblick in die intensive Verflechtung der Personen untereinander in familiärer Hinsicht oder durch ihre Ämter.

(1629–1672), Axel (1630–1631); heir. II 1644 Sigrid Bielke (1620–1679), Kinder: Anna Katarina (1644, starb 7 Tage alt), Zwillinge Kristina und Ebba Sigrid (1646, starben wenige Stunden nach der Geburt), Helena (1647–1648); Maria Eleonora (1648–1652); Karl Gustaf (1650–1654); Evert (1652–1654); Eva (1653–1740), Hedvig Louise (1655–?); Studium in Rostock, Jena u. Tübingen; dann Militärdienst, zunächst in Livland, ab 1630 in Deutschland schwedischer Feldherr; 1634 bei Nördlingen in Gefangenschaft geraten, festgehalten auf Burg zu Burghausen, erst 1642 wieder frei; Rückkehr nach Schweden; 1653 Reichsmarschall; 1640/44 kaufte er ein Haus in Reval; † 10.05.1657 Skara.

Horn, Heinrich von B003

schwed.: Henrik Carlsson Horn; * 1578; Vater: Carl Henriksson Horn (* um 1550; † 16.05.1601), Mutter: Agnes von Dellvig; Bruder von Gustav Horn; heir. 1602 in Nyköping Anna von Schneckenberg (Anna Jönsdotter Sneckenborg); 1602 Kammerjunker beim späteren König Karl IX. von Schweden; 1605 Erzieher von dessen Söhnen (Gustav Adolph und Carl Philipp); diplomatische Missionen; ab 1611 schwed. Reichsrat; 1612 Feldmarschall; † 20.05.1618 Stockholm.

Horn, Helena von B058

* 1647; Vater: Gustav von Horn (1592–1657), Mutter: Sigrid Bielke (1620–1679); Taufe am 31.10.1647 in Reval, am 26.10. dazu Einladung des gesamten Revaler Rates (und der Landräte nebst Caspar Meyer?); † 1648, begr. 15.05.1648 Dom Reval.

Hornsche von Wenden – vgl. Anna von Schneckenberg

Hotfilter, Schweder 36

Höveln, Gotthard von B080

30.09.1631 Bürger Revals; heir. 03.10.1631 Gertrud von Lohn (Tochter von Bgm. Georg v. L.); erbt durch seine Frau Gut Kreuzhof; ab 1640 langwieriger Erbstreit mit Hermann Claussen.

Höveln, Nikolaus von B053, B054, B056, B063, B066, B071, B072, B086, B087, B088, B089, B090, B092, B102

* Reval; ab 1627 Stud. Univ. Rostock (bezeichnet sich später als Studienfreund Caspar Meyers); 1629–34 Stipendiat der Stadt; ab 1630 Studium in Wittenberg; 1637–39 Mittwochsprediger an St. Olai Reval; heir. 08.01.1638 Elisabeth Niehusen (T. v. Heinrich N.); 1640–50 Diakon St. Olai; 1650–57 Pastor zu St. Olai, zuletzt Senior des ›Ministeriums‹ (nicht Superintendent); † 1657, begr. 11.08.1657 St. Olai.

Hoyen, von der (Familie) 29, 33–34, B044, B066, B069, B089, B090, B101, 300

Hoyen, von der (Töchter) B023

Hoyen, Anna von der 33, B021, B033, B037, B051, B075, B080, B082, B083, B090, B091

* Reval; Vater: Iwan v. d. H. († 1657), Mutter: Anna Assing († 1651); Schwester von Catharina; heir. 1647? Heinrich Dellinghausen; lebt 1647–ca. 1655 in Nyen; mehrere Kinder, darunter: Anna (* 1649); begr. 22.04.1657 St. Olai (mit Mann und Kindern, nur die Tochter Anna überlebt).

Hoyen, Catharina von der 32, B045

* Reval; Vater: Dietrich v. d. H. († 1637), Mutter: Catharina Wibbeking; Cousine von Catharina; heir. I 25.08.1645 Hans Rodde (1645 Bürger Revals, Kaufmann); heir. II 24.04.1659 Caspar Knieper (22.04.1659 Bürger Revals, Kaufmann; begr. 13.11.1665); begr. 15.12.1670 St. Olai.

lai), ;„Sohn“ (begr. 23.11.1657 St. Nikolai); begr. 03.09.1657 St. Nikolai „Wibbelmansche“.

Rohde, Carsten 36

Rohde, Reinhold (Witwe) 36

Rohde, Thomas B072

27.12.1605 Bürger Revals; heir. N.N. († 1645); Tochter: Anna (heir. 1633 Johann Wibbelmann; † 1657); Besitzer eines Hauses an der Süsterstraße; begr. 13.03.1647 St. Olai.

Rohde, Thomas (Ehefrau) B072

heir. 1605? Thomas Rohde († 1647); begr. 10.04.1645 St. Olai „vnter Sassen Erben stein begraben, weil der man arm nachgeblieben, haben die hern vorsteher durch bitte guter leut, vnd auß christlicher liebe was die kirche anlanget, ihm frey gelassen“.

Röling, Jakob B082

Ratsverwandter der Stadt Nyen; heir. I 28.08.1648 Agneta/Margareta? Morian (Tochter von Hans M.; † vor 14.09.1652); heir. II 14.09.1652 Elisabeth Stampeel (Tochter von Bgm. Andreas Stampeel); lebt in Nyen; hat in Nyenschanz Briefe von Catharina/Caspar gelesen u. kopiert (dann [von Heinrich Schlöer?] nach Reval mitgenommen und abgegeben?); begr. 12.08.1657 St. Nikolai Reval.

Rosenbach Bernhard von – vgl. Bernhard zur Bech

Saltza, Bernhard von B002

auf Kau/Kow in Estland und Brücken in Thüringen; * 1583; schwed. Oberstleutnant; heir. I Hedwig von Asserien (Tochter v. Tönnis A. auf Tolks u. Hedwig Drolshagen aus dem Hause Harm; begr. 12.12.1611 St. Nikolai); heir. II Elisabeth von Wrangell (Tochter von Landrat Otto v. W. auf Kau und Anna von Fersen aus dem Hause Rayküll); Sohn (ex I): Anton Philipp (1611–1686); Töchter (ex II): Anna (heir. 25.01.1653 Hans Heinrich v. Stryk), Hedwig (heir. 26.06.1670 Anton v. Schulmann), Elisabeth (1676 noch unverheir.); 28.08.1635–06.06.1640 Ritterschaftshauptmann; † 21.12.1656 Reval, begr. 16.01.1657 St. Nikolai.

Sandhagen, Andreas B056, B070, B085, B089

* Nordhausen/Thüringen; Studium in Leipzig, Helmstedt, Greifswald, Königsberg; ab 1639 in Dorpat (Schulrektor, Sekretär der Universität), ab 1643 Prof. für Geschichte u. Politik der Univ. Dorpat; ab 1645 Diakon St. Olai Reval (Vokation vom 04.06.1645, erstmals im Oktober in Reval erwähnt; bis 1650 Mittwochsprediger); heir. 1649 N.N. (Tochter von Meinhard Ditmer [Besitzer von Gut Oisu in Jerwen]; Kinder: Mainhard Johan (* 1652), Reinholdt (* 1654), Magdalena (* 1655); ergriff 1646 im Streit um „Visionisten“ deren Partei (gegen Höveln und Specht) und vertrat abweichende theologische Positionen; † kurz nach 06.07.1657 (Pest).

Sassen (Sax/Sachs), Jakob B072

Sattler; heir. I N.N. (begr. 27.09.1642 St. Nikolai, Stein 58); heir. II N.N. (lebt noch 1647); Kinder: Margareta (heir. 08.11.1643 Cornelius Murrer), Thomas (* vor 1647); begr. 16.06.1647 St. Nikolai, Stein 58.

Sassen (Sax/Sachs), Jakob (Witwe) B072

heir. I Jacob Sachs (Sattler; † 1647); September 1647 erwähnt in Erbschaftsangelegenheiten des Thomas Rohde; heir. II ca. 24.10.1651 Niclas Grunaw (Bürger Revals „Satler Gesell von Denmarck“ – bei dieser Gelegenheit sagt Johann Wibbelmann im Namen der Witwe dem Sohn Thomas Sachs 50 Rtlr. zu); † nach 1651?

Scharenberg, Bernhard von B021

* nach 1559; heir. I 1601 Else von Dücker aus dem Hause Kau; heir. II 20.03.1603 Anna von Rosen a.d.H. Sonorm (begr. 02.01.1633 St. Nikolai); heir. III Helene von Taube a.d.H. Maidel (sie heir. II 1646 Johann von Hastfer; † nach 1692); 20.04.1612–17.01.1617 Ritterschaftshauptmann; 1615–1642 Landrat; 1636 als „blödsinnig" bezeichnet, bekommt als Vormund Hans von Wrangel; begr. 13.02. 1645 Reval (ohne Leibeserben und Testament, deshalb Streit um das Erbe).

Scharenberg, Franz von B071

Major; wohl Vetter von Bernhard v. Sch. (erhält von diesem 12.03.1642 als Geschenk den Hof Kersel); heir. 03?.03.1645 („in des H Feldmarschalln behausung gehalten" [Ritterschaftsprotokoll]) Gertrude von Wrangell (Tochter von Hermann v. W. auf Ellistfer [in Livland] und Gertrud von Tiesenhausen auf Jerwakant); Kinder: Bernhard († 1710), Franz Jürgen († spätestens 1698), Gertruda Elisabeth (heir. 1667 Hans Abraham v. Uechtritz); † spätestens 1663.

Scharenberg (Witwe?) B005

Bedeutung und Zuordnung bisher unklar. Da die Nennung in dem betreffenden Brief vor 1642 gewesen sein muss, kann hier nicht die Witwe von Bernhard von Scharenberg gemeint sein.

Scheiding, Philipp von 33, 35, 42, B005, 299

* 10.08.1578 Arboga/Schweden; Studium in Leipzig und Altdorf; ab 1602 in Schweden Kammerjunker am königl. Hof; diplomatische Missionen; 1606 Hofmarschall u. Kriegsoberst in Livland; 1607 Statthalter in Narva; 1611 Hof Kunda von König Karl IX. verliehen bekommen; 1613 schwed. Reichsrat; 1614 Oberster Kriegskommissar der schwed. Armee bei Novgorod; heir. I 1614 Helena von Delwig († 1628); 1620 Zeremonienmeister der königl. Hochzeit; 1626–30 Mitglied der Schlichtungskommission zur Gründung des Revaler Gymnasiums (mit Johann Skytte und Gustav Horn); 1627 als Leiter einer königl. Kommission in Reval, Huldigung Revals an den König entgegengenommen; 1628–42 Gouverneur von Estland; heir. II 1633 Catharina Luhr (Tochter des Ratsherrn Andreas Luhr); 1634 Präsident des Hofgerichts in Dorpat; 1634 Leiter einer schwed. Gesandtschaft nach Moskau; 08.07.1637 neue Instruktion als Gouverneur erhalten; 1637 Kauf eines Hauses in der Süsterstraße (von Hans Dunte; der Rat gestattet dies ausnahmsweise, weil er in die Bürgerschaft eingeheiratet habe und sich der Stadt gegenüber freundlich zeige); 20.06.1642 letzte Urkunde von ihm ausgestellt; † 09.07.1646 in Reval, begr. 16.02.1647 St. Olai, Bremerkapelle.

Schiller, Franz Matthias B086

1647–1649 Schloss-Pfundherr (Nachfolger wird 09.03.1649 zur Anstellung empfohlen), 1647 vertreten durch Lizentverwalter Adam Leutner; 1653–1660 Assessor des königl. Burggerichts; † 1660.

Schneckenberg, Anna von B003

schwed.: Anna Jönsdotter Sneckenborg; heir. 1602 in Nyköping Heinrich von Horn (* 1578; schwed. Feldmarschall; † 1618); Kinder (3 Söhne u. 3 Töchter, 1634 leben nur noch 1 Tochter und Sohn Heinrich): Karl Horn (* 1611 † 20.09.1633 bei Belagerung der Stadt Costnitz, begr. 28.03.1634 Barfüßer-Kirche in Ulm [vgl. Leichenpredigt von Cunrad Dieterich, Ulm 1634, 2. Aufl. Stade 1669]), Heinrich (* 1618 † 1693); 28.06.1638 Urteil im Grenzstreit zwischen ihrem Gut Wenden u. dem zu Hapsal gehörenden Gut Taybell von Jacob De la Gardie; † 1656.

[† 1605], Witwe von Paul Kniper [begr. 1620 St. Olai]; begr. 12.07.1658 St. Olai, Capelle); Kinder: (ex I:) Hans, Heinrich, Rotgert, Catharina (heir. 02.11.1659 Christoffer Derenthal; begr. 03.01.1660 St. Olai); (ex II:) Jobst, Gotthard, Valentin, Anna (heir. 21.09.1636 Paul zur Mühlen; begr. 30.09.1657 St. Olai), Margareta (heir. 27.02.1643 Heinrich Niehusen d.J.), (ex III:) Agneta, Caspar, Elisabeth, Berend, Paul (* 26.03.1631, † 25.11.1643). – 12.11.1602 Bürger Revals; 10.12.1620 Ratsherr (1632–34 Gerichtsvogt, 1635–37 Herrenvogt); 07.12.1640–1657 Bürgermeister (Praeses 1641, 1645, 1651); 02.06.1654 schwed. Nobilitierung „von Thieren"; besaß aus dem väterlichen Erbe ein Haus am Markt mit Steinhaus in der Münnichstraße; † 1657, begr. 02.04.1658 St. Olai, Capelle.

Thumser, Matthias 23

Tiesenhausen, Fabian von B084

1608(–1611?) Streit mit Lüttge Witte, Ältermann der Großen Gilde. – Identifizierung unsicher, vielleicht: Fabian Fabiansson von Tiesenhausen aus dem Hause Kotz (Estl.): * 10.09.1589; † 08.07.1649.

Tiesenhausen, Hans Heinrich von 35, B063

zu Tolks, Erla und Borkholm; * 1592; heir. Anna von Asserien (begr. 12.02.1666 St. Nikolai); Kinder: Hans Heinrich (* 1628, begr. 1710), Hedwig Elisabeth, Johanna Charlotta. – Generalmajor; 1636–1659 Landrat; 1643 u.a. mit Caspar Meyer auf Gesandtschaftsreise an den Hof in Stockholm; bekommt als Gläubiger von Elert Reese Anfang 1648 dessen Haus in der Süsterstraße (heute Lai 21); 07.03.1654 Erhalt des Baronstitels von der schwed. Krone als „Freiherr von Erlaa"; † 02.06.1662, begr. 12.02.1663 St. Nikolai.

Tölken (Tabakverkäufer?) B069

Treyden, Jürgen (Georg) von B052

zu Cournal; Bruder: Hans v. T. auf Lehhet; heir. Margaretha Nieroth (als Witwe genannt; † nach 1663); 1625 Beisitzer des Mannrichters in Harrien; zum 01.10. 1629 von König Gustav Adolf v. Schweden vor das Hofgericht Stockholm gefordert, um sich gegen den Rat der Stadt Reval zu verantworten (waren zu dritt auf den Markt geritten und hatten mit Flüchen und Beschimpfungen sowie Pistolenschüssen den Gerichtsvogt mit Rat und Bürgermeistern bedroht); Mannrichter, logierte 1655 im Haus von David Herlicius (in Schmiedestraße): Vertrag für 1655–58, aber im zweiten Jahr ohne Kündigung verlassen (Klage 1656–57); † vor 26.03. 1659.

Trosin, Andreas 25

Tunder, Heinrich (Hinrich) B067, B080

* um 1619 Reval; Vater: Christian T. (Ältester der Großen Gilde in Reval, Mutter: Sophia Lanting (Tochter von Ratsherr Heinrich L.; † 1655); heir. 06.11.1648 Anna zur Bech/von Rosenbach (Tochter von Bernhard z. B.; † 1693). – Studium in Reval (Gymn.), Dorpat, Leiden, Greifswald, Franeker; 1648–58 Notar und Sekretär am Burggericht (spätestens 11.02.1648 anwesend; am 22.05.1648 als „Secr." zusammen mit Caspar Meyer zu Capt. Ulrich [Ritterschaftsprotokoll]; 1651–58 Assessor am Burggericht; ab 04.02.1658 Ratssekretär und Vizesyndikus; 27.08.1658–1673 Syndikus, zusätzlich ab 08.12.1661 Bürgermeister (Praeses 1662, 1666, 1670, 1675); 07.03.1651 schwed. Nobilitierung als „von Tunderfeld"; in Harrien besitzlich; † 1675, begr. 11.01.1676 St. Olai.

St. Olai), Heinrich (Pastor zu Kosch, Propst von Jerwen; † 1643), Johann (Dr. jur., Syndikus Reval). – ab 1588 Studium Rostock (hier Magister); ca. 1597/98 Lehrer an der Stadtschule Reval; 1600–03 Rektor ebd.; 09.09.1603–1608 Diakon St. Nikolai; 1604–08 auch Diakon St. Olai; 17.10.1608–1650 Pastor St. Olai; 1614 Senior des Ministeriums; ab 28.07.1626 Superintendent; seit 08.07.1634 wegen seines hohen Alters Mittwochspredigt erlassen; † 02.04.1650, begr. 10.04.1650 St. Olai.

Vestring, Heinrich B043

* Reval; Vater: Heinrich V. (Superintendent; † 1650); heir. 1627? Anna Bilefeld (Tochter von Schlossvogt Lorenz B. [† 1624]). – ab 1623 Studium in Rostock; 07.10.1627 ordiniert als Pastor zu Kosch (in Süd-Harrien); ab 24.08.1639 auch Propst zu Jerwen; † 09.04.1643, begr. 11.04.1643 St. Olai.

Vieting, Ewert B073

Bisher nicht identifiziert (Vieting dürfte verkürzte Form von Vietinghoff sein).

Vietinghoff, Magdalena von B052

Vater: Ewert v. V., Mutter: Margareta von Wedberg; heir. Heinrich Burt auf Tois und Ojentack († 1643); Sohn: Johann Detlof Burt (1654 Kläger mit der Mutter). – 20.08.1647 Urkunde von Königin Christina über Eigentumsrecht der Witwe Burt am Dorf Nurms (in Jerwen); 07.07.1654 Appellationsklage vor Oberlandgericht gegen Axel Rose (gegen Urteil des Manngerichts vom 20.05.1644 in Grenzstreit zwischen dem Burtschen Hofe Noistfer und dem Dorf Korpa (von Bugislaus von Rosen); † nach 07.07.1654.

Viiding, Kristi 26

Vngemoer – vgl. Ungemoer

Vosbeen, Anna (verw. Claussen) 36

Vulpius, Heinrich 25–28, 42, B023, B031

* Lemgo/Westfalen; ab 1612 Studium in Helmstedt und Rostock (hier 02.05.1617 Magister); 1620–32 Rektor und außerordentlicher Prof. für Philosophie an der Stadtschule Rostock; Vermittlung nach Reval durch Cort von Wangersen in Lübeck; 1631 Ruf nach Reval, verließ Rostock aber erst 1632; 04.09.1632 Entlassungsschreiben des Rostocker Rates; 1632–46 Rektor und Prof. der Theologie am Gymnasium Reval (02.11.1632 Amtseinführung, zunächst auch Prof. für Griechisch, wurde bei der Anstellung ausdrücklich verpflichtet, persönlich die Knaben zu unterrichten; 1632–37 Inspektor der Stadtschule; 1638 Streit mit Pastor Ludwig Dunte über Inspektion des Gymnasiums; 1635 neue Schulgesetze ausgearbeitet; Freund von Caspar Meyer; † 12.10.1646, begr. 21.10.1646 St. Nikolai.

Wallenstein (Herzog Albrecht Wenzel Eusebius von Waldstein) 27

Walter, Axel E. 10

Wangersen, Georg d.Ä. von 26

Wangersen, Georg d.J. von 25–26

Wangersen (Haus) B018

Haus der Familie Georg von Wangersen/Wangersheim in der Süsterstraße, Ecke Klosterstraße (heute Lai 13); 1617? von Wangersen gekauft.

Weber, Georg B047, 304–308

* ca. 1610 Dahlen/Meißen; Musiker und Komponist, Liederdichter; 1632–36 am Gottorfer Hof; um 1638 unter Marco Scacchi in der königl. polnischen Hofkapelle („Director der Musik über 16 Musicanten"); spätestens Juli 1639 bis Juli 1644 als Musiker am Stockholmer Hof tätig (Mitglied der Hofkapelle); wollte als Capell-

meister an den Hof in Darmstadt; 1647–51 in Danzig (auf Empfehlung von Heinrich Schütz), vielleicht auch in Magdeburg; 1654 auf Wunsch von König Karl X. Gustav von Schweden erneut in Stockholm (berufen durch den schwed. Residenten in Deutschland, Johann Oxenstierna); † nach 1654.

Weiß, Vitus („Viet") B087

Seit mind. 1641 als Advokat in Reval tätig; 10.10.1645 Bürger Revals als „Procurator"; heir. 13.10.1645 N.N. Rohde (Tochter von † Peter R.; begr. 12.01.1648 St. Olai); 05.05.1648 Advokaten-Eid vor dem gesamten Rat; begr. 12.11.1655 St. Nikolai.

Welling, N.N. B023, B041

Caspars Schreiber? – Der Name kommt in Estland mehrfach vor. In Riga war Gotthard Welling Syndikus und dessen Sohn gleichen Namens Ratsherr und Bürgermeister. 1644 war ein Gotthard Welling auch Beisitzer des Wierischen Mannrichters.

Wemmer, Margareta B063

Vater: Carin Wemmer (1612 Ältermann der Großen Gilde; † vor 1637), Mutter: Ursula von Kampen (sie heir. II vor 1637 Hans Natorff; begr. 30.04.1653 St. Olai). – 13.04.1638 hat sie auf einer Hochzeit gegen das Verbot des Rates ›übermühtige‹ Kleidung getragen; die Kleidung sollte zum Rathaus gebracht werden; heir. 25.11. 1644 Jacob Fuhrmann (* Stettin; 22.11.1644 Bürger Revals als Kaufgeselle; 1686 Ältester der Großen Gilde; er heir. II 17.02.1686 Margarita Reve; † nach 1686); 1644 erhält sie das Wemmersche Haus, um das es dann 1647 bis 1652/53 Streit mit ihrem Stiefvater Hans Natorff gibt; begr. 08.11.1683 St. Olai.

Wemmer (Haus) B063

Wendeland, Lucas B063

10.11.1637 Bürger Revals; heir. 13.11.1637 Elisabeth/Elsa Poorten (Tochter von Ratsherr Matthias P. [† 1641]); Ältester der Großen Gilde; ab Juli 1641 Vorsteher von St. Olai (Juni 1653 bleibt er „Ältester", bekommt zusätzlichen Vorsteher); Baumeister; fordert 1654 von Caspar Meyer-Rosenstocks Erben Schulden ein; begr. 16.06.1656 St. Olai.

Wibbeking, Catharina 32, B014, B045

Mutter: N.N. (begr. 15.06.1623 St. Olai); Bruder: Johann Wibbeking (1620–42 Ratsherr in Reval; † 1642); heir. 1611? Dietrich von der Hoyen/Heiden (1611 Bürger Revals; † 1637; Bruder von Iwan v. d. H.); Tochter: Catharina (heir. I 1645 Hans Rodde; heir. II 1659 Caspar Knieper; † 1670); sie übernimmt zunächst die Kosten für die Bestattung ihres Schwagers Iwan von der Hoyen 1657, fordert diese dann zurück; begr. 26.03.1663 St. Olai.

Wibbelmann, Johann B063, B072, B073

08.03.1633 Bürger Revals; heir. 11.03.1633 Anna Rohde (Tochter von Thomas R.; begr. 03.09.1657); Kinder: N.N. („Kind", begr. 16.10.1638 St. Nikolai), Sohn (begr. 23.11.1657 St. Nikolai); bietet Caspar Meyer den Garten von Rohde an; begr. 13.12.1654 St. Olai (unter Sassen Erben Stein).

Wieckmann, Oloff 35

Wilhelm, Erzbischof von Riga 23

Wilken, Cort 35

Willers, Niclaus 35

Register der Orte

Erfasst wurden alle Ortsangaben außer Reval (estn. Tallinn). Die Nennungen in den Briefen werden mit voranstehendem B markiert und bezeichnen nicht die Seite, sondern die Nummer des Briefes im Briefteil (Seite 43–294). Dabei wird aufgrund der Überschneidungen nicht zwischen dem jeweiligen Brieftext und den erschließenden Texten (Datierung und Inhaltsparaphrase) unterschieden. Bei Orten in Estland wird nach Möglichkeit hingewiesen auf den Eintrag im: Baltischen Historischen Ortslexikon. Begonnen von Hans Feldmann. Hrsg. von Heinz von zur Mühlen, Teil 1: Estland (einschließlich Nordlivland) Bearb. von Gertrud Westermann.- Köln, Wien 1985 [= BHO I].

Abkürzungen

*	geboren
†	gestorben
a.d.H.	aus dem Hause
begr.	begraben
Bl.	Blatt
bzw.	beziehungsweise
estn./Estn.	estnisch/Estnischen
Ewr	Euer
Fr:	Frau
H / HH	Herr / Herren
heir.	heiratet
hs. / Hs.	handschriftlich / Handschrift
inkl.	inklusive
lett.	lettisch
liptt/℔	Liespfund
M.	Magister
mind.	mindestens
Nr. / Nrn.	Nummer / Nummern
r	recto (Vorderseite)
Rst	Rundstück(e)
Rtlr	Reichstaler
Rthall	Reichstaler
Rundst:	Rundstücke
schwed.	schwedisch
Sign.	Signatur
T. v.	Tochter von
thall	Taler
tug: / tugend:	Tugenden
v	verso (Rückseite)
verh.	verheiratet
verm.	vermutlich

Abbildungen

Umschlag: SPES (die Hoffnung), seit dem Mittelalter eine der drei christlichen Tugenden. Als Göttin oder allegorische Figur häufig in grünem Gewand und mit einem Anker dargestellt. Zeichnung (in Verbindung mit IVSTICIA und FIDES) aus dem alten Magistratsarchiv, um 1650, Stadtarchiv Tallinn/Tallinna Linnaarhiiv (TLA) Sign. 230-1-BO 13 I, Bl. 130^r.

S. 7: Reval von Nordwesten um 1645. Kupferstich aus: Adam Olearius: Offt begehrte Beschreibung Der Newen Orientalischen Reise/ so durch Gelegenheit einer holsteinischen Legation an den König in Persien geschehen. [...].- Schleswig: Jacob zur Glocken 1647.

S. 8: Die ehemalige Süsterstraße (dann Breitstraße, heute Lai) mit Blick auf die ausgebrannte Kirche St. Olai, Reval (ca. 1825). Aquarell von Johannes Hau (1771–1838). Das Original misst mit Rahmen 18 x 25 cm. Aus dem Besitz der Estländischen Literarärischen Gesellschaft (Estländisches Provinzialmuseum), heute im Eesti Ajaloomuuseum SA, Tallinn, AM_6772 G 3855. http://www.muis.ee/en_GB/museaalview/3348557. Auch zu Caspar Meyers Zeiten war der Turm der Olaikirche nach dem Brand von 1625 zunächst noch ohne Dach. Das Kirchenschiff war seit 1628 wieder hergestellt, doch die Turmspitze konnte erst im Jahre 1651 fertiggestellt werden. Auf dem Bild links mit dem Baum das Haus der Familie von der Hoyen, in dem Catharina lebte; rechts vorne das Claussensche Haus, das Caspar zeitweilig bewohnte.

S. 21: Vignette aus zeitgenössischen Rostocker Drucken.

S. 22: Rostock, Ansicht von Norden (Ausschnitt). Kupferstich von Matthäus Merian d.Ä.; Original: 20 x 38,6 cm (aus: Johann Angelus von Werdenhagen: Res Hanseaticae.- Leiden 1641). Rechts ist St. Jacobi zu sehen, wo die von Caspar Meyer und Sophia Dobbin verkaufte Grabstätte sich befunden hatte. Die Kirche wurde im Zweiten Weltkrieg zerstört und existiert nicht mehr.

S. 28: Caspar Meyers Unterzeichnung mit Siegel aus einem Rostocker Schriftstück von 1631 (Estnisches Nationalarchiv/Rahvusarhiiv, Tartu, Sign. RA, EAA.858.1.7137).

S. 31: Reval um 1600. Karte von Martin Klöker (2005).

S. 33: Vignette aus zeitgenössischen Rostocker Drucken.

S. 34: Übersichtskarte: Die Nachbarschaft in der Süsterstraße (ca. erste Hälfte 17. Jahrhundert), erstellt von mir, auf der Grundlage einer Karte von Tallinn für das 16. Jahrhundert von Valdo Praust (1996). Dazu die von mir erstellte Liste der Besitzer (auf S. 35–36).

S. 44: Der Anfang von Brief Nr. 001, Caspar an Catharina, ca. 25. Nov. 1636 (TLA 230-1-BO 6, Bl. 5r).

S. 52: Der erste Brief von Catharina an Caspar, 31. Juli 1637, Nr. 002 (TLA 230-1-BO 6, Bl. 1r).

S. 58: Brief Nr. 007, Caspar an Catharina, ca. Anfang 1640 (TLA 230-1-BO 10, Bl. 85v). Hier mit dem Pseudonym „Surapsac Reyem"!

S. 90: Brief Nr. 014, Catharina an Caspar, ca. Anfang April 1641 (TLA 230-1-BO 6, Bl. 18r).

S. 133: Unterschrift von Catharina unter Brief Nr. 032 (TLA 230-1-BO 6, Bl. 47r).

S. 134: Caspar Meyers Siegel („Petschaft"), oben mit den Initialen C und M, von Brief Nr. 024 (TLA 230-1-BO 6, Bl. 35v), vergrößerte Abbildung.

S. 142: Brief Nr. 042, Caspar an Catharina, ca. Ende Juli 1644, mit Tränen von Caspar! (TLA 230-1-BO 6, Bl. 50r).

S. 168: Adressseite von Brief Nr. 047, Caspar an Catharina, 25. Nov. 1645 (TLA 230-1-BO 10, Bl. 83v).

S. 266: Ende des Gedichts von Johannes Crusemarck (Nr. 062) mit den Unterschriften und dem gezeichneten Arm nebst Einschnitten (für ein Band), 25. Nov. 1647. (TLA 230-1-BO 10, Bl. 76v).

S. 270: Die Süsterstraße (dann Breitstraße, heute Lai) im Jahre 1825. Entnommen aus: Helmi Üprus: Tallinn aastal 1825. Tallin w 1825 godu. Tallinn im Jahre 1825.- Tallinn 1965. Ergänzt ist die Zuordnung der heutigen Hausnummern (vgl. dazu die Übersichtskarte der Nachbarschaft auf S. 34).

S. 292: Gedichtkonzept von Caspar für Catharina, zum Neujahr 1651 (Nr. 095, TLA 230-1-BO 10, Bl. 89r).

S. 296: „Casparus Rosenstock Secret mpp." Unterschrift von Caspar Meyer, jetzt Rosenstock, unter einem Protokollauszug, undatiert. (Estnisches Nationalarchiv/Rahvusarhiiv Tartu, Sign. RA, EAA.858.1.7314).

S. 302: Martin Opitz, Kupferstich, Nachstich eines Blattes von Jacob van der Heyden (1631) durch Paul Fürst (Ausschnitt). Quelle: wikipedia (gemeinfrei).

S. 308: Paul Fleming 1640. Kupferstich-Porträt von Caspar Hertranft. Frontispiz zu: D: Paul Flemings Teütsche Poemata. Lübeck, Jn Verlegung Laurentz Jauchen Buchhl. [1646] (Ausschnitt).

Auf den Seiten 18, 70, 89, 141, 158, 202, 228, 265, 291 und 300: Vignetten aus zeitgenössischen Revaler Drucken (1634–1657).